N° 204

SÉNAT

SESSION 1889.

RAPPORT

FAIT

Au nom de la Commission des finances chargée d'examiner le projet de loi, ADOPTÉ PAR LA CHAMBRE DES DÉPUTÉS, *portant fixation du* **budget général des dépenses et des recettes de l'exercice 1890.**

PAR M. ERNEST BOULANGER

SÉNATEUR

PARIS

P. MOUILLOT, IMPRIMEUR DU SÉNAT

Palais du Luxembourg

1889

SÉNAT

SESSION 1889

Annexe au procès-verbal de la séance du 8 juillet 1889.

RAPPORT

FAIT

Au nom de la Commission des finances[1] *chargée d'exami-ner le projet de loi,* ADOPTÉ PAR LA CHAMBRE DES DÉPUTÉS, *portant fixation du* **budget général des dépenses et des recettes de l'exercice 1890,**

PAR M. ERNEST BOULANGER

Sénateur.

MESSIEURS,

Le budget de l'exercice 1890 est le dernier de la légis-lature de la Chambre des Députés. Il a été proposé quelques

---

(1) Cette Commission est composée de MM. Léon SAY, *Président ;* BARBEY, Émile LOUBET, *Vices-Présidents;* CUVINOT, LELIÈVRE, BÉRAL, *Secrétaires;* TOLAIN, Adolphe COCHERY, BARDOUX, DAU-PHIN, GOUIN, ROGER, MARGAINE, Édouard MILLAUD, Ernest BOU-LANGER, BUFFET, KRANTZ, Émile LENOEL.

Voir **Sénat,** nos 203, session 1889 et **Chambre des Députés,** 4e législ. : Projet de loi, no 3224; Rapport général, nos 3645 et 3645 (annexe); Rapports particuliers, nos 3645 (Finances), 3667 (Monnaies et médailles), 3650 (Justice), 3611 (Service des cultes), 3629 (Imprimerie nationale), 3638 (Légion d'honneur), 3630 (Affaires étran-gères et protectorats), 3571 (Intérieur), 3657 (Service pénitentiaire), 3623 (Gouvernement général de l'Algérie), 3602 et 3729 (Guerre : budget ordinaire), 3749 (Guerre : budget extraordinaire), 3643 (Marine : service marine), 3653 (Caisse des Invalides), 3632 (Instruction publique : service de l'Instruction publique), 3661 (Service des Beaux-Arts), 3655 (Commerce et Industrie et Ecole centrale des arts et manufactures), 3672 (Service des Postes et des Télégraphes et Caisse nationale d'épargne), 3620 (Ser-vice des colonies), 3644 (Agriculture), 3663 (Travaux publics : budget ordinaire), 3646 (Travaux publics : Chemins de fer de l'État), 3647 (Travaux publics: Conventions de 1883).

semaines seulement après le vote du budget de 1889, c'est-
à-dire à un moment où la situation financière ne s'était
point sensiblement modifiée. Il ne renferme aucune des
réformes fiscales qui ont embarrassé sans aucun résultat la
discussion des budgets antérieurs. C'est à proprement parler
la continuation du budget de 1889.

La Commission de la Chambre des Députés en a, pour
ces motifs, conduit l'examen avec promptitude. La plupart
des rapports particuliers préparés par ses membres sur les
divers Ministères sont rédigés avec concision et se bornent
à signaler les différences survenues dans les crédits depuis
le vote du dernier budget.

C'est dans ces conditions, et après une discussion pro-
longée à la Chambre depuis le 14 mai jusqu'au 5 juillet, que
la loi de finances arrive au Sénat.

Vous n'êtes pas, cette année, placés entre la nécessité
d'un examen rapide des crédits et l'inconvénient fâcheux des
douzièmes provisoires. De plus, la loi des contributions
directes se trouve incorporée au projet de loi et le budget
est présenté, comme il conviendrait qu'il le fût chaque
année, dans son ensemble complet. Votre Commission des
finances constate avec satisfaction ce double résultat.

Elle ne pouvait cependant que diriger son examen suivant la méthode de la Commission de la Chambre. Le budget
de 1890 ressemble trop à celui de 1889 pour qu'il y ait à
reproduire aujourd'hui les développements consignés dans
les précédents rapports. Les variations survenues dans les
services du Trésor ne changent guère la situation qui vous
a été soumise le 13 décembre dernier. Nous avons donc cru
répondre à votre pensée en limitant cette année le travail
de chaque Ministère à un court résumé et à l'indication des
principales différences constatées dans les recettes ou dans
les crédits correspondants.

Les observations générales du rapport feront connaître
l'ensemble de la situation financière de l'exercice.

CHAPITRE PREMIER

Dépenses ordinaires.

Les dépenses du budget ordinaire de l'exercice 1889 ont été fixées, par la loi du 29 décembre 1888, au chiffre total de. . . . . 3.011.974.825 fr.

Celles que la Chambre a votées pour 1890 sont de. 3.045.982.534

Augmentation de. . . .   34.007.759 fr.

Ce dernier chiffre est le résultat de la combinaison des dépenses nouvelles introduites dans le budget avec les dépenses éteintes ou les économies et avec le jeu de l'amortissement des obligations à court terme du Trésor.

Les dépenses qui figurent pour la première fois au budget sont de deux natures.

I. — Il y a d'abord celles qui résultent de lois votées dont l'exécution nécessite l'ouverture de crédits nouveaux ou de crédits supérieurs à ceux des exercices précédents.

Ces dépenses sont la destruction de l'équilibre budgétaire. Au moment de la préparation de la loi financière, les Cmmissions et le Parlement font les plus grands efforts pour ramener les dépenses au niveau des recettes. Ils imposent souvent, à cet effet, des économies douloureuses et quelquefois excessives aux services publics. Leur ardeur est commune à la recherche de l'équilibre. Quand cette œuvre laborieuse est accomplie, quand l'équilibre est inscrit pour une année dans la loi, les bonnes résolutions s'évanouissent. Les dépenses nouvelles remontent à l'assaut du budget. Chacune d'elles s'appuie sur des considérations de patriotisme, de sentiment, d'utilité particulière, de politique générale. Les Chambres, qui les repousseraient toutes en bloc lors de la discussion du budget, parce qu'elles ont alors la salutaire préoccupation de l'équilibre, cèdent successivement sur chacune d'elles. Les lois sont votées souvent sans qu'il soit besoin d'une ouverture immédiate de crédit, sans que la réalité de la dépense apparaisse alors; c'est au moment ou l'on prépare le budget suivant que la répercussion se produit. C'est ce compte qu'il faut faire pour 1890 devant le pays.

Les dépenses de l'espèce concernent tous les Ministères. Les plus importantes sont celles de la guerre, de l'instruction publique et des travaux publics. Elles s'élèvent ensemble au chiffre de 48.933.148 francs.

Le Sénat rendra à sa Commission des finances cette justice qu'elle a défendu autant qu'elle a pu le Trésor contre ce flot de dépenses et qu'elle n'a pas manqué d'avertir la Haute Assemblée de leurs conséquences.

Nous n'avons pas la pensée que toutes ces augmentations peuvent être arrêtées et que nulle dépense imprévue ne soit acceptable en dehors du budget. Mais nous avons le devoir de vous mettre en garde contre une facilité trop grande à les accorder. Vous nous permettrez de vous redire les paroles que Turgot adressait au roi quand il prit la charge de contrôleur général des finances : « Ce qui est sur- « tout nécessaire, c'est que quand vous aurez arrêté l'état « des fonds de chaque département, vous défendiez à « celui qui en est chargé d'ordonner aucune dépense nou- « velle sans avoir auparavant concerté avec la Finance « les moyens d'y pourvoir. Sans cela il n'y a pas d'é- « quilibre. »

Peut-être cette pratique de bonne gestion financière a-t-elle été trop perdue de vue pendant ces derniers temps. Peut-être son application plus rigoureuse aurait-elle contribué à ramener le Parlement à la sévérité d'appréciation qu'il apporte, lors de la discussion du budget, à l'examen des dépenses publiques. En s'écartant de cette règle, on arrive nécessairement au résultat que M. Dupin signalait en disant que tous les budgets sont présentés en

équilibre et que tous ou presque tous arrivent à se solder en
déficit.

II. — La seconde catégorie des dépenses nouvelles du
budget de 1890 s'applique aux dotations supplémentaires
reconnues indispensables pour assurer la {marche des
services publics.
Ces dotations ont plusieurs causes.
Les unes résultent de la nature même des choses et de la
nécessité qui s'impose d'améliorer graduellement la situation des serviteurs de l'Etat, en proportion des difficultés
plus grandes de la vie.
Les autres sont la conséquence du développement normal de certains services publics.
D'autres enfin ont pour but de prévenir le retour de
crédits supplémentaires par l'accroissement de chapitres
insuffisamment pourvus dans les budgets antérieurs.
Cette classe de dépenses nouvelles s'élève à un total
de 25.073.102 francs.

En compensation de ces deux causes d'augmentation des
dépenses du budget de 1890, il faut placer : 1° les dépenses
qui s'éteignent en 1889 et qui ne sont pas, par conséquent,
de nature à se reproduire en 1890 ; 2° les économies réalisées sur les services.

I. — Les dépenses qui s'éteignent en 1889 montent à
14.375.576 francs, y compris 6.274.677 francs applicables à
l'Exposition universelle.
Les économies consistent en réductions opérées sur le
personnel ou les frais de perception, sur les travaux, les
subventions de l'Etat, certains crédits de la guerre ou de la
marine, etc. Elles s'appliquent à tous les départements mi-
nistériels.

Le total de ces économies s'élève à. . . · 31.622.915 fr.

réalisé par le Gouvernement pour . . . . . 17.781.993 fr.
par la Commission du budget pour 10.487.855
et par la Chambre pour 3.353.067

Sauf en ce qui concerne les fonds secrets dont il vous est rendu compte dans le budget du Ministère de l'Intérieur et qui s'élèvent à 1.600.000 francs, les autres réductions nous ont paru effectives. Nous ne vous proposerions pas de les admettre si elles avaient pour but de diminuer des prévisions exactes de dépenses et de préparer un chiffre appréciable de crédits supplémentaires. Elles ne sont pas d'un chiffre très élevé. C'est que, comme nous l'avons fait constamment remarquer dans nos précédents rapports, la partie véritablement compressible du budget est extrêmement limitée et qu'elle a déjà subi, depuis 1885, des diminutions dont le montant dépasse 110 millions.

Il serait injuste de ne pas constater l'importance de ce résultat et de ne pas reconnaître qu'il a puissamment contribué à amortir l'effet des augmentations de dépenses dont le budget a subi parallèlement la charge.

Mais nous devons perdre l'illusion que l'ancien cabinet vous présentait l'an dernier de pouvoir éviter la nécessité de nouvelles ressources par le développement de la politique des économies. Après avoir réduit d'un sixième la dotation réductible des dépenses budgétaires, comment arriverait-on, sans compromettre les services, à lui imposer encore 100 ou 150 millions d'économies? Ceux qui l'ont cru fondaient leurs espérances sur des réformes touchant aux racines mêmes de notre administration et substituant à l'organisation actuelle de nos services un système d'extrême simplification. Mais ces conceptions spéculatives sont pleines de dangers. On ne réalise pas des réformes de cette gravité aussi rapidement qu'on les conçoit. « A vouloir ainsi tout « faire à la fois, disait très justement Casimir Périer, on ris- « que d'improviser des lois qui durent ce qu'elles ont coûté

« de temps, et dont le premier essai apporte des résultats
« trop souvent contraires aux prévisions de leurs auteurs. »
(Chambre des Députés, 30 septembre 1830.) Le grand
homme d'Etat ne faisait, en cela, que répéter ce qu'avait
dit avant lui le baron Louis, en discutant la suppression de
l'impôt des boissons : « On fait espérer à toutes les classes
« de la société des changements subits, instantanés. Mais
« ces soulagements, qui sont le sentiment le plus vif de tous
« les Ministres, ne peuvent être aussi rapides que l'imagi-
« nation du peuple le suppose. Le bien des sociétés se fait
« lentement. On peut en poser les principes en quelques
« heures. Il faut des années pour en recueillir les consé-
« quences. Ce besoin de soulagement instantané a rendu
« beaucoup d'esprits rebelles aux charges que la société
« impose à ses membres. On a pris en haine les impôts
« actuels ; on en a demandé l'abolition sans en attendre
« l'examen, sans s'inquiéter des moyens de suppléer aux
« ressources que l'on voulait détruire. » (Chambre des
Députés, 16 octobre 1830.) Ce sont là les conseils de la
sagesse et de l'expérience.

Nos systèmes d'administration et d'impôt comportent
des améliorations, la chose est évidente ; mais ce n'est pas
en commençant par tout détruire qu'on réalisera ce progrès.
Dans la situation financière où nous sommes, avec la nécessité qui s'impose de ne rien abandonner actuellement de
nos ressources, il faut toucher avec une grande prudence au
régime général de nos contributions et ne se diriger, dans
cette entreprise, que par des considérations où l'esprit de
parti n'exerce pas sa prépondérance.

L'expérience des dernières années doit servir d'enseignement. Les propositions les plus variées ont été soumises
au Parlement. Elles n'ont pas abouti. Celles qui s'instrui-
sent en ce moment, telles que la suppression des receveurs
particuliers, la création de directions régionales, semblent con-
damnées à l'insuccès parce qu'elles ne pourront procurer

d'économies appréciables et qu'elles seraient nuisibles aux intérêts publics.

Ce qu'il en faut conclure, c'est qu'il en est de la politique des économies comme de la politique des emprunts et des impôts. On n'a pas pu, malgré la formule, arrêter les emprunts. On a pu ajourner les impôts; mais c'est une illusion de croire qu'on les pourra remplacer par des économies réalisées par de grandes réformes dans l'administration.

En résumant les observations précédentes, nous constatons que les efforts du Gouvernement et de la Chambre appliqués au règlement des dépenses ordinaires du budget de 1890 aboutissent aux résultats suivants :

AUGMENTATION DES DÉPENSES

Dépenses nouvelles provenant de lois votées antérieurement. . . . . 48.933.148 fr.

Dépenses nouvelles provenant de dotations supplémentaires aux crédits annuels. 25.073.102

Total. . . . . 74.006.250 fr.

DIMINUTION DES DÉPENSES

Dépenses éteintes en 1889, qui ne se reproduisent pas en 1890.   14.375.576 fr.

Economies en réduction sur les services publics 31.622.915

Total . . . . 45.998.491 fr.   45.998.491 fr.

Reste pour l'augmentation des dépenses réelles . . . . 28.007.759 fr.

Si on ajoute à ce chiffre la dotation complémentaire de l'amortissement des bons à court terme, qui est de 6,000,000

on atteint pour l'accroissement total. . . . 34.007.759 fr.

Votre Commission des finances aurait voulu pouvoir, dans les circonstances où nous nous trouvons et pour répondre au désir général de voir se terminer rapidement la discussion du budget, ne pas faire subir de modifications aux crédits votés par la Chambre. Mais elle aurait dû pour cela adopter et vous proposer d'adopter des dispositions que le Gouvernement et la Commission du budget de la Chambre ont combattues, qu'elle-même considère à l'unanimité comme mauvaises et comme destructives de l'équilibre financier. Elle n'a pas pensé que son devoir ni que le vôtre fût de ratifier de semblables mesures.

Elle ne vous demande pas de revenir sur les modifications de crédits qui concernent l'ensemble de l'Administration. Elle vous demande seulement :

1° De supprimer les crédits nouveaux alloués contre la volonté du Gouvernement et de la Commission du budget pour faire relever les tarifs de certaines pensions militaires ;

2° Et de ne pas opérer par voie budgétaire, ainsi que l'a fait la Chambre, la réforme des trésoriers-généraux qui vous est soumise par un projet de loi particulier sur lequel délibére une de vos Commission et qui constitue une mesure générale d'Administration ne pouvant, d'après la jurisprudence même du Sénat, trouver place dans les lois annuelles de finances.

Ces deux changements au budget des dépenses de la Chambre se traduisent par les résultats suivants :

Diminution des crédits. . . . .   3.844.710 fr.
Rétablissement des crédits. 2.325.000
                Différence . . . .   1.519.700 fr.

Cette économie servira, jusqu'à concurrence de 1 million 500.000 francs à accroître la dotation du fonds d'amortissement des obligations à court terme du Trésor.

L'augmentation des dépenses ordinaires est un fait que l'on peut regretter, mais qui est la loi fatale de tous les budgets. Nous en avons indiqué les causes permanentes dans le rapport sur le budget de l'exercice 1888. On ne peut soustraire l'Etat ni à la hausse des prix ou des salaires, ni aux besoins de l'extension normale de certains services publics. On ne peut non plus, malheureusement, éviter les charges annuelles qui sont la conséquence des énormes dépenses militaires dans lesquelles s'engagent aujourd'hui tous les Etats européens.

Cette progression a suivi une marche constante.

Les dépenses ordinaires s'élevaient en 1830 à   100 millions.
  —   —   en 1847 à 1.432   —
  —   —   en 1869 à 1.624   —
  —   —   en 1876 à 2.689   —
  —   —   en 1885 à 3.203   —
Elles vous sont proposées pour 1890 à 3.046   —

L'augmentation moyenne annuelle pour toute la période ressort à 32 millions. Elle a été beaucoup plus considérable dans les années qui ont suivi la guerre de 1870, puisque le budget ordinaire a supporté le contre-coup immédiat des frais de l'invasion et de la reconstitution de l'armement. Mais elle est depuis 1885 entrée dans une période décroissante qui se traduit par une diminution assez considérable.

Ce phénomène de l'accroissement général des dépenses publiques n'est pas spécial à notre budget. Ainsi que nous vous l'avons fait remarquer l'an dernier, il se reproduit dans la plupart des pays voisins, bien qu'ils n'aient pas eu comme nous à payer les dépenses extraordinaires de la défense nationale.

Malgré l'arrêt momentané qu'elles ont subi depuis 1885, les causes de la progression ne paraissent pas arrivées à leur terme. Elle est le résultat de nécessités impérieuses qui s'imposent, dans l'ordre militaire comme dans l'ordre économique, en dehors de toute forme de gouvernement, aux nations qui veulent assurer leur indépendance et conserver leur rang dans la lutte internationale engagée pour la production.

Ce qui peut et ce qui doit constituer la préoccupation constante du Parlement, c'est de limiter la progression des dépenses à ce qui est absolument indispensable. Comme le Ministre des Finances en émett ' l'année dernière le vœu devant vous, il faudrait que l'in_.iative parlementaire n'ait pas le droit de venir modifier par des amendements le budget déjà présenté. Il faudrait, en outre, qu'une fois le budget voté, on suivît le conseil de Turgot, et qu'avant d'autoriser une dépense on se soit auparavant assuré des moyens financiers d'y pourvoir.

Si ces sages résolutions étaient mises en pratique, la situation serait rapidement améliorée.

CHAPITRE II

Budget extraordinaire.

Nous avons une obligation d'autant plus rigoureuse d'être sévère dans l'appréciation des dépenses du budget ordinaire que ces dépenses ne constituent qu'une partie des charges annuelles de l'exercice. A côté d'elles se développent les dépenses du budget sur ressources extraordinaires et celles dont le capital ne figure ni dans l'un ni dans l'autre de ces budgets.

Deuxième partie du budget extraordinaire.

Les dépenses du budget sur ressources extraordinaires sont celles qui, à raison de leur caractère exceptionnel ou à cause de leur importance, ne peuvent pas être payées sur les revenus du budget ordinaire. Elles sont faites avec des ressources d'emprunt ou avec des fonds de concours. Ces dépenses se justifient quand elles sont véritablement nécessaires pour assurer la sécurité nationale ou pour développer, par de grands travaux publics, les forces vives de la nation. Il est rationnel de n'en pas faire supporter immédiatement le capital par l'impôt, dont le poids écraserait la génération présente, mais d'en reporter la charge sur les générations futures, appelées à profiter des efforts du présent. Tous les Gouvernements ont eu recours à ce moyen de Trésorerie. L'essentiel est de n'en point abuser pour engager des travaux improductifs ou inutiles et accroître ainsi la dette ou les engagements du Trésor sans une évidente nécessité.

C'est ce budget qui a servi chez nous depuis 1870 d'instrument aux dépenses extraordinaires faites pour la guerre, les travaux publics et les autres services.

Il a absorbé sous le nom decompte de liquidation, jusqu'en 1878, une somme de 1.933 millions, et à partir de 1879 sous le nom de budget extraordinaire, une autre somme de 4 milliards et demi en chiffres ronds (1).

---

(1) 1879 . . . . 285 millions   1885 . . . . 263 millions
1880 . . . . 419 —   1886 . . . . 250 —
1881 . . . . 701 —   1887 . . . . 275 —
1882 . . . . 663 —   1888 . . . . 208 —
1883 . . . . 614 —   1889 . . . . 198 —
1884 . . . . 416 —   1890 . . . . 154 —

Cette somme de 6 milliards et demi a été employée en dépenses de guerre jusqu'à concurrence de 3 milliards et demi. Une autre somme de près de 3 milliards a servi aux travaux publics. C'est avec elle et avec les autres ressources dont le capital ne figure pas dans les budgets, que les divers programmes de chemins de fer, de canaux, de ports, de routes, de chemins vicinaux et de constructions scolaires ont reçu leur exécution.

Le budget extraordinaire, successivement réduit depuis 1883, devait disparaître en 1887. Il a en effet cessé un instant d'exister. Mais il vient de se rouvrir pour les dépenses militaires. Dès 1888, l'Administration de la guerre, qui avait employé déjà plus de 2 milliards et demi à la reconstitution de notre armement et de nos défenses, s'est aperçue de l'insuffisance d'une partie de ces efforts. Elle a prétendu qu'il était nécessaire de modifier encore notre système défensif et elle a présenté au Parlement un nouveau programme de dépenses extraordinaires montant à 1 milliard 82 millions. Il paraît que ce programme, comme beaucoup d'autres antérieurs, avait été élaboré sans une précision suffisante, puisque, dès les premières discussions à la Commission du budget, le Ministre reconnut l'inutilité de dépenses évaluées 101 millions et consentit à en réserver d'autres pour 58 millions. Le programme était ainsi réduit à 770 millions 731.000 francs devant former la base du second budget extraordinaire de la guerre.

Le Parlement ne s'est pas cru autorisé à refuser ces nouveaux subsides qui lui étaient réclamés au nom de la défense nationale. Il a voté le programme et il a déjà accordé sur ce programme les crédits suivants :

Exercice 1887 . . . . 92.750.000 fr.
Crédits reportés à l'exercice 1888. . . 3.540.000

Reste. . . . . 89.210.000 fr.

A reporter. . . . . 89.210.000 fr.

Report.	89.210.000 fr
Exercice 1888.	139.125.000
Exercice 1889.	138.554.360
Ensemble.	366.889.360 fr.
Il a été employé à ce jour.	188.178.636
Reste disponible.	78.710.724 fr.
On propose d'allouer pour 1890. . .	154.073.000
Total.	232.783.724 fr.
Il restera en suite à dépenser	537.947.276
Total égal à la dotation	770.731.000 fr.

Ce n'est pas sans hésitation que ces dotations nouvelles ont été allouées. Toutes les Commissions budgétaires ont formulé des réserves sur le judicieux emploi des fonds abandonnés en quelque sorte à la discrétion du Ministre. Elles se sont fréquemment demandé si les travaux sont conduits avec l'économie désirable, si des variations regrettables dans les programmes n'ont pas été partiellement cause de l'excès des dépenses. Il nous a paru à nous-même qu'il eût été plus sage peut-être d'imposer à l'Administration de la guerre le contrôle sévère auquel se soumettent, pour le bien des finances publiques, tous les autres services de l'Etat et dont l'Administration de la guerre s'est toujours affranchie. Le Parlement a fait quelques tentatives en ce sens à propos du nouveau budget extraordinaire. Mais nous craignons qu'il n'y ait pas réussi. Nous croyons, avec la dernière Commission du budget de la Chambre, que de fortes économies seraient réalisées si les dépenses extraordinaires de la guerre pouvaient être réintégrées dans les cadres du budget ordinaire, et si elles pouvaient être soumises au même contrôle.

Les crédits alloués en 1888 et en 1889 sur le programme de 770 millions ont été acquittés au moyen des ressources suivantes :

En 1888, par un prélèvement de 95.585.000 francs sur le produit de la conversion, et pour le surplus par des ressources d'emprunt, notamment par l'émission de 43.540.000 francs de bons sexennaires (émission de 1887).

En 1889, par le reliquat du produit de la conversion (54.665.000 francs), et pour le surplus par l'émission d'obligations à court terme jusqu'à concurrence de 83.889.360 francs.

Pour faire face au crédit nouveau de 154.073.000 francs proposé pour 1890, il n'existe aucune ressource disponible. On doit recourir à l'emprunt.

Le Gouvernement avait proposé de réaliser cet emprunt par l'émission d'obligations à long terme (échéance de 1907) qui auraient nécessité l'inscription d'un crédit annuel d'intérêts (à 4 0/0) de 7 millions et demi, et au remboursement desquelles on aurait affecté un amortissement d'égale somme de 7.500.000 francs. Le projet de budget renfermait, en conséquence, au chapitre 7 du Ministère des Finances, (dette remboursable à terme ou par annuités), une augmentation de dotation de 7.500.000 francs destinés à pourvoir pendant une demi-année (l'émission des obligations, qui devait avoir lieu seulement dans le courant de 1890, étant ramené à la date moyenne du 1er juillet) au service des intérêts et de l'amortissement.

Cette combinaison avait deux avantages : celui de ne pas augmenter le nombre déjà considérable des bons sexennaires, pour lesquels il n'y a pas de provision suffisante chaque année ; puis de constituer un amortissement automatique et obligatoire de l'emprunt.

Elle n'a pas été accueillie par la Chambre qui a préféré, malgré les inconvénients actuels de la mesure, autoriser l'émission des bons sexennaires comme en 1889. Elle s'y est déterminée par un motif très sage. C'est que, dans la situation financière où nous ont placés les emprunts successifs des dernières années et où nous place surtout la perspective d'une prolongation encore longue des dépenses du budget extraordinaire de la guerre, une opération générale de liquidation s'impose à brève échéance et qu'il convient de ne pas la préjuger en engageant même partiellement sa réalisation.

Il sera donc pourvu au payement des 154.073.000 francs du budget de 1890 par des bons à court terme.

Le Ministre de la Marine a fermé depuis plusieurs années le budget extraordinaire qui lui avait été accordé en 1878 comme aux autres services publics. Les observations réitérées de votre Commission de finances n'ont pas été étrangères à ce résultat. Mais l'exemple du Ministère de la Guerre peut être une sollicitation pour l'Administration de la Marine. Il est à craindre que des efforts nouveaux soient faits pour en obtenir la reconstitution.

Le budget sur ressources extraordinaires des travaux publics a été également clos depuis plusieurs exercices. Les dotations destinées aux travaux extraordinaires sont comprises dans la seconde section du budget ordinaire. Elles y figurent en 1890, suivant les votes de la Chambre, pour 57.592.934 francs. Mais l'Administration a trouvé d'autres ressources pour continuer ses entreprises : nous les indiquerons plus loin. Quant au budget extraordinaire proprement dit, la liquidation n'en est pas terminée. Il reste à apurer un nombre très considérable d'entreprises qui donnent lieu périodiquement à des crédits supplémentaires d'une réelle importance et dont l'arriéré est encore aujourd'hui de 3 millions et demi. Nous avons déjà appelé sur ce point l'attention du Parlement et exprimé à l'Administration le désir de voir ces apurements menés très vite à leur terme. Nous ne pouvons qu'insister encore sur cette observation, essentielle à l'équilibre budgétaire.

Seconde partie du budget extraordinaire.

La seconde partie du budget extraordinaire comprend les dépenses dont le capital n'est pas inscrit dans les cadres du budget. Ces dépenses sont de deux natures. Les unes se révèlent par l'inscription au budget ordinaire des crédits annuels destinés à assurer le service des intérêts et celui de l'amortissement du capital. Les autres n'apparaissent dans les écritures budgétaires ni pour les intérêts, ni pour l'amortissement, ni pour le capital. Elles font l'objet de comptes administratifs spéciaux dont l'apurement est ajourné.

Ces dépenses représentent des emprunts contractés sous des formes diverses, soit pour acquitter les charges de la guerre de 1870, soit pour exécuter les grands travaux publics. Celles qui ont le plus attiré l'attention et qui nécessitent un contrôle plus attentif sont les dépenses des travaux publics. Nous avons le devoir de signaler à l'attention du Sénat les principales de ces combinaisons.

Annuités. — Le procédé qui consiste à demander à des tiers les avances relatives à ces entreprises et à les leur rembourser en annuités plus ou moins prolongées, comprenant les intérêts et la prime d'amortissement, est très ancien. Il a été employé dès le début de la construction des grandes lignes de chemins de fer. Les Compagnies ont pris à leur charge le payement de tout ou partie des travaux moyennant une annuité payable pendant un temps convenu.

L'avantage qui en résultait pour le Trésor a conduit à élargir l'application des annuités à beaucoup d'autres objets. On les a étendues aux travaux extraordinaires de navigation, et même à une série de dépenses ordinaires. Les annuités qui renferment l'intérêt annuel et l'amortissement ont, en outre, pris place dans le cadre de la dette publique notamment par la création de la rente amortissable.

Le principe de la combinaison est excellent, puisqu'il répartit sur l'avenir comme sur le présent une dépense qui doit profiter à l'un comme à l'autre et qu'il en assure le remboursement. M. Sadi-Carnot pouvait dire avec raison « que « le pays saurait gré au Gouvernement républicain d'avoir « inauguré avec hardiesse l'amortissement obligatoire, en « voulant que dans un délai relativement court les généra- « tions qui doivent nous suivre aient achevé de solder les « dépenses que les intérêts du pays nous imposent » (Chambre des Députés, 30 juillet 1885). Mais il faut prendre garde aux facilités qu'offre ce procédé pour contracter des dépenses nouvelles; il faut faire attention aussi qu'il rend en maintes circonstances le contrôle plus difficile en ne mettant pas en évidence le capital de la dette, et surtout qu'il engage l'avenir pour de longues années. Un budget dans lequel les crédits se transformeraient ainsi en annuités au delà d'une certaine limite, n'aurait plus aucune élasticité. On serait rapidement embarrassé pour assurer le développement normal des services publics.

Ces observations ne sont pas hors de propos.

La tendance du Gouvernement, depuis quelques années, est, en effet, de demander trop fréquemment peut-être aux annuités les moyens de trésorerie qui lui manquent pour payer les dépenses publiques. Le chiffre de ces annuités grossit tous les ans. Il s'élève, pour 1890, à un total qui peuparaître excessif, à 380 millions (1). Il s'élèvera encore si l'Administration des travaux publics, dans son désir de ter-

---

(1) Dette remboursable à terme :

Obligations sexennaires (ch. 1 et 2, Minist. des Fin.). . . 63.994.000 fr.
Obligations trentennaires (ch. 4,   —   ). . . 4.562.000
Rente amortissable (ch. 3,   —   ). . . 140.474.045
Emprunt Morgan ch. 17,   —   ). . . 17.300.000

Caisse des écoles et des chemins vicinaux :

Annuités pour les obligations que la Caisse (ch. 5, Min. des Finances), a. . . . . 10.437.000 fr.

Annuités pour les chemins de fer reçus et exploités (chapitre 10, Minis-tère des Finances) . . . . 38.006.318 fr.
Annuités pour les garanties d'intérêt de 1871-1872 (cha-pitre 11, Ministère des Finances). 2.482.500
Annuités pour l'indemnité de rachat du chemin de fer de l'Est. Cession à l'Allemagne (chapitre 16, Ministère des Finances). 20.500.000
Annuités pour les conventions antérieures à 1883 (cha-pitre 28, Ministère des Travaux publics) 11.791.760
Annuités pour les conventions de 1883 (chapitre 29, Minis-tère des Travaux publics) 17.500.000
Annuités à la Compagnie d'Orléans pour échange de li-gnes (chapitre 30, Ministère des Travaux publics). 1.900.000
Rachat de canaux (chapitre 9, Ministère des Finances) . . 3.064.608 fr.
Dépenses de casernement. — Réparation de dommage de guerre (chapitre 13, 14 et 15, Ministère des Finances) 19.825.577
Compagnie algérienne (chapitre 12, Ministère des Finan-ces). 4.997.765
Établissement d'Aix (chapitre 8, Ministère des Finances. . 36.050
Emprunt à la Caisse des Consignations pour le service des pensions militaires (chapitres 35 et 36, Ministère des Fi-nances) 13.993.000
Emprunt pour l'exécution de la convention relative à la réparation des désastres du tremblement de terre de Nice (chapitre 23, Ministère de l'Intérieur). 210.188
Avances des intéressés pour travaux de rectification de routes et de navigation (chapitres 41, 47 et 60, Ministère des Travaux publics. . . . . 8.988.582 fr.

miner rapidement les travaux de navigation compris dans son programme, obtient du Parlement l'autorisation qu'elle sollicite de transformer en annuités une partie des crédits ordinaires de son service afin de gager les avances faites par les intéressés.

Le Parlement ne saurait apporter une trop grande prudence dans l'examen de ces propositions.

Les annuités dont nous venons de donner le détail opèrent chaque année la réduction de la dette. Elles ont une durée variable dont le la dernière échéance est actuellement fixée à 1.960. Mais celles qui s'éteignent sont remplacées par d'autres à la suite du jeu continuel des conventions de chemins de fer et de l'extension que prend le système des annuités dans notre budget.

C'est l'ensemble de ces annuités qui forme les engagements du Trésor.

Il serait nécessaire, pour se rendre exactement compte da la situation budgétaire, d'avoir un tableau constamment à jour de ces engagements.

L'Administration des Finances en a publié un à la date du 1er février 1884 (1).

Le total des annuités à servir pendant 75 ans s'élevait en capital à 6 milliards et demi et en intérêts à 9 milliards et demi. Depuis lors, aucune publication pareille n'a été faite. Mais si l'on en juge par le mouvement des annuités depuis cette époque, il est permis de penser que les extinctions ont été inférieures aux accroissements et que les engagements actuels doivent se rapprocher, en capital, de 7 milliards.

Pour le budget de 1890, l'augmentation des annuités est

(1) Ce relevé ne comprend que les engagements proprement dits : Il ne s'applique pas aux subventions fournies aux Compagnies maritimes, non plus qu'aux garanties d'intérêt. Il est aussi étranger, bien entendu, à la dette consolidée ou viagère et à la dette flottante.

de 30 millions. Elle frappe sur les Compagnies de chemins
de fer pour . . . . 5.676.252 fr.
et les travaux de navigation. 2.702.008

Le capital de ces deux dernières annuités n'apparaît pas
au budget. Il se confond dans le compte des engagements
du Trésor (1).

La dotation affectée au service de l'amortissement
s'est accrue pour 1890 de 16.325.670 francs.

Cette augmentation a une double cause.

Elle provient d'abord de l'augmentation de la dotation
appliquée au remboursement des obligations sexennaires
antérieures.

Elle provient, en second lieu, de l'augmentation même
des obligations du Trésor à court et à long terme.

Garanties d'intérêt. — Les garanties d'intérêt dues
aux Compagnies de chemins de fer en vertu de conventions autres que celles de 1883, ont paru nécessaires pour
assurer l'exécution des entreprises en donnant aux sociétés
la certitude d'un revenu minimum à distribuer aux action-
naires. Mais elles ne constituent qu'une avance dont le
Trésor doit être remboursé lorsque les produits de l'exploitation dépassent un chiffre convenu et pour le payement
desquelles il a un privilège sur le matériel roulant.

Elles ont été payées, comme le sont encore aujourd'hui
les garanties d'intérêt relatives aux chemins de fer d'intérêt
local et aux tramways (art. 42 à 56, Ministère des Travaux

---

(1) Nous rappelons, au sujet de ce compte, ce que disait récemment notre
honorable Président, M. Léon Say : « N'est-il pas étrange qu'il n'existe aucune écriture dans la comptabilité française pour suivre les comptes de
l'Etat avec ses créanciers ou ses débiteurs et que le bilan de l'Etat soit rem-
placé par le simple bilan du Trésor. Que dirait-on d'un industriel qui n'aurait pas d'écritures et qui se bornerait à se faire représenter le bilan du ban-
quier chargé da ses mouvements de fonds et de l'acquittement de ses dépenses ? On le considérerait comme exposé aux plus graves périls par la difficulté qu'il aurait à se rendre compte de sa situation. La comptabilité
patrimoniale s'impose à nous et, comme corollaire, le contrôle préalable
des engagements souscrits par les Ministres dans l'exécution de leursbudgets
particuliers. » (*Rapport sur l'exercice financier*, du 11 juin 1888.)

publics), avec les ressources ordinaires du budget pendant toute la période qui s'est écoulée depuis 1867 jusqu'en 1885 (sauf les années exceptionnelles de 1871 à 1874). Mais depuis 1885, elles sont acquittées au moyen de ressources exceptionnelles dont l'intérêt seul est inscrit au budget ordinaire et elles font l'objet d'un compte spécial de l'Administration des finances.

Chacun de ces procédés a ses avantages et ses inconvénients. Ils ont été maintes fois discutés. Mais aujourd'hui que les garanties sont sorties des cadres du budget ordinaire, il est difficile de les y faire rentrer, aussi longtemps qu'on ne trouvera pas les ressources suffisantes pour les acquitter.

La situation de la créance de l'État sur les Compagnies vous est présentée dans chaque rapport sur le budget.

Lorsque nous avons déposé celui de l'exercice 1889, à la date du 13 décembre 1888, la dette des Compagnies s'élevait à 385 millions. Il résulte du rapport de la Commission de la Chambre des Députés du 23 mars 1889, que par suite de nouvelles avances de l'Etat, la dette s'élevait alors à 458 millions.

Les versements du Trésor continueront en 1890, car il n'est pas à prévoir que les recettes des Compagnies soient suffisantes alors pour suspendre le jeu de la garantie. Le projet de loi de finances qui vous est soumis fixe le montant de ces avances à 34 millions pour les chemins français et à 24 millions pour les chemins algériens. C'est donc une somme totale de 58 millions que le Trésor devra se procurer en 1890 pour remplir ses engagements. Il l'obtiendra, suivant l'usage, soit temporairement au moyen des avances de la dette flottante, soit à l'aide des obligations à court terme dont l'article 36 du projet de loi autorise spécialement l'émission et qui ne figurent dans le budget ordinaire que pour les annuités relatives aux intérêts et à l'amortissement.

De quelque façon qu'il soit opéré, c'est toujours une charge du budget de 1890.

Constructions scolaires. — La seconde dépense du même ordre concerne les constructions scolaires. Elle fait l'objet de l'article 52 du projet de loi de finances.

Actuellement, l'Etat contribue à ces dépenses de deux manières.

Il peut autoriser des travaux pour lesquels des subventions sont payées sur la dotation supplémentaire allouée par la loi du 20 juin 1885 à l'ancienne caisse des écoles. Les projets de travaux sont soumis aux Chambres dans des états annexes du budget.

En 1883, ces travaux ont été de . . . . . 1.890.000 fr.
En 1889, ils ont été de 3.550.000
Pour 1890, ils sont proposés, dans l'article 48 du projet de loi, pour. 1.000.000

L'Etat peut aussi s'engager à payer des annuités qui servent au remboursement partiel des emprunts contractés par les communes ou les départements pour la construction de leurs établissements publics d'enseignement supérieur, d'enseignement secondaire et d'enseignement primaire. (Loi du 20 juin 1885, art. 4.)

Ces annuités, fixées par la loi de finances, avaient été, en 1888, de 999.180 francs, et, en 1889, de 970.869 francs. Elles sont proposées, en 1890, pour 699,100 francs. La dépense figure au budget du Ministère de l'Instruction publique sous le chapitre 60. Ces annuités successives, s'ajoutant les unes aux autres à chaque exercice, développent très rapidement le crédit.

Il a suivi la progression ci-après :

1886 . . . . 1.500.000 fr.
1887 . . . . 1.718.000
1888 . . . . 2.986.000
1889 . . . . 3.883.000
1890 . . . . 4.564.000

Le Parlement doit exercer une vigilance très attentive

sur ce point, afin que l'augmentation de la dépense soit réduite dans la limite des besoins réels et qu'elle n'excède pas, en tout cas, les prévisions formulées lors de la loi du 20 juin 1885.

Le capital correspondant à l'annuité nouvelle de 699.100 francs imposée au budget de l'État pour 1890 peut être évalué à 12 millions.

Chemins de fer d'intérêt local. — Le projet de loi de finances renferme une autre disposition analogue au sujet des chemins de fer d'intérêt local et des tramways. L'article 54 autorise le Ministre des Travaux publics à allouer à ces entreprises, en exécution de la loi du 11 juin 1880, des subventions qui peuvent s'élever en 1890 à 1.400.000 francs. Mais ce n'est là qu'une promesse d'engagement dont la réalisation n'est point actuelle et qui donne lieu, quand elle se produit, à une inscription au budget ordinaire des travaux publics sous les chapitres 42 et 56 relatifs aux garanties d'intérêt de ces chemins.

Chemins vicinaux. — Il en est différemment des avances aux chemins vicinaux. L'État devra sans doute pour 1890, comme il l'a fait pour 1889, accorder aux départements et aux communes, pour l'achèvement des chemins vicinaux, une avance remboursable qui s'ajoutera à la subvention inscrite au budget ordinaire du Ministère de l'Intérieur. Cette avance a été de 8 millions de francs en 1889. Elle est acquittée par le Trésor au moyen de l'émission d'obligations à long terme. Le capital ne figure pas au budget, il est inscrit parmi les engagements du Trésor.

Conventions de 1883. — Enfin, il y a lieu de comprendre dans les dépenses extraordinaires de l'exercice, les sommes avancées au nom de l'État par les Compagnies de chemins de fer conformément aux dispositions des conventions de 1883.

Ces dépenses concernent l'exécution des travaux et les garanties d'intérêt.

Les Compagnies sont chargées d'avancer pour le Trésor les sommes nécessaires aux travaux régulièrement autorisés et dans les limites fixées par chaque loi de finances. Ces avances sont remboursables par annuités inscrites au budget ordinaire des travaux publics.

Au 31 décembre 1889, le capital de ces avances s'élevait à 365 millions et l'annuité de remboursement applicable à l'exercice 1889 était de 12.500.000 francs.

Le projet de loi qui vous est soumis autorise une nouvelle avance en capital de 160 millions, dont la part de l'Etat est de 119 millions. L'annuité correspondante à la totalité des avances est élevée à 17.500.000 francs.

L'Etat garantit en outre aux Compagnies l'intérêt à 4 pour 100 du capital employé c'est-à-dire des emprunts faits pour la construction, et les insuffisances de l'exploitation.

Ces deux créances annuelles sont portées à la fin de chaque exercice sur un compte de premier établissement et elles produisent aussitôt elles-mêmes des intérêts. La capitalisation annuelle doit se continuer jusqu'à l'achèvement complet de toutes les lignes concédées (1). Ce terme, « dit M. Picart, est très éloigné. Il est hors de doute que le « compte sera accru dans une proportion notable et que l'effet « des conventions sera de soulager le présent en grevant lour « dement l'avenir. » (Traité des chemins chemins de fer, p. 472.) La situation est d'autant plus sérieuse que le même phénomène se produit pour celles des conventions antérieures à 1883, dont l'effet n'est pas encore complet.

_____

(1) Le texte des conventions est généralement ainsi conçu : « Pendant la construction et jusqu'à l'achèvement respectif de chacune des lignes concédées en vertu de la présente convention, les intérêts et l'amortissement des obligations émises, ainsi que des titres nouveaux à émettre pour l'exécution des lignes sus mentionnées, seront payés au moyen du produit des sections exploitées. En cas d'insuffisance, ces intérêts et amortissement seront portés au compte de premier établissement.

Les insuffisances garanties par l'État en suite de toutes ces conventions pour l'intérêt du capital et pour le déficit de l'exploitation paraissent devoir s'élever en 1890 à un chiffre de 46 millions (qui devra s'ajouter aux insuffisances antérieures cumulées et montant à environ 100 millions).

C'est ce chiffre de 46 millions qui forme, avec la part de l'État dans les travaux autorisés pour 1890 par la loi actuelle de finances, la charge réelle de l'exercice.

La prolongation d'un pareil état de choses a souvent attiré l'attention du Parlement. On a calculé que, même dans des hypothèses favorables le compte d'exploitation partielle continué sur ses bases actuelles jusqu'en 1900 pour l'ensemble des six grandes Compagnies, se trouverait grévé, en supposant un accroissement normal de trafic, d'avances s'élevant en capital à 1.400 millions et en insuffisances garanties à 800 millions. Certaines appréciations émanant d'ingénieurs compétents sont même sur certains points supérieures à ces chiffres (1). Si la situation était ainsi maintenue, notre budget se trouverait, à l'expiration des conventions, subitement grévé d'une garantie nouvelle d'intérêt qui dépasserait 110 millions. Il est facile de comprendre pourquoi le règlement de ce compte d'exploitation partielle préoccupe tous ceux qui ont souci des finances publiques et pourquoi l'attention de l'Administration est si fréquemment appelée sur les moyens d'en prévenir les conséquences.

Le Gouvernement s'en est vivement préoccupé. Il est entré en négociations avec les Compagnies pour obtenir sur ce point les modifications partielles des conventions. Un premier résultat est déjà obtenu. La clôture ou la modification du compte d'exploitation partielle avec les Compagnies de l'Est et de l'Ouest sont proposées dans des projets de lois déposés à la Chambre des Députés les 18 mai et

---

(1) V. La garantie d'intérêts au Ministère des Travaux publics, par M. Colson, ingénieur des ponts et chaussées, maître des requêtes au Conseil d'Etat. — X., 1888.

25 juin 1889. Nous ne pouvons qu'engager le Département des Travaux publics à persévérer dans cette voie.

Travaux complémentaires. — Les travaux complémentaires doivent également entrer en ligne de compte, au moins dans une certaine mesure, pour l'examen de la situation financière de l'exercice.

Ces travaux ne se distinguent en rien, par leur nature, de ceux auxquels donne lieu la construction première des lignes. On les définit par la date de leur exécution. Ce sont tous les travaux de premier établissement effectués sur une ligne après la clôture du compte de construction proprement dit.

La dépense en est faite par les Compagnies, sans recours contre l'Etat. Celui-ci n'en devrait rembourser le coût qu'en cas de rachat. Mais elle s'ajoute au compte de premier établissement pour le calcul de la garantie d'intérêt lorsque la Compagnie fait appel à cette garantie.

Quand les travaux complémentaires ont pour résultat d'augmenter le trafic de la ligne, ils sont profitables à ce compte de garantie et il y a tout avantage à les autoriser. Mais les entreprises de cette nature deviennent de plus en plus rares et vos Commissions ont toujours recommandé à l'Administration le contrôle le plus sévère dans les autorisations nouvelles.

Pour 1890, le projet de la la loi de finances voté par la Chambre des Députés fixe les travaux complémentaires à 55 millions. On ne saurait douter que la majeure partie de la dépense se répercutera sur le budget par l'accroissement de la garantie d'intérêt. Mais il est actuellement impossible d'indiquer, même approximativement, l'importance de cette augmentation qui n'affecte d'ailleurs que les budgets subséquents.

Résumé. — Si nous récapitulons maintenant les dépenses principales dont le capital ne ressort pas dans

les écritures budgétaires et qui forment ce que nous appe-
lons la seconde partie du budget extraordinaire, nous constatons les résultats suivants :

1. Capital correspondant aux annuités nouvelles de
1.327.000 francs acquises en 1890 pour les travaux de chemins de fer exécutés en vertu des conventions autres que
celles de 1883. 30 millions.

2. Avances à recevoir en 1890 pour travaux extraordinaires des rivières et des ports
et correspondant à l'augmentation des annuités inscrites aux chapitres 41, 47 et 60 du
Ministère des Travaux publics. (Etat annexe
du projet de budget des dépenses des Travaux
publics, p. 2.149.). . . . . 24 —

3. Capital des engagements relatifs aux
constructions scolaires.
Travaux directs. . . . . . 1 million. } 13 —
Capital des annuités. . . 12 —

4. Capital avancé par les Compagnies
de chemins de fer pour le compte de l'Etat,
en exécution des conventions de 1883. Chiffre total fixé par la loi de finances de 1890. . . . . . . 160 millions.
Part de l'Etat. . . . . . 119 — 119 —

5. Insuffisances provenant du compte
d'exploitation partielle de tous les chemins
concédés avant et après 1883. . . . . 46 —

Total. . . . 232 millions.

Les dépenses précédentes constituent des charges défi-
nitives du budget. Celles qui suivent ont le caractère de
simples avances devant être en principe remboursées au
Trésor par les véritables débiteurs.

1. Garantie d'intérêts aux Compagnies de chemins de fer . . . . 58 millions.

2. Avances pour les chemins vicinaux. 8 —

Total. . . . 66 millions.

CHAPITRE III

Emploi des dépenses extraordinaires.

Les dépenses du budget extraordinaire ont reçu deux emplois principaux :

1° La reconstitution de notre armement et de la défense nationale qui a absorbé, avec les expéditions lointaines, les comptes de liquidation, de . . . . 1.933 millions.
le premier budget extraordinaire, de . . . 1.259 —
et pour lequel il a été voté un second budget extraordinaire actuellement en voie d'exécution, de . . . . 770 —

Total. . . . . 3.962 millions.

2° Les travaux publics de toute nature engagés pour les chemins de fer, la navigation, les routes, les chemins vicinaux et les écoles.

En dehors des avances, payables par annuités, résultant des conventions autres que celles de 1883, la dépense applicable à ces entreprises s'est élevée à plus de 6 milliards depuis 1870, y compris les avances faites par l'État à charge de remboursement, et les fonds de concours des intéressés.

C'est au moyen de ces ressources que l'État a pu, depuis 1870, construire 19.000 kilomètres de chemins de fer d'intérêt général, en doublant le réseau qui nous restait après la perte de l'Alsace-Lorraine ; améliorer le réseau de la plupart des rivières ; agrandir quelques-uns de nos ports ; réparer les lacunes et augmenter la longueur des routes nationales ; construire avec les ressources complémentaires des départements et des communes, 147.000 kilomètres de chemins vicinaux ; créer, rétablir ou réparer plus de 37.000 écoles.

Un pareil effort, conduit parallèlement à la défense nationale, mérite autre chose que les critiques dont il a été si souvent l'objet. C'est à lui qu'on doit le développement des forces productives du pays, la fécondité de ses échanges et les progrès de l'aisance générale. Les entraînements, qui ont été presque tous provoqués par le Parlement lui-même, ne sauraient faire méconnaître aujourd'hui la nécessité de l'œuvre et la grandeur de ses résultats. Ç'a été l'application de cette politique si sage de Sully, qui disait que « l'argent ne peut pénétrer dans les campagnes qu'à la faveur des commodités établies pour le transport et la communication des denrées. » . . . .

Depuis plusieurs années la situation financière nous a fait un devoir de modérer les dépenses. Le Gouvernement s'y est conformé. Les programmes en cours d'exécution ont été réduits et le budget extraordinaire proprement dit des travaux publics a disparu. Mais il est évident qu'on ne peut pas arrêter instantanément tous les grands travaux publics. Les entreprises commencées ont besoin d'être achevées si on ne veut pas perdre tout le profit des dépenses déjà faites. D'autres travaux répondent à des intérêts si considérables et si bien démontrés qu'il est difficile d'en ajourner longtemps l'exécution.

C'est à concilier ces besoins avec la nécessité supérieure de l'économie que l'Administration doit aujourd'hui s'attacher.

Il est intéressant, pour apprécier les efforts qui sont faits dans cette voie, d'indiquer la situation actuelle du programme engagé.

Ce programme se compose de deux parties principales : celle des conventions de 1883 et celle des travaux de navigation.

Chemins de fer. — Le programme définitif des conventions supposait une dépense totale de 2,600 millions devant être payée par l'Etat jusqu'à concurrence de 2,275 millions (1,725 millions d'avances remboursables et 550 millions de garanties d'intérêt à restituer par les Compagnie), et jusqu'a concurrence de 550 millions par les Compagnies.

Au 1er janvier 1890, il aura été dépensé ou engagé une dépense de 833 millions, à la charge de l'Etat pour 692 millions (365 millions d'avances remboursables et 327 millions de garanties d'intérêt) et à la charge des Compagnies pour 141 millions).

Il resterait par conséquent à dépenser 1.767 millions. Mais il a été reconnu que le programme primitif ne pouvait pas être maintenu dans son étendue originaire et que son exécution comportait un mode plus économique.

L'année dernière, lors de la discussion du budget, l'Administration était tombée d'accord avec le Parlement qu'on devait se borner quant à présent à terminer les lignes commencé e Il avait été assuré qu'après 1889 trois exercices dotés comme celui de cette dernière année suffiraient pour les achever. Ces engagements ont été nettement retenus dans le rapport de l'honorable M. Cuvinot sur le Ministère des Travaux publics.

D'un autre côté, nous vous avons fait connaître que des transformations considérables étaient apportées dans la contruction par la subtitutitution de la voie étroite à la voie large. Des économies d'environ 170 millions avaient été déjà obtenues au 1er janvier 1889.

L'Administration des Travaux publics n'a pas persisté dans ses résolutions sur le premier point. Elle a demandé et obtenu de la Chambre des Députés, non seulement le maintien intégral du crédit de 142 millions voté pour 1889, mais un crédit supérieur de 18 millions destiné pour partie à entreprendre des lignes nouvelles. Votre Commission vous propose de ne pas accepter cette augmentation.

Navigation. — Le programme des travaux de navigation concernant les rivières, les canaux et les ports comprenait une dépense totale de 2,080 millions, sur laquelle il avait été payé au 1er janvier 1889 une somme de 1.051 millions, au moyen des fonds de l'État, d'avances et de subsides des intéressés.

L'exécution de ce programme a été arrêtée par l'insuffisance des ressources et l'Administration borne ses efforts aux entreprises commencées ou aux entreprises nouvelles qui sont spécialement autorisées par les Chambres.

Les travaux autorisés au moment du dépôt du budget de 1890 présentaient la situation suivante :

DÉSIGNATION	ALLOCATIONS générales ou évaluation des dépenses	DÉPENSÉS au 31 décembre 1889	DÉPENSES restant à faire	CHAPITRES
	millions	millions	millions	
Rivières.	188	164	24	45
Canaux.	382	280	102	46
Ports..	421	246	175	47
Totaux.	991	690	301	

Les crédits annuels accordés pour ces travaux se sont élevés en 1887 à 30.550.000 francs, en 1888 à 29 millions 485.000 francs, et en 1889 à 29.415.000 francs. Ceux qui sont demandés pour 1890 montent seulement à 26.628.600 francs. La diminution vient de la transformation des crédits de travaux en annuités. Les annuités servant au remboursement des avances faites par les intéressés ont, en effet, augmenté proportionnellement. Elles ont été de 2.889.067 francs en 1887, de 4.707.176 francs en 1888, et de 5.098.795 francs en 1889. Elles seront de 7.883.626 francs en 1890. C'est un système sur lequel nous nous sommes expliqué précédemment et qui a pour résultat d'accélérer les travaux en augmentant les ressources financières qui y sont destinées. Il doit être manié avec une grande réserve pour ne pas priver le budget de toute élasticité et ne pas conduire plus tard à l'augmentation des crédits ordinaires.

CHAPITRE IV

Recettes.

Les recettes du budget ordinaire de 1890 nous sont proposées avec les chiffres suivants :

Impôts directs.	448.411.000
Impôts indirects.	1.874.789.300
Produits des monopoles.	591.842.362
Revenus domaniaux.	42.706.350
Produits divers.	27.414.194
Ressources exceptionnelles	766.945
Recettes d'ordre.	60.486.969
Total.	3.046.417.120

Les mêmes recettes ont été votées dans le budget de 1888 pour.	3.009.192.911
Augmentation.	37.224.209

Cette augmentation résulte pour partie du développement normal de la matière imposable et pour une autre partie de l'application de lois votées ou dont le vote vous est proposée dans le présent rapport par votre Commission.

§ 1er. *Contributions directes.*

La contribution directe se compose de quatre éléments :

L'impôt foncier ;
La contribution personnelle et mobilière ;
La contribution des portes et fenêtres ;
Et la contribution des patentes.

L'impôt foncier dont la perception est proposée pour 1890 s'élève à 181.998,000 francs et s'applique :

Aux propriétés non bâties, pour. . .	118.548.000 fr.
Aux propriétés bâties, pour.	63.450.000
	181.998.000 fr.

Le même impôt en 1889 était :

Pour les propriétés non bâties de.	118.553.000 fr.	
Et pour les propriétés bâties de. . . .	62.400.000	
Total.	180.953.000 fr.	180.953.000 fr.

L'année 1890 est donc en augmentation de.		1.045.000 fr.

Cette augmentation porte exclusivement sur les propriétés bâties. Elle est pour partie la conséquence du développement normal de la matière imposable. Elle est due également au contrôle de plus en plus vigilant des agents chargés de l'assiette de l'impôt et aux premiers effets du recensement en cours des propriétés bâties.

Le mouvement de la contribution foncière depuis son origine mérite d'être examiné.

Elle s'élevait en 1791 en principal à 240 millions. Neuf dégrèvements successifs accordés, en 1797, 1798, 1799, 1802, 1803, 1804, 1805, 1819 et 1822, l'avaient ramené, à cette dernière date, au chiffre de 154 millions. Depuis lors, elle n'a subi d'autres variations que celles résultant des augmentations ou des diminutions de territoires ou de lois spéciales modifiant quelques matières imposables.

Elle a complètement échappé aux surtaxes qui ont été après la guerre établies sur toutes les contributions. En outre elle ne supporte plus, depuis 1850, les 28 millions de centimes additionnels qui étaient ajoutés au principal de l'impôt au profit de l'État.

Voici le tableau de ses variations depuis 1835.

ANNÉES	PROPRIÉTÉS non bâties	PROPRIÉTÉS bâties	TOTAL	CENTIMES additionnels	TOTAL
1835.	»	»	154.828.000	24.772 000	179.600.000
1845.	»	»	158.040.000	30.027.000	188.067.000
1855.	»	»	161.688.000	»	161.688.000
1869.	»	»	171.821.000	»	171.821.000
1880.	»	»	173.827.000	»	173.827.000
1885.	118.614.000	59.146.000	177.760.000	»	177.760.000
1886.	118.603.000	60.329.000	178.932.000	»	178.932.000
1887.	118.589.000	61.227.000	179.316.000	»	179.316.000
1888.	118.569.000	61.700.000	180.269.000	»	180.269.000
1889.	118.553.000	62.400.000	180.953.000	»	180.953.000
1890.	118.548.000	63.450.000	181.998.000	»	181.998.000

L'impôt foncier des propriétés non bâties reste donc stationnaire. C'est la propriété bâtie qui supporte seule les accroissements que l'on constate dans la progression générale de la contribution.

L'expérience a depuis longtemps démontré l'inégalité qui s'est introduite dans la répartition de l'impôt foncier par suite des modifications de la culture et de la fixité de la contribution. Elle a également prouvé l'insuffisance de la cotisation des propriétés bâties. Afin de fournir au Parlement le moyen d'améliorer la perception, l'Administration des finances a fait, il y a quelques années, la revision des revenus territoriaux et elle procède en ce moment à l'évaluation des propriétés bâties pour laquelle vous avez accordé, en 1887 et en 1888, les crédits nécessaires. Cette grande opération touche à sa fin. Elle est achevée dans 31.000 communes et à l'égard de 8 millions de propriétés.

Les trois autres contributions directes sont évaluées, pour 1890, en principal à . . . . 182.508.000 fr.
et en centimes additionnels revenant à
l'Etat 45.970.800

Total. . . . 228.478.800 fr.

Elles sont ainsi divisées :

DÉSIGNATION	PRINCIPAL	CENTIMES ADDITIONNELS	TOTAL
	fr.	fr.	fr.
Personnelle et mobilière.	64.150.000	10.905.500	75.055.500
Portes et fenêtres.	42.550.000	6.722.900	49.272.900
Patentes.	75.808.000	28.342.400	104.150.400
	182.508.000	45.970.800	228.478.800
Les mêmes taxes avaient été votées en 1889 pour.	179.924.000	45.499.800	325.423.800
Augmentation en 1890.	2.584.000	4.710.000	3.055.000

Applicable à la contribution mobilière pour 1.930.500 fr.
  — à celle des portes et fenêtres pour 868.500
  — à celle des patentes pour. . . . 256.000

Ces accroissements ne proviennent ni d'aggravations de tarifs ni d'augmentations dans les centimes additionnels, ils résultent de l'extension constante de la matière impo-sable.

La progression constante de ces taxes se dégage du tableau ci-après :

ANNÉES	PERSONNELLE MOBILIÈRE			PORTES ET FENÊTRES			PATENTES		
	Principal	Centimes addi-tionnels	Total	Principal	Centimes addi-tionnels	Total	Principal	Centimes addi-tionnels	Total
1835...	34.000.000	5.439.000	38.429.000	21.990.000	3.519.000	25.518.000	24.800.000	1.078.000	25.878.000
1845...	34.000.000	6.460.000	»	24.083.000	3.805.000	»	32.807.000	2.407.000	»
1855...	35.983.000	6.117.000	»	26.477.000	4.183.000	»	40.133.000	2.966.000	»
1869...	45.076.000	7.662.000	»	33.378.000	5.272.000	»	61.572.000	7.228.000	»
1830...	52.157.000	8.866.000	»	36.388.000	5.780.000	»	72.688.000	27.145.000	»
1885...	57.846.000	9.831.000	»	39.703.000	5.273.000	»	74.870.000	27.973.000	»
1886...	59.387.000	10.095.000	»	40.229.000	6.356.000	»	74.935.000	27.998.000	»
1887...	60.641.000	10.309.000	»	40.681.000	6.247.000	»	75.082.000	28.046.000	»
1888...	61.500.000	10.455.000	»	41.000.000	6.478.000	»	75.440.000	28.202.000	»
1889...	62.500.000	10.625.000	»	41.800.000	6.604.000	»	75.624.000	28.270.000	»
1890...	64.150.000	10.905.000	65.055.000	42.550.000	6.722.000	49.272.000	75.808.000	28.342.000	104.150.000

La contribution personnelle et mobilière et celle des portes et fenêtres, qui correspondent en général aux facultés des assujettis, ont été ainsi portées, depuis cinquante ans, de 63 millions à 115 millions. Elles ont suivi le développe-ment des fortunes individuelles.

La contribution des patentes a éprouvé une majoration plus considérable, puisqu'elle a quadruplé depuis un demi-siècle. Il n'en pouvait être autrement, car le commerce et l'industrie ont, pendant la même période, subi les plus grandes transformations et fait faire à l'aisance générale ses principaux progrès.

Les quatre contributions directes, évaluées au budget de 1890 pour 411.100.800 francs, sont d'un recouvrement assuré.

Jusqu'en 1850, le retard des payements était la règle. Il a quelquefois atteint plus d'un douzième. Depuis cette époque, le retard est l'exception : il ne s'est produit que dans les années 1870 et 1871. A partir de 1872, les anticipations sur les douzièmes échus au 31 décembre de chaque année s'accroissent sans cesse. Elles se sont élevées de 31 à 62 centimes de douzième. Au 31 décembre 1889, elles étaient de

Les frais de poursuites ont également diminué. De 1850 à 1860, la proportion moyenne de ces frais par 1.000 francs était de 2.25 : elle s'est souvent élevée à 3 ou 3.25. Actuellement, elle oscille autour de 1.75 à 2 francs. La moyenne de l'année 1889 a été de

Ces résultats témoignent de l'aisance avec laquelle l'impôt est supporté et des ménagements que le service sait apporter dans son recouvrement.

§ 2. *Impôts indirects.*

Les impôts indirects prévus pour 1890 se décomposent ainsi :

Enregistrement	512.944.200
Timbre	165.131.400
Impôt sur le revenu.	50.621.500
Douanes.	384.396.800
Contributions indirectes.	582.995.400
Sucres.	178.700.000
Total.	1.874.789.300

Les revenus indirects prévus pour 1890 sont basés sur les produits de l'année 1888, déduction faite de la bissextilité de cette dernière année. C'est la règle classique à laquelle on est revenu dans les derniers budgets. On ne s'en est écarté que pour les taxes modifiées par des lois particulières.

En prenant ainsi pour point de départ les résultats d'un exercice éloigné de deux ans du terme de l'année 1890, on a l'avantage de réserver à ce dernier budget le bénéfice des plus-values qui se produisent pendant cette période dans le rendement des impôts lorsque, comme c'est le cas aujourd'hui, le mouvement des recettes est en progrès. Cette plus-value est déjà de 25 millions pour les cinq premiers mois de 1889, les recouvrements de 1889 ayant dépassé de ce chiffre les recettes de 1888 qui servent de base aux évaluations de 1890. Il est très prudent de maintenir cette réserve dans le budget : elle sert de compensation aux crédits supplémentaires et trouve son emploi dans l'augmentation du fonds d'amortissement.

Nous avons indiqué, dans nos précédents rapports, les variations des différentes taxes constituant l'ensemble des revenus indirects. Il nous suffit de nous référer à ces explications, qui conservent aujourd'hui toute leur actualité. Nous nous bornerons, pour les évaluations de 1890, à présenter les observations spéciales que comportent certaines natures d'impôts.

Céréales. — Les évaluations du droit d'importation sur les céréales en 1890 ont été établies, suivant la règle générale, sur les produits de ce même droit en 1888. Or, pendant cette année, les importations (quantités livrées à la consommation) ont été particulièrement élevées. Elles ont atteint 21 millions de quintaux métriques, et on donné lieu à une perception de droits de 68,316,000 francs, présentant une somme de 18 millions de plus que la moyenne. Il est évidemment très difficile de savoir si le chiffre des importations de 1890 sera égal ou inférieur. Il faudrait pour cela connaître les résultats de la récolte des années 1889 et 1890. La taxe de 1888 a été cependant maintenue. Elle paraît pouvoir se justifier par la circonstance que le stock de notre approvisionnement, très réduit depuis les nouveaux droits, a besoin de se reconstituer et aussi par cette considération que, depuis le 1er janvier 1889 jusqu'au 12 mai, les importations de céréales sont supérieures même à celles de la période correspondante de 1888. Elles sont de 7.448.000 quintaux au lieu de 5.715.800 quintaux.

Contributions indirectes. — Les prévisions des contributions indirectes sont établies sur les recettes réelles de 1888. La seule modification concerne le produit de la redevance de 1 fr. par 100 kilog. de sucres employés aux vendanges établie par la loi de finances du 29 décembre 1888 et évaluée 330.000 francs.

Le projet de loi actuel laisse d'ailleurs subsister toute la législation antérieure sur les boissons. Sa réforme, on le sait, est l'objet de demandes qui se sont produites à toutes les époques de notre histoire et qui avaient trouvé un écho dans les derniers cabinets. Mais on sait aussi quelles difficultés rencontre l'organisation pratique des systèmes nouveaux proposés pour remplacer les perceptions auxquelles il faudrait renoncer.

Ces systèmes sont tous plus ou moins empiriques. Ils ont le défaut commun de livrer à un redoutable inconnu le recouvrement des centaines de millions aujourd'hui fournis par la législation en vigueur. Or la situation financière est telle que nous ne pouvons pas, sans une haute imprudence, abandonner ainsi une notable partie de nos ressources : une revision de l'impôt ne doit être ordonnée aujourd'hui qu'avec la certitude de retrouver un produit équivalent.

La Chambre s'est bornée, pour 1890, à adopter sur la proposition de la Commission du budget, une disposition d'ordre secondaire destinée à prévenir certaines fraudes dans la perception de la taxe sur les vinaigres. Il vous en sera rendu compte dans la partie de ce rapport consacrée à l'examen des articles de la loi de finances.

Sucres. — Il était impossible d'évaluer le produit des sucres d'après les recettes de 1888, puisque le tarif a été profondément modifié par la loi du 24 juillet 1888. Les prévisions ont été calculées comme en 1889, d'après la production et la consommation probable du sucre en 1890. Ce sont là, sans doute des évaluations très hypothétiques, car personne ne peut encore savoir aujourd'hui quelle sera le résultat de la culture de la betterave dans la prochaine campagne ni quel sera son rendement en sucre. Il y a là des inconnus qui réfléchissent essentiellement chaque année sur les évaluations budgétaires et qui expliquent les différences souvent considérables constatées entre les prévisions et les recettes (1). Mais nul autre procédé n'existe en dehors de celui-là. On ne peut pour apprécier l'avenir que se servir du présent.

La consommation de l'année 1887, évaluée en raffiné, a été d'environ 406.000.000 de kilogrammes, dont 33.000.000 de kilogrammes pour le sucrage des vendanges et 373.000.000 de kilogrammes pour la consommation ordinaire. D'autre part, on peut évaluer la prochaine récolte à 4.500.000.000 de kilogrammes de betteraves, et, d'après les résultats de la campagne courante, on peut admettre que le rendement effectif de ces betteraves s'élèvera à 9,85 0/0.

La prise en charge étant de 7,50 0/0, les excédents atteindront 2,35 0/0 × 4.500.000.000 = 105.750.000 kil.

A ces excédents viendra s'ajouter la déduction coloniale, à raison de 28 0/0 sur une importation de 120.000.000 de kilogrammes, soit. 33.600.000

De sorte que les quantités affranchies du tarif normal formeront un total de. . . . . 139.350.000 kil.

---

(1) Pour les quatre premiers mois de 1889, les prévisions budgétaires s'élevaient à . . . . 45.105.400 fr.
Les recouvrements effectués ont été seulement de 35.523.000

Diminution de . . . . 9.582.000 fr.

Les quantités livrées à la consommation se répartiront donc comme suit, pour l'application des différents tarifs :

Consommation totale	406.000.000 kil.
Quantités affectées au sucrage des vins	33.000.000
Reste pour la consommation ordinaire. ;	373.000.000 kil.

dont 139.350.000 de kilogrammes au tarif de 20 francs	27.870.000 fr.
et 233.650.000 de kilogrammes au tarif de 60 francs	140.190.000
Ensemble	168.060.000 fr.
33.000.000 de kilogrammes à 24 francs (sucrage des vendanges)	7.920.000
enfin 22.600.000 de kilogrammes de glucoses à 12 francs.	2.712.000
Total général	178.692.000 fr.

ou en chiffres ronds.	178.700.000 fr.

à répartir comme suit entre les deux administrations intéressées :

Douanes. { Sucres coloniaux.	34.000.000 fr.
Sucres étrangers.	17.000.000
Contributions indirectes (sucres indigènes)	127.700.000
Total égal.	178.700.000 fr.

§ 3. *Autres recettes.*

Parmi les autres recettes du budget, nous n'avons d'objections à présenter que sur un petit nombre de points.

PRODUITS DES MONOPOLES

Droit sur les allumettes. — La redevance sur la vente des allumettes chimiques figure au budget de 1890 pour le chiffre actuellement payé par la Compagnie concessionnaire du monopole.

Cette évaluation a été ainsi faite, malgré la dénonciation du traité de concession, parce que, quelle que soit la combinaison à substituer à l'exploitation actuelle, le Gouvernement considère que la redevance payée par la Compagnie constitue un minimum assuré.

Produits du Journal officiel. — L'article 4 de la loi de finances du 29 décembre 1888 a autorisé l'insertion dans le *Journal officiel* d'annonces commerciales payées. Aucune prévision de recettes n'ayant été inscrite au budget des recettes de l'exercice 1889, la Commission des finances du Sénat a demandé à l'Administration de l'Intérieur l'évaluation du produit probable pour 1889. Une note du 11 décembre 1888 fixait ce produit à 286.195 francs ; mais votre Commission, pensant que l'application de la mesure rencontrerait au début certaines difficultés, a réduit ce chiffre à 130.000 francs.

Jusqu'au 15 mai 1889, le produit réel des annonces commerciales ne s'est élevé qu'à 5.580 fr. 70. D'après les renseignements qui nous ont été fournis per l'administration des journaux officiels, il est à prévoir que la recette totale de l'année ne dépassera pas 40.000 francs. C'est pour

ce motif que la prévision de recettes de 1890 est rabaissée
à ce chiffre.

Les conditions et le tarif des annonces dont il s'agit
ont été réglés, conformément aux dispositions de l'article 4
de la loi du 29 décembre 1888, par un arrêté ministériel du
2 janvier 1889 qui, s'inspirant des motifs indiqués par
votre Commission lors de la discussion du budget de 1889,
« excluait en principe les annonces inconvenantes dans le
« fond ou dans la forme, les réclames financières et les
« annonces dont les termes paraissent supposer un patro-
« nage quelconque de l'État. »

L'Administration applique la mesure nouvelle avec
beaucoup de prudence et de réserve. C'est le motif pour
lequel les recettes ne peuvent pas recevoir rapidement
l'extension prévue primitivement.

RECETTES D'ORDRE.

Amendes et condamnations. — Parmi les produits
classés au titre des recettes d'ordre parmi les condamnations
pécuniaires, notre attention s'est portée sur les condamnations en matière de presse. Nous aurions voulu savoir quel
est l'importance de ces condamnations et comment s'opère
le recouvrement des sommes dues au Trésor. L'Administration ne possède pas de renseignements statistiques à cet égard.
Nous avons pu seulement nous les procurer pour le département de la Seine. En voici le résultat pour les exercices
1883 à 1887.

Nombre des condamnations pécuniaires . . . 165
Nombre des condamnations recouvrées . . . 83
Nombre des condamnations non recouvrées . 82

Montant des sommes à recouvrer. . . . 53.250 fr. 70
   —   —   recouvrées . . . 21.266 59
   —   —   non recouvrées. 30.984 11

Ainsi, plus de la moitié des condamnations à des amendes ou à des frais de justice en matière de presse reste sans exécution. Le Trésor perd de ce chef des sommes relativement importantes.

Ce résultat est dû à l'insuffisance des garanties exigées par la législation sur la presse.

C'est, semble-t-il, une raison à ajouter à tant d'autres pour en entreprendre la revision.

Retenues pour pensions. — Une disposition particulière vous est proposée au sujet de la perception, sur la solde des officiers, de la retenue au profit du service des pensions. Elle a pour objet de prévenir une diminution de 380.000 fr. dans le produit actuel de cette retenue. Nous vous en rendrons compte dans la section relative aux articles de la loi de finances.

CHAPITRE V

Équilibre du budget.

L'équilibre du budget est le problème de chaque loi de finances. Il y a deux manières d'en rechercher la solution.

La première serait de placer toutes les dépenses de l'exercice, ordinaire ou extraordinaire, en regard des ressources de l'année. C'est le procédé anglais. Lorsque les recettes ordinaires sont insuffisantes, la différence est acquittée au moyen de l'excédent du fonds consolidé, de la surtaxe de l'income-tax ou d'autres impôts, et enfin de l'emprunt temporaire, puis de l'emprunt en rentes consolidées.

La seconde manière est celle des budgets français.

L'équilibre ne s'établit dans la loi annuelle de finances qu'entre les dépenses ordinaires et les recettes ordinaires. Il est pourvu par des moyens de trésorerie aux payements des dépenses extraordinaires.

C'est le premier procédé qui fait seul ressortir avec exactitude le bilan des prévisions financières de l'exercice. Si on l'appliquait au budget de 1890, il n'y aurait pas équilibre, puisque le total des dépenses du budget ordinaire et celles qui n'y figurent pas excèdent le montant des recettes ordinaires de l'exercice. Mais on a considéré, sous tous les régimes, que les dépenses qui ne sont pas destinées à assurer la marche normale des services de l'État et qui ont pour but de parer à des nécessités temporaires d'intérêt général, comme les grands travaux publics ou les dépenses exceptionnelles de guerre, ne devaient pas être à la charge des ressources périodiques, qu'elles devaient être laissées en dehors du budget ordinaire et être demandées à l'emprunt. C'est pourquoi l'équilibre du budget de 1890 ne s'établit que par la comparaison des recettes avec les dépenses ordinaire.

A ce point de vue, l'équilibre paraît assuré.

Les dépenses ordinaires qui sont proposées sont de 3.045.962.874

Les recettes ordinaires s'élèvent à . . 3.046.417.120

L'excédent des recettes est de. 454.246

Les dépenses admises par votre Commission ont été soumises à un examen attentif. Le Gouvernement et la Chambre des Députés ont tenu compte des observations si fréquemment présentées au Sénat sur la nécessité de ne pas imposer aux dotations originaires des réductions excessives conduisant à des crédits supplémentaires en cours d'exercice. Plusieurs de ces dotations ont été, en conséquence, relevées dans le projet de budget de 1890. Nous avons lieu de penser que, sauf les événements impossibles à prévoir, ces crédits supplémentaires ne troubleront pas sérieusement l'équilibre.

La situation sur ce dernier point s'est considérablement améliorée. D'après la dernière situation rectifiée de l'administration des finances, la décroissance des crédits additionnels sur ressources générales a suivi (annulations déduites) la progression ci-après :

1879	177	millions
1880	48	—
1881	124	—
1882	158	—
1883	17	—
1884	53	—
1885	111	—
1886	46	—
1887	9	—

Pour 1888, les crédits supplémentaires demandés à ce jour s'élevent à 44 millions de francs. Mais il y a lieu d'en déduire les annulations restant à opérer en fin d'exercice qui atteindront probablement le chiffre moyen de 50 millions de francs.

Pour 1889, les crédits supplémentaires demandés à ce jour sont, déduction faite des annulations et des crédits imputables sur des ressources exceptionnelles non prévues au budget de 39.055.282 francs.

L'exercice 1890, mieux doté que les exercices antérieurs, ne supportera pas une charge plus élevée que ces derniers. Il est essentiel, seulement, nous ne saurions trop le répéter, que les Chambres ne cèdent pas à la tentation. à laquelle le Gouvernement et l'initiative parlementaire les exposent sans cesse, de voter des lois qui engagent des dépenses nouvelles dépourvues de dotations dans le budget.

Les recettes, qui forment la contre-partie des dépenses admises, ont été évaluées avec une précision suffisante pour que leur rendement soit assuré. Les développements que nous avons consacrés précédemment à cette partie du budget de 1890 en portent le témoignage.

Il suffit de rappeler ici que les taxes indirectes ont été calculées, suivant la règle classique, sur les recouvrements de l'année 1888, déduction faite de la bissextile. Or, le mouvement de hausse qui s'est manifesté depuis un certaiu temps dans le produit dos impôts, et qui a fait bénéficier l'exercice 1888 d'une plus-value d'environ 26 millions sur les prévisions budgétaires, se continue. Les cinq premiers mois de 1889 présentent une augmentation de 16 millions et demi sur les évaluations du produit des départements de la France (Algérie non comprise), ils sont également en hausse de 21 millions sur les recettes des mois correspondants de 1888. On peut donc espérer que les évaluations de 1890 seront complètement atteintes.

Situation des exercices 1888 et 1889. — La situation du budget ordinaire des exercices 1888 et 1889 est la suivante :

Au 1ᵉʳ février 1889, celle de l'exercice 1888 se réglait en recettes à . . . . 3.054.178.267 fr. 94
et en dépenses à 3.060.664.883   63

Excédent de dépenses. . . . .   6.486.615 fr. 69

Mais les opérations de régularisation à effectuer jusqu'au 30 novembre 1889 et les annulations de crédit à prévoir pour une somme de 40 millions permettent de compter sur un excédent probable de recettes de 34 millions de francs (projet du budget de 1890, p. 30).

Au 1ᵉʳ mai 1889, la situation du budget ordinaire de l'exercice 1889 était, en recettes, de. 3.034.654.470 fr. 58
et en dépenses, de 3.043.819.125   37

Excédent de dépenses. . . . .   9.164.654 fr. 79

CHAPITRE VI

Amortissement.

La dette consolidée de la France absorbe annuellement 739 millions de francs pour le service des arrérages. Les intérêts de la dette remboursable à terme sont compris dans le budget de 1890 pour 268 millions. C'est une charge considérable représentant le tiers des recettes ordinaires de l'exercice. Tous nos efforts doivent tendre à l'amortir. A une époque où la dette française était seulement dans la proportion du quart du revenu, M. Thiers disait déjà que « l'amortissement renfermait la destinée financière d'un pays et il ajoutait que « la destinée financière d'un pays est presque toute sa destinée. » (Chambre des Députés, 11 janvier 1831.) Malgré les charges effroyables auxquelles elle a dû subvenir après la guerre, malgré les dépenses considérables qu'elle s'est imposées pour développer la puissance économique du pays, la République n'a pas manqué à ce devoir. Elle a, depuis 1871, remboursé, sur le capital de la dette, une somme de 3 milliards 86 millions. (Rapport général de 1888, p. 88 ; Rapport de la Commission du budget de la Chambre des Députés de 1890, p. 77). Malheureusement, les ressources du Trésor ont été diminuées par les 300 millions de dégrèvements et par la persistance de la crise, qui a réfléchi sur le produit des impôts. Il n'a pas été possible de maintenir à la dotation de l'amortissement l'étendue qu'elle aurait dû conserver. Elle profitera néanmoins, en 1888, d'un excédent de recettes assez important.

Pour 1890, le crédit du chapitre 3 se trouve relevé et les amortissements partiels contenus dans les annuités des différents chapitres du budget montent à 105 millions.

C'est donc une somme totale de 105.000.000 francs qui servira à rembourser une partie de la dette amortissable.

Voici le tableau des amortissements opérés depuis 1882 et ceux qui sont proposés pour 1890.

CHAPITRES	DÉSIGNATION DES DÉPENSES	En 1882
		fr.
	MINISTÈRE DES FINANCES	
3	Intérêts et amortissement des obligations à court terme.	104.868.800
4	Intérêts des obligations émises pour la garantie d'intérêts aux Compagnies de chemins de fer.	»
5	Rentes 3 0/0 amortissables par annuités	10.125.500
6	Intérêts et amortissement des obligations trentenaires	1.443.000
7	Intérêts et amortissement des obligations émises pour l'achèvement des chemins vicinaux, la construction des établissements scolaires et les dépenses du budget extraordinaire.	1.650.000
8	Intérêts et amortissement de l'emprunt contracté par le Gouvernement sarde pour l'amélioration de l'établissement thermal d'Aix.	»
9	Rachat de concessions de canaux	19.091
10	Annuités aux Compagnies de chemins de fer	3.046.369
11	Annuités aux Compagnies de chemins de fer pour garanties d'intérêts afférentes aux années d'exploitation 1871 et 1872	998.949
12	Annuité à la Compagnie algérienne.	35.000
13	Annuités aux départements, aux villes et aux communes, pour remboursement d'une partie des contributions extraordinaires et réparation des dommages résultant de la guerre	825.500
14	Annuités pour réparation des dommages causés par le génie militaire.	7.550.000
15	Annuités de remboursement aux communes et aux départements des avances faites pour le casernement.	700.000
16	Annuité à la Compagnie des chemins de fer de l'Est.	6.484.917
17	Annuités de conversion de l'emprunt Morgan.	230.534
35	Annuités à la Caisse des dépôts et consignations pour le service des pensions aux anciens militaires de la République et de l'Empire	4.728.856
36	Annuités à la Caisse des dépôts et consignations pour le service des suppléments de pensions aux anciens militaires et marins et à leurs veuves.	2.392.000
		2.004.000
	MINISTÈRE DE L'INSTRUCTION PUBLIQUE	
59	Remboursement par annuités à la Caisse des lycées, etc.	4.515.000
	MINISTÈRE DES TRAVAUX PUBLICS	
28	Annuités aux Compagnies de chemins de fer (conventions antérieures à celles de 1883).	371.000
29	Annuités aux Compagnies de chemins de fer (conventions nouvelles approuvées par la loi du 20 novembre 1883)	»
41	Remboursements des avances affectées aux travaux de rectification des routes nationales.	100.000
45	Amélioration des canaux de navigation (Givors)	»
47	Remboursement des avances affectées aux travaux d'amélioration des rivières, canaux et ports.	»
60	Remboursement des avances affectées aux travaux d'amélioration des ports en Algérie	»
	MINISTÈRE DE L'INTÉRIEUR	
23	Annuité à payer au Crédit foncier. (Loi du 22 juillet 1887)	»
	MINISTÈRE DE L'AGRICULTURE	
48	Forêts. Reboisement. Avances faites à l'État pour le payement immédiat des prix de terrains maintenus dans les anciens périmètres de reboisement.	»
	MINISTÈRE DU COMMERCE ET DE L'INDUSTRIE	
	SERVICE DES POSTES ET TÉLÉGRAPHES	
9	Construction des hôtels	»
	TOTAUX.	152.088.516

En 1883	En 184	En 1885	En 1886	En 1887	En 1888	En 1889	En 1890
fr.	fr.	fr.	fr.	fr.	fr.	fr.	fr.
140.280.400	104.942.751	101.805.512	100.000.000	19.478.857	15.171.400	5.800.000	26.400.000
»	»	»	»	»	»	»	»
10.125.500	20.672.000	23.789.000	23.789.000	23.789.000	23.789.000	23.789.000	23.789.000
1.812.000	1.642.500	1.708.000	1.776.500	1.847.500	3.901.500	4.253.000	2.250.000
1.513.500	1.800.000	1.850.000	1.900.000	2.000.000			
»	»	1.684.750	5.269.823	5.427.917	5.590.754	5.758.477	5.931.232
20.345	20.600	22.900	23.200	24.500	25.800	27.164	28.522
1.821.897	2.126.400	2.211.400	2.299.900	2.391.900	2.487.500	2.587.993	2.691.513
1.044.622	1.093.000	1.143.000	1.195.000	1.250.000	1.546.600	1.769.224	1.888.114
37.000	40.000	42.000	44.500	47.500	50.000	53.517	56.762
869.400	915.700	964.400	1.015.600	1.069.700	1.126.560	1.186.483	1.249.591
7.900.000	8.300.000	8.750.000	9.150.000	9.650.000	10.177.000	10.650.000	11.275.500
800.000	800.000	900.000	900.000	950.000	1.009.000	1.050.000	1.100.000
6.812.308	7.156.200	7.517.500	7.897.100	7.321.100	4.908.100	2.634.774	462.346
245.204	261.500	277.800	295.500	314.300	334.300	355.037	377.630
4.919.902	5.118.700	5.325.500	5.540.600	5.764.500	5.997.340	6.239.626	6.491.707
2.488.000	2.586.000	2.690.000	2.800.000	2.914.000	3.032.000	3.096.000	3.219.000
2.086.000	2.170.700	2.258.800	2.350.500	2.446.000	2.545.300	2.648.634	2.756.180
4.650.000	6.700.000	7.000.000	4.711.000	4.711.000	4.711.000	4.711.000	4.711.000
464.000	472.000	520.000	547.000	575.000	372.000	481.000	520.000
»	»	101.250	205.300	263.900	319.172	511.000	720.000
100.000	100.000	100.000	100.000	100.000	100.000	100.000	100.000
»	»	»	500.000	164.000	170.000	176.075	183.119
»	»	»	»	2.386.000	3.954.406	4.951.250	6.923.000
466.000	473.000	480.000	488.000	495.000	1.057.258	1.062.969	994.153
»	»	»	»	»	»	3.457	3.615
»	»	»	»	»	»	977.969	1.021.978
»	»	»	»	»	»	33.177	34.517
188.456.078	167.391.051	171.141.812	172.798.523	95.381.674	92.375.990	84.246.826	103.178.000

Bien que nos budgets actuels s'équilibrent à l'aide des ressources d'emprunt, nous estimons, avec la Commission du budget de la Chambre des Députés, qu'il est néanmoins nécessaire de maintenir énergiquement la dotation de l'amortissement. « Sans doute, disait M. Humann, l'amortissement est illusoire quand on emprunte pour amortir. Cependant, il faut repousser la doctrine des amortissements avec les seuls excédents de recettes. Là où il est établi en principe que l'on ne réduira la dette que quand il y aura surabondance de ressources, on ne la réduit jamais. Toujours des besoins prétendus se produisent, et les recettes, à quelque somme qu'elles s'élèvent, sont employées à d'autres destinations. L'amortissement est un engagement de probité et doit tenir le premier rang parmi les services publics. »

Nous ne pouvions pas espérer que le budget de 1890 réaliserait à cet égard la réforme désirable. Mais il est souhaitable et il est permis d'espérer que pour le budget suivant, les ressources nécessaires à l'augmentation du fonds d'amortissement sauront être obtenues.

CHAPITRE VII

Trésorerie.

La Trésorerie, dans notre organisation financière, est comme le pivot de toutes les opérations budgétaires. C'est elle qui doit fournir au Ministre les avances dont il a besoin pour répondre aux nécessités de son administration et établir l'équilibre constant entre les rentrées de l'impôt et les dépenses publiques.

Pour remplir convenablement sa mission, il faut que la Trésorerie ait des moyens suffisants de se procurer à tout instant les ressources qui peuvent devenir subitement nécessaires. Elle ne le peut, en dehors de l'impôt, que par le crédit. Mais le crédit est un instrument délicat dont le maniement exige une grande habilité.

Les financiers autorisés ont toujours tenu pour nécessaire de laisser à la Trésorerie une latitude très grande, en mettant à sa disposition une série de moyens différents auxquels elle ait la possibilité de demander ses avances. Plus en effet ces sources de crédit sont variées, et plus il est facile d'obtenir un intérêt réduit.

La direction du mouvement des fonds réalise de ce chef, en maintes circonstances, des économies qui, pour ne pas apparaître dans le budget, n'en constituent pas moins de fructueuses opérations pour l'État.

Sans doute, il n'est pas utile et il est même dangereux que ces disponibilités dépassent la mesure. L'afflux excessif des capitaux est une excitation à la dépense et conduit à l'accroissement de la dette. On en a fait l'expérience avec les dépôts des Caisses d'épargne. Mais ce serait une faute de tomber dans l'excès contraire et de vouloir trop resserrer, sous prétexte de prudence, les disponibilités de la Trésorerie.

Ces disponibilités ont aujourd'hui leur origine dans les services de la dette flottante et dans certains services spéciaux du Trésor. Les principales proviennent des émissions d'obligations ou de bons du Trésor et des comptes courants.

Votre Commission a voulu se rendre compte de la situation de chacun de ces éléments.

Obligations à long terme. — Les obligations du Trésor sont à long terme ou à court terme ; elles s'approprient à des emplois de fonds différents.

L'émission des obligations dites trentenaires, placements à longue échéance, a été autorisée en 1877, en 1885 et en 1889 pour l'exécution des travaux publics et les dépenses scolaires ou vicinales. Le capital dont l'émission est autorisée s'élève à . . . . 421 millions.

Il en a été émis jusqu'à ce jour (1er juin 1889) . . . . 313 —
dont il a été remboursé . . . . 34 —

Les obligations restant à placer sont donc de . . . . 108 millions.

Ces titres ont été à l'origine placés par souscription publique ou par des négociations à des maisons de banque. En dernier lieu, ils ont été négociés au pair ou même au-dessus du pair aux Caisses d'épargne et à la Caisse des retraites.

Obligations à court terme. — Les obligations à court terme ou bons sexennaires servent depuis l'ouverture du compte de liquidation, à payer les dépenses extraordinaires, de la guerre, les dépenses scolaires ou vicinales, les garanties d'intérêt, et à renouveler les bons échus non remboursés en cas d'indifférence du crédit budgétaire.

L'émission totale à ce jour (1er juin 1889) est de . . . . 2.050 millions.
(y compris les renouvellements).

L'amortissement a réduit ce chiffre de. . . . . 1.291 —

Il reste donc en circulation . . . . . . 759 —
Il reste à émettre, en vertu des lois votées . . . . 69 —
Mais la Trésorerie demande l'autorisation d'en émettre en 1890 pour . . . . 212. —

Ce qui élève la circulation à. . . . . 1.040 —

dont il y a lieu de déduire les remboursements à effectuer sur les bons venant à échéance en septembre 1889 et en 1890, jusqu'à concurrence de 180 millions.

Les bons sexennaires correspondent à des placements à brève échéance. Ils ne conviennent généralement pas à l'épargne. On les négocie principalement à des établissements de crédits et à la Caisse des consignations.

Bons du Trésor. — Les bons du Trésor ont encore plus que les bons sexennaires le caractère de titres servant à des opérations de banque. Ils sont émis en général à quelques mois de date (3 mois à 1 an) et non pas à un intérêt fixe (taux ordinaire 1 à 1/2 0/0).

C'est un emploi transitoire pour des capitaux en quête de placements définitifs. La facilité de relever où de baisser l'intérêt est pour le Ministre le moyen de restreindre ou d'augmenter les dépôts suivant ses besoins.

Le maximum de la circulation est fixé, depuis plusieurs années, à 400 millions, chiffre proposé pour 1890. Mais la circulation réelle ne dépasse pas la moitié de ce chiffre. Le maximum a été de 77 millions en 1887 et de 96 en 1888. Il paraît devoir en être de même pour 1889.

Comptes courants. — Les comptes courants sont ouverts par la Trésorerie à divers particuliers ou établissements publics pour recevoir les fonds dont le dépôt a été autorisé ou prescrit par la loi.

Les comptes courants servant au placement des fonds des communes, des établissements publics et de la ville de Paris s'élevaient, au 1ᵉʳ janvier 1889 à 309 millions, productifs d'intérêt au taux maximum de 2 0/0 (Loi du 16 janvier 1888). Ils sont remboursables à mesure des besoins des différents services que ces dépôts concernent. Mais ce n'est pas un moyen de trésorerie efficace pour augmenter, le cas échéant, les disponibilités de la dette flottante.

La Caisse des dépôts et consignations a un compte ouvert avec le Trésor pour y verser : 1° ses fonds libres de toute nature au taux d'intérêt de 3 0/0 (Décision ministérielle des 16 août 1827 et 6 janvier 1860) ; 2° les fonds provenant des déposants aux Caisses d'épargne, au taux d'intérêt de 4 0/0, sans que le maximum des dépôts puisse aujourd'hui dépasser 100 millions (Lois des 31 mars 1837 et 26 février 1887) ; 3° les fonds provenant des déposants à la Caisse d'épargne postale, au taux d'intérêt de 3 fr. 25 0/0, avec un maximum de 50 millions (Lois des 9 avril 1881 et 26 février 1887) ; 4° les fonds non employés de la Caisse des retraites pour la vieillesse, à un taux d'intérêt actuellement variable (Loi du 20 juillet 1886 et décision du 21 décembre 1887), sans que le maximum dépasse 50 millions (Loi du 28 février 1887).

Au 1er janvier 1889, le solde créditeur au profit de la Caisse s'élevait à 401 millions.

Compte courant des fonds libres. . . . 265 millions.
Caisses d'épargne privées. . . . . 41 —
Caisses d'épargne postales . . . . 46 —
Caisses de la vieillesse . . . . 49 —

La Banque de France a également un compte courant avec le Trésor. Il est alimenté avec les fonds non employés par l'Etat, à Paris et dans les départements, au service des dépenses publiques. Le solde en faveur du Trésor était au 1er janvier 1889 de 263 millions. Il se compense, pour l'exigibilité des intérêts, avec les avances permanentes de 140 millions faites à l'Etat par la Banque en vertu du traité du 10 juin 1857 et de la loi du 13 juin 1878.

Enfin l'Etat a, avec les trésoriers généraux, des comptes courants dont les disponibilités en faveur du Trésor peuvent facultativement s'élever à un chiffre indéterminé. Le montant de ces comptes oscille généralement autour de 50 à 60 millions dans les circonstances ordinaires, mais il peut, au moyen d'une légère variation dans le taux d'intérêt, atteindre le double ou le triple de ce chiffre.

Voici la situation des services spéciaux et de la dette flottante dans lesquels viennent se résumer les principales opérations de la trésorerie.

Le montant de la dette a été établi au 1er juin 1889.

Quant aux services spéciaux dont le chiffre ne peut être déterminé qu'à l'aide du dépouillement des écritures de tous les comptables, la situation ne peut en être donnée qu'à la date du 1ᵉʳ janvier dernier.

— 58 —

I. — SERVICES SPÉCIAUX

(Situation au 1er janvier 1889.)

D´ SIGNATION DES COMPTES	SOLDES	
	DÉBITEURS	CRÉDITEURS
Capitaux de cautionnements en numéraire	»	306.751.963 15
Services départementaux de l'Algérie	»	8.486.028 46
Service local des colonies	»	14.377.209 53
Avances faites par l'Etat au service local des colonies	2.003.237 99	»
Caisse de réserve du service local des colonies	»	7.482.971 25
Prêts faits à l'industrie. (Loi du 1er août 1860)	2.051.262 41	»
Fonds de concours pour dépenses d'intérêt public. (Arrêté du 6 juin 1863.)	»	17.996.796 85
Avances à la caisse des chemins vicinaux	254.627.903 76	»
Caisse des lycées, collèges et écoles, S/C de subventions imputables sur la dette flottante.	67.651.272 20	»
Avances à la caisse des lycées, collèges et écoles. (Subvention extraordinaire.)	»	4.194.518 90
Avances à la caisse des lycées, collèges et écoles. (Avances remboursables)	180.624.066 13	»
Subventions et avances allouées à partir de 1885 pour l'achèvement des chemins vicinaux et la construction des établissements scolaires.	23.639.023 94	»
Fonds affectés au payement des intérêts et au remboursement des obligations émises pour l'achèvement des chemins vicinaux et la construction des bâtiments scolaires.	»	23.415.787 12
Liquidation de la dernière liste civile et du domaine privé, S/C provisoire. (Décision ministérielle du 30 septembre 1870.)	134.456 »	»
Trésor public, S/C d'opérations faites par la liste civile impériale pour le compte de l'Etat	843.684 88	»
Réorganisation des défenses de Calais	6.760.723 46	»
Produit de l'émission des obligations du Trésor à court terme autorisée par les lois de finances de 1885	»	148.548 73
Produit de l'émission des obligations du Trésor à court terme autorisée par les lois de finances de 1887	»	1.094.340 93
Produit de l'émission de 500 millions en rentes 3 p. 0/0 (Emission de 1886.)	»	2.686.605 80
Caisse des Dépôts et Consignations, S/C d'avances pour les suppléments de pensions	»	55.431.405 87
Avances faites au Trésor par la Banque de France . .	»	485 45
Avances aux compagnies de chemins de fer français pour garanties d'intérêts . . . . : . . .	179.833.511 10	»
Avances aux compagnies de chemins de fer algériens pour garanties d'intérêts	37.553.459 13	»
Avance au service de la propriété individuelle indigène en Algérie	2.597.638 89	»
Fonds versés par la ville de Paris pour l'expropriation de la caserne Nicolaï	»	2.125.000 »
Fonds de concours pour l'Exposition universelle de 1889	»	59.785 74
TOTAUX.	708.320.539 84	444.251.447 78
Excédent des soldes débiteurs sur les soldes créditeurs	264.069.092 06	

II. — Dette flottante.

(Situation au 1er juin 1889).

DÉSIGNATION DES COMPTES COMPOSANT LA DETTE FLOTTANTE au 1er juin 1889	
DETTE PORTANT INTÉRÊTS	
Trésoriers-payeurs généraux, L/C d'avances envers le Trésor. . .	50.731.000
— L/C de versements anticipés	
Fonds des communes (Départements)	218.525.000
Fonds des établissements publics (Départements)	
Fonds de la Ville de Paris, S/C n° 1.	30.000.000
— S/C n° 2 . . . . . , ...	21.000.000
Fonds de divers établissements de Paris	13 217.200
Administration des tontines	30.6 0
Ministère de l'instruction publique, S/C de fondations anglaises, écossaises et irlandaises.	55.900.
Caisse des dépôts et consignations, S/C courant.	802.471.000
Caisse des dépôts, S/C de fonds non employés des caisses d'épargne.	80.618.800
— — de la caisse d'épargne postale	48.844.500
Caisse des dépôts, S/C de fonds non employés de la caisse nationale des retraites pour la vieillesse.	49.486.200
Gouvernement beylical, S/C de fonds déposés.	6.945.500
Service des pompes funèbres, S/C courant.	
Crédit foncier de France, S/C courant.	4.700
Capitaux des bons du Trésor en circulation	31.186.800
TOTAL de la dette portant intérêts. . . .	853.116.800
DETTE SANS INTÉRÊTS	
Fonds libres sur correspondants du Trésor et sur avances	31.847.600
Imprimerie nationale	1.500.000
Fonds déposés par les divers corps de troupe de terre et de mer.	18.000.000
Fonds déposés sans intérêts par les communes et établissements publics des départements.	24.178.700
Trésorier-général des invalides de la marine.	5.134.500
Bons échus sans intérêts depuis l'échéance. . . . . :	953.600
Mandats des trésoriers-payeurs généraux sur le Trésor.	1.908.300
— des divers comptables et correspondants sur le Trésor. .	9.715.600
— du Trésor sur les trésoriers-payeurs généraux	100
TOTAL de la dette sans intérêts. . . .	88.238.400
TOTAL GÉNÉRAL de la dette. . . .	941.355 200

Le montant actuel de la dette flottante n'excède pas la moyenne des exercices antérieurs. Elle ne dépasse pas les possibilités du budget, si l'on considère surtout que la plupart des avances qui en font partie ne sont pas sujettes à des demandes de remboursement immédiat.

Les intérêts dus au Trésor par certains services débiteurs de la dette flottante se compensent, dans les écritures du Trésor avec les intérêts dus par l'État à d'autres services. Ces recettes ont été de 7.700.000 fr. pour 1887 et de 7.200.000 fr. pour 1888.

Votre Commission des finances de 1886 avait critiqué ce procédé et demandé que chacune des opérations figurât dans les comptes budgétaires (Rapport général du 24 juillet 1885). Le Gouvernement n'avait pas tenu compte de cette observation. Il y a été donné satisfaction cette année par la Commission du budget de la Chambre. Les intérêts passifs sont ajoutés au crédit demandé pour le service de la dette et les intérêts actifs sont classés au titre des produits divers du budget. Ils sont prévus par 6.600.000 francs.

Disponibilités. — Les disponibilités qui appartiennent à la trésorerie sont satisfaisantes. Elles se constituent ainsi :

1° Reliquat à émettre sur les bons du Trésor	369.000.000
2° Reliquat à émettre sur les bons sexennaires	69.000.000
3° Reliquat à émettre sur les obligations à long terme	108.000.000
4° Compte courant de la Banque . . .	176.000.000

Ces sommes assurent la marche du service contre les éventualités de la gestion courante du Trésor.

CHAPITRE IX

Budget sur ressources spéciales.

Le budget sur ressources spéciales a été créé en 1862 pour séparer des dépenses de l'État les dépenses communales et départementales qui s'y trouvaient antérieurement confondues.

Tel qu'il est aujourd'hui constitué, il distrait, en effet, du budget général, les recettes départementales [et municipales qui proviennent des centimes additonnels sur les quatre contributions directes. Mais il comprend aussi quelques fonds d'État spéciaux, tels que les fonds de secours et de non valeurs qui se rapportent tout à la fois au budget de l'Etat et aux budgets départementaux ou communaux. D'un autre côté, il ne présente pas l'intégralité des ressources locales, notamment les revenus patrimoniaux et l'octroi, et par conséquent il ne donne pas une idée exacte de la situation financière des communes et des départements.

Le Gouvernement avait proposé, en 1888, de supprimer le budget sur ressources spéciales en donnant aux budgets locaux une autonomie complète et en portant les fonds de secours ou de non valeurs à un compte spécial du Trésor. Le Sénat n'a point accepté cette proposition qui avait; en la forme dans laquelle elle était présentée, le double inconvénient de diminuer l'action directe du Parlement sur les centimes additionnels et de soustraire les fonds d'État aux règles de la comptabilité budgétaire. (Séance du 12 juin 1888.) Il est permis de penser que des améliorations utiles pourraient être autrement réalisées.

Quoi qu'il en soit, le budget sur ressources spéciales soumis pour 1890 à votre approbation se compose en recettes, comme ceux des années antérieures, de trois parties :

1. Les fonds pour dépenses départementales obtenus par des centimes additionnels établis, suivant leur distinction, sur les quatre contributious directes ou seulement sur quelques-unes d'entre elles. Ils s'élèvent à . . . . 178.528.880 fr.

2° Les fonds pour dépenses communales, réalisés par le même moyen et montant à 185.829.308

3° Les fonds d'État spéciaux provenant de centimes additionnels pour secours à l'agriculture. . . . . . 2.461.480 fr.

Pour non valeurs et frais de rôle 19.967 840

De contributions pour bourses de commerce. 1.368.000

Pour frais de réimposition et de rôles extraordinaires 2.093.700

                25.891.020 fr.   25.891.020

Ensemble . . . . : 390.249.208 fr.

En y ajoutant la taxe de premier avertissement 433.700

On obtient pour le total du budget. . 390.682.908 fr.

Ces centimes additionnels sont ainsi répartis entre les quatre contributions :

Impôt foncier. Propriétés non bâties. 137.294.733 fr.
    —   Propriétés bâties. . . 74.639.893
Personnelle mobilière. 71.419.198
Portes et fenêtres. 34.394.173
Patentes. 72.504.212

Comparés avec le budget de 1889, ils présentent les augmentations suivantes :

Impôt foncier. Propriétés non bâties..	4.123.784 fr.
— Propriétés bâties . . .	3.249.355.
Personnelle et mobilière	1.745.182
Portes et fenêtres	723.633
Patentes	635.987
Total.	10.477.938 fr.

Ces augmentations sont elles-mêmes ainsi divisées :

Fonds pour dépenses départementales.	1.720.000 fr.
— communales. . .	2.644.140
Secours spéciaux à l'agriculture. . . .	26.950
Fonds de non-valeurs.	5.829.558
Fonds de réimpositton	255.600
Confection de rôles extraordinaires . .	500
Total.	10.477.938 fr.

Les augmentations relatives aux fonds des dépenses communales et départementales sont la conséquences des rôles de l'exercice 1889. Celle qui concerne le fonds de non-valeur a une cause particulière qui doit être expliquée.

Le fonds de non-valeurs a été établi successivement sur le principal des trois contributions foncière, personnelle-mobilière et des portes et fenêtres, dans le but d'accorder des dégrèvements aux contribuables indûment ou irrégulièrement cotisés et de distribuer des secours aux individus ayant subi des pertes extraordinaires par suite de grêle, gelée, incendie et autres événements fortuits.

Depuis l'exercice 1869, il n'existe plus qu'un seul fonds de non valeur pour les trois impôts de répartition.

A partir de 1853, les centimes additionnels pour non-valeurs, qui jusque là n'avaient porté que sur le principal de l'impôt, ont été assis également sur les impositions départementales et communales, afin de faire participer ces impositions aux dégrèvements accordés (Loi du 8 juillet 1852, art. 16).

Les ressources du fonds s'en sont trouvés sensiblement accrues et sont devenues supérieures aux besoins. Aussi les excédents du produit sur les dépenses, après avoir été reportés d'année en année, à raison de leur affectation spéciale, ont atteint, en 1862, le chiffre de 10.942.382 fr. 25. Une loi du 13 mai 1863 a prescrit au profit du Trésor un prélèvement de 6 millions. Un second prélèvement de 7 millions a encore été opéré en 1866, conformément à la loi du 18 juillet de la même année.

En présence de ces excédents, la quotité du fonds de non-valeurs, qui était de 1 centime pour les contributions foncière et personnelle-mobilière, et de 3 centimes pour celle des portes et fenêtres, a été fixé, à partir de 1864, à huit dixièmes de centime pour les deux premières contributions et à deux centimes quatre dixièmes pour la troisième (Loi du 5 mai 1863). Mais, en 1871, par suite des dégrèvements plus considérables occasionnés par l'invasion allemande, on revint à l'ancien taux (1 cent. et 3 cent.), qui a continué d'être appliqué jusqu'à présent.

Le produit annuel des centimes additionnels est en moyenne de 8 millions et demi; mais ce produit est ordinairement absorbé par le service des dégrèvements ordinaires. Les dégrèvements de la dernière année l'ont même dépassé de 1.351.000 fr. et on estime qu'il est prudent de compter sur la persistance de ce déficit. Quant à la réserve, elle était réduite au 1er janvier 1888 à 4.668.941 francs; par suite du déficit ci-dessus, elle se trouve ramenée à 3.317.941 francs.

Or, le fonds de non-valeurs a été chargé, par la loi du 1er décembre 1887, de supporter les exemptions d'impôts accordées aux terrains replantés en vignes dans les arrondissements phylloxérés. Ces exemptions d'impôt avaient été calculées d'après la marche des reconstitions du vignoble français à cette époque. Mais la replantation ayant très heureusement dépassé toutes les prévisions, il en est résulté que la charge est devenue plus considérable. Pour 1888, elle s'élève à 1.605.000 francs, au lieu du chiffre prévu de 1.124.000 francs.

Le prélèvement en a été fait sur la réserve de 3 millions 317.941 francs qui, au 1ᵉʳ janvier 1889, était réduite à 1,712.941 francs.

L'année 1889 aura à faire face au déficit probable sur les dégrèvements ordinaires. . . . . 1.351.000 fr.
et à la charge de l'exonération de l'impôt
des vignes replantées, évaluée 2 millions . . 2.000.000

Ensemble. . . . . 3.351.000 fr.

La réserve n'étant plus que de 1.712.941

l'année 1889 est en déficit de . . . . 1.638.059 fr.

Pour 1890, dont le budget vous est soumis, les insuffisances seront, pour les dégrèvements ordinaires, de 1.351.000 fr. ⎫
et pour l'application de la ⎬ 3.851.000
loi de 1887, de . . . . . . 2.500.000 ⎭

Soit une insuffisance totale de. . . . . 5.489.059 fr.

Cette insuffisance avait été prévue dans le rapport que nous avons eu l'honneur de présenter au Sénat, au nom de la Commission des finances, le 3 novembre 1887, sur les effets de l'application du projet qui est devenu la loi du 1ᵉʳ décembre 1887.

« Il est certain, disions-nous, que le reliquat disponible du fonds de non-valeurs sera complètement absorbé, « dans peu de temps, par l'imputation des dégrèvements « proposés. Il est non moins évident que le fonds de non-« valeurs, étant d'ores et déjà affecté à cette dépense pro-

« chaine, n'aura plus l'élasticité qui lui est indispensable
« pour faire face à des circonstances fortuites. Lorsque le
« fonds sera épuisé, la dépense annuelle à laquelle donnera
« lieu l'application de la loi se trouvera donc sans dotation
« correspondante. Il sera nécessaire de demander des crédits
« spéciaux au Parlement ou d'établir une imposition nou-
« velle de centimes additionnels sur les contributions directes.
« C'est, par conséquent, à brève échéance, une augmentation
« d'impôt qui sera la conséquence du projet de dégrève-
« ment. Il est nécessaire que le Sénat en soit nettement
« averti. »

Nos prévisions se réalisent plus tôt même que nous le
pensions. Le Gouvernement, dans le projet de loi de finances,
demande d'élever pour 1890 le nombre des centimes additionnels qui alimentent le fonds de non-valeurs. Il limite cette sur-
imposition à la contribution foncière, parce qu'il s'agit de
dégrèvements devant profiter exclusivement aux propriétaires
d'immeubles. Il propose de porter le nombre des centimes
de un à deux et demi, afin d'obtenir, dès 1890, une recette
supplémentaire de 5.692.193 francs, à peu près égale à l'insuffisance constatée dans les exercices 1889 et 1890.

La Commission du buget de la Chambre n'a contesté ni
la nécessité de l'impôt ni le mode de l'établir. Mais, dans le
désir de réduire l'étendue du sacrifice demandé à la propriété foncière, elle a proposé à la Chambre, qui y a facilement consenti, de n'imposer qu'un centime supplémentaire
au lieu de un centime et demi. La ressource budgétaire
serait ainsi réduite à 3.794.795 francs.

La Commission reconnaît qu'il restera un déficit d'environ un million et demi à la fin de l'année 1890 ; mais elle
compte que l'Administration pourra réduire, dans ces limites,
l'application trop libérale, selon elle, des dégrèvements.

Nous avons voulu nous rendre compte de cette affirma-
tion.

D'après les renseignements officiels qui nous ont été
fournis, il est absolument impossible d'espérer qu'en pré-

sence du mouvement très considérable de reconstitution du vignoble français, les dégrèvements prévus puissent être réduits à 1 million. Ce chiffre serait inférieur de un demi million aux évaluations que votre Commission avait adoptées dans son rapport du 3 novembre 1887 et qui ont été large-ment dépassées par le développement des replantations.

L'Administration déclare qu'elle a appliqué la loi de 1887 dans ses limites rigoureuses et qu'il lui est impossible d'accepter la réduction de 1 million et demi sur le fonds de non-valeurs.

D'un autre côté, en ce qui concerne les autres dégrè-vements accordés aux vignes phylloxérées, en vertu de l'article 37 de la loi du 15 septembre 1807, l'Administration s'est attachée depuis longtemps à rester dans les limites de la loi : elle n'alloue de secours qu'aux propriétaires qui ont perdu la totalité ou une partie de leur récolte. Elle se déclare dans l'impossibilité de réaliser une économie sur ce point tant que la loi de 1807 ne sera pas modifiée.

Les motifs qui ont été invoqués ne justifieraient donc pas la réduction du crédit demandé par le Gouvernement ; mais elle peut s'expliquer autrement.

Avant le 1er janvier 1889, en effet, les dégrèvements de toute nature étaient imputés, autant que possible, sur les fonds de l'exercice correspondant à l'année des rôles aux-quels ils se rapportaient, tandis qu'aujourd'hui, par suite d'une interprétation différente de l'article 6 du décret du 31 mai 1862 sur la comptabilité publique, tous les dégrè-vements, quelle que soit l'année du rôle auquel ils se rap-portent, sont imputés sur les fonds de l'exercice correspon-dant à l'année pendant laquelle ils sont présentés. Or, d'après les faits constatés, les dégrèvements imputables sur le fonds de non-valeurs des impôts de répartition qui sont présentés après l'expiration de l'année des rôles qui le concernent s'élèvent en moyenne à 2 millions par an. D'où il suit que sur l'ensemble des charges qu'il aurait eu à supporter en 1890 sous l'ancien état de choses, le fonds de non-valeurs se trouvera allégé, pour cet exercice, d'une somme de 2 millions, lesquels retomberont sur l'exercice 1891.

De cette manière, l'insuffisance de 5.489.000 francs, qui était prévue à l'origine pour 1890, se trouve ramenée à 3.489.000 francs. Par suite, la ressource complémentaire de 3.794.795 à provenir de l'imposition d'un seul nouveau centime peut paraître suffisante pour satisfaire à tous les dégrèvements à imputer sur cet exercice, sauf à reprendre, pour 1891, si la nécessité en est démontrée, la proposition primitive du Gouvernement.

Les centimes additionnels du budget sur ressources spéciales suivent d'ailleurs, depuis un demi-siècle, une progression qu'on a souvent considérée comme excessive. Ce n'est pas l'État qui profite de cette augmentation et ce n'est pas lui qui en a la responsabilité. Elle est due aux assemblées départementales ou municipales. Le devoir que s'est imposé l'État de ne point établir pour lui de centimes additionnels sur la contribution foncière a même été mis singulièrement à profit par les conseils locaux pour accroître de plus en plus le nombre des surtaxes qui leur sont personnelles et qui servent à acquitter leurs dépenses extraordinaires.

Nous croyons intéressant de présenter, dans un tableau, le mouvement des centimes additionnels sur ressources spéciales depuis l'année 1835.

ANNÉES	FONCIÈRE		PERSON-NELLE mobilière	PORTES et fenêtres	PATENTES	TAXE de premier avertissement	TOTAL	RAPPORT du produit du budget sur ressources spéciales au produit du budget ordinaire
	PROPRIÉTÉS non bàties	PROPRIÉTÉS bàties						
	fr.	fr.	fr.	fr.	fr.	fr.	fr.	
1890	137.294.733	74.639.892	71.419.198	34.394.173	72.501.212	433.760	390.682.968	95 0/0
1889	133.170.952	71.390.537	69.674.016	33.670.540	71.865.225	433.630	380.204.920	93 0/0
1888	132.479.883	66.949.385	68.110.784	33.170.743	70.809.955	431.100	371.951.850	92 0/0
1887	133.148.373	70.875.321	68.813.336	33.505.372	71.726.252	429.532	378.498.186	94 0/0
1886	132.485.977	66.310.789	67.125.587	33.031.214	70.657.834	424.683	370.036.084	93 0/0
1885	131.709.966	64.007.086	64.406.232	32.047.249	69.072.637	424.259	361.667.449	91 0/0
1880	181.332.039		55.639.878	27.813.244	64.772.914	418.986	329.777.061	87 0/0
1869	146.483.345		37.725.569	17.707.176	41.314.661	404.541	243.635.292	73 0/0
1855	109.053.545		23.086.656	8.421.501	17.857.774	862.666	159.482.141	57 0/0
1845	88.544.746		17.646.282	5.895.232	11.394.404	789.350	124.270.014	43 0/0
1835	73.038.839		14.386.631	1.532.570	4.569.334	691.058	94.218.432	35 0/0

Le rapprochement du principal de la contribution foncière perçue pour le budget ordinaire avec les centimes additionnels du budget sur ressources spéciales fait ressortir l'écart de plus en plus considérable qui sépare les deux produits.

ANNÉES	PRINCIPAL	CENTIMES ADDITIONNELS
	millions	millions
1835....................	180	73
1845....................	188	88
1855....................	161	109
1869....................	174	146
1880....................	173	181
1885....................	177	195
1890....................	182	212

Les centimes additionnels dépassent donc aujourd'hui

d'un cinquième le montant de la contribution foncière. Le total de cette contribution s'élève ainsi à 394 millions et elle devient, par le fait des départements et des municipalités, une charge fort lourde pour la propriété. On peut ajouter qu'à certains égards il n'est pas toujours conforme aux principes d'une juste péréquation de l'impôt de faire supporter principalement les dépenses communales ou départementales aux débiteurs des quatre contributions directes, au lieu de les reporter sur l'ensemble de tous les contribuables.

CHAPITRE IX

Budgets annexes.

Les budgets annexes sont de véritables budgets de l'Etat. Leurs recettes et leurs dépenses ont, au fond, le même caractère que les recettes et les dépenses des autres services publics faisant partie intégrante du budget ordinaire. C'est un reste des *fonds spéciaux* qui existaient en si grand nombre autrefois en dehors du budget général, et qu'il a été si difficile de faire rentrer successivement sous la règle des justifications et du contrôle commun de ce dernier budget. L'existence séparée de ces comptes a le double inconvénient de rompre l'unité du budget ordinaire et de rendre plus difficile la surveillance de leurs opérations ; il serait très dangereux de les multiplier et il vaudrait mieux s'efforcer de les réduire.

Les uns se rapportent à des monopoles ou exploitations dont les dépenses doivent toujours équilibrer les produits : ce sont les Monnaies et Médailles, l'Imprimerie nationale, l'Ecole centrale, les Chemins de fer de l'État et la Caisse nationale d'épargne.

Les autres sont des services publics ordinaires qui sont alimentés en partie par leurs recettes propres et en partie par les subventions complémentaires du Trésor : ce sont la Légion d'honneur et la Caisse des invalides de la marine.

L'ensemble des dépenses de ces sept budgets annexes s'élève, pour 1890, d'après le vote de la Chambre des Députés, à la somme de. . . . . : . , . 93.881.833 fr.

Elles étaient, en 1889, de. 89.499.033

En plus. . . : . . . . 4.382.800 fr.

Cette augmentation résulte de l'accroissement des pensions des demi-soldiers, de l'augmentation du chiffre d'intérêt à servir aux déposants de la Caisse d'épargne et de la majoration des crédits de la Légion d'honneur.

Les recettes des budgets annexes se composent : en premier lieu, des recettes propres à ces budgets, évaluées pour 1890 à . . . . 81.331.124 fr.

En second lieu, des subventions payées par le Trésor à la Légion d'honneur (9.973.706) et à la Caisse des invalides de la marine (7.726.807). 20.560.509

Total. . . . 101.891.633 fr.

Nous avons rappelé, dans le rapport général sur le budget de 1888, les difficultés que rencontre l'Imprimerie natio-

nale pour obtenir de plusieurs administrations publiques
l'exécution des décrets et ordonnances en vertu desquels
l'Imprimerie doit être seule chargée des travaux d'impression exigés par le service des Ministères et des administrations qui en dépendent (Décrets des 19 frimaire an X, 24 mars
1809; ordonnance du 23 juillet 1823). Certaines administrations de l'Etat font faire des travaux de l'espèce à l'industrie
privée ou les font elles-mêmes dans des ateliers qui leur
appartiennent. Elles se fondent sur ce que l'extension des
services de l'Etat a modifié la situation en vue de laquelle
sont intervenus les réglements antérieurs et a fait naître des
besoins nouveaux qui ne tombent pas sous les prévisions de
ces anciens décrets. Elles invoquent l'impossibilité même
où se trouverait l'Imprimerie nationale d'exécuter dans toute
leur étendue les dispositions de ces décrets et la nécessité où
elle s'est trouvée d'y déroger elle-même en laissant, en
dehors de ces attributions, des travaux qu'aujourd'hui même
elle ne songe pas à revendiquer. Le Ministre de la Justice a
réuni, le 22 avril 1887, une Commission extra-parlementaire
chargée de préparer les éléments d'une solution. Cette Commission vient de terminer son examen. Elle a reconnu que
l'Imprimerie nationale ne pourrait pas, sans une transformation complète de ses services, assurer l'exécution des
anciennes ordonnances, s'il fallait les étendre, sans exception aucune, à toutes les impressions des Ministères et des
administrations en dépendant. Elle a donc admis la nécessité, au moins temporaire, de maintenir certaines excep-
tions. Et, pour éviter le retour des conflits et des abus auxquels donne lieu actuellement le défaut absolu de
réglementation sur ce point, elle a émis l'avis qu'il convenait de charger une Commission permanente instituée
auprès de la Chancellerie, de préparer cette réglementation
pour les impressions actuelles et d'en suivre l'application
pour les impressions futures. Cette solution a paru concilier,
dans la mesure de ce qui est actuellement possible, la nécessité absolue d'assurer l'existence et la prospérité de notre

grand établissement national avec l'intérêt budgétaire, les usages depuis longtemps acceptés et les exigences si multipliées aujourd'hui des impressions officielles.

CHAPITRE X

Dispositions diverses de la loi de finances.

L'article premier de la loi de finances a pour but de constater l'ouverture des crédits relatifs aux dépenses de l'exercice 1890 tels qu'ils ont été indiqués dans les propositions de votre Commission.

Les articles 2, 3, 4 et 5 évaluent le produit des contributions directes, des taxes assimilées aux contributions directes et des impôts de même nature à percevoir en Algérie.

Des explications générales ont été fournies sur ces différents points au cours du présent rapport. Nous nous bornerons à vous rendre compte de diverses dispositions qui ont été votées par la Chambre pour modifier certains points de la législation existante.

Patentes des ouvriers à façon et des grands magasins. — Une disposition, formant l'article 2 de la loi de finances votée par la Chambre, avait été introduite par voie d'amendement dans la dernière séance de la discussion à la Chambre, malgré le Gouvernement et malgré la Commission du budget.

Elle a pour objet, d'une part, de supprimer la patente de certains ouvriers travaillant à façon et, d'autre part, d'augmenter celle des grands magasins.

La proposition repose sur cette première considération que les petits artisans, qui travaillent chez eux sur des métiers à façon, méritent toute la sollicitude du législateur, qu'il est juste de les faire profiter d'une exemption de taxe lorsqu'ils occupent seulement trois métiers, représentant seulement le travail du père et de deux enfants.

Elle est fondée sur cette seconde considération, que les grands magasins doivent être, au contraire, l'objet de sévérités fiscales plus grandes, parce qu'ils font une multiplicité d'opérations de nature à procurer plus de bénéfices et à faire une concurrence écrasante aux magasins isolés.

Votre Commission des finances ne saurait, à l'heure où lui parvient le budget, vous proposer de délibérer sur cet amendement.

Il engage, en effet, deux questions graves.

L'une est celle de savoir si, comme on le prétend, la patente actuelle imposée aux ouvriers à façon est trop élevée, et quelle perte sa suppression ferait subir aux recettes du Trésor.

Or, nous ne possédons aucun élément d'information à cet égard.

Le tarif des patentes a été établi dans des tableaux généraux dont les dispositions sont concordantes et que l'on a cherché à régler, suivant une vue d'ensemble, en comparant les diverses industries et en faisant à chacune d'elles une application aussi proportionnelle que possible de l'impôt.

Comme la situation des industries et des patentés se modifie, il est procédé tous les cinq ans à une revision collective des tableaux, et c'est alors, en procédant sur l'emsemble comparatif des assujettis, que l'on modifie, soit en plus, soit en moins, pour les diverses catégories de patentés, l'assiette de l'impôt. La méthode qui consiste à procéder isolément à la réduction ou à l'augmentation des tarifs est destructive de toute péréquation bien entendue.

Or, c'est en 1890 que se fera la revision quinquennale du tableau des patentes. A ce moment-là, par conséquent, les modifications qui sont demandées pourront être utilement examinées et recevoir, s'il y a lieu, satisfaction.

D'un autre côté, l'Administration des finances, prise à l'improviste, ne peut indiquer quel serait le montant de la perte à provenir de la suppression de la patente pour les ouvriers à façon travaillant sur trois métiers. Ce renseignement est cependant indispensable pour opérer la réforme et rechercher les compensations nécessaires.

La seconde question soulevée par l'amendement qui est devenu l'article 2 du projet de loi de finances de la Chambre est encore plus délicate. Il s'agit de la situation des grands magasins qui offrent au public des facilités d'achat considérables.

Ces grands établissements, par la puissance de leur organisation, par la diminution des frais généraux, par la spécialisation intelligente du travail, font aux magasins isolés une concurrence difficile à soutenir. Ils sont, par cela même l'objet de plaintes nombreuses de la part des intéressés.

La liberté du commerce les met à l'abri des prohibitions du droit commun. On peut les atteindre par des mesures fiscales. On a proposé soit de les assujettir à autant de patentes distinctes qu'elles renferment de genres de commerce séparés, soit de les taxer suivant le chiffre de leurs affaires, soit de régler la patente d'après le nombre des employés.

Quoiqu'il en soit de ces procédés, il est manifeste qu'ils ont une portée plus haute que l'intérêt fiscal. Il s'agit, en réalité, d'un très grave problème économique qui touche aux relations actuelles du producteur et des consommateurs et dont la solution peut réfléchir sur un grand nombre d'objets.

Le Sénat pensera certainement, comme nous le pensons nous-même, qu'il y aurait péril à improviser une décision et que la place naturelle de cette étude se trouve ou dans un projet spécial ou dans le travail de revision commune à laquelle l'administration doit procéder l'année prochaine.

Par ces motifs, votre Commission ne vous propose pas d'accepter la disposition votée par la Chambre, laquelle, suivant la remarque faite dans la discussion de la Chambre, n'est pas le résultat d'une étude approfondie.

Pères ou mères de sept enfants. — La Chambre a également adopté, malgré le Gouvernement et malgré la Commission du budget, une disposition portant que « les pères et mère de sept enfants seront exemptés du payement des contributions personnelle et mobilière. »

Votre Commission des finances ne peut pas non plus, sans un examen approfondi pour lequel le temps et tous les éléments lui font défaut, vous proposer de voter cette disposition.

Au fond, l'utilité de la disposition soulève de sérieuses critiques.

La mesure ne tend évidemment pas à attribuer une prime au fait seul de la fécondité des unions, indépendamment de la situation des familles.

Elle a pour but de venir au secours des parents dont la position est digne d'intérêt et elle repose sur la présomption que le père ou la mère ayant sept enfants à leur charge sont dans une situation gênée.

Or, cette présomption générale est fausse: elle ne saurait servir de base à une exemption d'impôt.

Dans les familles riches, la présence de sept enfants n'est pas une cause de détresse. Dans les familles de cultivateurs et d'ouvriers, c'est souvent une source de profits.

En la forme le texte est inacceptable.

— 77 —

N° 204

Il n'indique pas s'il s'agit d'enfants légitimes, naturels, ou adoptifs, s'il faut compter les enfants qui ont des ressources personnelles ou qui ont cessé d'être à la charge de la famille, si les petits-enfants revenus dans la famille de l'aieul après le décès du père sont pris en considération : nombre d'autres lacunes semblables pourraient être indiquées.

La disposition paraît avoir été prise par son auteur dans une proposition de loi sur l'impôt général du revenu émanée de M. Ballue et qui n'est jamais venue en discussion. Elle avait trouvé place dans le projet de loi du Gouvernement du 7 juillet 1888 sur la répartition de la contribution personnelle mobilière, mais avec des garanties et des méthodes d'application qui ont été complètement oubliées dans l'article voté par la Chambre.

Nous ne savons pas, et dans les quelques heures qui nous sont accordées pour la préparation de notre rapport, nous n'avons pas le moyen de savoir quelles seraient les conséquences financières de la mesure au point de vue de la modification du répartement de l'impôt.

Nous ne pouvons donc que proposer au Sénat de réserver son opinion jusqu'au moment où la question lui sera soumise dans des conditions qui lui permettent de se former une conviction réfléchie sur la proposition.

Taxe sur les cercles. — La Chambre a encore modifié la législation actuelle sur la perception du droit payé par les cercles.

Un premier amendement tendait à établir l'impôt sur les revenus des cercles au lieu de l'établir sur leurs cotisations, à diminuer de moitié la taxe des cercles dans lesquels les jeux de hasard sont prohibés et à exempter sur décision du Ministre de l'intérieur de tout impôt les cercles d'utilité publique. Il a été rejeté ; mais la Chambre en a, le lendemain, adopté un autre qui forme aujourd'hui l'article 4 de la loi de finances du projet transmis au Sénat (art. 3 du projet de la Commission).

Cette disposition a pour but de changer le mode d'assiette du droit établi sur les cercles, en substituant aux cotisations le montant des ressources totales annuelles. En outre, le taux de 20 pour cent est réduit à 10 pour cent quand les ressources sont inférieures à 6,000 francs.

En principe, ces modifications, acceptées par le Gouvernement sont simples et peuvent se justifier. Elles répondent à l'idée d'une meilleure répartition de l'impôt. L'application de la réforme pourra soulever quelques difficultés d'exécution sur la nature des ressources dont il s'agit et sur leur mode de constatation. Mais il appartiendra à un règlement d'administration publique de déterminer les procédés à l'aide desquels la perception sera organisée.

Nous vous proposons d'adopter la proposition.

Modification du droit de timbre des récépissés de chemins de fer. — La disposition faisant l'objet de l'art. 7 de la loi de finances transmis au Sénat a été, comme les précédentes, introduite dans le projet de budget, à la dernière heure, par l'initiative parlementaire.

Bien qu'elle ait été acceptée par le Gouvernement, votre Commission ne saurait vous proposer de la voter sans plus ample examen.

Elle résout une question qui est depuis très longtemps agitée et qui touche à de graves intérêts : celle des taxes fiscales sur les écrits servant de titres aux transports.

Ces titres sont tous également sujets au timbre, mais la perception de l'impôt est réglée différemment, suivant les industries qui font les transports. Elle n'est pas la même pour les chemins de fer que pour les entrepreneurs libres. Elle n'est pas non plus la même pour les transports terrestres que pour les transports maritimes.

Pour les chemins de fer, elle varie suivant qu'il s'agit de transports en grande et en petite vitesse.

Le principe de la perception pour tous ces cas est cependant identique : la taxe est fixe.

Le législateur a soigneusement évité de lui attribuer un caractère de proportionnalité, afin de ne pas en faire une taxe directe sur les transports et aussi à raison de l'impossibilité matérielle d'assurer cette proportionnalité à des objets si variés et d'une valeur si différente. (Exposé des motifs de la loi du 23 mai 1863.)

Mais pour tenir compte de la différence des impôts généraux assis sur les deux natures de transports, le droit invariable a été fixé à 35 centimes pour la grande vitesse et à 70 centimes pour la petite vitesse.

C'est ce droit, dont la recette actuellement assurée par une longue pratique, produit un revenu de 28 millions par an, que l'amendement propose de modifier.

D'après le texte voté par la Chambre, la taxe de 70 centimes relative à la petite vitesse serait transformée en une taxe graduée suivant la valeur des objets, valeur représentée par le prix du transport. Rien ne serait changé au tarif de la grande vitesse ni à celui des autres instruments de transports terrestres ou maritimes.

La modification proposée aurait sans doute pour effet de dégrever les petites expéditions et de reporter sur les autres le poids de l'impôt. C'est un résultat qui peut présenter des avantages; mais la mise en œuvre de cette réforme soulève des questions complexes qu'il est impossible de résoudre avec maturité dans les conditions où le budget de 1890 se présente à l'examen du Sénat.

Il faudrait d'abord examiner pourquoi la réforme est limitée au récépissé concernant la petite vitesse au lieu d'être étendue aux récépissés de la grande vitesse. Pour ce dernier mode de transport, le maintien de la taxe de 35 centimes sur tous les récépissés des colis non postaux produit des effets aussi contraires à la perception proportionnelle de l'impôt que la taxe exigée des récépissés de la petite vitesse. Il est irrationnel qu'un colis du même poids expédié sur le même réseau acquitte une taxe différente selon qu'il est transporté accompagné d'un bulletin d'expédition d'une certaine forme ou d'un récépissé rédigé différemment. D'autre part, si le droit de 35 centimes a paru prohibitif ou dans tous les cas trop élevé pour des colis d'un certain poids, cot inconvénient est général ; il s'applique à toutes les expéditions de même nature.

La perception du droit de 35 centimes sur les petits paquets non postaux transportés au tarif réduit des Compagnies peut paraître, en effet, souventexcessive. Ces expéditions donnent lieu, fréquemment, à la perception par les Compagnies d'une taxe totale de 85 centimes, ainsi répartie :

Timbre des récépissés	0 fr. 350
Impôt de la grande vitesse	0 027
Factage à l'arrivée et au départ	0 250
Prix du transport	0 223
Total	0 fr. 850

L'impôt est alors presque égal au prix du transport.

La perception est moins élevée à mesure que la distance étant plus longue, le prix du transport s'élève. Mais elle peut encore sembler trop considérable.

Dans tous les cas, la perception actuelle du droit de timbre de 35 centimes sur les petits colis transportés au tarif réduit par les Compagnies de chemins de fer est anssi contraire à la proportionnalité que la taxe de la petite vitesse, et si le principe de la graduation est accepté il y aurait une raison égale de l'appliquer à la grande vitesse. On devrait, ce semble, d'autant plus le tenter, que les transports en grande vitesse servent dans la banlieue des villes aux approvisionnements de denrées et que ces transports supportent d'autres droits dont sont affranchis les transports en petite vitesse, objet spécial de la réforme proposée.

Il y aurait à examiner, en second lieu, s'il ne convient pas d'étendre la mesure à tous les titres des transports libres. L'Administration des Travaux publics l'a demandé avec instance et on ignore les motifs pour lesquels elle n'a pu obtenir satisfaction. Peut-être est-ce parce que la question provoque l'étude si délicate de l'égalité dans la concurrence, étude dans laquelle se rencontrent les rivalités des Compagnies de chemins de fer et des entreprises de navigation terrestre.

Il y aurait, en troisième lieu, à rechercher si la proportionnalité est suffisamment assurée par la taxation d'après le prix du transport ou si elle le serait mieux par le principe du poïds de l'expédition.

L'Administration, qui se préoccupe depuis longtemps de la question, s'était convaincue, par une enquête très attentivement conduite il y a plusieurs années, que la taxation d'après les prix de transport était à peu près impraticables, qu'elle troublerait profondément la comptabilité des Compagnies de chemins de fer et entraînerait dans des complications inacceptables pour la bonne administration de l'impôt. La tarification au poids avait alors réuni toutes les préférences.

Bien d'autres difficultés apparaissent au plus simple examen, lorsqu'on veut se rendre compte de l'exécution et des effets de la mesure. Il y aurait à en apprécier l'influence sur le groupage, sur les envois contre remboursement et sur beaucoup d'autres objets spéciaux qui peuvent faire l'objet du contrat de transport. Il y aurait encore, et surtout, à se bien pénétrer des conséquences financières de la réforme, afin d'être certain qu'à un impôt dont le produit est acquis et qui se perçoit sans aucune difficulté, on ne va pas substituer une taxe incertaine dans son rendement et féconde en difficultés.

Nous ne possédons aucun élément d'information sur tous ces points.

Le Sénat sera convaincu que des réformes pareilles touchant à une législation générale qui intéresse le Trésor et la grande industrie des transports, ne sauraient être introduites dans la loi budgétaire à la dernière heure et se présenter ainsi à la discussion improvisée du Sénat.

La réforme est importante assurément. C'est un motif particulier pour qu'elle soit examinée avec toute la réflexion qu'elle comporte, au moyen d'une proposition spéciale dont le Gouvernement peut prendre l'initiative ou que l'auteur de l'amendement peut formuler.

Taxe sur la fabrication des vinaigres.— Le Gouvernement avait inséré dans le projet de la loi de finances un article pour objet d'introduire dans la législation fiscale des boissons une réforme tendant à prévenir le retour d'une fraude au droit sur les alcools qui se commet à l'occasion de la fabrication des vinaigres.

On eut réduit ainsi de moitié la prime à la fraude et, si les abus ne disparaissaient pas du même coup, on eut procuré tout au moins au Trésor une nouvelle ressource de près de 3 millions.

La Chambre a repoussé cette proposition.

Préparateurs des Facultés. Droits universitaires. — La loi de finances du 26 février 1887, qui a rétabli les droits d'inscription dans les Facultés de l'État, a exempté de ces droits les maîtres répétiteurs et maîtres d'études, ainsi que des droits de bibliothèque, d'examen, de certificat d'aptitude et de diplômes afférents aux grades de licenciés ès sciences ou ès lettres. La même faveur a été accordée par la loi de finances du 30 novembre 1888 aux autres fonctionnaires de ces Facultés, ainsi qu'aux élèves de l'École normale de l'enseignement spécial et aux fonctionnaires de l'enseignement primaire public.

Il s'agit aujourd'hui d'étendre le bénéfice de l'exemption des décrets dont il s'agit aux préparateurs des Facultés des sciences. Les préparateurs sont dans une situation analogue à celle des maîtres répétiteurs : leur traitement est inférieur à celui des préparateurs des lycées et n'équivaut pas à la somme des avantages concédés aux maîtres répétiteurs.

Votre Commission accepte la proposition, qui aura un effet peu appréciable sur le produit des droits universitaires. Elle fait l'objet de l'article 6 du projet de loi.

Correspondances téléphoniques entre Paris et Marseille. — Un service téléphonique, exploité par l'Administration des Postes, a été ouvert le 6 août 1888 entre Paris, Lyon et Marseille.

Quelques jours auparavant, un décret présidentiel du 28 juillet 1888 avait fixé en ces termes le tarif des correspondances :

« *Article premier.* — La taxe à percevoir pour les
« correspondances téléphoniques entre les villes sui-
« vantes est fixée provisoirement, par cinq minutes de
« conversation, à :

 « 3 francs, entre Paris et Marseille ;
 « 2 francs, entre Paris et Lyon ;
 « 1 fr. 50, entre Lyon et Marseille ;

« *Art. 2.* — Le Ministre des Finances est chargé de
« l'exécution du présent décret. »

Aux termes de l'article 2 de la loi du 21 mars 1878, le décret précité doit être ratifié par les Chambres lors de la prochaine loi de finances.

Cette ratification avait été demandée au Sénat dans un cahier de crédits supplémentaires, au mois de décembre dernier. Mais aucune justification n'avait pu être obtenue de l'Administration des finances et il a paru d'ailleurs qu'il ne convenait pas de mêler à des demandes de crédits addition-nels des dispositions qui y sont étrangères, alors surtout qu'elles ont pour objet d'établir des redevances, taxes où impôts.

Le Gouvernement s'est décidé alors à représenter le décret à l'approbation législative dans la loi de finances de 1890.

Le produit des taxes provisoires perçues en exécution de ce décret se sont élevées, pour la période écoulée du 6 août 1888 au 31 décembre suivant, savoir :

Paris-Lyon . . . . 8.752 fr.
Paris-Marseille 4.602
Lyon-Marseille 1.656 50
Total . . . . 15.020 fr. 50

C'est là une exploitation faite à titre d'essai et qui a besoin d'être perfectionnée.

Le tarif contenu dans le décret a été fixé sans bases déterminées et d'une manière tout à fait empirique. Il est évident qu'il ne constitue, comme le porte d'ailleurs le décret, qu'une mesure provisore.

La question du tarif des conmunications téléphoniques interurbaines doit être examinée dans une vue d'ensemble et suivant des principes généraux. C'est au début même de l'application de la mesure et pour en vulgariser l'emploi dans le public qu'il importe de faire cet examen. Nous savons que l'Administration des postes s'en est déjà sérieusement préoccupée.

Sous le bénéfice de ces réserves, nous vous proposons de ratifier le tarif provisoire du 28 juillet dernier.

Payement de droits de douane. Intérêts de retard. — D'après l'article 8 de la loi du 7 mai 1864, les débiteurs de droits dus sur les sucres reçus à l'admission temporaire en retard de payer les traites par eux souscrites sont passibles d'un intérêt de 5 0/0 par an depuis le jour de l'échéance jusqu'au jour du payement.

Cette disposition n'a été étendue par aucun texte aux droits de douane pour lesquels les redevables obtiennent un délai de quatre mois en vertu de la loi du 15 février 1875. De sorte que si le débiteur ne se libère pas à l'échéance, il ne doit aucun intérêt. Cette situation est désavantageuse au Trésor. Il n'y a aucune raison de ne pas appliquer aux soumissionnaires de traites en douane la mesure admise pour les soumissionnaires de traites créées pour l'admission temporaire des sucres.

C'est le but de l'article 8 du projet de loi. Nous vous proposons de l'adopter.

Répartition de produits d'amendes et confiscations. — La répartition entre le Trésor et les ayants droit du produit des amendes et confiscations en matière de douanes s'opère aujourd'hui suivant des règles très compliquées qui ne sont pas favorables au bon ordre de la comptabilité. D'après la législation existante (arrêté du 9 fructidor an V et décret règlementaire de la loi du 9 juin 1853), on prélève d'abord le montant des frais sur le produit brut des amendes et des confiscations. Du résultat net ainsi obtenu, on déduit ensuite une retenue de 17 0/0 au profit des pensions civiles; puis, sur le reliquat revenant aux ayants droit on prélève une seconde part de 25 0/0 si ces ayants droits appartiennent à l'Administration des finances.

Le prélèvement au profit des pensions civiles atteint 37.75 sur l'ensemble du produit et il est opéré dans la presque totalité des affaires, puisqu'elles sont provoquées par le service financier.

Il a paru convenable de simplifier ces opérations en fixant cette part, dans tous les cas, à une somme de 40 0/0 du produit net. L'excédent devrait revenir :

Au fonds commun, pour . . . . 11 fr. 25
Aux chefs, pour . . . . : 13   50
Et aux saisissants, pour 37   50

Mais pour ne pas diminuer la part des saisissants qu'il faut surtout encourager, l'Administration s'est engagée à faire porter exclusivement sur le fonds commun et sur la part des chefs l'augmentation de 2.25 0/0 dont va profiter le service des pensions.

Nous vous proposons d'adopter cette réforme.

Vins de raisins secs. — Ni la loi organique du 28 avril 1816, ni la loi de finances du 3 juillet 1846, qui a spécialement déterminé les conditions auxquelles est soumise dans Paris la fabrication des cidres, n'ont posé de règles applicables à la fabrication des vins de raisins secs, par ce motif que personne alors ne songeait à la possibilité d'extraire des raisins secs une boisson susceptible de se substituer au vin proprement dit dans la consommation. Lorsque cette industrie a pris naissance à la suite de la diminution de nos récoltes et de la cherté des vins qui en a été la conséquence, le service des contributions indirectes n'a pu prendre à son égard que des dispositions administratives, et, en l'absence de sanction légale, ces dispositions sont restées forcément incomplètes. Elles ont pu simplement astreindre les fabricants à une déclaration préalable de leurs opérations ; mais elle n'ont pu ni règlementer la durée des fermentations, ni imposer l'obligation de faire connaître à l'avance l'heure des entonnements. De même, à défaut de texte spécial, la surveillance des établissements n'a pu être opérée que dans les conditions ordinaires, c'est-à-dire pendant le jour seulement. Or la surveillance de jour, qui suffit à l'égard de celui qui détient simplement la matière imposable, est insuffisante à l'égard de celui qui crée cette matière et peut la détourner au fur et à mesure de sa formation. Il a paru convenable d'appliquer les dispositions de l'art. 235 de la loi du 28 avril 1816, qui ouvre au service l'accès des brasseries et des distilleries lorsqu'il résulte de déclarations que ces établissements sont en activité, et celles de l'art. 11 de la loi du 3 juillet 1846, qui soumet à l'exercice, dans l'intérieur de Paris, la fabrication des cidres et des poirés, aux fabriques des vins de raisins secs, en réservant à un règlement d'administration publique le soin de déterminer les conditions dans lesquelles s'effectueront l'exercice et la surveillance de ces établissements.

Cette disposition a été complétée par une autre disposition frappant, à l'entrée des villes, les fruits secs des droits afférents à la quantité de vin qu'ils sont habituellement susceptibles de produire, c'est-à-dire à raison de 100 kilog. de fruits secs pour 3 hectolitres de vin. Il s'agit ici non pas de créer un impôt nouveau, mais simplement de combler une lacune évidente de la loi du 28 avril 1816. Aux termes de l'art. 23 de cette loi, les vendanges, les fruits à cidre ou à poiré, et même les pommes et poires sèches servant à la fabrication de cette dernière boisson sont soumis aux droits à l'entrée des villes sujettes. Il n'est pas douteux que le législateur de 1816 eût compris les raisins secs dans les matières premières dont il fallait assurer l'imposition ou la prise en charge, si leur emploi à la confection d'une boisson fermentée n'avait pas été alors complètement inconnu.

L'ensemble de ces mesures a été voté par la Chambre des députés et constitue l'art. 12 du projet du budget qui vous est soumis. Votre Commission ne peut que peut prier le Sénat d'en consacrer l'adoption par son vote. Bien qu'elles aient surtout un caractère fiscal, les prescriptions édictées faciliteront le concours du service des contributions indirectes pour l'exécution des mesures qui sont généralement demandées en vue de garantir les acheteurs contre l'inexacte dénomination des produits mis en vente, mesures que le Sénat lui-même a provoquées en adoptant, dans sa séance du 23 octobre 1888, la proposition de loi due à l'initiative de deux de ses membres.

Fonds de non-valeurs. — Augmentation des centimes additionnels. — L'article 26 du projet de la loi de la Commission a pour but d'élever le nombre des centimes additionnels de la contribution foncière des propriétés bâties et non bâties, afin d'augmenter les ressources du fonds de non-valeurs.

Nous nous sommes expliqués sur cette disposition, au titre du chapitre du budget sur ressources spéciales.

Nomenclature des services votés. — L'article 35 de la loi de finances détermine les services pour lesquels le Gouvernement peut obtenir par décrets rendus en Conseil d'Etat pendant la prorogation des Chambres, la création de crédits supplémentaires.

L'origine de cette disposition remonte à la loi du 23 mai 1834, rendue sur le rapport de M. Duchâtel : « Le « budget, disait-il, se divise, d'un côté, en services votés

« dont la dépense essentiellement variable peut ne pas
« répondre aux évaluations de la loi ; de l'autre, en alloca-
« tions fixes dans lesquelles l'Administration doit se ren-
« fermer. Il est évident que la faculté d'augmenter par
« ordonnances les crédits des chapitres du budget ne doit
« s'appliquer qu'aux dépenses de la première catégorie. Le
« législateur a voté le service ; par là même il a autorisé
« toutes les dépenses que le service peut coûter. Si l'éva-
« luation est inexacte, il faut que l'Administration dépasse
« les crédits. »

Cette distinction a toujours été admise. Afin d'en régler
l'application, les lois de finances ont établi la nomenclature
des services qui autorisent la création des crédits par décrets. La nomenclature est reproduite dans chaque loi de
finances avec les modifications que les besoins nouveaux
rendent nécessaires (Loi du 14 décembre 1879, art. 5).

Celle du budget de 1890 est la même que celle du budget de 1889. Il n'y a été ajouté qu'un seul service concernant la *restauration* des routes nationales.

Voici l'explication de ce changement :

Le projet de budget de 1889 et les budgets antérieurs
contenaient 2 chapitres relatifs aux routes existantes, savoir :
le chapitre 19 (1re section), sur l'entretien et les grosses
réparations ; et le chapitre 46 (2e section), sur les grosses
réparations des chaussées de routes nationales.

Le chapitre 46 comprenait des grosses réparations d'un
caractère différent de celles du chapitre 19 ; il s'agissait,
dans le chapitre 19, des réparations d'avaries survenues
dans l'année par suite d'accidents, tels que pluies torrentielles,
chutes de talus, de déblais ou remblais, etc., tandis que le
chapitre 46 avait pour objet de permettre de restituer à une
partie des chaussées d'empierrement l'épaisseur normale,
qu'elles ont perdue depuis longtemps en raison de l'insuffisance persistante des crédits d'entretien. Les grosses réparations du chapitre 46 constituaient ainsi plutôt des travaux
de « restauration » qui ont un caractère extraordinaire et qui

disparaîtront quand les chaussées auront été ramenées partout à l'état normal d'entretien.

La Commission du budget de 1889 a pensé qu'il convenait de ne pas maintenir cette distinction des réparations entre deux chapitres. Elle a extrait du chapitre 19 (devenu 18) es grosses réparations proprement dites, en ramenant ce chapitre au chiffre qui correspond aux seules dépenses d'entretien ordinaire, soit . . . . 25.850.000 fr.

et elle a fondu la seconde catégorie des travaux du chapitre 19 avec les travaux du chapitre 46 en un seul chapitre 19 bis (devenu 19), dont elle a réduit d'ailleurs le montant à un chiffre de . . . . 4.696.000 fr.

inférieur de 466.000 au total résultant des anciens chiffres additionnés. — Et elle a intitulé ce nouveau chapitre « Grosses réparations *et restaurations* ».

Cette modification a été adoptée par la Chambre, puis par le Sénat. — Le projet de budget de 1890 s'y est conformé.

La nomenclature de l'état N comprenait avant 1890 les travaux d'entretien et de grosses réparations du chapitre 19 et les travaux de grosses réparations (restauration) du chapitre 46.

Par suite des modifications ci-dessus mentionnés, qui ont été apportées à la consistance et à la désignation des chapitres, on a compris en 1890 dans l'état N les travaux d'entretien du chapitre 18 et les travaux de grosses réparations et de restauration du chapitre 19.

Il y a donc en réalité aucune modification de fond à l'état N.

Crédits d'inscription de pensions. — Les articles 36, 37 et 38 sont relatifs aux crédits d'inscription des pensions de la Guerre, de la Marine et des Colonies.

I. — Le crédit concernant le Ministère de la Guerre

s'élève à 5 millions 500.000 francs : il se justifie de la manière suivante :

Pendant les années 1884, 1885, 1886, le crédit d'inscription était de 6.500.000 et il est resté disponible :

En 1884 une somme de 700.353 fr.
En 1885 — 803.373 fr.
En 1886 — 726.978 fr.

En conséquence, on crut devoir abaisser à 6.000.000 le crédit pour 1887. Cette somme fut complètement employée par suite de l'application de la loi du 25 juillet 1887, qui permettait à un certain nombre d'officiers d'infanterie de prendre leur retraite à vingt-cinq ans de service, et pour lesquels une somme de 1.079.520 francs fut nécessaire, mais en laissant un reliquat de pensions à concéder pour 1888 d'environ 200.000 francs.

Les 493 pensions d'officiers concédées en vertu de ladite loi, doivent forcément amener une diminution parmi les retraites d'officiers pendant environ une période de cinq années; en effet, en 1888, les pensions accordées à des officiers à trente ans de service n'a été que de 588, lorsque la moyenne des années précédentes était de 811.

Dans ces conditions, on a cru pouvoir diminuer le crédit d'inscription pour 1890, et la somme de 5.500.000 fransc demandée sera certainement suffisante.

II. — Le chiffre du crédit d'inscription des pensions à concéder au titre du service marine, a été établi d'après la moyenne des six dernières années antérieures à 1889.

ANNÉES	NOMBRE DES PENSIONS concédées	MONTANT
1883	3.322	3.016.910
1884	2.896	2.844.724
1885	2.599	2.539.132
1886	2.548	2.708.920
1887	2.295	2.151.148
1888	3.289	3.111.357
TOTAUX	16.949	16.372.191
Moyenne	2.825	2.728.698

Mais, en raison du nombre toujours croissant des
demandes de pensions du personnel des équipages de la
flotte et des ouvriers des arsenaux, l'Administration a cru
devoir majorer quelque peu cette moyenne et fixer en chiffre
rond à 2.800.000 francs le crédit nécessaire pour assurer les
besoins du service pendant l'année 1890.

III. — Le chiffre du crédit demandé pour l'inscription
des pensions militaires proprement dites ou réformes militaires à servir, en 1890, au titre colonial, a été calculé comme
suit :

Crédit accordé pour 1889 . . . . 250.000 fr.
Majoration du cinquième, représentant la
moyenne et l'augmentation annuelle à prévoir. 50.000

Total . . . . . . 300.000 fr.

Mais par suite du rattachement des troupes indigènes
au Département de la Marine, prononcé par décret du
25 mai 1889, ce crédit peut être ramené à 250.000 francs.
L'Administration des Colonies accepte cette réduction.

L'article du projet de loi renferme une disposition
qui a pour objet d'assurer l'exécution du vote par lequel la
Chambre, malgré le Gouvernement et contrairement aux
propositions de la Commission du budget, a augmenté les

crédits de payement de certaines pensions militaires. Il vous est rendu compte de cette disposition dans le rapport particulier sur le Ministère des Finances.

Crédit d'inscription pour les chemins vicinaux. — L'article 42 de la loi de finances maintient pour 1890, relativement à la construction des chemins vicinaux, un système d'engagement à terme qui à le tort grave de manquer de clarté, qui rend le service du contrôle difficile et qui a été fréquemment signalé comme peu conforme aux véritables règles budgétaires.

Avant l'exercice 1886, la situation était très simple.

Le Parlement accordait au Ministère de l'Intérieur, sous le titre de subvention aux chemins vicinaux, un crédit égal aux dépenses de constructions qui paraissaient devoir être engagées par le Trésor pendant cet exercice.

C'est ainsi que dans la loi de finances de 1886, votée en 1885, il a été alloué au Département de l'Intérieur un crédit de 15 millions de francs destiné aux travaux de l'année 1886.

Ce crédit a été totalement engagé pendant cet exercice. Mais les payements demandés au Trésor ne se sont élevés qu'à 5 millions et demi. De sorte qu'il restait un disponible de 9 millions et demi à reporter à l'exercice suivant.

Lors du vote de cet exercice (1887), on aurait dû, pour rester fidèle au système antérieur, ajouter à ce reliquat de 9 millions et demi la somme prévue pour les travaux compris dans le programme de cette année 1887 s'élevant à 15 millions comme l'année précédente (1886). Mais le Parlement, considérant sans doute que si les travaux de ce programme devaient être complètement engagés en 1887, une partie seulement des dépenses viendraient en payement, a pensé que le disponible antérieur de 9 millions et demi suffirait à cet objet. Il n'a donc voté aucune subvention nouvelle. Mais, afin de compléter le programme des 15 millions dont le surplus serait payé l'année suivante, il a introduit pour la première fois dans la loi des finances une disposition autorisant le Ministre de l'Intérieur à engager des dépenses pour 4 millions et demi à payer en 1888 sur les crédits à ouvrir sur le budget de cet exercice.

C'est le début des engagements à terme dont nous parlons.

L'année suivante, en 1888, on dut allouer un crédit pour payer cet engagement de 4 millions et demi, et on y ajouta un autre crédit de 4 millions pour compléter le payement des dépenses nouvelles de 1889, qui devaient également venir à échéance pendant cette même année. Cela faisait une subvention totale de 9 millions et demi inscrite au budget ordinaire du Ministère de l'Intérieur. Mais, comme le programme des travaux à entreprendre pendant cette même année 1888 était plus étendu, la loi de finances autorisa le Ministre de l'Intérieur à promettre aux départements et aux communes des subventions montant à 7 millions payables sur les crédits ordinaires de 1889.

Il en fut ainsi encore en 1889.

Le crédit de payement, inscrit au budget ordinaire de cet exercice pour subventions aux chemins vicinaux, fut fixé à 7 millions, comprenant les 2 millions promis en outre de la loi de finances de 1888, et 5 millions de crédits nouveaux. Mais pour porter le programme des travaux à 10 millions il y fut ajouté une promesse de subvention de 3 millions de francs exigible en 1890.

Le budget actuel de 1890 a donc à faire face à cette promesse de subvention de 3 millions, résultant de travaux engagés l'année précédente. Le Gouvernement demande qu'il y soit ajouté une somme de 3 millions et demi, devant compléter les dépenses des travaux à faire en 1890 et venant à échéance cette année.

C'est ce chiffre total de 6 millions et demi qui forme le crédit de payement inscrit au chapitre 25 du budget du Ministère de l'Intérieur. Mais comme le Gouvernement estime que les travaux à engager en 1890 dépasseront ce crédit de 2 millions et que ces 2 millions ne viendront à échéance que l'année suivante, en 1891, il vous propose, dans l'article de la loi de finances, d'autoriser le Ministre à promettre ces subventions aux intéressés.

Telle est l'économie du système suivi pour l'application aux chemins vicinaux des voies et moyens des budgets. Il faut ajouter que, pour 1890, la subvention de 3.500.000 fr. applicable aux dépenses engagées en 1890 et exigible pendant cet exercice et celle de 2 millions payable en 1891 s'augmenteront d'un reliquat de 1.500.000 francs environ dont la Caisse des dépôts et consignations est comptable sur les 143 millions votés par la loi du 12 mars 1880. Ce qui portera le programme de 1890 au chiffre de 7 millions de francs, inférieur de 1 million à celui de l'année antérieure.

En définitive, la combinaison financière dont il s'agit revient à ceci que, chaque année, il y a pour les chemins vicinaux deux sortes de crédits : 1° un crédit de payement composé de deux éléments, les dépenses engagées l'année précédente et exigibles pendant l'exercice actuel, puis le complément de dépenses nouvelles *engagées* et *exigibles* pendant ce dernier exercice ; 2° un crédit d'inscription ayant pour but de déterminer un an à l'avance le chiffre des subventions que l'Etat doit promettre aux intéressé pour leur permettre d'*engager* les travaux dont le payement aura lieu ultérieurement:

La comptabilité publique devant avant tout présenter une très grande clarté, il serait plus simple de revenir aux anciens errements dont on ne s'est écarté réellement que pour réduire de 4 millions et demi la dépense de l'exercice 1887. Il serait, à notre avis, préférable d'inscrire au crédit ordinaire de chaque exercice une somme égale aux dépenses à engager pendant cet exercice. Si une partie seulement de ce crédit était utilisée, le report de l'excédent en aurait lieu à l'exercice suivant de la même manière que tous les reports analogues de crédits. C'est une opération budgétaire claire, facile à comprendre et consistant dans une simple passation d'écritures, qui ne trouble nullement la structure du budget. Le système actuel, au contraire, avec la dualité des crédits, la différence de leur nature et l'enchevêtrement des exercices, devient une cause permanente d'équivoques et de malentendus. Les discussions budgétaires de chaque exercice en font foi.

Avances pour les chemins vicinaux. — L'article suivant du projet de la loi de finances autorise le Ministre de l'Intérieur à prendre envers les départements et les communes, jusqu'à concurrence de 8 millions de francs, des engagements relatifs aux avances à faire à partir du 1er janvier 1890, pour la constructions des chemins vicinaux.

Cette disposition est conforme à celle qui a été votée par le Sénat à notre rapport le 12 juillet 1888.

Depuis 1885, la caisse spéciale chargée de fournir les ressources affectées à la construction des chemins vicinaux a été liquidée; il est cependant nécessaire que l'entreprise ne reste pas inachevée et le Parlement a reconnu qu'il convient de lui accorder un concours compatible avec la situation actuelle de la trésorerie. Un projet de loi spécial a été voté à cet effet par la Chambre. Mais ce projet, ainsi que nous l'avons indiqué dans le rapport du 12 juillet 1888, inaugure un système très complexe qui engage des questions fort graves dont l'examen a été confié à une Commission spéciale. Les travaux de cette Commission ne sont pas terminés. En attendant que des résolutions vous soient proposées, il est nécessaire, mais il suffit aussi de mettre à la disposition des départements les avances remboursables qui leur permettent de ne pas arrêter les travaux et de les poursuivre pendant la campagne.

Pour 1889, vous avec décidé qu'une somme de 8 millions de francs serait consacrée à ces prêts et qu'elle serait obtenue par l'émission d'obligations à long terme.

C'est la même mesure qui vons est proposée pour 1890. Nous vous proposons de l'adopter.

Subventions scolaires. — L'Etat contribue de deux manières aux dépenses de constructions des établissements scolaires.

I. D'après l'article 1er de la loi du 20 juin 1885, le Parlement peut d'abord autoriser des travaux pour lesquels des subventions annuelles sont payées sur le fonds de dotation de 34 millions alloués par ce même article pour compléter les ressources de la caisse des écoles. Les projets de travaux relatifs aux établissements d'enseignement supérieur et secondaire à la charge de l'Etat sont soumis aux Chambres à l'appui de la demande d'allocation.

C'est en vertu de cette disposition que le second paragraphe de l'article 48 fixe à 400.000 francs pour l'enseignement supérieur et à 600.000 francs pour l'enseignement secondaire les travaux à autoriser.

Ces travaux sont indiqués dans des états législatifs joints au budget (états P et Q).

II. Aux termes de l'article 4 de la loi du 20 juin 1885, l'Etat peut s'engager, en second lieu, à rembourser, à titre de subvention, aux départements et aux villes, partie des annuités nécessaires au service de l'intérêt et de l'amortissement des emprunts par eux contractés pour les travaux de leurs établissements d'instruction supérieure, secondaire et primaire.

La loi de finances détermine le chiffre maximum des subventions par annuités payables pendant l'année suivante et les années ultérieures.

Pour 1890, l'article 49 fixe à 699.180 fr. le maximum de ces annuités, conformément au troisième paragraphe de l'article 4 de la loi du 20 juin 1885. Cet article est accompagné du projet des travaux en ce qui concerne l'enseignement supérieur et secondaire (états R et S). Le montant de ces travaux s'élève à 3.573.525 francs.

Voici la comparaison des annuités déterminées par les lois de finances de 1887, 1888, 1889 et 1890 :

	1887	1888	1889	1890
Enseignement supérieur. .	112.600 fr.	33.780 fr.	35.469 fr.	33.780 fr.
— secondaire .	165.400	165.400	165.400	165.400
— primaire. . .	1.222.000	800.000	700.000	500.000
	1.500.000 fr.	999.180 fr.	900.869 fr.	699.180 fr.

On voit que, pour l'enseignement primaire, il se produit un ralentissement très sensible pour les travaux, parce que l'annuité de subvention est tombée, en quatre ans, de 1.222.000 à 500.000 francs.

Le texte de la disposition qui fait l'objet de l'article 49 est la reproduction de celui qui figure dans la loi de finances antérieures. Cette année-ci on l'a seulement complétée par deux paragraphes additionnels qui ont pour objet de faire bénéficier l'État, pour la part proportionnelle, de toutes les réductions qui pourraient être réalisées sur les devis primitivement approuvés dans les entreprises de constructions scolaires. On s'est aperçu, en effet, que ces réductions avaient trop souvent été le bénéfice exclusif des communes ou des départements.

Fonds de concours. — L'article 52 du projet de loi fixe à 24.040.000 francs le montant des fonds de concours à verser en 1890 par les intéressés à l'exécution des travaux de navigation.

L'année dernière, au moment de la discussion du budget, un membre de la Chambre des Députés avait proposé d'ajouter au texte ancien de l'article, le paragraphe suivant :

« Les décrets (ouvrant les crédits) devront contenir l'énumération et la date des sommes versées et leur chiffre sera immédiatement et intégralement inscrit aux recettes d'ordre du budget. »

Le Gouvernement n'avait pas cru devoir s'opposer à cette addition. Mais il a reconnu depuis qu'elle ne saurait produire les résultats qu'on espérait.

On croyait pouvoir empêcher par la mesure nouvelle que les fonds de concours versés pour une dépense déterminée fussent employés pour une autre dépense. Mais, outre que cette prévision est extrêmement rare, parce que les intéressés exercent une surveillance active sur l'exécution des travaux subventionnés, ce n'est pas la mention prescrite qui empêcherait l'abus. Pour le prévenir, il faudrait ouvrir au budget un chapitre spécial par entreprise, et c'est une complication dont les inconvénients dépasseraient certainement les avantages.

Le Gouvernement n'a pas reproduit le paragraphe additionnel.

Conventions avec les chemins de fer. — Chaque année, le pouvoir législatif détermine le maximum des dépenses que les Compagnies de chemins de fer peuvent engager pendant l'année pour l'exécution des conventions de 1883.

Depuis 1884 jusqu'à 1889 inclus, ces autorisations de dépenses se sont élevées à . . . . 1.042 millions.

L'autorisation nouvelle concernant 890 est, d'après la proposition du Gouvernement, de . . . . 160 —
que votre Commission vous propose de réduire à 142 millions. (Voir le rapport spécial du Ministère des Travaux publics.)

Total. . . . . . 1.162 millions.

Mais ce maximum n'a pas été atteint. Par suite du ralentissement des entreprises, les dépenses réellement acquittées restent sensiblement inférieures.

 En voici le tableau pour chacune des années :

ANNÉES	GARANTIES D'INTÉRÊT remboursées à l'État	SUBVENTIONS PAYÉES par les Compagnies	AVANCES FAITES A L'ÉTAT	TOTAL
	millions.	millions.	millions.	millions.
1884........	109	33	65	207
1885........	57	37	48	142
1886........	41	23	42	106
1887........	47	15	45	107
1888........	50	13	65	128
1889........	23	19	100	142
Totaux....	327	140	365	832
Propositions de **1890**	18	23	419	160
Totaux....	345	163	484	992

Les avances faites par les Compagnies à l'État s'élève-
ront donc, à la fin de 1890, à 484 millions. Le remboursement de ces avances a lieu au moyen d'une annuité
qui est inscrite au budget ordinaire des Travaux publics
(chap. 29) et qui suit la progression de la dépense.

1885	2.700.000 francs.
1886	6.000.000 —
1887	9.476.400 —
1888	10.000.000 —
1889	12.500.000 —
1890	17.500.000 —

 Il est manifeste que le chiffre de cette annuité se déve-
loppera jusqu'à la fin de l'entreprise et qu'elle s'augmentera
beaucoup quand aura lieu la clôture des comptes d'exploitation partielle. On avait évalué le chiffre éventuel de l'annuité à 85 millions. Mais le ralentissement des travaux et
les efforts tentés pour amener la clôture de ces comptes

permettent d'espérer une importante réduction sur ce chiffre.

Travaux complémentaires. — L'article 54 du projet de loi fixe à 55 millions le total des travaux complémentaires de l'exercice 1889.

Des explications particulières ont été données précédemment sur ce point.

Contingent de la Cochinchine. — Les dépenses de l'Annam et du Tonkin n'ont pris place au budget ordinaire qu'en 1888.

Le projet de budget du Gouvernement (22 mars 1837) ne renfermait même aucune prévision à cet égard, non plus que le budget rectifié du 5 juillet 1887. C'est la Commission du budget de la Chambre qui, dans le rapport général de l'exercice, à introduit cette dépense (Rapport du 28 novembre 1887 page 170) au chapitre 24 ancien et 25 nouveau pour 20 millions.

Le Gouvernement a accepté cette addition et il a reproduit le crédit de 20 millions dans son troisième budget rectifié du 12 janvier 1888.

Le Parlement l'a voté pour 19.750.000 francs, avec une réduction de 250.000 francs, indiquant le désir des Chambres de voir réduire autant que possible les dépenses de l'occupation.

Au budget suivant de l'exercice 1889, le crédit a été ouvert (chap. 26) pour 15 millions seulement ; la différence représentait une réduction notable de l'effectif militaire (Rapport particulier de la Chambre des Députés page 51).

Enfin, pour 1890, le Gouvernement a fait encore subir au crédit une nouvelle réduction de 3 millions, qui le ramène à 12 millions. Cette économie correspond, dit l'exposé des motifs du budget (page 1670) à une diminution dans l'effectif des troupes européennes et dans l'augmentation des recettes locales.

La Cochinchine contribue également aux payements des dépenses de l'Annam et du Tonkin.

Lorsqu'il existait un budget général de l'Indo-Chine, les dépenses de l'Annam et du Tonkin en faisaient partie comme les recettes correspondantes. Mais depuis que le budget indo-chinois a été supprimé par le décret du 11 mai 1888, l'article 2 de ce décret a attribué au budget de l'Annam et du Tonkin un contingent à recevoir de la Cochinchine. Le décret ajoute que ce contingent est exclusivement destiné au payement des dépenses militaires et qu'il doit être fixé annuellement par la loi de finances.

Pour 1889, le contingent dont il s'agit a été fixé à 11 millions de francs.

C'est le même chiffre qui vous est proposé pour 1889.

Le budget de l'Annam et du Tonkin se compose, de cette manière, en recettes de trois éléments :

1° La subvention métropolitaine actuellement réduite à . . . . 12 millions.

2° La subvention cochinchinoise à . . . 11 —

3° Les recettes locales évaluées pour 1889 à . . . . 19 —

Ensemble. . . . . 42 millions.

Les dépenses militaires s'élevaient en 1889 à 35 millions de francs.

Reconnaissance de l'Ecole coloniale. — La disposition suivante a été insérée au dernier moment de la discussion de la Chambre dans la loi de finances :

Art. 56. — L'Ecole coloniale est autorisée à percevoir des droits d'inscription et d'examen qu'elle pourra employer pour pourvoir à ses dépenses. Ces droits seront fixés par décret rendu en Conseil d'Etat. »

Elle a pour objet de consacrer la reconnaissance légale de l'Ecole coloniale fondée dans les circonstances suivantes :

Au mois de septembre 1885, quelques jeunes Cambodgiens, amenés en France, formèrent le noyau d'une Ecole dans laquelle l'Administration des Colonies se proposait de leur donner une éducation française en même temps que les éléments d'une instruction sommaire.

Après deux ans d'expériences, l'on reconnut l'utilité d'étendre le recrutement de cette école à nos différentes colonies ou protectorats. Un arrêté du 11 janvier 1888 consacra le développement nouveau donné à l'institution en substituant à l'ancien titre celui « d'Ecole coloniale. »

Le but à atteindre était de former des indigènes qui puissent, une fois rentrés dans leur pays, être utilisés comme fonctionnaires locaux.

Mais l'Administration des colonies s'est préoccupée de donner une extension plus grande à cet établissement; le Conseil d'administration a mis cette question à l'étude et a abouti à un projet complet d'organisation.

D'après ce projet, l'Ecole coloniale comprendrait deux sections : une section coloniale et une section française.

Tandis que, dans la première, l'Ecole donnerait aux indigènes une éducation française et une instruction primaire coloniale, la seconde apprendrait aux élèves français les éléments d'administration coloniale et assurerait ainsi le recrutement des différents services coloniaux.

Avant de donner suite à ce projet, l'Administration des Colonies a songé à assurer à l'institution une existence régulière et légale au point de vue financier et budgétaire.

« Pour donner la personnalité civile à cette école, porte le rapport fait au nom du Conseil d'administration par M. Dislaire, en faire un établissement public, il est nécessaire que le législateur intervienne, qu'il reconnaisse son existence par l'inscription de l'École coloniale au budget de l'État. Cette inscription aurait notamment l'avantage de permettre à l'établissement, lorsque les engagements des élèves lui assureraient la possibilité d'entreprendre la construction d'un immeuble, la réalisation d'un emprunt aux conditions accordées par le Crédit foncier pour les constructions scolaires. »

« L'Ecole figurant au budget, lit-on dans un autre rapport analogue, l'intervention du législateur change les conditions de son existence. Au moyen d'une simple mention de la loi de finances, la loi permet de lui donner le caractère d'établissement public que la jurisprudence du Conseil d'Etat se refuserait à lui accorder sans une base légale comme celle que l'on trouve dans les lois de 1851 pour la création d'hospices et bureaux de bienfaisance. »

Tel est le but de la disposition insérée dans la loi de finances. Il ne s'agit nullement de mettre, en quoi que ce soit, à la charge de l'Etat tout ou partie des dépenses de l'Ecole, où même de l'engager au payement d'une subvention quelconque pour l'avenir. Il s'agit seulement de lui permettre de vivre avec ses ressources propres, provenant tant des rétributions scolaires que des subventions votées par les colonies intéressées.

Dans ces conditions, nous vous proposons d'approuver la disposition législative votée par la Chambre et ayant pour but de reconnaître l'existence légale de l'Ecole coloniale.

CHAPITRE XI

Examen détaillé des Ministères.

Ainsi que nous l'avons énoncé au début de ce rapport, (page 2), il n'a pas paru nécessaire de rédiger pour l'examen de chaque Ministère de rapports détaillés présentant par chaque chapitre l'indication des crédits.

Cette indication, de même que les variations existant entre les chiffres votés pour 1889, ceux des dernières propositions soumise au Parlement, soit par le Gouvernement, soit par la Commission parlementaire, et ceux des votes de Chambre, se trouve dans le tableau général inséré à la suite de ce rapport.

Les budgets des différents Ministères n'en ont pas moins été étudiés avec soin par ceux de nos collègues auxquels cette mission a été confiée dans la commission :

Finances, Monnaies et Médailles : M. LELIÈVRE.

Justice, Imprimerie nationale et Légion d'honneur : M. DAUPHIN.

Cultes : M. BARDOUX.

Affaires étrangères : M. COCHERY.

Intérieur : M. MILLAUD.

Algérie : M. MARGAINE.

Guerre : M. ROGER.

Marine et Caisse des Invalides : M. BARBEY.

Instruction Publique : M. BARDOUX.

Beaux-Arts : M. COCHERY.

Commerce et Industrie, Postes et Télégraphes, Ecole centrale : M. TOLAIN.

Colonies : LENOEL.

Agriculture : M. BÉRAL.

Travaux publics et Chemins de fer de l'Etat : M. CUVINOT.

Mais il a paru suffisant, pour la prompte expédition du travail et à raison de la ressemblance des budgets de 1889 et 1890, de signaler seulement les observations générales auxquelles a donné lieu l'examen de chaque budget.

MINISTÈRE DES FINANCES

Le budget des dépenses applicables au Ministère des Finances se montait, pour l'exercice 1890, d'après le projet du Gouvernement, à la somme de. . . 1.532.648.464 fr.

La Chambre des Députés en a élevé, par des votes successifs, le chiffre à. . . . . 1.542.806.767 fr.

Nous vous proposons de fixer définitivement les crédits à ouvrir à. . . . . 1.541.297.057 fr.

Nous nous bornerons à l'examen des chapitres sur lesquels porte cette différence, ou qui ont donné lieu à discussion à la Chambre des Députés.

CHAPITRE 23. — *Pensions militaires de la guerre.*

Crédit demandé par le Gouvernement. . 93.000.000 fr.
Crédit voté par la Chambre des Députés. . 94.616.230 fr.
Crédit proposé par la Commission. . . . . 92.500.000 fr.

La différence entre le chiffre du crédit voté par la Chambre et celui que nous vous proposons d'inscrire au budget de 1890 résulte de l'adoption d'un amendement déjà plusieurs fois repoussé par le Sénat.

Cette année encore, son auteur a obtenu l'inscription supplémentaire d'une somme de 2.116.230 francs représentant, suivant lui, le tiers du crédit nécessaire pour unifier progressivement, aux tarifs annexés aux lois des 23 juillet 1881 et 8 août 1883, les pensions des sous-officiers, caporaux, soldats et assimilés de l'armée de terre retraités sous les régimes antérieurs.

Nous nous bornerons à répéter cette année ce que nous disions en 1889. Les anciens sous-officiers dont il s'agit ont été retraités selon le tarif des lois en vigueur au moment où ils sont sortis du service militaire. Ils n'ont donc aucun droit à l'augmentation qu'ils réclament. Ce point n'est pas sujet à controverse. Nous ferons observer de plus qu'une décision du Parlement, en leur accordant à titre de faveur l'application des tarifs de la loi de 1879, leur a procuré un relèvement déjà considérable, et qui ne leur était pas dû, de leur pension de retraite.

Encouragés par cette première largesse, ils en sollicitent une nouvelle. A défaut de titres, ils comptent pour l'obtenir sur la persistance de leurs réclamations.

Votre Commission, gardienne de l'équilibre du budget, ne croit pas que le moment soit bien choisi pour que vous vous départissiez des décisions que sa devancière a fait triompher devant vous. Elle vous propose de ramener le crédit à son chiffre primitif, soit . . . . . 92.500.000 fr.

CHAPITRE 26. — *Pensions militaires de la marine.*

Crédit demandé par le Gouvernement. . . 32.900.000 fr.
Crédit voté par la Chambre . . . . 33.615.480 fr.
Crédit proposé par la Commission. . . . . 32.900.000 fr.

La Chambre des Députés a, sur ce chapitre, adopté un nouvel amendement augmentant le crédit proposé d'une somme de 715.480 francs, destinée à l'unification des pensions de retraites des anciens sous-officiers et assimilés de la marine.

Les mêmes raisons invoquées pour obtenir l'augmentation du chapitre 25 ont été reproduites pour faire triompher celle dont il s'agit à l'article 26. Nous lui opposons les mêmes réponses, en demandant au Sénat de lui réserver le même sort.

CHAPITRE 30.— *Traitement viager des membres de la Légion d'honneur et des médaillés militaires.*

Crédit demandé par le Gouvernement . . . 10.006.906 fr.

Crédit voté par la Chambre . . . . 10.204.706 fr.

Crédit proposé par la Commission. . . . . 10.238.706 fr.

La différence de 34.000 francs que nous vous proposons de rétablir est relative à la commission des trésoriers-payeurs généraux sur les produits recouvrés par eux pour le compte de la Légion d'honneur.

Cette question se rattache à celle qui sera traitée aux chapitres 53, 54 et 55.

CHAPITRE 31. — *Pensions civiles.*

Crédit proposé par le Gouvernement. . . . 62.300.000 fr.

Crédit voté par la Chambre. . . . . 62.430.000 fr.

Crédit proposé par la Commission. . . . . 62.300.000 fr.

Deux amendements, dus à l'initiative de M. Remoiville, député de Seine-et-Oise, ont été adopté à propos du chapitre 25, mais les crédits qu'ils comportent se réfèrent à des *pensions civiles* et doivent être inscrits au chapitre 31. Ils consacrent une augmentation des pensions dont jouissent les retraités qui cumulent des services militaires ou maritimes avec des services civils.

C'est une augmentation de 130.000 francs, chiffre primitivement inscrit.

Nous vous proposons de rétablir le chiffre du Gouvernement.

Nous ferons remarquer qu'en adoptant les amendements de M. Remoiville, la Chambre a modifié d'une façon absolue les bases sur lesquelles s'est effectuée jusqu'à présent la liquidation des retraites concédées aux retraités qui, à des services civils, joignaient des services militaires. Ce qu'on vous propose, c'est de changer par une loi de finances les dispositions de lois antérieures. Si le Parlement entrait dans cette voie, il faudrait s'attendre, chaque année, à voir des réclamations analogues. Nos administrations posséderaient bientôt autant de lois de retraite qu'elles comptent de catégories d'employés.

Il est à remarquer d'ailleurs que les agents dont se préocccupent les deux amendements dont il s'agit ont demandé à entrer dans les services civils, sachant parfaitement que leur pension serait liquidée, pour les années de service militaire qu'ils avaient accomplis, d'après le tarif de la loi de 1831. Leur religion n'a été ni trompée ni surprise. Leur droit à une augmentation n'existe donc pas par le fait même de l'abrogation de la loi de 1831 ; il ne pourrait résulter que d'une modification des termes mêmes de la loi de modification qui jusqu'à présent n'a été ni proposée, ni discutée, ni acceptée par le Parlement.

Il n'est pas sans intérêt d'ajouter que, d'après les calculs du Gouvernement, l'adoption des deux amendements de M. de Remoiville nécessitera en quinze ou seize ans une dépense totale de 2 millions de francs.

De plus, ce nouveau mode de liquidation devant s'appliquer à tous les anciens militaires qui, dans l'avenir, entreraient dans les administrations civiles, les ressources du Trésor se verraient obérées de sommes beaucoup plus considérables, étant donné que par suite du service militaire devenu obligatoire, tous ou presque tous les employés bénéficieraient plus tard de cette modification.

De telles conséquences nous paraissent justifier un examen plus approfondi et une modification plus étudiée de la législation en vigueur.

Le Trésor public, il ne faut pas l'oublier, n'est pas en état de pourvoir à toutes les générosités qu'on le presse d'accomplir. C'est à peine si le budget proposé par le Gouvernement s'équilibrait. Les dépenses supplémentaires que la Chambre des Députés a inscrites, malgré l'opposition du Ministre, malgré les avis de la Commission, détruiraient complètement cet équilibre. C'est en somme un sacrifice indéterminé et incalculable qu'on vous demande de léguer aux exercices futurs.

Vous avez trop, Messieurs, le souci du crédit de la France et des ménagements auxquels a droit le contribuable pour vous lancer dans la voie qui est ouverte aux dernières heures de la législature.

Vous persisterez dans vos décisions de l'année dernière.

CHAPITRE 53. — *Frais de Trésorerie.*

Crédit proposé par le Gouvernement.	515.000 fr.
Crédit alloué par la Chambre.	342.000 fr.
Crédit proposé par la Commission.	515.000 fr.

La diminution de 173.000 fr. admise par la Chambre des Députés provient, comme celles opérées aux chapitres 30, 54, 55, de l'adoption d'un amendement de M. Doumer, appliquant à partir du 1er janvier prochain une proposition de loi soumise en ce moment aux délibérations du Sénat.

On se souvient en effet que, dans le courant de janvier 1889, la Chambre des Députés a voté diverses mesures relatives au service de la Trésorerie, notamment la suppression des remises des trésoriers-payeurs généraux, l'attribution à ces fonctionnaires de traitements fixes variant suivant les classes, etc.

Cette loi, transmise au Sénat, est en ce moment étudiée par une de vos Commissions. Le rapport n'est point encore déposé et vous n'avez pas statué sur les questions très délicates qu'il soulèvera.

Vous proposer de passer outre à l'examen dont ce projet de loi doit être l'objet de votre part, et de voter dès à présent la suppression des crédits affectés au service de la Trésorerie, tel qu'il a fonctionné jusqu'ici, nous paraîtrait constituer un préjugé sur la décision que votre Commission spéciale élabore en ce moment. Nous ne croyons pas avoir le droit d'empiéter ainsi sur ses attributions.

Le maintien des crédits anciens ne saurait d'ailleurs compromettre en rien la réforme, si réforme il y a, qui vous est soumise. Qu'elle soit acceptée par le Sénat, et les crédits inscrits tomberont en annulation, ou du moins il ne sera fait emploi sur leur total que de la somme nécessaire au fonctionnement du nouveau service.

La solution que nous vous proposons a donc le mérite de ne rien préjuger tout en sauvegardant l'avenir. Celle que la Chambre a cru devoir adopter implique la suppression de votre droit d'examen inscrit dans la Constitution. Ce n'est point à coup sûr ce qu'elle a voulu faire.

Cette observation préjudicielle nous dispense d'examiner au fond les dispositions du projet de loi auquel nous avons fait allusion. Nous nous réservons, si l'amendement devait être reproduit devant le Sénat, d'en faire ressortir les inconvénients qui, dès à présent, nous apparaissent considérables.

Nous vous proposons donc de revenir provisoirement au chiffre du Gouvernement, soit 545.000 francs, et en même temps de rétablir la rubrique du chapitre modifié par la Chambre des Députés.

CHAPITRE 54. — *Traitements fixes des trésoriers-payeurs généraux.*

Crédit proposé par le Gouvernement. . . .　522.000 fr.

Crédit voté par la Chambre . . . .　1.405.000 fr.

Crédit proposé par la Commission . . . . .　522.000 fr.

Les observations consignées sous le précédent chapitre s'appliquent également à celui-ci, l'augmentation votée par la Chambre des Députés provenant de l'adoption du système exposé dans le projet de loi soumis au Sénat.

Il en est de même pour les crédits du chapitre 55, que nous vous proposerons de maintenir avec les rubriques sous lesquelles ces différentes sommes s'abritent.

CHAPITRE 55. — *Commissions aux trésoriers-payeurs géné-raux et au receveur central de la Seine à valoir sur les frais de personnel et de matériel à leur charge.*

Crédit proposé par le Gouvernement . . . .　5.902.000 fr.

Crédit voté par la Chambre . . . .　3.784.000 fr.

Crédit proposé par la Commission . . . . .　5.902.000 fr.

CHAPITRE 56. — *Traitements fixes des receveurs particuliers des finances.*

Crédit proposé . . . .　588.000 fr.

Le Gouvernement avait, dans son projet de budget, demandé une somme de 602.400 francs ; mais, sur les observations de M. Fernand Faure, député, il a consenti à une réduction nouvelle de 14.400 francs, impliquant la suppression au cours de 1890 de *huit* recettes particulières au lieu de *deux*.

Depuis deux années, votre Commission n'a cessé de faire les réserves les plus expresses au sujet de ces suppressions. Elle pense que les très faibles économies réalisées sont loin de compenser les inconvénients qui résultent pour le public et même pour l'Etat du nouvel état de choses dans les arrondissements choisis pour supporter cette expérience.

Elle ne peut donc que renouveler ses réserves sur le fond de la question.

Sans s'opposer à ce que l'expérience soit continuée, elle juge pourtant qu'il ne faudrait pas l'étendre à un plus grand nombre de recettes. En 1890, les suppressions auront porté sur 20 arrondissements, le chiffre est suffisant pour permettre de surveiller le fonctionnement et d'apprécier les résultats du projet de réforme. En allant plus loin, avant qu'une loi spéciale soit intervenue, on s'exposerait à faire croire que l'on veut, sans qu'une discussion approfondie vienne l'éclairer et que le Parlement ait été mis en possession des documents propres à l'éclairer complètement, lui faire accomplir définitivement et jusqu'au bout une réforme dont il a seulement consenti à faire l'essai partiel. Telle n'est pas assurément la pensée du Gouvernement ni celle des auteurs des amendements produits à la Chambre ; mais ce n'en est pas moins à ce résultat qu'on aboutirait en persistant à étendre chaque année l'expérience entreprise.

CHAPITRE 57. — *Commissions aux receveurs particuliers des finances à valoir sur les frais de personnel et de matériel à leur charge et indemnités aux trésoriers-payeurs généraux, aux receveurs particuliers et aux percepteurs.*

Crédit proposé par le Gouvernement . . . . . 2.567.300 fr.
Crédit voté par la Chambre . . . . 2.551.700 fr.
Crédit proposé par le Sénat . . . . 2.551.700 fr.

Cette réduction opérée, d'accord avec le Gouvernement, est la conséquence de celle faite sur le précédent chapitre.

CHAPITRE 72. — *Remises proportionnelles aux percepteurs et frais divers.*

Crédit proposé . . . . 11.230.000 fr.

Chaque jour amène des plaintes nouvelles contre le système de recrutement et d'avancement auquel est soumise l'Administration des contributions directes (recouvrement de l'impôt). L'an dernier déjà votre Commission les avait relevés, et, pour les faire cesser, en partie du moins, avait prié le Gouvernement de réclamer la mise à l'ordre du jour de la Chambre des Députés du projet de loi déjà voté le 19 juillet 1886. Il n'apparaît pas qu'une suite ait été donnée à votre désir. Loin de là, les abus, sous la direction actuelle, se multiplient et soulèvent les vives et légitimes critiques du personnel.

Il importe au plus haut degré que des règles fixes viennent mettre enfin un terme à un état de choses qui ne se rencontre heureusement dans aucune de nos autres administrations financières.

Nous sommes convaincus qu'on obtiendra des agents de

cette administration tous les services qu'on est en droit d'exiger d'eux, mais à la condition de leur accorder plus de justice et de bienveillance que le système actuel n'en comporte.

Votre Commission insiste donc pour qu'il soit donné suite au vœu qu'elle a émis l'an dernier et qu'elle renouvelle aujourd'hui.

CHAPITRE 78. — *Matériel de l'Administration de l'Enregistrement.* . . . . 969.500 fr.

En vous proposant d'adopter sans modifications le chiffre voté par la Chambre, nous croyons devoir apporter de nouveau l'attention du Gouvernement sur les observations consignées au rapport de 1889 en ce qui concerne la fabrication des registres timbrés destinés aux conservations d'hypothèques.

Ces registres, disions-nous, sont fournis à l'atelier général du timbre par l'Imprimerie nationale qui les imprime d'abord en feuilles volantes, qu'elle soumet ensuite au timbrage et qui lui reviennent pour être reliées; après quoi, elle les retourne de nouveau à la direction qui les emmagasine.

Tous les déplacements sont coûteux. Ils présentent aussi, au point de vue de la responsalité des agents chargés de la garde et de la comptabilité des papiers, des inconvénients auxquels il importe de rémédier promptement.

Comme remède, nous indiquions la possibilité de faire avec économie et sécurité fabriquer les registres dont il s'agit à l'atelier général du timbre qui, muni de machines, de presses suffisantes, n'aurait plus qu'à installer à peu de frais un atelier de reliure.

Nous avons, il y a quelque temps, prié M. le Ministre de nous faire connaître la suite donnée à notre désir. Il n'a pas été répondu à notre demande.

Nous prenons la liberté de rappeler cette question à la sollicitude du Gouvernement. Nous nous sommes assurés que l'économie à réaliser de ce chef ne serait pas moindre de 25,000 francs.

MONNAIES ET MÉDAILLES

Le budget annexe des *Médailles* et *Monnaies* se chiffre pour 1890 à la somme de. . . . . 1.658.100 fr. en recettes et en dépenses.

Sans changement avec le budget de l'exercice courant.

Il convient toutefois de remarquer que, par suite de la réduction de certains crédits affectés au matériel, l'excédent à verser au Trésor s'élèvera, en 1890, à 87.800 francs en augmentation de 25.000 fr. sur le bénéfice prévu pour 1889.

MINISTERE DE LA JUSTICE ET DES CULTES

PREMIÈRE SECTION. — **Service de la Justice.**

Le service de la Justice et de ces budgets annexes ne donne lieu à aucune observation particulière. Votre Commission accepte les crédits tels qu'ils ont été votés par la Chambre des Députés.

La seule remarque à présenter concerne l'Imprimerie nationale. Elle a été mieux ordonnée dans le rapport général.

2ᵉ SECTION. — **Service des Cultes.**

Les crédits du service des Cultes, pour l'exercice 1890, s'élèvent à la somme de 45.085.503 francs, en diminution de 202.000 francs sur l'exercice 1889.

En dehors des discussions générales sur lesquelles nous n'avons pas à nous expliquer dans ce rapport, nous n'avons à relever au point de vue budgétaire qu'une demande de relèvement de 15.000 francs présentée par M. le Garde des Sceaux pour le traitement du personnel de l'Administration centrale, lors de la discussion du budget à la Chambre des Députés.

Cette demande de relèvement, écartée par la Chambre, n'a pas été reproduite par le Gouvernement.

Votre Commission ne vous propose pas, à cet égard, de modifications.

Le budget des Cultes est celui qui, depuis 1880, a subi le plus de réductions. On peut dire qu'il est irréductible. Nous avons par conséquent à nous expliquer sur une différence de 202.000 francs sur le budget antérieur.

Les deux chapitres relatifs à la restauration des cathédrales de Nevers et d'Amiens ont été supprimés parce que les travaux ont été achevés, soit en moins 95.000 fr.

Le chapitre relatif à l'achèvement de la cathédrale de Clermont-Ferrand a été diminué de 25.000 fr. pour la dernière annuité ; les travaux sont presque terminés.

La Commission du budget émet le vœu qu'autant que possible les annuités des crédits alloués aux restaurations ou achèvements de cathédrales soient combinées de façon que, par suite d'une trop grande prolongation des travaux, les réparations à faire aux échafaudages n'absorbent pas pour une part considérable les sommes à dépenser chaque année.

Le chapitre relatif aux pensions et secours ecclésiastiques est présenté avec un chiffre de 800.000 fr., au lieu de

877.000. Le Gouvernement déclare que, par suite du décès d'anciens chanoines de Saint-Denis pensionnés, il a la possibilité de faire face à toutes les demandes d'ecclésiastiques méritants. Votre Commission en prend acte.

De même au chapitre 8 (Allocation aux chanoines), si le crédit de 785.336 fr. est de 70.000 fr. inférieur à celui alloué en 1889, c'est par suite des extinctions présumées de canonicats en vertu de la loi de finances du 30 mars 1885, loi qui n'est pas abrogée.

On se souvient en effet que, dans la séance du 9 décembre 1884, M. le Garde des Seaux s'exprimait ainsi :

« Dans l'article 2 du projet déposé par la Commission et dont M. Paul Bert était le rapporteur, on vous a proposé la suppression du traitement des chanoines par voie d'extinction. Ce n'est pas là ce qu'on vous propose aujourd'hui ; on vous propose de supprimer, à partir du 1er janvier prochain, le traitement de 709 vieux prêtres, qui bien souvent n'ont que ce traitement pour vivre, qui ont été choisis parmi des curés. . . . .
Une suppression immédiate ne serait ni équitable, ni conforme aux règles de l'humanité. Lorsque je me suis présenté devant la Commission du budget, tout en déclarant que je serais partisan du maintien des chapitres, j'ai en même temps reconnu qu'il serait possible de diminuer le nombre des membres qui les composent... J'ai fait connaître à la Commission que j'étais disposé à procéder par voie d'extinction jusqu'à concurrence d'un quart et que j'accepterais sur ce chapitre une réduction de 50.000 fr., faisant observer d'ailleurs que ce chiffre pouvait être dépassé, puisque je consentais à prendre l'engagement — et votre vote aurait cette signification — de ne pas nommer de chanoines jusqu'à ce que le nombre en fut réduit dans les proportions du quart. »

La Chambre des Députés vota la suppression complète du crédit des chanoines.

Le Sénat, par un amendement rétablit le crédit tel qu'il avait été proposé originairement par le Gouvernement (24 février 1885).

Mais dans sa séance du 11 mars 1885, la Chambre des Députés, à 4 voix de majorité, décida que le crédit diminuerait au fur et à mesure des extinctions.

C'est cette disposition de loi qui nous régit encore et qui n'a pas été abrogée.

Le développement des chapitres du budget porte que depuis le 30 mars 1885, cent quatre-vingt-cinq extinctions sont survenues.

Les autres chapitres du budget des Cultes ne donnent pas lieu à des observations.

Nous vous proposons d'allouer les crédits demandés. soit 45.085.503 fr.

MINISTÈRE DES AFFAIRES ÉTRANGÈRES

Le budget du Ministère des Affaires étrangères s'élève, pour l'exercice 1889, à la somme de. . . .   14.264.200 fr.

Le Gouvernement demande, pour l'année 1890, une somme de.. . . . .   14.228.500 fr.

Ce chiffre a été voté par la Chambre des Députés sans augmentation, sans réduction, d'après les propositions du Ministre.

Nous sommes également d'avis de l'accepter.

Cependant nous croyons nécessaire de nous associer à une vive critique que nous rencontrons dans le rapport de la Chambre, et qui a été reproduite à la tribune.

On ne tient pas compte au Ministère du quai d'Orsay des cadres fixés par les décrets et par la loi. Il existe en effet, à l'Administration centrale, un véritable encombrement de personnel, et pour ne pas dépasser les crédits alloués par le budget, on y admet des jeunes gens avec un traitement minime, bien inférieur à celui de l'emploi qu'ils occupent.

Cette irrégularité s'étend aux services extérieurs, même à celui des consulats.

C'est une mauvaise méthode qui arrête l'avancement, et, comme le dit très justement le rapporteur de la Chambre, n'est digne ni de l'Administration, ni des fonctionnaires eux-mêmes.

Nous comptons qu'il sera, à cet égard, déféré aux désirs du Parlement et qu'on rentrera à bref délai dans l'application des règlements.

MINISTÈRE DE L'INTÉRIEUR

Le projet de budget général présenté par le Gouvernement pour l'exercice 1890 s'élevait :

En dépenses, à	320.550.761 fr.
En recettes, à	246.506.779 fr.

Soit :

Service départemental	243.260.900 fr.
Service du gouvernement général de l'Algérie	3.245.870
Total	246.506.779 fr.

Une entente complète s'étant établie entre le Gouvernement et la Commission du budget relativement aux augmentations et aux diminutions proposées, la discussion en séance publique ne s'est élevée que sur quelques chapitres réglant les services administratifs et particulièrement sur le chapitre 53 : *Agents secrets de sûreté générale.*

Nous nous bornerons à signaler le caractère des divers amendements proposés et à vous faire connaître l'opinion de la Commission des finances sur les modifications réalisées par la Chambre.

Dans le Chapitre premier. (*Traitement du Ministre, traitements et indemnités du personnel de l'Administration centrale*) figurait une somme de 20.000 francs attribuée à un Sous-Secrétaire d'État et 6.000 francs pour le service du Sous-Secrétariat ; il a paru qu'il n'était pas possible de laisser subsister au chapitre premier un crédit qui ne répondait à aucune fonction et à aucune dépense.

La Commission, qui avait d'abord cru nécessaire de maintenir le chiffre de 26.000 francs pour subvenir à d'autres dépenses du personnel, a reconnu ensuite que ce maintien n'était pas justifié.

En conséquence, le chiffre du chapitre s'est trouvé abaissé de. . . . . 1.415.042 fr.
à. 1.389.042
Différence. . . . . .   26.000 fr.

Votre Commission ne peut qu'approuver la diminution opérée. La suppression du Sous-Secrétaire d'Etat à l'Intérieur devait avoir pour conséquence nécessaire la suppression du crédit affecté aux dépenses du Sous-Secrétariat.

Le CHAPITRE 29. (*Subvention à la maison nationale de Charenton*) a été réduit de 3.000 francs par l'adoption d'un amendement tendant à la suppression des indemnités affectées à l'aumônier. Cette diminution ayant été opérée d'accord avec le Gouvernement et la Commission, le crédit du chapitre a été abaissé de 50.000 francs à 47.000 francs.

Sur le CHAPITRE 50. (*Traitement des commissaires de police, indemnités de déplacement et autres*), une réduction de 52.600 francs a été admise contrairement aux conclusions de la Commission du budget.

Mais il paraît résulter de la discussion que le Ministre de l'Intérieur avait pris l'engagement, dès 1888, de réaliser cette économie.

Le Gouvernement n'ayant point contredit les auteurs de l'amendement, et le vote n'ayant d'ailleurs été acquis qu'après un renvoi à la Commission, nous croyons qu'il n'y a pas lieu de revenir sur la réduction proposée, qui s'appliquera aux commissaires de police spéciaux des chemins de fer.

Le CHAPITRE 53. (*Agents secrets de sûreté générale*) : 1.600.000 francs, est celui qui a donné lieu au débat le plus important. Depuis quelque temps, la question est portée périodiquement devant les Chambres.

Soulevée, cette année comme les années précédentes, la difficulté ne se compliquait point cependant, à l'occasion du budget de 1890, d'une question de confiance, d'après les déclarations mêmes de l'honorable auteur de l'amendement tendant à la suppression du crédit.

Le Ministre de l'Intérieur a défendu le chapitre et en a demandé le maintien.

Personne n'ignore, a-t-il dit en substance, qu'il y a des dépenses qui, dans un grand pays comme le nôtre, doivent être acceptées.

Elles peuvent avoir un intérêt capital, et on se représente mal un Gouvernement qui serait dénué de toutes ressources pour être renseigné exactement sur la situation et pourvoir à des nécessités urgentes d'ordre public.

Ceux qui ont souci de donner au pouvoir une force réelle et une sécurité indispensable ne sauraient supprimer les fonds de ce chapitre.

Toutefois, M. le Ministre de l'Intérieur s'en est rapporté à la Chambre.

Le crédit ayant été repoussé dans ces conditions, et le Gouvernement n'en réclamant pas le relèvement, votre Commission des finances ne vous propose pas de le rétablir; mais elle fait les plus expresses réserves sur les résolutions à prendre avant l'ouverture de l'exercice 1890.

Le CHAPITRE 17. (*Travaux des palais de justice de Rennes et de Grenoble*), avait été réduit par la Commission de 250.000 à 50.000 francs.

En séance publique, le chiffre du Gouvernement a été rétabli pour permettre le payement d'une première annuité applicable aux travaux de reconstruction du palais de justice de Grenoble.

Le chapitre 25 a été également augmenté d'une somme de 5,000 francs destinée aux dépenses du Conseil supérieur de l'assistance publique.

Nous vous proposons d'accepter sur ces deux points les décisions de la Chambre des Députés.

DEUXIÈME SECTION. — **Service du gouvernement général de l'Algérie.**

Le Rapporteur du budget de l'Algérie n'a pas de modifications à proposer aux dispositions adoptées par la Chambre des Députés.

Il y aurait quelques réserves à faire en ce qui concerne le rapport spécial déposé à la Chambre des Députés, surtout en ce qui concerne les mesures à prendre pour modifier les résultats de l'immigration étrangère dans chacun des trois départements de la colonie, mais ces mesures ne se traduisant pas en dispositions législatives, mieux vaut ne pas soulever cette discussion. Nous ferons aussi une observation en ce qui concerne la diminution des recettes sur la vente des tabacs et cigares de l'Administration des tabacs. Il ne faudrait pas attacher trop d'importance à la pensée que l'établissement d'un monopole favoriserait cette vente des tabacs français; l'établissement d'un monopole est intimement lié à la question de la contrebande.

L'avenir, en ce qui concerne ces questions de l'immigration et cette question du monopole des tabacs, doit être réservé.

MINISTÈRE DE LA GUERRE

1° Budget ordinaire.

Le Budget général de l'exercice 1889 voté le 29 décembre dernier a alloué au Ministre de la Guerre un crédit de . . . .   550.652.404 fr.

Dans le projet de budget déposé par le Gouvernement pour l'exercice 1890, le crédit demandé est de 557.893.750

Soit une augmentation de . . . .   7.241.346 fr.

A la suite de diverses réductions opérées par la Chambre, le crédit a été réduit à . . . .   556.333.550 fr.
ce qui a ramené l'en plus de 1890 à . . . .   5.681.146 fr.

Le budget ordinaire de la Guerre, pour l'exercice 1890, a donc été présenté aux Chambres avec une augmentation de 7.241.346 francs.

Cette augmentation de dépenses a une double cause : les unes sont nécessitées par la mise à exécution de lois précédemment votées par le Parlement; les autres ont été réclamées comme indispensables à la bonne marche du service.

Les dépenses de la première catégorie résultent en premier lieu de l'unification de la solde des officiers, qui, répartie par les Chambres sur trois années, fait peser sur le budget de 1890 une charge nouvelle de 807.490 francs, et en second lieu de l'accroissement des effectifs en hommes et en officiers.

Cet accroissement provient de l'application de la loi du

25 juillet 1887, en vertu de laquelle deux nouveaux régiments de cavalerie seront créés en 1890, et des lois des 24 et 28 décembre 1888, qui ont autorisé l'organisation de 12 bataillons de chasseurs alpins et de 16 batteries d'artillerie de montagne.

C'est un effectif de 13.719 hommes et d'environ 201 officiers, qui entraîne un surcroît de charges de . . . . 8.607.859 fr.

Les dépenses de la deuxième catégorie, relatives à la marche des services, proviennent des faits suivants : accroissement de la population scolaire dans les écoles militaires et des officiers qui y sont détachés; achat pour ces écoles et pour les états-majors d'un plus grand nombre de chevaux d'armes; augmentation du nombre des stages dans les régiments pour les officiers de la réserve et de l'armée territoriale; accroissement d'effectif des officiers de réserve et du nombre des hommes de l'armée territoriale à convoquer en 1890; fabrication d'une plus grande quantité de cartouches par suite de la mise en service du nouveau fusil; augmentation des châlits et fournitures de service correspondant à l'importance des nouveaux effectifs; gratifications de fin d'année au personnel civil de l'Administration centrale. Toutes ces dépenses s'élèvent au chiffre de 5.051.130

Soit, pour les deux catégories, un en plus au budget de 1890, de . . . . 14.466.479 fr.

Cette augmentation de dépenses a pu être atténuée par diverses économies dont voici les principales : diminution des frais d'entretien et d'appropriation des logements militaires par suite de désaffectation des locaux; réduction du nombre d'officiers détachés à l'Administration centrale et par suite des indemnités à leur payer; économie réalisée sur le taux des primes d'habillement comme conséquence du nouveau système; enfin diminution de l'effectif des réservistes à convoquer en 1890.

Les économies réalisées par ces diverses mesures représentent une somme de. . . . .   5.995.133 fr.

En tenant compte des frais de recensement bi-annuel des chevaux et mulets qui, ayant lieu cette année, ne se fera pas en 1890, et aussi des dépenses afférentes à l'Exposition, qui ont grevé le budget de 1889 et ne se reproduiront pas à celui de 1890, on trouve de ce chef, au bénéfice de l'exercice actuel, une seconde réduction de . . . .   1.230.000 fr.

ce qui donne, par rapport au précédent budget, une différence en moins de . . . . .   7.225.133 fr.
qui réduit l'augmentation de 14.466.479

figurant au budget proposé pour 1890, au chiffre de. . . . .   7.241.346 fr.

Telles sont les conditions dans lesquelles le budget en discussion a été présenté par le Gouvernement.

Mais la Chambre a fait subir à certains chapitres diverses modifications acceptées, du reste, par le Gouvernement.

Le chapitre 24, relatif aux fourrages, a été augmenté de 100 francs et porté, à la suite de l'adoption d'un amendement de M. René Brice, de 69.170.820 francs à 69.170.920 francs

Cette augmentation insignifiante, si on ne considère que les chiffres, peut être grosse de conséquences.

La Chambre a voulu, par l'adoption de l'amendement, manifester son intention de voir substituer, pour l'achat des fourrages, le système de la gestion directe à celui de l'entreprise. Or, la Commission du budget a fait connaître, par l'organe de son rapporteur, que la nécessité d'acheter des divers entrepreneurs les stocks de fourrages qu'ils ont en magasin, pour la constitution des approvisionnements, entraînerait une dépense supplémentaire au compte du système de gestion directe généralisée d'environ 9 millions.

Et de fait, le Ministre, pour étendre la mesure, dès 1889, à un certain nombre de places, a dû déposer dans la séance du 25 juin un crédit supplémentaire de 2.461.450 francs.

Votre Commission ne vous propose pas de rejeter l'augmentation de crédit du chapitre 24, parce qu'il importe, avant tout, d'assurer promptement le vote du budget. Mais elle fait toutes réserves, comme l'a fait, du reste, la Commission de la Chambre, au sujet du système même de la gestion directe, sur lequel il y aura lieu de se prononcer lors de la discussion du crédit supplémentaire.

Sur divers autres chapitres, les chapitres 6, 10, 12, 15, 20, 22, 24, 26, 29, 30, 36, 42, 44, 45, 51, la Chambre a fait, d'accord avec le Gouvernement, des réductions importantes s'élevant à 1.560.300 francs, ce qui ne laisse plus, pour le budget de 1890, qu'une augmentation de. . 5.681.146 fr.

Ces réductions, indiquées dans leur ensemble à la page 3 du rapport de l'honorable M. Wickerseimer, ont été obtenues pour une assez grosse part au moyen du report de juillet à octobre 1890 de l'organisation des deux régiments de dragons. Il est résulté naturellement de ce retard des économies importantes sur les chapitres de la solde, des vivres, des fourrages et de la remonte. Le chiffre n'en est pas inférieur à . . . . 413.000 fr.

Une réduction de 82.800 francs a été faite également au chapitre 12 sur les convocations d'officiers de réserve et de l'armée territoriale; une autre de 50.000 francs au chapitre 20 par le refus de création de 9 brigades nouvelles de gendarmerie demandées par le Ministre; et enfin, sur les 800.000 francs prévus sur le chapitre 51 pour les forts détachés de Lyon, il a été supprimé 200.000 francs.

Nous avions le devoir, étant donné le caractère et la nature de ces réductions, de nous enquérir auprès de M. le Ministre s'il ne voyait aucun inconvénient à la suppression des crédits dont il vient d'être parlé et dont votre Commission n'aurait pas hésité à demander le rétablissement s'il y avait eu besoin.

L'honorable M. de Freycinet nous a déclaré que, tout en regrettant la disparition de ressources sur lesquelles il croyait devoir compter en préparant son budget, il pouvait consentir à leur suppression sans inconvénient; que notamment, le retard de trois mois apporté à l'organisation des deux nouveaux régiments de cavalerie, qui se ferait ainsi à l'arrivée de la nouvelle classe, n'aurait aucune influence fâcheuse.

Nous n'avons pu que prendre acte de ces déclarations.

De ces observations, il résulte que toutes les économies possibles à réaliser ont été obtenues par la Commission du budget de la Chambre, et que votre Commission des finances ne pouvait que vous proposer de voter le budget de la Guerre tel qu'il vous est renvoyé.

Le tableau donné à la fin du rapport indique exactement, par chapitre, les différences en plus ou en moins existant entre le budget de 1889 et celui de 1890, et nous n'aurions qu'à clore ces considérations générales si nous ne tenions à vous donner deux renseignements intéressants sur des points qui ont déjà appelé votre attention les années précédentes.

L'unification de la solde se poursuit pour les officiers et pour la troupe dans les conditions que nous avons fait connaître l'an dernier.

Comme nous l'avons dit plus haut, un crédit spécial de 807.490 francs porté au budget de 1890, et qui vient s'ajouter aux 1.500.000 francs déjà alloués en 1889, permettra de compléter l'an prochain l'unification de la

Solde des officiers inférieurs et de continuer l'amélioration de celle des officiers supérieurs, qui atteindra son taux normal en 1891. On sait que l'unification se fait sur le taux de la solde la plus élevée, celle des armes spéciales, et en trois années.

Les cadres de l'infanterie recevront leur nouvelle solde — caporaux, augmentation de 0 fr. 03 c., sous-officiers de 0 fr. 08, — à partir du 1er octobre prochain.

Quant à la troupe, dont le prêt doit être élevé de 0 fr. 25 à 0 fr. 28 c., elle a déjà touché dans le premier semestre de l'année courante 1 centime de plus, elle recevra dans le second semestre un deuxième centime qui portera la solde du fantassin en 1889 à 0 fr. 27 c. Le troisième centime sera alloué en 1891.

Des dispositions analogues sont prises pour la cavalerie, qui doit recevoir une solde uniforme de 0 fr. 30 c. Cette solde, pour les armes qui ne touchaient que 0 fr. 28 c., est progressivement augmentée dès cette année de manière à atteindre 0 fr. 30 c. en 1890.

Les cadres recevront leur augmentation totale, 0 fr. 08 en plus, à partir du 1er octobre.

Pour les armes spéciales, la solde nouvelle réduite sera appliquée à la classe arrivant en 1889 et à tous les caporaux, brigadiers ou sous-officiers promus à partir du renvoi de la classe.

L'économie qui résulte de ces dispositions couvre les dépenses d'autre part.

Quant aux sous-officiers rengagés, ils recevront la solde de leurs grades augmentée de 0 fr. 25 par jour. Mais les ressources du budget ne permettront de leur attribuer que 0 fr. 10 en 1889, 0 fr. 15 en 1890, enfin 0 fr. 25 ultérieurement.

Le nouveau système d'habillement inauguré il y a quelques années continue à donner les heureux résultats qu'on en attendait.

Malgré les augmentations d'effectif, qui ont entraîné une

dépense au chapitre 29 de 1.153.917 fr., il est resté un boni de 576.563 fr. obtenu par une réduction de 0 fr. 01 sur le taux de la prime d'abonnement payée au corps, qui a produit 1.730.480 fr.

Ce boni figure dans la différence en moins de 906.682 fr. prévue au budget et qui a été portée par la Chambre à 956.682 fr.

Le nouveau système n'est pas encore appliqué partout, et il importe qu'il le soit à bref délai. C'est pour manifester son désir absolu de voir généraliser de suite la nouvelle mesure dans tous les régiments, que la Commission du budget, et la Chambre après elle, ont fait porter, sur l'ensemble du chapitre 29, une réduction de 50,000 francs.

Votre Commission ne peut que vous proposer de donner votre approbation à cette disposition.

2° Budget des dépenses sur ressources extraordinaires.

Les crédits votés au budget extraordinaire de 1889 s'élèvent à . . . . 138.554.360 fr.

Les crédits demandés pour l'exercice 1890 montaient à 180.938.000

Soit une augmentation pour 1890 de 42.383.640

Mais la Chambre ayant réduit les crédits, d'accord avec M. le Ministre de la Guerre, à 154.073.000

l'augmentation par rapport à 1889 n'est plus que de . . . . 15.518.640 fr.

Les dépenses auxquelles il s'agit de pourvoir sont la conséquence du programme général de travaux rendus nécessaires par la découverte des nouveaux explosifs et par le besoin de fournir les nouveaux corps d'armée en création des canons, munitions et équipages qui leur sont indispensables.

Le Sénat sait que le programme provisoire évalué au budget de 1888 à 370 millions — attribués exclusivement aux deux services de l'artillerie et du génie — a été fixé par la dernière loi de finances à 770.731.000 francs, dont la répartition a été faite entre les divers services de l'artillerie, du génie, des chemins de fer, des subsistances, de l'habillement, de la télégraphie militaire, de la cavalerie et du service géographique.

Cette répartition, adoptée l'an dernier par le Parlement,

a été modifiée à la suite d'observations présentées par la Commission du budget de la Chambre, et sur ses indications le Ministre de la Guerre a consenti à une nouvelle ventilation entre certains chapitres, qui ne change pas du reste l'ensemble de la dotation. (Voir tableau I.)

Déjà, l'an dernier, une opération analogue avait été faite par suite de la création d'un nouveau chapitre, le chapitre 20 *bis*. Votre Commission exprime le désir qu'il soit mis un terme à ces modifications de chiffres et que les dotations des chapitres restent stables. C'est le seul moyen de contrôler exactement les dépenses.

Cette ventilation nouvelle n'est pas la seule modification que la Chambre ait fait subir au projet de loi ; elle a pensé que les divers services ne devant pas, d'après les prévisions connues à l'heure actuelle, dépenser dans le courant de 1889 tous les crédits mis à leur disposition, il était possible de réduire à 150 millions le chiffre des ressources extraordinaires demandé pour 1890.

Après examen de la question par le Ministre et la Commission du budget, on est tombé d'accord, comme nous l'avons indiqué plus haut, sur une réduction de 26.865.000 fr., qui ramène à 154.073 francs le crédit de 180.938.000 francs proposé dans le projet de loi.

Votre Commission vous propose d'accepter ce chiffre qui paraît suffisant pour satisfaire aux besoins des divers services pendant l'exercice 1890. Le tableau inséré à la suite du rapport en donne la répartition par chapitres (voir tableau II).

Le Sénat sait que pendant que se développaient les travaux du nouveau budget extraordinaire, le Ministère avait à consommer des reliquats de crédits de l'ancien budget extraordinaire arrêté par la loi de finances du 25 février au chiffre de 105 millions. Ces crédits s'élevaient, pour 1889, à 24.440.605 fr. 82. D'après les renseignements donnés par les services intéressés, le chiffre disponible au 1er janvier 1890 serait encore de 3.716.775 francs, ce qui motiverait un nouveau report au budget de 1890. Nous vous proposons d'insister auprès du Ministre de la Guerre pour que l'exercice 1890 consomme définitivement ce reliquat, de manière à simplifier la comptabilité, évidemment gênée par ces sources de crédits s'appliquant à des dépenses analogues.

Tous renseignements utiles ont du reste été communiqués à votre Commission sur l'emploi des crédits votés.

Après examen des divers crédits affectés aux dépenses extraordinaires de la Guerre, votre Commission a dû se préoccuper de la suite donnée aux mesures prises par le Parlement pour assurer le maintien, dans son intégralité, du matériel constitué comme réserve de guerre. La loi de finances du 26 juin 1888 a décidé que dans un délai de six mois le Ministre aurait à fixer la nature et la quantité de matériel à entretenir dans chaque place comme réserve de guerre. Cette fixation devait être communiquée au Parlement dans le délai ci-dessus. La loi prescrit encore que l'existence et l'état de ce matériel seront vérifiés à l'aide de recensements annuels qui seront communiqués aux Chambres dans les trois premiers mois de chaque année.

Les états de matériel sont en préparation, mais ils ne sont pas encore terminés. La rédaction des instructions d'application variables avec les services, la refonte par chacun de ces services de la réserve de guerre telle qu'elle existait précédemment, les rectifications qu'il a été nécessaire d'apporter aux premiers travaux, n'ont pas permis au Ministre de soumettre au Parlement, dans le délai prévu, l'inventaire général de notre matériel de réserve avec les fixations dont il a été l'objet ; mais le travail touche à sa fin, et vous sera prochainement communiqué.

Nous en aurons fini avec les observations que nous a suggérées l'examen du budget extraordinaire, quand nous aurons appelé l'attention du Sénat sur les voies et moyens par lesquels il sera pourvu aux dépenses de l'exercice courant . . . .
. . . .

TABLEAU I

Troisième budget extraordinaire.

CHAPITRES	1° SOMME DES CRÉDITS DU TROISIÈME BUDGET extraordinaire	2° NOUVELLE VENTILATION DES CRÉDITS	VARIATIONS SUR LES évaluations primitives
14	73.880.000	73.280.000	— 600.000
15	42.164.880	36.794.880	— 5.370.000
16	23.838.000	22.618.000	— 1.220.000
17	53.551.000	47.488.300	— 6.062.700
18	222.850.000	202.850.000	— 20.000.000
19	109.600.000	109.000.000	»
20	4.065.820	4.065.820	»
20 *bis*	26.000.000	59.853.000	+ 33.853.000
21	5.000.000	5.000.000	»
22	62.533.000	62.533.000	»
23	16.800.000	16.800.000	»
24	13.960.000	13.960.000	»
25	36.000.000	36.000.000	»
26	8.040.000	8.040.000	»
27	40.750.000	40.750.000	»
35	»	»	»
36	»	»	»
28	18.140.000	18.140.000	»
29	4.000.000	4.000.000	»
30	5.613.000	5.613.000	»
31	»	1.700.000	
32	3.500.000	1.800.000	Aérostation.
33	195.000	195.000	»
34	250.000	250.000	»
TOTAL.....	770.730.700	770.731.00	

TABLEAU II

Crédits extraordinaires (nouvelle dotation) pour l'année 1890.

CHAPITRES	DÉSIGNATIONS DES SERVICES	CRÉDITS ALLOUÉS
		Fr.
14	Équipages de campagne..............	17.500.000
15	Armements de place...............	6.000.000
16	Armement des côtes..............	8.800.000
17	Équipages de sièges..............	3.000.000
18	Armes portatives................	49.100.000
19	Munitions....................	23.000.000
20	Dépenses diverses	500.000
20 *bis.*	Bâtiments et machines	6.000.000
21	Places de la frontière du Nord.......	3.000.000
22	Frontière de l'Est	8.000.000
23	Frontière du Sud-Est	3.000.000
24	Ports et embouchures............	3.000.000
25	Magasins à poudre..............	6.000.000
26	Améliorations, procès, transports......	600.000
27	Bâtiments militaires.............	6.000.000
28	Chemins de fer................	3.800.000
29	Service de santé	2.145.000
30	Subsistances	3.613.000
31	Télégraphie militaire et aérostation	850.000
32	Cavalerie	95.000
33	Service géographique	70.000
		154.073.000

MINISTÉRE DE LA MARINE

Le projet de budget déposé par M. le Ministre de la Marine pour l'exercice 1890 s'élevait à.. . 203.214.225 fr.

La Commission du budget de la Chambre, après accord avec le Ministre, a fait sur divers chapitres des réductions formant un total de.. . . . . 2.066.000

Elle a donc présenté un projet de budget de. . . . . 203.148.225 fr.

Le budget actuellement en cours étant de. . . . . 204.959.194 fr.

Il s'en suit que le budget de l'année prochaine est en diminution sur celui de 1889 de 1.810.969

L'accroissement de la subvention du département de la Caisse des Invalides, pour l'exercice 1890, est de. 500.000

Les dotations des services de la Marine ont donc été diminuées en réalité par la Commission de.. . . . . 2.310.969 fr.

Le budget proposé par la Commission a été voté sans modifications par la Chambre des Députés, après une discussion générale où plusieurs orateurs ont tracé de notre marine de guerre un tableau peut-être un peu assombri. Il est exact, cependant, de dire que les puissances maritimes de l'Europe font en ce moment des efforts extraordinaires pour accroître leurs flottes dans des proportions considérables, en y introduisant des bâtiments réunissant au point de l'attaque et de la défense tous les progrès réalisés jusqu'à ce jour. L'honorable Rapporteur de la Commission du Budget a dit avec raison que les mesures prises par les nations voisines de la France « nous rappelleraient la nécessité de « maintenir nos dotations maritimes purement militaires, « si nous avions pu les perdre de vue. »

Les membres de la Chambre qui ont pris part à la discussion ont été unanimes à reconnaître cette nécessité; ils ont même démontré que les crédits appliqués aux constructions navales doivent être augmentés sans retard. Ces crédits sont devenus d'autant plus insuffisants, ont-ils déclaré, qu'on les a réduits graduellement depuis plusieurs années.

On peut dès lors être surpris du rejet de l'amendement de M. Georges Roche tendant à augmenter de 915,000 francs le crédit du chapitre 9 : *Salaires pour constructions neuves*, et de l'acceptation de la réduction de 400,000 francs demandée par la Commission du budget sur le chapitre 20 : « *Achats pour les travaux de constructions neuves.* » La réduction graduelle dont tout le monde s'est plaint si justement, et en des termes quelquefois très vifs, n'en a pas moins été sanctionnée une fois de plus par la Chambre, au grand préjudice, selon nous, des intérêts de la défense nationale.

Il est vrai que le Ministre a dit à la tribune que l'amendement de M. Georges Roche lui paraissait inefficace et qu'il était décidé à demander, pour les constructions neuves, un nouveau crédit de 50 à 60 millions afin de maintenir notre marine de guerre au rang dont elle ne doit pas déchoir.

Votre Commission des finances n'a pas à se prononcer sur ce projet de loi dont elle ne connaît pas encore le dispositif. Elle se borne à renouveler ses déclarations antérieures, qui n'ont pas cessé d'obtenir l'assentiment du Sénat et qui peuvent se résumer ainsi :

Le budget extraordinaire de la marine est un budget plein de dangereuses tentations pour le Ministre comme pour le Parlement. — Il a permis, il y a quelques années à peine, de décider la construction d'un grand nombre de croiseurs, dont quelques-uns ont pu fort heureusement être contremandés.

Ces croiseurs rendront sans doute des services, mais ils seront loin de posséder les qualités devenues indispensables par suite de l'invention des nouveaux projectiles. Il a permis également de demander à la fois à l'industrie privée plus de cinquante torpilleurs de même modèle, dont on pourra tirer parti dans une certaine mesure, mais au prix de beaucoup d'argent et de douloureuses expériences. Il peut donner un moment cette illusion : qu'on possède tout d'un coup un matériel naval destiné à nous assurer pendant longtemps la supériorité sur les autres nations. Mais comme les progrès incessants de la science conduisent inévitablement à la découverte de modèles nouveaux, ce qui paraissait devoir constituer pour nous un avantage devient, au contraire, une cause d'infériorité.

Pour que notre flotte ne soit pas atteinte dans ses forces vives, pour qu'elle progresse régulièrement et vivement, pour qu'elle se tienne au niveau qui lui appartient, il ne faut pas procéder par à coups, mais se mettre virilement à l'œuvre, relever les crédits du budget ordinaire qui intéressent les constructions et les armements et, tout en demandant au Ministre la plus stricte économie sur l'ensemble du budget, lui accorder les augmentations jugées indispensables. Le pays ne comprendrait pas qu'il en fût autrement et il est prêt à s'imposer les sacrifices qui lui seront demandés dans ce but.

Sous ces réserves, votre Commission des finances vous propose d'adopter le budget du Ministère de la Marine tel qu'il a été voté par la Chambre des Députés et conformément au tableau inséré dans les annexes du rapport général.

MINISTÈRE DE L'INSTRUCTION PUBLIQUE
ET DES BEAUX-ARTS

PREMIÈRE SECTION. — Service de l'Instruction publique.

Les crédits alloués par la loi de finances du 29 décembre 1888 pour les dépenses du service de l'Instruction publique s'élevaient, pour l'exercice 1889, à la somme de 135.273.485 francs.

Le montant des crédits que la Commission du budget de la Chambre des Députés proposait de voter pour l'exercice 1890 était de 139.990.438 francs, soit une augmentation de 4.716.953 francs.

Il résulte de la discussion qui a eu lieu à la Chambre des Députés, que, sauf une réduction de 6.000 francs sur le chapitre 49, les divers crédits du budget ordinaire de l'Instruction publique ont été votés tels qu'ils avaient été proposés.

Nous ne vous proposons, à notre tour, ni augmentation ni diminution.

Une explication nous a cependant paru nécessaire. L'augmentation du chiffre total du budget de l'Instruction publique pour l'exercice prochain est considérable. Pour plus de quatre cinquièmes, elle a pour cause l'inscription au budget ordinaire d'une somme de 3.990.000 francs déjà allouée pour les dépenses de l'instruction primaire de l'exercice 1888, sous forme de crédit supplémentaire (Loi du 20 janvier 1889).

D'après les déclarations du Gouvernement, les mêmes dépenses devront donner lieu, dans l'état de choses actuel, pour l'exercice 1889, à un nouveau crédit supplémentaire de somme à peu près égale. La Chambre des Députés, sur l'avis de la Commission des finances, a cru devoir comprendre désormais ces 3.990.000 francs dans les prévisions normales du budget, afin que le budget fût d'une sincérité absolue.

Cette augmentation se répartit sur les chapitres 49-50 pour de faibles sommes et presque entièrement sur le chapitre 51.

En ce qui concerne le chapitre 49, la part d'augmentation qui lui revient découle tout entier des indemnités de première installation accordées aux élèves sortant des écoles normales.

Cette indemnité de 100 francs a été prélevée longtemps sur les *bonis* des écoles normales. Aujourd'hui que ces écoles n'ont plus de caisse distincte, la charge retombe sur l'État, ce qui élève le crédit du chapitre 49 de 260.000 francs.

L'augmentation de 100.000 francs au chapitre 50 représente, d'une part, 50.000 francs pour l'éventuel dans les écoles d'enseignement primaire supérieur, et, d'autre part, 50.000 autres francs, pour l'ouverture d'une troisième année d'études dans les trois grandes écoles nationales d'enseignement supérieur : Voiron, Armentières, Vierzon.

Quant au chapitre 51, l'augmentation serait de 3 millions 510.000 francs ainsi répartis :

1° 1.320.000 francs pour élever les ressources du prélèvement du cinquième des revenus communaux, prélèvement qui a donné lieu à tant de difficultés et de complications; en d'autres termes, c'est une subvention nouvelle pour alléger les charges de l'enseignement primaire;

2° 1.600.000 francs destinés à couvrir un déficit qui remonte à 1887. Les Chambres, en effet, ont ouvert un crédit supplémentaire de 1.600.000 francs pour solder les dépenses du personnel de l'enseignement primaire durant l'exercice 1887. La même somme a été votée pour remédier à la même insuffisance de ressources de l'exercice 1888;

3° 710.000 francs qui se subdivisent ainsi :

1° Ouverture de deux écoles normales et, dans seize

écoles normales existant déjà, ouverture de la 2e et 3e année. 150.000 fr.

2° Allocation de 100 francs aux institu- teurs munis du brevet supérieur. 300.000

3° Augmentation quinquennale de 100 fr. à tous les instituteurs n'ayant que le traite- ment légal. 200.000

4° Laïcisation. 60.000

Total égal. . . . . 710.000 fr.

Nous aurions à contester quelques-unes des augmenta- tions qui figurent dans ces trois chapitres si nous n'étions pas à la veille de voir transformer complètement le bud ge de l'instruction primaire.

Le projet de loi que vous avez voté sur les dépenses de l'intruction primaire, est soumis au vote de la Chambre des Députés avant la fin de la législature.

Or, il résulte de ce projet que, non seulement le bud- get des dépenses, mais celui des recettes, doit être complé- tement modifié.

La transformation des centimes spéciaux communaux et départementaux en centimes d'Etat nécessitera une recti- fication dans le budget des communes et dans celui des départements. Une nouvelle rédaction dans les formules distribuées jusqu'à ce jour à nos Conseils municipaux et gé- néraux est indispensable.

Sans vouloir empiéter sur le rôle du Rapporteur général de la Commission des finances, nous nous bornerons à constater que, par suite de la suppression du prélèvement du cinquième et de l'établissement de l'indemnité de résidence, par suite de la nouvelle répartition des charges entre l'Etat, les départements et les communes, par suite de l'accroisse- ment du traitement de tout le personnel de l'instruction primaire et de son classement, par suite des modifications introduites dans l'organisation de l'enseignement primaire supérieur,—nous nous bornerons à constater que le budget de l'instruction primaire que nous rapportons n'est que provisoire.

Aux termes de l'article 27 de la loi nouvelle sur les dépenses de l'instruction primaire, le Gouvernement devra, dans le cours du présent exercice, déposer une demande de crédit supplémentaire qui contiendra un budget rectificatif des chapitres 48 à 57.

En attendant, et sous le bénéfice de ces réserves, votre Commission des finances vous propose de fixer à 139.984.438 francs les crédits à ouvrir au Ministère de l'Instruction publique et des Beaux-Arts (1re section, service de l'instruction publique), crédits à répartir conformément au tableau ci-annexé.

DEUXIEME SECTION. — **Service des Beaux-Arts.**

Le budget des dépenses des Beaux-Arts, voté pour l'exercice 1889, s'élevait à. . . . . 12.760.605 fr.

Les crédits demandés par le Gouvernement pour l'année 1890, et déjà votés par la Chambre des Députés, montent à la somme de 12.063.905

Il y aurait donc une économie apparente de . . . . 696.700 fr.

Mais, en réalité, cette économie n'existe pas. Le budget de 1890 présenterait, au contraire, une légère augmentation.

En effet, les dépenses pour l'Exposition universelle, comprises au budget de 1889, étaient de . . . 772.700 fr.

En outre, on y portait une somme de. . . 20.000 pour la dernière annuité de la reconstruction et de l'agrandissement de la maison de Charenton, soit . . . . 792.700 fr.

D'où il résulte qu'en réalité le budget actuel présente une augmentation de 96.000 francs sur le budget précédent.

Cet accroissement provient d'une augmentation de 9.000 francs pour l'entretien des palais nationaux, de 87.000 francs montant de la première annuité à payer à la ville de Roubaix sur l'avance qu'elle a faite des dépenses engagées pour la construction de l'école des arts industriels de cette ville.

L'accroissement des dépenses d'entretien des palais nationaux est motivé par le chauffage.

Jusqu'à ce jour, on y avait subvenu en prélevant sur les coupes de bois de l'année ce qui était nécessaire.

L'Administration des Finances a préféré ordonner la

vente intégrale des coupes, et demander directement un crédit pour les dépenses que doit entraîner le chauffage des palais.

Bien certainement cette mesure a pour but de prévenir tout gaspillage. Est-elle de nature à procurer une économie ? Il faut attendre les résultats de l'expérience pour pouvoir se prononcer.

Quant aux 87.000 francs, c'est une loi du 22 avril 1886 qui a autorisé la ville de Roubaix à faire l'avance à l'Etat des sommes nécessaires pour la construction de l'école des arts industriels. Elle doit être remboursée en trente annuités de 87.000 francs. C'est la première annuité qui figure au budget de 1890.

Nous vous proposons de voter l'ensemble des crédits s'élevant, comme nous l'avons expliqué plus haut, à . . . . 12.063.905 fr.

Nous croyons utile, en outre, de présenter au Sénat quelques explications suggérées par l'incendie de l'Opéra-Comique.

Le directeur était tenu d'assurer l'immeuble où s'exploitait le théâtre contre les risques de l'incendie.

L'assurance avait été faite pour une somme d'un million environ. La perte de l'Etat a donc été diminuée de pareille somme. Si l'immeuble eût été assuré, pour la totalité de sa valeur, la perte matérielle eût été nulle.

Votre Commission a été ainsi amenée à examiner la situation de nos autres théâtres subventionnés.

L'Opéra, le Théâtre-Français, l'Odéon, occupent des immeubles appartenant à l'État.

L'immeuble de l'Opéra n'est l'objet d'aucun contrat d'assurance. Le matériel scénique, le mobilier et le magasin des décors sont seuls assurés pour la somme de 2 millions 150.000 francs.

L'immeuble de l'Odéon n'est pas assuré. Le mobilier et le matériel sont garantis par une police, pour une somme de 300.000 francs

L'immeuble du Théàtre-Français ne paraît pas assuré. Le matériel scénique et le mobilier sont garantis par une police de 1 million 205.000 francs.

La ville de Paris nous fournit un exemple qu'il ne convient pas de négliger. Elle est propriétaire de plusieurs salles de théâtres. Elle les concède moyennant loyers; c'est ainsi qu'elle a loué 80 000 francs par an la salle dans laquelle s'exploite actuellement l'Opéra-Comique. Elle impose en outre aux locataires la charge d'une assurance immobilière suffisante pour garantir l'intégralité des risques.

L'Etat ne devrait-il pas agir de même pour les théâtres subventionnés? C'est une question que nous recommandons à l'examen et à l'étude de M. le Ministre des Beaux-Arts.

Nous croyons surtout nécessaire de lui signaler les conditions dangereuses dans lesquelles s'exploite le Théâtre-Français. Sous le même toit, on a loué à un café-restaurant, dont les cuisines s'étendent sous le théâtre, et à la maison Chevet, qui a emmagasiné dans ses caves des eaux-de-vie, du rhum, etc. Ces locataires ont-ils couvert par une assurance les risques qu'ils peuvent faire courir à l'immeuble? Est-ce même suffisant ?

En outre, la bibliothèque du théâtre, si riche en éditions rares et précieuses, est installée dans des locaux tout à fait insuffisants et exigus.

Nous pensons que ces faits sont de nature à justifier de justes préoccupations et qu'il serait urgent d'aviser.

Nous ne saurions terminer sans dire un mot d'un incident qui s'est produit à la Commission.

On nous a signalé un Directeur de théâtre subventionné qui enverrait ses artistes, même pendant la saison d'hiver, jouer sur une scène étrangère, et au bénéfice de son entreprise. Nous avons cru devoir en entretenir M. le Ministre, afin de lui permettre d'examiner si ce fait ne constitue pas une infraction au cahier des charges et s'il ne présente pas un grand inconvénient pour une entreprise théâtrale subventionnée par l'État.

MINISTÈRE DU COMMERCE, DE L'INDUSTRIE ET DES COLONIES

PREMIÈRE SECTION. — **Service du Commerce et de l'industrie.**

La seule explication que nous ayons à présenter porte sur l'article 9, relatif à l'école de Dellys.

CHAPITRE 9. — *École de Dellys.*

Conformément à l'engagement pris lors de la discussion du budget de 1889, M. le Ministre, par un arrêté du 18 décembre 1888, a constitué sous sa présidence une Commission dans laquelle figuraient notamment tous les représentants de l'Algérie à la Chambre et au Sénat pour examiner la situation à l'école de Dellys.

Cette Commission a constaté que l'ancien personnel, dont l'incurie avait amené des réclamations et des critiques, avait été presque entièrement renouvelé et l'installation améliorée; que le nombre des élèves, qui n'était que de 68, s'était élevé à 100, grâce à la création d'un externat; que ce nombre pourrait même être porté à 150 si un crédit de 30.000 francs était mis à la disposition de l'Administration pour la construction de nouveaux ateliers.

En présence de ces résultats et de ceux qu'on espère encore obtenir, la Commission a émis à l'unanimité l'avis qu'il y avait lieu de conserver à l'école de Dellys son caractère actuel.

Chiffre proposé par la Commission du budget. 110.000 fr.

Chiffre voté par la Chambre. . . . . 100.000 fr.

DEUXIÈME SECTION. — **Service des Postes et des Télégraphes.**

Le chapitre 6 seul appelle les observations suivantes :

CHAPITRE 6. — *Traitement du personnel et indemnités à titre de traitement* (sous-agents).

Chiffre proposé par la Commission du budget de la Chambre des Députés . . . . 33.141.659 fr.

Voté par la Chambre . . . . 33.441.659 fr.

Soit une augmentation de. . . . . . . 300.000 fr.

par suite de l'adoption de l'amendement de M. Maxime Lecomte. Cet amendement met à la disposition du Gouvernement la somme ci-dessus afin d'améliorer le sort des facteurs ruraux.

Votre Commission des finances a désiré connaître quelle serait la base adoptée par l'Administration pour la répartition de ce crédit.

Il résulte des explications de l'Administration que cette somme permettra de remanier complètement le système des hautes payes qui serait ainsi amélioré et régularisé.

Ces dispositions nous ont paru répondre aux sentiments manifestés par la Chambre et la Commission des finances vous propose de leur donner votre adhésion.

TROISIÈME SECTION. — Service des Colonies.

Le budget voté par la Chambre des Députés pour le service colonial (exercice 1890) s'élève à . . 52.238.716 fr.

Les crédits alloués au budget de 1889 étaient de 55.814.473

Les économies réalisées sur le budget de 1890, par rapport à celui de 1889, montent donc à . . . . 3.675.757 fr.

Le Gouvernement demandait, pour l'exercice de 1890 . . . . 52.615.046 fr.

La Commission du budget proposait 52.070.216

Soit une différence en moins de . . . . 544.830 fr.

Mais, par suite d'observations échangées entre le Gouvernement et la Commission, quelques réductions et quelques augmentations ont eu lieu sur divers chapitres.

Les réductions ont été faites principalement en vue de réaliser une somme de 220.000 fr. pour subvention du service maritime postal entre la France et la côte d'Afrique. Cette somme de 220.000 fr. ne réalise pas d'ailleurs une économie pour l'Etat, elle a été reportée du budget Colonial au budget des Postes et des Télégraphes.

L'augmentation la plus considérable résulte de ce que, pour le chapitre 17 (port et chemin de fer de la Réunion), il a été voté . . . . 2.700.000 fr.

Au lieu de ce qu'avait demandé le projet, soit 2.311.500

En plus . . . . . 388.500 fr.

Nous verrons au chapitre 17 que cette augmentation de crédit n'est pas suffisante et qu'il y aura très probablement nécessité de recourir à des crédits supplémentaires, si, comme tout porte à le croire, le déficit de l'exploitation est aussi élevé pour l'exercice 1890 qu'il l'est pour l'exercice en cours dont les premiers mois sont connus

Un tableau annexé au rapport général fait connaître les réductions ou augmentations effectuées sur chaque chapitre.

Votre Commission vous propose de voter, le budget colonial tel qu'il a été voté par la Chambre des Députés, et elle n'a que des observations sommaires à vous présenter sur quelques-uns des chapitres :

CHAPITRE PREMIER. — *Personnel de l'Administration centrale.*

Crédit demandé par 1890 et voté par la Chambre des
    Députés. 397.000 fr.
Crédit voté pour 1889. . . . . 377.000
               Augmentation. . . . . . 20.000 fr.

Cette augmentation n'est qu'apparente. Elle provient de ce qu'on a inscrit au présent chapitre le crédit de 20.000 francs qui figurait au chapitre 15 (dépenses diverses et d'intérêt général), sous la rubrique : Indemnités pour travaux extraordinaires et gratifications.

Le chapitre 15 se trouvera donc diminué des 20.000 fr. qui ont paru devoir entrer plus rationnellement dans le chapitre premier, consacré au personnel de l'Administra-centrale.

CHAPITRE 2. — *Matériel de l'Administration centrale.*

Crédit demandé pour 1890. . . . .   47.400 fr.
Crédit voté pour 1889. . . . .   35.000
                              Augmentation. . . . .   12.400 fr.

Cette augmentation n'est qu'apparente ; elle provient du transfert au présent chapitre, sur la demande de la Commission du budget, d'une somme de 6.650 francs pour loyer de bureaux qui figurait au chapitre 24 : « Relégation-matériel », et d'une somme de 5.750 francs pour loyer de bureaux affectés au service de l'Indo-Chine. Ce service se trouve ainsi allégé d'autant.

CHAPITRE 3. — *Personnel des services civils aux Colonies.*

Crédit voté pour 1889. . . . . ; .   1.265.931 fr.
Crédit demandé pour 1890 . . . .   1.132.981
                              Différence en moins. . . . .   132.950 fr.

L'exposé des motifs et le rapport de la Chambre des Députés expliquent que cette diminution provient de ce que, d'après le décret du 12 décembre 1888, le traitement des administrateurs coloniaux incombera dorénavant au budget du service local des Colonies.

CHAPITRE 4. — *Personnel de la Justice.*

Le crédit voté pour 1889 est de . . . . . 1.395.782 fr.
Le crédit demandé par la Commission et voté par la Chambre des députés, pour 1890, est de.. . . . . 1.364.069
Diminution. . . . . 31.713 fr.

Cette diminution provient d'une réduction de 51.735 fr. sur le personnel des cours et tribunaux des Antilles et de la Réunion et d'une augmentation de 20.022 pour des dépenses du service judiciaire à Taïti et à la Nouvelle-Calédonie.

CHAPITRE 5. — *Personnel des Cultes aux Colonies.*

Crédit demandé par la Commission et voté par la Chambre pour 1890. . . . . 585.372 fr.

Ce crédit est le même qu'au budget de 1889.

CHAPITRE 6. — *Personnel des Services militaires.*

Crédit voté pour 1889 . . . . 6.775.445 fr.
Crédit demandé pour 1890 . . . . 6.685.445
Différence en moins. . . . . 90.000 fr.

Cette différence provient principalement de ce qu'on a fait subir à ce chapitre une réduction de 55,000 francs pour pourvoir à la subvention du service maritime postal entre la France et la côte occidentale d'Afrique. Une autre cause de réduction résulte de la suppression, par voie d'extinction, du personnel de l'inscription maritime aux Colonies. Cette réduction est évaluée à 15.000 fr. Enfin la Commission de la Chambre des Députés a réduit de 20.000 francs le crédit affecté au service de l'artillerie ; le nombre des gardes d'artillerie dans nos diverses colonies lui paraît trop élevé.

CHAPITRE 7 — *Agents des vivres et du matériel.*

Le crédit voté pour 1889 est de	773.850 fr.
Le crédit demandé pour 1890 est de	746.850
Différence en moins	27.000 fr.

La Chambre des Députés, qui a déjà réduit le nombre des agents des vivres et du matériel, a pensé qu'il y avait lieu de le réduire encore sans nuire au service.

CHAPITRE 8. — *Frais de voyage par terre et par mer et dépenses accessoires.*

Le crédit demandé est de.	1.456.129 fr.
Le crédit voté pour 1889 était de	1.423.129
Différence en plus.	33.000 fr.

Cette augmentation est destinée à faire face au surcroît de dépenses résultant de l'emploi des paquebots et navires affrétés pour le transport du personnel envoyé de France aux Colonies et réciproquement. Sera-t-elle suffisante ? C'est très douteux.

Depuis qu'on a supprimé, en grande partie, les transports de l'Etat, on voit les frais de voyage augmenter d'année en année, et les prévisions du budget n'étant par suffisantes, on est obligé de recourir à des crédits supplémentaires. En 1885, il a fallu voter 40.000 francs ; en 1886, 200.000 ; en 1887, 236.000 francs.

Il y a donc nécessité de rentrer dans la règle et de demander au Parlement, dans le budget, le vote des crédits nécessaires. Votre commission croit devoir appeler sur ce point l'attention toute spéciale du Gouvernement.

CHAPITRE 9. — *Missions et études coloniales.*

Crédit demandé pour 1890 . . . . 50.000 fr.

Crédit voté pour 1889 . . . . 50.000 fr.

Sans changement.

CHAPITRE 10. — *Vivres.*

Le crédit demandé est de. . . . . 6.334.801 fr.

Le crédit voté pour 1889 était de. . . . 6.206.834

Différence en plus. . . . . 127.967 fr.

Cette différence est le résultat de diverses augmentations et réductions dont l'examen démontre qu'il y a, en définitive, économie pour l'ensemble du budget. En effet, on fait passer du service marine au service colonial une somme de 274.246 francs pour les vivres de douze officiers et des soldats maintenus à Diégo-Suarez, en sus de la garnison normale, et entretenus à ce jour par le budget de la Marine.

CHAPITRE 11. — *Hôpitaux. — Personnel.*

Crédit voté pour 1889. . . . . 1.426.199 fr.

Crédit demandé pour 1890.. . . . . 1.418.199

Différence en moins. . . . 8.000 fr.

Cette réduction a été votée sans aucune explication. Le rapport de la Commission demandait le même crédit qu'en 1889 ; mais, à la suite des observations échangées entre elle et le Gouvernement au sujet de la subvention postale dont il a été parlé, le chiffre a été réduit de la somme de 8.000 francs.

CHAPITRE 12. — *Hopitaux.* — *Matériel.*

Crédit demandé pour 1890. . . . . 1.141.808 fr.
Crédit voté pour 1889. . . : 995.040
                    Différence en plus. 146.768

Cette différence provient principalement des frais d'entretien dans les hôpitaux des tiralleurs Sakalaves et des mêmes dépenses pour les officiers et les hommes de troupes de Diégo-Suarez.

CHAPITRE 13. — *Matériel des services civils.*

Crédit voté pour 1889. . . . . 244.695 fr.
Crédit demandé pour 1890 . . . . 171.695
                    Différence en moins. . . . . 73.000 fr.

Aucune explication n'a été donnée ou demandée pour expliquer cette réduction considérable, eu égard au chiffre du crédit.

CHAPITRE 14. — *Matériel des services militaires.*

Crédit demandé pour 1890. . . . . 1.874.507 fr.
Crédit voté pour 1889. . . . . , . 1.874.507 fr.
Sans changement,

CHAPITRE 15. — *Dépenses diverses et d'intérêt général.*

Crédit voté pour 1889. . . . . 577.793 fr.
Crédit demandé pour 1890. . . . . 527.793
Différence en moins. . . . . . 50.000 fr.

Nous avons vu au chapitre premier qu'une somme de 20.000 pour travaux extraordinaires et gratifications a été transporté à ce chapitre premier, ce qui diminue d'autant celui-ci ; mais pour les autres 30.000 francs réduits aucune explication n'a été donnée.

CHAPITRE 16. — *Subvention au service local des Colonies.*

Le crédit voté pour 1889 est de . . . . 1.610.950 fr.
Le crédit demandé pour 1890 est de. . 1.565.050
Différence en moins . . . . 45.900 fr.

Cette diminution se décompose ainsi :
Réduction de la subven-
tion accordée à la Guyane . . 26.000 fr.
Réduction de la subven-
tion accordée à Taïti. 2.900
Réduction de la subven-
tion accordée à la Nouvelle-
Calédonie 17.000
Total égal. . . . 45.900 fr.   45.900 fr.

Ces réductions s'expliquent, pour la Guyane, par les avantages que la colonie recueille de l'organisation d'un service postale entre Cayenne et Demerary et pour Taïti et la Nouvelle-Calédonie, par suite de l'augmentation portée au chapitre 4 pour le personnel de la justice dans ces deux colonies, personnel dont le traitement est à la charge de l'Etat. En présence de cette charge nouvelle, il a paru juste de diminuer d'autant la subvention des deux colonies.

CHAPITRE 17. — *Subvention au budget annexe du chemin de fer et du port de la Réunion.*

Ce chapitre était intitulé dans les budgets antérieurs et dans le projet de la Commission : *Chemin de fer et port de la Réunion.* Sur la proposition de M. d'Aillières, et avec l'assentiment du Gouvernement, le titre a été modifié dans les termes où il se présente aujourd'hui.

La Chambre a pensé que, puisqu'il y aurait lieu de statuer sur l'autorisation demandée par le Gouvernement d'exploiter le chemin de fer et le port de la Réunion, il convenait d'établir un budget annexe concernant cette exploitation et que, dès lors, les sommes dès à présent reconnues nécessaires pour suppléer à l'insuffisance devaient figurer au budget général sous le titre de : *Subvention au budget annexe.*

Cette mesure d'ordre nous paraît critiquable, mais de plus le crédit voté sera très probablement insuffisant et nécessitera des crédits supplémentaires que le Sénat voudrait éviter.

Voici, en effet, les chiffres des crédits pour 1888 et 1889 :

Le crédit voté pour 1888 était de. . . .	1.311.500 fr.
On a dû recourir à un crédit supplémentaire de.	1.017.655
Total. . . .	2.329.155 fr.
Le crédit voté pour 1889, était de . . .	2.311.500 fr.
Par la loi du 28 juin 1889 il a été voté un crédit supplémentaire de.	700.000
Le total du crédit à ce jour, pour 1889, est donc de.	3.011.500

Report. . . . . 3.011.500 fr.

Il eût été naturel de s'arrêter au moins à ce chiffre ; mais le Gouvernement n'avait demandé que 2.311.500 francs. La Commission a proposé et la Chambre a voté. . 2.700.000

En moins par rapport à 1889. . . . . 311.500 fr.

Il est bien à craindre qu'il ne soit nécessaire de rétablir ce chiffre, peut-être même de la dépasser par un crédit supplémentaire.

CHAPITRE 18. — *Chemin de fer de Dakar à Saint-Louis.*

Crédit voté pour 1889. . . . . 1.616.490 fr.
Crédit voté par la Chambre des Députés pour 1890 . . . . 1.250.490

Diminution. 366.000

Cette diminution se justifie par ce fait qu'en 1888 les dépenses de toute nature, tant pour insuffisance de recettes de l'exploitation du chemin de fer que pour garantie d'intérêts et frais de contrôle, se sont élevées à. 1.249.843 fr. 19

C'est à quelques francs près le chiffre de 1.250.490 fr. qui a été voté par la Chambre pour 1890.

CHAPITRE 19. — *Routes et chemins de fer dans le Haut-Sénégal.*

Crédit demandé pour 1890. . . . . 250.000 fr.
Crédit voté pour 1889. . . . . 223.774

Différence en plus. . . . . 26.226 fr.

Cette augmentation se justifie par les améliorations

qu'exigent les routes du Haut-Sénégal. Les facilités de transport ont permis de réduire l'effectif de 50 hommes et de 2 officiers et de diminuer les frais de ravitaillement de nos troupes. Les économies réalisées et à réaliser de ce chef se chiffrent à environ 300.000 francs pour 1889 et 1890.

CHAPITRE 20. — *Câble télégraphique sous-marin du Tonkin.*

Crédit voté pour 1889 . . . . 615.000 fr.
Crédit proposé pour 1890 . . . . 450.000
Différence en moins . . . . . 165.000 fr.

Cette différence provient de la centralisation du service à Saïgon et de la création d'une ligne terrestre entre la Cochinchine et le Tonkin.

Il faut en outre remarquer que la dépense de . . . . 450.000 fr. est atténuée :

1° Par les recettes pour compte de l'Etat 135.000
2° Par la subvention de la Cochinchine 150.000 285.000

Ce qui réduit, en réalité, la subvention de l'Etat à . . . . 165.000 fr.

CHAPITRE 21. — *Transportation. — Personnel.*

Crédit voté pour 1889 . . . . 5.378.705 fr.
Crédit demandé pour 1890 . . . . 5.370.000
Diminution . . . . . 8.705 fr.

CHAPITRE 22. — *Transportation*. — *Matériel*.

Crédit voté par la Chambre des Députés . .	1.460.000 fr.
Crédit accordé pour 1889.	1.457.600
Différence en plus.	2.400 fr.

CHAPITRE 23. — *Relégation*. — *Personnel*.

Crédit demandé pour 1890	1.628.827 fr.
Crédit accordé pour 1889	1.404.827
Différence en plus.	224.000 fr.

Cette augmentation provient du grand nombre des relégués qui seront dirigés sur les Colonies en 1890 et qui atteindra probablement 1.840.

CHAPITRE 24. — *Relégation*. — *Matériel*.

Crédit voté pour 1889.	1.704.000 fr.
Crédit demandé pour 1890.	1.590.000
Différence en moins.	114.000 fr.

Cette différence provient d'une diminution sur les frais de transport, travaux de route et loyers des bureaux (lesdits loyers transférés au chapitre 2, ainsi qu'on l'a vu ci-dessus), compensation faite avec les augmentations résultant des frais d'habillement, de couchage, etc., etc.

CHAPITRE 25. — *Exposition permanente des Colonies.*

Crédit demandé pour 1890. . . . . 39.600 fr.

Crédit voté pour 1889. . . . . 39.600 fr.

Sans changement.

CHAPITRE 26. — *Part provisoirement à la charge de la métropole dans les dépenses de l'Annam et du Tonkin.*

Crédit voté pour 1889. . . . . 15.000.000 fr.

Crédit demandé pour 1890. . . . . 12.000.000

Différence en moins. . . . 3.000.000 fr.

Les réductions qu'il paraît possible de réaliser dans l'effectif des troupes et l'accroissement progressif des recettes locales comportent cette diminution. C'est au moins l'espoir de la Commission du budget.

CHAPITRE 27. — *Dépenses des exercices périmés non frappés de déchéance* . . . . Mémoire.

CHAPITRE 28. — *Dépenses des exercices clos* . . . Mémoire.

CHAPITRE 29. — *Rappels de dépenses payables sur revenus antérieurs à 1890.* . . . . Mémoire.

MINISTÈRE DE L'AGRICULTURE

Le total des crédits accordés pour l'exercice 1889 par la loi du 29 décembre 1888 était de 39.286.119 francs, savoir :

Budget ordinaire . . . . 36.700.128 fr.
Budget des dépenses sur ressources spéciales 2.585.991
                                     39.286.119 fr.

Le projet du budget général des dépenses du Ministère de l'Agriculture présenté par le Gouvernement pour l'exercice 1890 s'élevait à la somme de 39.005.690 francs, savoir :

Budget ordinaire . . . . 36.372.410 fr.
Budget des dépenses sur ressources spéciales 2.633.280
                                     39.005.690 fr.

La Chambre des Députés a voté une somme totale de 38.936.040 francs, savoir :

Budget ordinaire . . . . 36.302.760 fr.
Budget des dépenses sur ressources spéciales 2.633.280
                                     38.936.040 fr.

en réduction de 350.079 francs sur celui de 1889.

Si on remarque que pour l'exercice 1890, le crédit des

dépenses sur ressources spéciales reçoit une augmentation de 47.289 francs, d'ailleurs compensée par une recette équivalente, on voit que la réduction totale sur le budget ordinaire s'élève à 397.368 francs.

Il faut tenir compte, il est vrai, de ce que le budget de 1890 est déchargé du crédit de 1.120.000 francs, accordé en 1889 pour les frais de participation à l'Exposition universelle, mais, d'un autre côté, se trouve grevé de 805.000 francs pour le rétablissement des concours régionaux, supprimés pendant l'Exposition universelle.

Si on défalque la différence de ces deux sommes, soit 315.000 fr., de la somme indiquée ci-dessus, 397.368 fr., on voit qu'en réalité le budget ordinaire, voté par la Chambre des Députés pour 1890, ne présente, par rapport à celui de 1889, qu'une réduction de 82.368 francs et le budget total une diminution de 35.079 francs.

Ces réductions proviennent de la compensation entre les augmentations et les diminutions de crédit de divers chapitres, qu'il nous suffira de signaler sans entrer dans l'examen des autres crédits, restés les mêmes que pour 1889.

Le budget présenté par le Gouvernement et celui qui a été voté par la Chambre des Députés diffèrent de celui de 1889 sur les divers points suivants :

A. — En réduction.

1° Chapitre 8. — *Indemnités pour abatage d'animaux.*

Crédit accordé pour 1889	400.000 fr.
Crédit demandé par le Gouvernement pour 1890	400.000
Crédit voté par la Chambre des Députés	300.000
Diminution	100.000 fr.

Cette réduction, qui atteint 25 pour 100 de l'ancien cré-

dit, a été proposée par la Commission du budget et votée
par la Chambre, sans observation du Gouvernement. Elle se
justifie par les résultats de plus en plus satisfaisants obtenus
par l'application de la loi sur la police sanitaire. Les indemnités accordées annuellement vont sans cesse en décrois-
sant.

2° CHAPITRE 10. — *Matériel de l'enseignement agricole.*

Crédit accordé pour 1889.. . : . . . . 915.635 fr.
Crédit demandé par le Gouvernement pour 1890
 et voté par la Chambre. 902.580

Diminution. . . . . . . 13.055 fr.

Cette réduction représente la différence entre une économie de 26.955 francs réalisée sur l'article 4 : Bergeries,
écoles de bergers, laiteries, et une augmentation de 13.900 fr.
sur l'article premier : Institut agronomique, justifiée par
l'augmentation du nombre des élèves et des cours depuis la
réorganisation de cet établissement.

3° CHAPITRE 12. — *Inspection de l'agriculture.*

Crédit accordé pour 1889 . . . . 120.300 fr.

Crédit demandé par le Gouvernement pour
 1890 . . . . 120.300 fr.
Crédit voté par la Chambre des Députés. . . . 110.000 fr.

Diminution. . . . . 10.300 fr.

Cette réduction, proposée par la Commission du budget
et votée par la Chambre des Députés, correspond à la
suppression d'un emploi d'inspecteur, acceptée par le
Gouvernement.

4° CHAPITRE 14. — *Phylloxéra.* — *Doryphora.* — *Mildew et autres parasites.* — *Vérification des beurres et des engrais.*

Crédit accordé pour 1889 . . . . 1.700.000 fr.

Crédit demandé par le Gouvernement pour 1890 . . . . 1.700.000 fr.

Crédit voté par la Chambre des Députés . . 1.550.000 fr.

Diminution . . . . 150.000 fr.

Cette réduction, proposée par la Commission et votée par la Chambre, sans observation du Gouvernement, correspond en réalité à une réduction de 170.000 francs sur le crédit spécial réservé au phylloxéra, doryphora, mildew et autres parasites, par suite de l'introduction dans ce chapitre, d'un nouvel article (Lois des 14 mars 1887 et 4 février 1888) auquel est affecté un crédit de 20.000 francs.

5° CHAPITRE 15. — *Primes pour la destruction des loups.*

Crédit voté pour 1889 . . . . 60.000 fr.

Crédit demandé par le Gouvernement pour 1890 . . . . 60.000 fr.

Crédit voté par la Chambre des Députés . . . . 55.000 fr.

Diminution . . . . 5.000 fr.

Cette réduction, proposée par la Commission, a été acceptée par le Gouvernement.

6° CHAPITRE 30. — *Routes agricoles.*

Crédit accordé pour 1889 . . . . 10.000 fr.

Crédit demandé par le Gouvernement pour 1890. 10.000 fr.
Crédit voté par la Chambre des Députés . . . . 5.000 fr.

Réduction proposée par la Commission du
budget et acceptée par le Gouvernement. . 5.000 fr.

7° CHAPITRE 31. — *Assainissement des marais communaux.*

Crédit voté pour 1889. . . . . 10.000 fr.

Crédit demandé par le Gouvernement pour 1890. 10.000 fr.
Crédit voté par la Chambre des Députés . . . . 5.000 fr.

Réduction proposée par la Commission du
budget et acceptée par le Gouvernement. 5.000 fr.

8° CHAPITRE 34. — *Études et travaux relatifs à l'aménagement des eaux.*

Crédit voté pour 1889 . . . . 1.772.350 fr.

Crédit demandé par le Gouvernement pour
1890 . . . . 1.772.350 fr.
Crédit voté par la Chambre des Députés. . . 1.760.000 fr.

Réduction proposée par la Commission du
budget et acceptée par le Gouvernement. 12.350 fr.

9° Ancien CHAPITRE 39. — *Participation à l'Exposition universelle de 1889.*

Le crédit voté pour 1889 est naturellement
supprimé. . . . . 1.120.000 fr.

10° CHAPITRE 41. — *Personnel des agents des forêts dans les départements.*

Crédit voté pour 1889. . . . . 2.530.000 fr.
Crédit demandé par le Gouvernement pour 1890 et voté par la Chambre des Députés . . . . 2.520.000 fr.

Diminution. . . . . 10.000 fr.

Cette économie provient du remaniement des circonscriptions des conservations forestières.

11° CHAPITRE 42. — *Personnel des préposés des forêts dans les départements.*

Crédit voté pour 1889. . . . . 2.593.387 fr.
Crédit demandé par le Gouvernement pour 1890 et voté par la Chambre des Députés. . . . . 2.593.380 fr.

Diminution. . . . . 7 fr.

12° CHAPITRE 43. — *Indemnités et secours au personnel.*

Crédit voté pour 1889. . . . . 681.646 fr.
Crédit demandé par le Gouvernement pour 1890 et voté par la Chambre des Députés. 681.640 fr.

Diminution. . . . . 6 fr.

13° CHAPITRE 45. — *Matériel de l'enseignement forestier.*

Crédit voté pour 1889................ 33.685 fr.
Crédit demandé par le Gouvernement pour 1890
   et voté par la Chambre des Députés..... 33.680 fr.

          Diminution............ 5 fr.

14° CHAPITRE 46. — *Amélioration des forêts domaniales.*

Crédit voté pour 1889................ 1.104.000 fr.
Crédit demandé par le Gouvernement pour
   1890 .... 1.104.000 fr.
Crédit voté par la Chambre des Députés .. 1.060.000 fr.

          Diminution........ 44.000 fr.

Cette réduction, proposée par la Commission, a été votée par la Chambre des Députés, sans observation du Gouvernement.

15° CHAPITRE 49. — *Fixation des dunes.*

Crédit voté pour 1889............ 300.000 fr.
Crédit demandé par le Gouvernement pour
1890............ 300.000 fr.
Crédit voté par la Chambre des Députés.... 270.000 fr.

          Diminution............ 30.000 fr.

Cette réduction, proposée par la Commission, a été acceptée par le Gouvernement.
    Le crédit, en 1887, était aussi de 300.000 francs. Les dépenses ne s'élevèrent qu'à 279.099 fr. 05.
    Elles seront certainement inférieures en 1889 et 1890.

16° CHAPITRE 54. — *Personnel des agents des forêts en Algérie.*

Crédit voté pour 1889. . . . . 263.498 fr.
Crédit demandé par le Gouvernement pour
1890 et voté par la Chambre des Députés . 263.000 fr.

Diminution. . . . . 498 fr.

17° CHAPITRE 55. — *Personnel des préposés des forêts en Algérie.*

Crédit voté pour 1889 . . . . 515.663 fr.

Crédit demandé par le Gouvernement pour
1890. . . . . 516.000 fr.

Crédit voté par la Chambre des Députés. . . . 515.000 fr.

En réduction de 1.000 francs sur les propositions du Gouvernement et sur le budget
de 1889, de . . . . 663 fr.

18° CHAPITRE 56. — *Personnel des préposés indigènes et chaouchs en Algérie.*

Crédit voté pour 1889 . . . . 97.755 fr.
Crédit demandé par le Gouvernement pour 1890
et voté par la Chambre des Députés . . . . 97.000 fr.

Diminution. . . . . 755 fr.

19° **Chapitre 57.** — *Indemnités du personnel des forêts en Algérie.*

Crédit voté pour 1889	503.733 fr.
Crédit demandé par le Gouvernement pour 1890	504.000 fr.
Crédit voté par la Chambre des Députés . .	503.000 fr.
soit sur la proposition du Gouvernement une diminution de 1.000 francs et sur le budget de 1889 une réduction de . .	733 fr.
Total des réductions sur le budget de 1889.	1.507.372 fr.

B. — En augmentation.

1° **Chapitre 4.** — *Mérite agricole.*

Crédit accordé pour 1889.	6.300 fr.
Crédit demandé par le Gouvernement pour 1890 et voté par la Chambre des Députés	7.000 fr.
Augmentation.	700 fr.

Cette augmentation est compensée d'ailleurs par une recette équivalente et est motivée par la création d'un plus grand nombre de décorations.

2° **Chapitre 9.** — *Personnel de l'enseignement agricole.*

Crédit accordé pour 1889.	736.070 fr.
Crédit demandé par le Gouvernement pour 1890 et voté par la Chambre des Députés.	749.120
Augmentation.	13.050 fr.

Cette augmentation se trouve attribuée pour 5.050 francs à l'article 1er, Institut agronomique, en vue de l'accroissement continu du nombre des élèves depuis la réorganisation de cet établissement, et pour 8.000 francs à l'article 5 : Chaires d'agriculture et cours nomades, en prévision de la création de nouvelles chaires et de nouveaux cours par application de la loi du 16 juin 1879.

3° CHAPITRE 11. — *Subventions à diverses institutions agricoles.*

Crédit voté pour 1889. . . . . 1.254.400 fr.

Crédit demandé par le Gouvernement pour 1890 . . . . 1.254.400 fr.

Crédit voté par la Chambre des Députés. 1.384.400 fr.

Augmentation. . . . . 130.000 fr.

Cette augmentation a été demandée au cours de la discussion par M. le Ministre de l'Agriculture, d'accord avec la Commission, en vue de faire face aux obligations imposées à l'Etat par la loi du 30 juillet 1875, pour la création de nouvelles Ecoles pratiques dans huit départements : la Creuse, la Dordogne, le Jura, la Haute-Garonne, l'Orne, la Mayenne, la Saône-et-Loire, la Savoie, qui ont déjà voté les subventions nécessaires, prévues par la loi sus-visée.

4° CHAPITRE 13. — *Encouragements à l'agriculture et au drainage.*

Crédit voté pour 1889. . . . . 1.132.400 fr.

Crédit demandé par le Gouvernement pour 1890 . . . . 1.842.400 fr.

Crédit voté par la Chambre des Députés. . . 1.847.400 fr.

Augmentation. . . . . 715.400 fr.

Cette augmentation provient, pour somme de 610.400 francs, du rétablissement des crédits affectés par les articles 4 et 5 aux concours régionaux de France, d'Algérie et de Tunisie, supprimés en 1889; pour 99.600 francs d'une élévation correspondante du crédit inscrit à l'article 6 : Primes d'honneur et prix culturaux, qui, en 1889, avait été réduit de pareille somme, reportée à l'ancien chapitre 39 : Participation à l'Exposition universelle, et enfin pour le surplus, soit 5.000 francs, d'un amendement présenté par l'honorable M. Barouille au sujet de la suppression de la vacherie de Corbon, et de la nécessité d'augmenter les primes d'encouragement à accorder à la race Durham, comme l'avait demandé une proposition de loi présentée par plusieurs députés.

5° CHAPITRE 27. — *Encouragements à l'industrie chevaline.*

Crédit voté pour 1889. . . . .   2.000.500 fr.

Crédit demandé par le Gouvernement pour 1890 et voté par la Chambre des Députés. . . . .   2.090.500 fr.

Augmentation . . . . .   90.000 fr.

Cette augmentation est motivée par le rétablissement à l'article 3 du crédit relatif aux concours régionaux supprimés pendant l'Exposition universelle.

6° CHAPITRE 35. — *Surveillance de sociétés et établissements divers.*

Crédit demandé pour 1889. . . . .   14.000 fr.

Crédit demandé par le Gouvernement pour 1890 et voté par la Chambre des Députés. . . .   16.200 fr.

Augmentation . . . . .   2.200 fr.

Cette augmentation est compensée par une recette équivalente.

7° **CHAPITRE 44.** — *Personnel de l'enseignement forestier.*

Crédit demandé pour 1889 . . . . 127.000 fr.

Crédit demandé par le Gouvernement pour 1890 . . . . 127.000 fr.

Crédit voté par la Chambre des Députés . . . 142.000 fr.

Augmentation. . . . . 15.000 fr.

Cette augmentation, proposée par la Commission du budget et acceptée par le Gouvernement, est destinée à assurer un traitement de 1.200 francs aux élèves de l'École forestière de Nancy, devenue aujourd'hui une école d'application.

8° **CHAPITRE 50.** — *Matériel.* — *Dépenses diverses du service des forêts* (augmentation) . . . . 4 fr.

9° **CHAPITRE 52.** — *Impositions sur les forêts domaniales.*

Crédit voté pour 1889 . . . . 1.722.000 fr.

Crédit demandé par le Gouvernement pour 1890 . . . . 1.722.000 fr.

Crédit voté par la Chambre des Députés . . 1.810.000 fr.

Augmentation. . . . . 88,000 fr.

Depuis longtemps les Commissions de la Chambre et du Sénat avaient signalé l'insuffisance des crédits du chapitre 52, qui nécessitait tous les ans un crédit supplémentaire à peu près égal à l'augmentation votée par la Chambre.

10.º Chapitre 59. — *Dépenses diverses en Algérie.*

Crédit voté pour 1889 . . . . 70.950 fr.

Crédit demandé par le Gouvernement pour
    1890 . . . . 71.000 fr.

Crédit voté par la Chambre des Députés . . . . 127.000 fr.

                Augmentation. . . . . 56.050 fr.

Cette augmentation, d'ailleurs compensée par une recette équivalente, a été proposée par l'honorable M. Treille,
député de Constantine, et appuyée par M. le Ministre de
l'Agriculture. Elle a pour but d'éviter les crédits supplémentaires que nécessitait l'insuffisance du crédit de
20.000 francs porté à l'article 4, pour assurer la répartition
régulière entre les préposés forestiers de la moitié du produit des amendes.

    Total des augmentations votées par la
Chambre . . . . 1.110.004 fr.

    L'ensemble des réductions votées s'éle-
vant à. 1.507.372

    La diminution sur le budget ordinaire
de 1889 est donc de. . . . . 397.368 fr.

    Et si l'on tient compte de l'augmenta-
tion de 47.289

sur le crédit des dépenses sur ressources
spéciales, la réduction totale sur l'ensemble
du budget de 1889 n'est plus que de . . . . 350.019 fr.

Le tableau ci-dessous résume les différences du budget
tel qu'il a été voté par la Chambre avec celui qui a été présenté par le Gouvernement et celui qui avait été voté pour
l'exercice 1889.

BUDGETS	VOTÉ POUR 1889	DEMANDÉ par le GOUVERNEMENT pour 1890	VOTÉ par la CHAMBRE	DIFFÉRENCE			
				avec le budget proposé par le Gouvernement		avec le budget voté pour 1889	
				en plus	en moins	en plus	en moins
Budget ordinaire.	fr.	fr.	fr.	fr.	fr.	fr.	fr.
1° 3e Partie. — Services généraux des Ministères. . .	21.207.585	20.890.480	20.737.830	»	152.650	»	469.755
1° 4e Partie. — Frais de régie, de perception et d'exploitation des impôts et revenus	15.452.543	15.441.930	15.524.930	83.000	»	72.387	»
1° 5e Partie. — Remboursements et restitutions, non-valeurs et primes. . .	40.000	40.000	40.000	»	»	»	»
Total du Budget ordinaire.	36.700.128	36.372.410	39.302.760	»	69.650	»	397.368
Budget des dépenses sur ressources spéciales.	2.585.991	2.633.280	2.633.280	»	»	47.289	»
Total de l'ensemble du budget.	39.286.119	39.005.690	38.936.040	»	69.650	»	350.079

La plupart des modifications apportées au budget de 1889, tant par le Gouvernement que par la Chambre, se justifient d'elles-mêmes, et votre Commission des finances vous propose de les adopter.

Cependant quelques-unes appellent certaines observations. Ce n'est pas sans un vif regret que votre Commission a vu réduire de 150.000 francs le chapitre 14, alors surtout que la réduction du crédit affecté au phylloxéra, doryphora, mildew et autres parasites s'élève en réalité à 170.000 francs par suite de l'introduction, assez inexplicable, dans ce chapitre, d'un article relatif à la vérification des beurres et engrais qui absorbe 20.000 francs.

Votre Commission n'a pas cru cependant pouvoir demander le relèvement de ce crédit ; mais, s'associant pleinement à la Commission de la Chambre des Députés, elle croit
devoir renouveler avec plus d'insistance encore, le vœu qu'elle
a déjà formulé les années précédentes, pour qu'une plus large
part du crédit du chapitre 14 soit affectée à encourager la
replantation des vignes par les cépages américains, et le développement des pépinières.

Quant aux augmentations de crédit, elles ne peuvent
guère soulever de critiques, et votre Commission ne peut
notamment qu'approuver pleinement ; celles qui ont été adoptées pour les chapitres 52 et 59, en vue d'éviter des crédits
supplémentaires que l'on était obligé de demander tous les
ans, et que depuis plusieurs années nous avions demandé au
Gouvernement de faire disparaître par le relèvement des
crédits desdits chapitres.

Sous le bénéfice de ces observations, votre Commission
vous propose d'adopter le budget tel qu'il a été voté par la
Chambre, et établi comme suit.

MINISTÈRE DES TRAVAUX PUBLICS

Le budget des Travaux publics proposé par le Gouvernement pour 1890 ne différait pas sensiblement du budget voté pour 1889 et ne semblait comporter aucune objection.

La discussion, à la Chambre des Députés, ne s'est engagée que sur un petit nombre de chapitres et n'a amené que des modifications relativement peu importantes aux crédits votés par la Commission du budget et acceptés par le Gouvernement.

Les amendements portaient, d'une part, sur le chapitre premier auquel on a fait subir une réduction de 16.000 fr.; d'autre part, sur les chapitres 5, 7 et 9, que l'on a majorés d'une somme totale de 200.000 francs.

Nous examinerons successivement les deux modifications intervenues.

CHAPITRE PREMIER.

A l'occasion du chapitre premier, on a observé que le Ministère des Travaux publics avait, par mesure d'économie, supprimé en fait le directeur du personnel. Cette suppression rendait disponible un crédit de 16.000 francs imputé sur l'ensemble du chapitre, et il semblait rationnel de réduire d'autant le montant du chapitre pour le prochain exercice.

L'amendement présenté par l'honorable M. Basly et tendant à opérer cette réduction a été adopté, malgré l'opposition de M. le Ministre des Travaux publics. M. le Ministre a fait ressortir notamment qu'il avait été statué par un règlement d'administration publique sur l'organisation du personnel de l'administration centrale et que si une disposition provisoire, introduite à titre d'essai, avait pu être appliquée, cette disposition ne pouvait être considérée comme définitive tant qu'elle n'aurait pas été consacrée par un décret nouveau. Il concluait en conséquence au maintien du crédit demandé.

Nous avons dit précédemment que la Chambre n'avait pas accepté ce maintien et que le montant du chapitre avait été diminué de 16.000 francs.

Des explications fournies par le Ministre lors de la discussion, il ressort assez clairement que les résultats de l'essai par lui tenté ne semblent pas conseiller une revision du décret qui a statué sur l'organisation de l'Administration centrale des Travaux publics.

Il nous a paru qu'en effet, cette revision ne serait pas justifiée.

La Direction que l'on avait supprimée provisoirement comprend deux divisions : 1° Personnel et Secrétariat ; 2° Comptabilité.

Elle avait ainsi dans ses attributions toutes les affaires ne ressortissant pas aux deux grandes directions techniques, dégageant celles-ci des questions d'ordre administratif, centralisant toutes les études budgétaires, et préparant les décisions souvent délicates concernant le personnel.

Son organisation assurait la tradition, la régularité et offrait aux Ministres successifs non pas seulement le zèle et l'intelligence de collaborateurs momentanés, mais toutes les garanties de compétence de fonctionnaires ayant fait leurs preuves.

En rattachant au cabinet du Ministre la première division et en annexant au service des routes, de la navigation et des mines la division de la comptabilité, on détruisait un ensemble qui a sa raison d'être, on grossissait sans motif une direction déjà très chargée.

Il n'est pas douteux pour nous que la direction supprinée devra être rétablie; nous pensons même que, dans l'intérêt de la bonne et prompte expédition des affaires, le mieux serait de la rétablir le plus tôt possible.

Nous croyons que le Parlement n'hésiterait pas à approuver cette mesure et à voter le crédit nécessaire.

Dans la situation présente, telle qu'elle résulte du vote récent de la Chambre, nous n'avons pas cru devoir vous proposer le relèvement immédiat du chapitre premier, estimant que le jour où l'essai tenté aura pris fin, le Ministre obtiendra facilement des deux Chambres l'allocation d'un crédit supplémentaire correspondant au traitement du directeur.

Sous le bénéfice des observations qui précèdent, nous vous proposons d'adopter le chiffre voté par la Chambre.

CHAPITRES 5, 7 et 9.

Sur la proposition de l'honorable M. Brousse, la Chambre a pris en considération et définitivement adopté des amendements tendant à augmenter :

1° De 150.000 francs le chapitre 5, pour améliorer le traitement d'un certain nombre de conducteurs des ponts et chaussées;

2° De 10.000 francs le chapitre 7, pour relever la situation d'un certain nombre de gardes-mines;

3° De 40.000 francs le chapitre 9. Sur le total de 40.000, une somme de 10.000 francs serait appliquée à des avancements pour les commis des ponts et chaussées; une autre somme de 30.000 francs serait répartie entre les commis les plus anciens parmi les admissibles au grade de conducteur.

La modicité des traitements alloués aux agents des ponts et chaussées et des mines, les services rendus par eux, le zèle dont ils n'ont cessé de donner des preuves justifient l'allocation supplémentaire qui leur a été accordée, et.

malgré les difficultés budgétaires, nous vous proposons de sanctionner à cet égard le vote de la Chambre.

Art. 56 de la loi de finances.

L'article de la loi de finances relatif aux travaux à exécuter soit par les Compagnies de chemins de fer, soit par l'État, à l'aide de fonds mis par les Compagnies à la disposition du Trésor, avait soulevé quelques difficultés lors de la discussion du budget de 1889.

Votre Commission des finances, préoccupée d'assurer le rapide achèvement des lignes commencées, et de concentrer sur ces lignes toutes les ressources disponibles, vous avait proposé — et vous aviez voté — un paragraphe additionnel stipulant que les fonds des Compagnies seraient exclusivement consacrés à des travaux en cours d'exécution.

Après un double renvoi, la Chambre des Députés refusait d'adopter la disposition additionnelle. Le budget nous ayant été apporté pour la troisième fois, l'honorable M. Boulanger exposait la situation dans son dernier rapport et vous soumettait les conclusions suivantes :

« Votre Commission regrette que la Chambre n'ait pas cru devoir consacrer par son vote une mesure qui est dans l'intention commune du Gouvernement, du Sénat et de la Commission du budget. Mais il ne lui semble pas expédient de vous proposer de rétablir la disposition deux fois supprimée par la Chambre.

« Votre Commission s'y détermine par cette double considération : d'une part, qu'il paraît impossible d'arrêter pour ce différend la promulgation de la loi de finances dont le retard rendrait nécessaire une loi de douzièmes provisoires ; et d'autre part, en raison de la promesse formelle du Gouvernement que la dotation de 142 millions recevra l'emploi exclusif qui était dans la pensée du Sénat. »

C'est dans ces conditions et avec cette réserve formelle que l'article en discussion fut voté. Le maximum prévu pour les travaux à exécuter en 1889 s'élevait à 142 millions.

En présentant la loi de finances pour 1890, le Gouvernement crut devoir augmenter ce maximum et le porter à 160 millions, sans fournir dans l'exposé des motifs aucune justification de la majoration proposée.

Mais le rapport fait à la Chambre des Députés par l'honorable M. Bastid contient des explications qui semblent refléter la pensée du Gouvernement :

« Grâce à l'affectation exclusive de toutes les ressources « aux lignes en construction, — dit le rapport, — celles-ci arri- « vent à leur période d'achèvement. Dans le cours de l'an- « née 1889, 2.313 kilomètres de chemins de fer sont en « construction, on prévoit que l'on pourra ouvrir 456 kilo- « mètres avant la fin de 1889, environ 500 dans le cours de « l'année 1890. »

Il est temps, ajoute le Rapporteur, d'engager de nou- velles lignes.

Trois raisons le commandent :

a. — Des engagements ont été pris vis-à-vis des popu- lations, il faut les tenir.

b. — L'ouverture de nouveaux chantiers est nécessaire pour entretenir l'activité nationale.

c. — Enfin « le personnel de construction devrait être « licencié à la suite de l'achèvement des lignes en construc- « tion dans les proportions suivantes : un tiers en 1891, le « deuxième tiers en 1892 et le reste en 1893. Dès lors, le « jour où l'on voudrait reprendre les travaux nécessaires... « on se trouverait sans personnel et dans la fâcheuse néces- « sité d'improviser une organisation entière.

« Telles sont les raisons qui doivent amener à amorcer « la construction de lignes non encore commencées pour

« pouvoir y employer les crédits et le personnel que laissera
« graduellement libres l'achèvement des lignes en cours
« d'exécution. »

D'après les indications d'un tableau fourni par le Département des Travaux publics et joint au rapport, les lignes nouvelles à commencer en 1890 seraient au nombre de 17, présentant une largeur totale de 506 kilomètres et devant entraîner une dépense totale évaluée à 117.750.000 francs.

A la Chambre des Députés, cette combinaison a été combattue. On a fait observer que les lignes en cours d'exécution ne devant pas être achevées avant 1893, il n'y aurait aucun intérêt à entreprendre des lignes nouvelles, et qu'il était préférable de reporter sur les travaux commencés la totalité des crédits.

Une proposition tendant à ce but a été repoussée et l'article 56 a été voté sans modifications.

Votre Commission des finances a examiné la question de savoir si elle devait persister dans les conclusions qu'elle vous avait soumises à l'occasion du précédent budget, ou si, au contraire, elle devait se prononcer en faveur d'une augmentation de crédits, augmentation destinée à engager des lignes nouvelles.

Nous estimons que la situation budgétaire ne s'est pas suffisamment améliorée pour nous autoriser à entreprendre, dès 1890, des lignes qui ne pourraient recevoir pendant les exercices ultérieurs que des dotations insuffisantes. Les travaux actuellement en cours exigeront encore un délai d'au moins trois ans, le personnel attaché aux chantiers qui sont le plus près de leur achèvement ne sera pas libre avant 1891 ; les raisons invoquées pour justifier l'ouverture de chantiers nouveaux ne subsistent donc pas.

Avant de donner satisfaction aux populations qui réclament le commencement des lignes comprises dans des programmes antérieurs, il convient de donner satisfaction au pays en achevant ce qui est commencé. C'est à cette tâche qu'il faut nous limiter.

Ainsi que nous l'avons rappelé plus haut, nous avions voulu, l'an dernier, introduire dans la loi de finances une disposition qui nous offrait toute garantie, nous n'avons pu le faire adopter par la Chambre.

Cette année, la question se représente sous une forme différente. On a admis que le total de 160 millions s'appliquerait pour 142 millions à l'achèvement des lignes anciennes et pour 18 millions à engager des lignes nouvelles. Si vous partagez l'opinion de votre Commission des finances, vous pouvez manifester votre volonté en réduisant à 142 millions le chiffre inscrit dans l'article 56.

C'est la solution que nous vous proposons d'adopter.

Art. 57.

Le Gouvernement avait d'abord demandé un crédit de 65 millions qu'il a ramené à 55, d'accord avec la Commission du budget.

Nous pensons que ce dernier chiffre peut être adopté.

PROJET DE LOI

TABLEAUX LÉGISLATIFS A L'APPUI

ET ANNEXES.

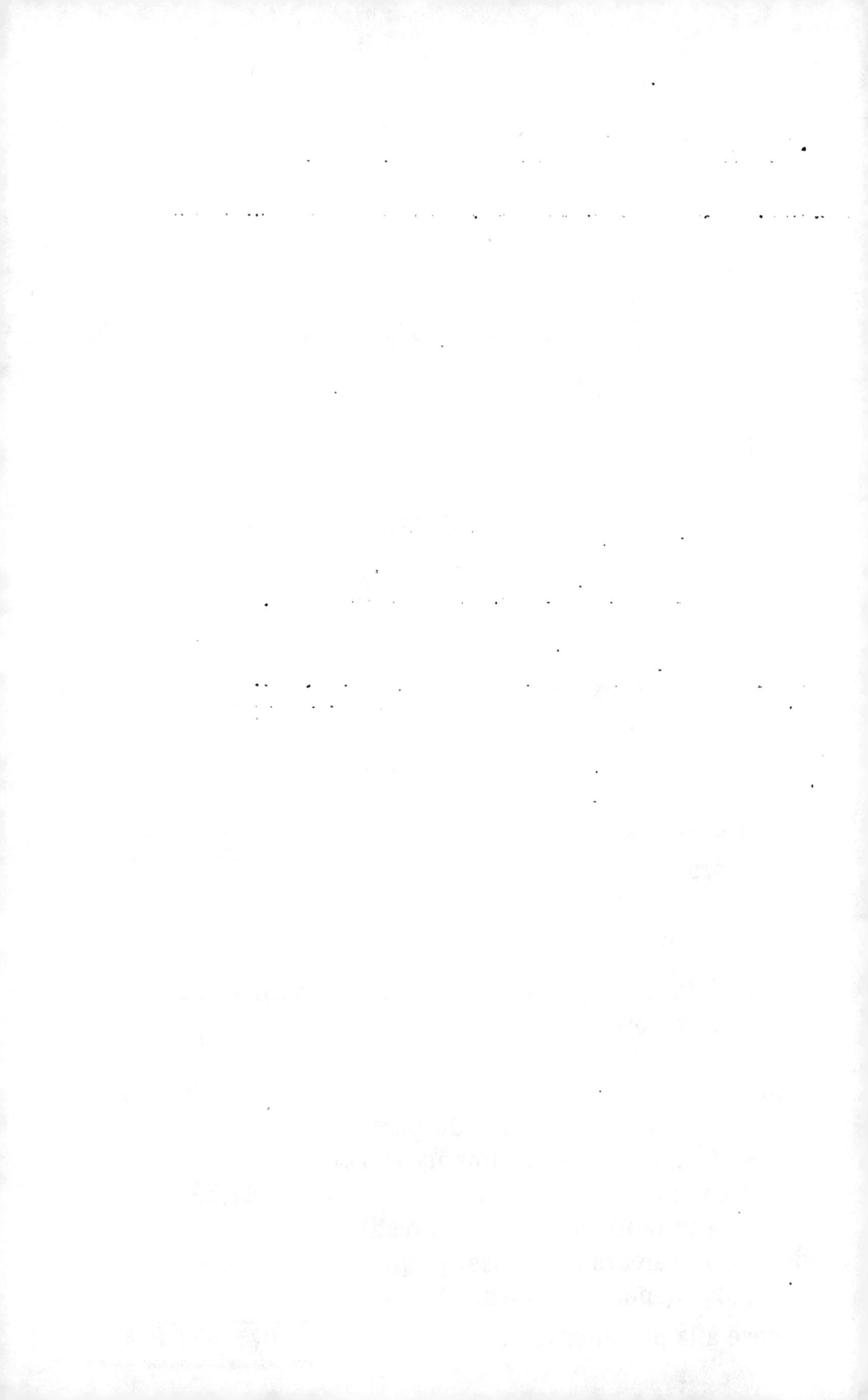

PROJET DE LOI

TITRE PREMIER

Budget ordinaire

§ 1er. — *Crédits ouverts.*

ARTICLE PREMIER.

Des crédits sont ouverts aux Ministres, pour les dépenses ordinaires de l'exercice 1890 conformément à l'état A annexé à la présente loi.

Ces crédits s'appliquent :

1° A la dette publique, pour . . .	1.316.782.408 fr.	
2° Aux pouvoirs publics, pour. . .	13.044.048	
3° Aux services généraux des Ministères, pour	1.363.576.833	
4° Aux frais de régie, de perception et d'exploitation des impôts et revenus publics, pour	329.893.085	
5° Aux remboursements et restitutions, non-valeurs et primes, pour. . .	22.666.500	
Total général conforme à l'état A annexé à la présente loi	3.045.962.874 fr.	

§ 2. — *Impôts et revenus autorisés.*

ART. 2.

Les contributions directes applicables aux dépenses générales de l'État seront établies, pour 1890, en principal et centimes additionnels, conformément à la première partie de l'état B annexé à la présente loi et aux dispositions des lois existantes. Ces contributions sont évaluées à la somme de 411.100.800 francs.

Le contingent de chaque département pour les contributions foncière (propriétés non bâties), foncière (propriétés bâties), personnelle-mobilière et des portes et fenêtres, est fixé, en principal, aux sommes portées à l'état C annexé à la présente loi.

ART. 3.

L'article 9 de la loi du 16 septembre 1871, qui établit un impôt sur les cercles, sociétés et lieux de réunion où se payent des cotisations, est modifié ainsi qu'il suit, en ce qui concerne le paragraphe premier :

L'impôt sur les cercles, sociétés et lieux de réunion où se payent des cotisations est perçu d'après leurs ressources totales annuelles, y compris celles qui correspondent à des avantages accordés à leurs employés. La taxe sera acquittée par les gérants, secrétaires ou trésoriers.

L'impôt est de 10 pour 100 lorsque les ressources annuelles sont inférieures à 6.000 francs, et de 20 pour 100 lorsqu'elles égalent ou dépassent 6.000 francs.

Un règlement d'administration publique déterminera les mesures nécessaires pour l'exécution des dispositions qui précèdent.

ART. 4.

Les diverses taxes assimilées aux contributions directes, énoncées au paragraphe 1er de l'état D annexé à la présente loi, seront établies, pour 1890, au profit de l'Etat, conformément aux lois existantes.

Les taxes spéciales applicables aux dépenses ordinaires du budget de l'exercice 1890 sont évaluées, conformément à la première partie de l'état E annexé à la présente loi, à la somme de 28.530.500 francs.

ART. 5.

Les contributions directes, taxes spéciales et contributions arabes à percevoir en Algérie, énoncées dans la première partie de l'état F annexé à la présente loi, seront établies, pour 1890, au profit de l'État, conformément aux lois existantes. Ces contributions et taxes sont évaluées à la somme de 8.779.700 francs.

ART. 6.

Le bénéfice de l'article premier de la loi de finances du 26 février 1887 est étendu aux préparateurs des facultés des sciences.

La dispense des droits de bibliothèque, d'examen, de certificat d'aptitude et de diplôme leur est également concédée en vue du grade de licencié ès sciences.

ART. 7.

Sont approuvées, conformément à l'article 2 de la loi du 21 mars 1878, les taxes fixées par le décret du 28 juillet 1888 pour les correspondances téléphoniques échangées entre Paris et Marseille, Paris et Lyon, Lyon et Marseille.

ART. 8.

Le paragraphe 1er de l'article 8 de la loi du 7 mai 1864 sur l'admission temporaire des sucres sera appliqué en cas de non payement à l'échéance des traites souscrites pour droits de douanes.

Art. 9.

La part affectée au service des pensions civiles, dans les produits d'amendes et confiscations résultant d'affaires suivies à la requête de l'Administration des Douanes, sera de 40 pour 100 du montant net de ces produits. Les conditions suivant lesquelles le surplus devra être réparti seront déterminées par décrets.

Sont abrogées les dispositions des lois, ordonnances, décrets ou règlements contraires à la présente loi, et notamment celles contenues dans l'arrêté du 9 fructidor an V et l'article 24 du décret du 9 novembre 1853.

Art. 10.

L'article 235 de la loi du 28 avril 1816 sur les visites dans les brasseries et distilleries, l'article 11 de la loi du 3 juillet 1846 concernant la fabrication des cidres et poirés sont applicables aux fabriques de raisins secs.

Un règlement d'administration publique déterminera la surveillance à exercer dans ces fabriques en vue de l'application des dispositions ci-dessus.

L'article 23 de la loi du 28 avril 1816 est complété ainsi qu'il suit :

Les fruits secs destinés à la fabrication du vin seront imposés, dans les villes sujettes au droit d'entrée, à raison de cent kilogrammes de fruits secs pour trois hectolitres de vin.

Art. 11.

Continuera d'être faite, pour 1890, au profit de l'Etat, conformément aux lois existantes, la perception des divers droits, produits et revenus énoncés dans l'état G annexé à la présente loi.

§ 3. — *Evaluation des voies et moyens.*

ART. 12.

Les voies et moyens ordinaires applicables aux dépenses ordinaires du budget de l'exercice 1890 sont évaluées, conformément à l'état H annexé à la présente loi, à la somme totale de 3.046.417.120 francs.

TITRE II

Budget des dépenses sur ressources extraordinaires.

ART. 13.

Des crédits s'élevant à la somme de 154.073.000 francs sont accordés au Ministre de la Guerre au titre du budget des dépenses sur ressources extraordinaires de l'exercice 1890. Ces crédits demeurent répartis par chapitres, conformément à l'état I annexé à la présente loi.

ART. 14.

Il sera pourvu à ces crédits au moyen de l'émission d'obligations du Trésor à court terme dont l'échéance ne pourra dépasser l'année 1896.

ART. 15.

Les sommes restant libres à la fin de l'exercice 1890 sur les crédits ouverts par l'article 15 ci-dessus et qui seront nécessaires pour poursuivre les travaux pendant les exercices ultérieurs ne pourront être reportées aux dits exercices que par la loi.

Les dépenses appartenant aux exercices antérieurs et faisant partie des restes à payer arrêtés par la loi de règlement pourront être ordonnancées sur les crédits ouverts ou reportés par la loi à l'exercice suivant. Il en sera de même, jusqu'au règlement définitif de l'exercice, des dépenses que les comptes présenteront comme restant à payer à l'époque de la clôture de l'exercice et qui auraient été autorisées par des crédits régulièrement ouverts.

TITRE III

Budget des dépenses sur ressources spéciales.

Art. 16.

Les contributions foncière, personnelle-mobilière, des portes et fenêtres et des patentes, applicables aux dépenses départementales et spéciales, seront établies, pour 1890, en centimes additionnels, conformément à la seconde partie de l'état B annexé à la présente loi et aux dispositions des lois existantes. Ces contributions sont évaluées à la somme de 388.771.567 francs.

Art. 17.

Les contributions directes et les contributions arabes à percevoir en Algérie, applicables aux dépenses spéciales inscrites au budget, seront établies, pour 1890, conformément à la seconde partie de l'état F annexé à la présente loi et aux dispositions des lois existantes. Ces contributions sont évaluées à la somme de 3.736.600 fr.

Art. 18.

Le maximum des centimes que les Conseils généraux peuvent voter, en vertu de l'article 58 de la loi du 10 août 1871, est fixé, pour l'année 1890, à vingt-cinq centimes (0 fr. 25) sur les contributions foncière et personnelle-mobilière, plus un centime (0 fr. 01) sur les quatre contributions directes.

Art. 19.

Le maximum des centimes extraordinaires que les Conseils généraux peuvent voter, en vertu de l'article 40 de la loi du 10 août 1871, est fixé, pour l'année 1890, à douze centimes (0 fr. 12).

Dans ce nombre sont compris les centimes dont l'imposition a été précédemment autorisée par des lois spéciales antérieures à la mise à exécution de la loi du 18 juillet 1866 sur les Conseils généraux.

Art. 20.

Le maximum de la contribution spéciale à établir sur les quatre contributions directes, en cas d'omission au budget départemental d'un crédit suffisant pour faire face aux dépenses spécifiées à l'article 61 de la loi du 10 août 1871 est fixé, pour la même année, à deux centimes (0 fr. 02).

Art. 21.

Le maximum du nombre de centimes extraordinaires que les Conseils municipaux sont autorisés à voter, pour en affecter le produit à des dépenses extraordinaires d'utilité communale et qui doit être arrêté annuellement par les Conseils généraux en vertu de l'article 42 de la loi du 10 août 1871, ne pourra dépasser, en 1890, vingt centimes (0 fr. 20).

Art. 22.

Lorsque, en exécution du paragraphe 5 de l'article 149 de la loi du 5 avril 1884, il y aura lieu, par le Gouvernement, d'imposer d'office sur les communes des centimes additionnels pour le payement des dépenses obligatoires, le nombre de ces centimes ne pourra excéder le maximum de dix, à moins qu'il ne s'agisse de l'acquit de dettes résultant de condamnations judiciaires, auquel cas il pourra être élevé jusqu'à vingt.

Art. 23.

En cas d'insuffisance du produit des centimes ordinaires pour concourir par des subventions aux dépenses des chemins vicinaux de grande communication et, dans les cas extraordinaires, aux dépenses des autres chemins vicinaux, les Conseils généraux sont autorisés à voter, pour l'année 1890, à titre d'imposition spéciale, sept centimes (0 fr. 07) additionnels aux quatre contributions directes.

Art. 24.

Les diverses taxes assimilées aux contributions directes, énoncées au second paragraphe de l'état D annexé à la présente loi, seront établies, pour 1890, au profit des départements, des communes, des établissements publics et des communautés d'habitants dûment autorisées, conformément aux lois existantes.

Art. 25.

Les taxes spéciales assimilées aux contributions directes dont le produit est applicable au budget des dépenses sur ressources spéciales sont évaluées, pour l'exercice 1890, à la somme de 1.246.980 francs, conformément à la seconde partie de l'état E annexé à la présente loi.

Art. 26.

Le fonds de non-valeurs de la contribution foncière (propriétés bâties et propriétés non bâties) est fixé pour 1890 à deux centimes par franc, tant du principal de cette contribution que des impositions départementales et communales afférentes à la même contribution.

Art. 27.

A partir de la promulgation de la présente loi, les communes dans lesquelles seront installées des chambres funéraires ou des appareils crématoires, pourront percevoir des droits pour le dépôt et pour l'incinération des corps. Les tarifs de ces droits seront délibérés par les conseils municipaux et soumis à l'approbation du préfet.

Art. 28.

Continuera d'être faite, pour l'exercice 1890, au profit des départements, des communes, des établissements publics et des communautés d'habitants dûment autorisées, la perception, conformément aux lois existantes, des divers droits, produits, et revenus énoncés dans l'état J annexé à la présente loi.

Art. 29.

Les voies et moyens affectés aux dépenses du budget sur ressources spéciales sont évaluées, pour l'exercice 1890, à la somme de 475.672.106 francs, conformément à l'état K annexé à la présente loi.

Art. 30.

Les crédits affectés aux dépenses du même budget, qui se règlent d'après le montant des recettes réalisées, sont fixés provisoirement, pour l'exercice 1890, à la somme de 475.672.106 francs conformément à l'état L annexé à la présente loi.

TITRE IV

Budgets annexes rattachés pour ordre au budget général.

Art. 31

Le Ministre du Commerce, de l'Industrie et des Colonies est autorisé à assurer l'exploitation provisoire du chemin de fer et du port de la Réunion. Les recettes et les dépenses de cette exploitation feront l'objet d'un budget annexe rattaché pour ordre au budget général de l'Etat.

Art. 32.

Les budgets annexes rattachés pour ordre au budget général de l'Etat sont fixés, en recettes et en dépenses, pour

l'exercice 1890, à la somme de 93.881.833 francs, conformément à l'état M annexé à la présente loi.

TITRE V

Services spéciaux du Trésor.

Art. 33.

Il est ouvert au Ministre des Travaux publics, sur l'exercice 1890, au titre des services spéciaux du Trésor, des crédits montant à la somme totale de 58 millions de francs,
répartie ainsi qu'il suit :

Avances aux Compagnies de chemins de fer français pour
garanties d'intérêts. . . . .   34.000.000 fr.
Avances aux Compagnies de chemins
de fer algériens pour garanties d'intérêts. .   24.000.000   »
                          Total égal. . .   58.000.000 fr.

La portion des crédits ci-dessus qui n'aura pas été employée à la fin de l'exercice 1890 ne pourra être reportée aux
exercices suivants qu'en vertu d'une loi.

Art. 34.

Il sera pourvu aux avances ci-dessus autorisées au moyen
de l'émission, au mieux des intérêts du Trésor, d'obligations à court terme dont l'échéance ne pourra dépasser l'année 1896.

TITRE VI

Moyens de service et dispositions diverses.

Art. 35.

La nomenclature des services votés pour lesquels il peut être ouvert, par décrets rendus en Conseil d'État, des crédits supplémentaires pendant la prorogation des Chambres, en exécution de l'article 5 de la loi du 14 décembre 1879, est fixée, pour l'exercice 1890, conformément à l'Etat N annexé à la présente loi.

Art. 36.

Il est ouvert au Ministre de la Guerre un crédit de 5.500.000 francs, pour l'inscription au Trésor public des pensions militaires de son département à liquider dans le courant de l'année 1890.

Art. 37.

Il est ouvert au Ministre de la Marine un crédit de 2.800.000 francs, pour l'inscription au Trésor public des pensions militaires de son département à liquider dans le courant de l'année 1890.

Art. 38.

Il est ouvert au Ministre du Commerce, de l'Industrie et des Colonies, un crédit de 250.000 francs pour l'inscription au Trésor public des pensions militaires du service colonial à liquider dans le courant de l'année 1890.

Art. 39.

Le Ministre des Finances est autorisé à pourvoir au remboursement des obligations du Trésor à court terme, échéant en 1890 :

1° Au moyen de la dotation inscrite au chapitre 3 du budget du Ministère des Finances ;

2° Au moyen de l'excédent de recette qui serait cons‑taté en clôture de l'exercice ;

3° Pour le surplus, au moyen d'une émission d'obliga‑tions du Trésor à court terme dont l'échéance ne pourra dé‑passer l'année 1896.

ART. 40.

Le Ministre des Finances est autorisé à créer, pour le service de la trésorerie et les négociations avec la Banque de France, des bons du Trésor portant intérêt et payables à une échéance qui ne pourra pas excéder une année. Les bons du Trésor en circulation ne pourront excéder 400 mil‑lions de francs.

Ne sont pas compris dans cette limite : les bons déposés à la Banque de France en garantie de son avance perma‑nente de 140 millions de francs (lois des 13 juin 1878 et 30 mars 1888), ni les obligations du Trésor à court terme.

ART. 41.

La ville de Paris est autorisée à mettre en circulation, pendant l'année 1890, des bons de la caisse municipale pour une somme qui ne pourra excéder 40 millions de francs.

ART. 42.

Le Ministre de l'Intérieur est autorisé à accorder aux départements et aux communes, pendant l'année 1890, pour la construction de leurs chemins vicinaux, conformément au règlement d'administration publique du 3 juin 1880, des subventions montant à la somme de deux millions de francs (2.000.000 francs) et imputables sur les crédits à ouvrir au budget ordinaire de l'excice 1891.

Art. 43.

Le Ministre de l'Intérieur est autorisé à prendre envers les départements et les communes, jusqu'à concurrence de 8 millions de francs, des engagements relatifs aux avances à faire à partir du 1er janvier 1890, pour la construction des chemins vicinaux, dans les conditions de la législation existante.

Pour pourvoir à l'exécution de ces engagements, l'émission des obligations du Trésor échéant en 1907, autorisée par les lois des 22 juillet et 22 août 1885 et 2 mai 1889 pour la somme de 342.744.000 francs, sera élevée à celle de 350 millions 744.000 francs, non compris les frais de l'émission.

Art. 44.

Le Ministre de la Marine est autorisé à continuer ou à entreprendre, pendant l'année 1890, la construction des bâtiments dont les noms sont indiqués dans l'Etat T annexé à la présente loi, et faire exécuter, au titre des constructions neuves, tous les travaux de modification et de transformation reconnus nécessaires après le premier armement de la première campagne des bâtiments neufs ou transformés. Il ne pourra pas, dans le courant de cette année, mettre en chantier d'autres bâtiments d'un déplacement total de plus de 2.000 tonneaux.

Il fournira à l'appui du budget de l'exercice 1891 un état détaillé, par navire en construction : de la date de la mise en chantier ; du coût prévu de chaque navire en matières et en salaires, tel qu'il résulte du devis estimatif prescrit par l'ordonnance de 1844 ; de son état d'avancement, évalué en centièmes de la main-d'œuvre ; de l'indication des dépenses déjà faites en salaires ; de la comparaison entre l'avancement proposé pour l'exercice 1891 et celui qui sera probablement réalisé pendant l'année 1890 ; des modifications survenues en cours d'exécution sur les évaluations primitives; du nom de l'auteur du projet en construction, du nom de l'ingénieur responsable de la construction.

ART. 45.

Les approvisionnements que le Ministre de la Marine est autorisé à entretenir en exécution de l'article 32 de la loi de finances du 26 février 1887 ne peuvent, pendant l'année 1890, monter au-dessus d'une valeur totale de 138.200.000 francs, ni descendre au-dessous d'une valeur de 93.600.000 francs, d'après la nomenclature des prix en vigueur au moment de la promulgation de la présente loi.

Ils sont répartis conformément au tableau O annexé à la présente loi.

ART. 46.

Il sera produit par le Ministre de la Marine, à l'appui du projet du budget de l'exercice 1891 et dans le courant du mois d'avril 1890 :

1° Un état donnant par unité collective et pour chaque service les quantités qu'il est nécessaire d'avoir en magasin, d'une part pour l'armement des unités de combat et des forces militaires mobilisables, d'autre part pour l'approvisionnement du service courant ;

2° Un état donnant, par article et par nature de travaux, pour l'ensemble du budget et pour chaque port ou établissement, la dépense effectuée en main-d'œuvre et en matières pendant l'exercice 1889;

3° Des états indiquant, pour chaque port ou établissement hors des ports, l'effectif et la dépense du personnel entretenu et ouvrier de chaque service pendant l'exercice 1889.

ART. 47.

Le Ministre de la Marine est autorisé à livrer à l'industrie, pour être transformé et utilisé au profit du service des
constructions navales (chapitre 18), le vieux matériel qui
se trouve en magasin, jusqu'à concurrence d'une valeur
de 1.250.000 francs, cette valeur étant déterminée par le
prix auquel les industriels transformateurs recevront ledit
matériel.

Le Département soumettra au Parlement, à l'appui de
son compte administratif et à la Cour des comptes un état
énonçant les qualités et la valeur des vieilles matières données à transformer, avec référence tant aux décomptes em-
portant liquidation au profit des adjudicataires et aux mandats de payement, qu'aux marchés de transformation auxquels ces mandats se rapportent.

ART. 48.

La subvention de 14 millions de francs, inscrite au
chapitre 53 du Ministère de l'Instruction publique, pour
alléger les charges que la gratuité impose aux communes
dans les écoles primaires publiques, sera exclusivement
employée, au profit des communes qui seront admises à y
participer, à parfaire, après l'épuisement des quatre centimes spéciaux, les traitements obligatoires tels qu'ils résultent de la loi du 19 juillet 1875 et de l'article 6 de la loi
du 16 juin 1881.

Les communes non encore propriétaires de leur maison
d'école ne pourront obtenir une subvention applicable aux
loyers scolaires ou aux indemnités de logement qu'après
avoir fait emploi du cinquième institué par l'article 3 de la
loi du 16 juin 1881.

Les communes pourront remplacer tout ou partie du
prélèvement du cinquième par le vote d'une imposition

extraordinaire qui n'excédera pas quatre centimes additionnels au principal des quatre contributions directes.

ART. 49.

Le maximum des subventions payables par annuités à partir de 1891 inclusivement, que le Ministre de l'Instruction publique est autorisé à accorder pendant l'année 1890, conformément à la loi du 20 juin 1885, en addition aux annuités inscrites dans les précédentes lois de finances, est fixé à la somme de de 699.100 francs, savoir :

1° 33.700 francs pour l'enseignement supérieur :
2° 165.400 francs pour l'enseignement secondaire ;
3° 500.000 francs pour l'enseignement primaire.

Les projets de travaux imputables sur la subvention de 34 millions créée par l'article premier de la loi du 20 juin 1885 sont approuvés pour 1890 jusqu'à concurrence de 400.000 francs pour l'enseignement supérieur et de 600.000 francs pour l'enseignement secondaire, conformément aux états P et Q annexés à la présente loi.

Les engagements que le Ministre de l'Instruction publique est autorisé à prendre en 1890, en exécution du paragraphe 3 de l'article 4 de la même loi, sont fixés, savoir :

A 600.000 francs pour l'enseignement supérieur, jusqu'à concurrence de l'annuité de 33.700 francs ci-dessus, conformément à l'état R annexé à la présente loi :
A 2.973.525 francs pour l'enseignement secondaire, jusqu'à concurrence de l'annuité de 165.400 francs ci-dessus, conformément à l'état S annexé à la présente loi.
La subvention accordée par l'Etat ne pourra être réalisée que dans la proportion de cinq sixièmes jusqu'après

apurement des comptes de règlement définitif de l'entreprise par le Ministère de l'Instruction publique. Le dernier
sixième pourra être réduit proportionnellement à la part
contributive de chacune des parties, dans le cas où la
dépense n'atteindrait pas le montant fixé dans le projet approuvé.

Cette disposition sera applicable aux entreprises pour
lesquelles l'emprunt ne se trouvera pas déjà réalisé à la
date de la promulgation de la présente loi.

Art. 50.

A dater du 1er janvier 1890, il sera fait recette au
budget spécial de chaque faculté, concurremment avec les
ressources propres de l'établissement, des crédits ouverts
aux chapitres 7 et 8 de l'Instruction publique pour le matériel des facultés.

Un règlement d'administration publique déterminera
les règles relatives aux budgets et aux comptes spéciaux
des facultés.

Art. 51.

Le montant total des subventions annuelles que le
Ministre des Travaux publics peut s'engager, pendant l'année 1890, à allouer aux entreprises de chemins de fer d'intérêt
local ou de tramways, en vertu de la loi du 11 juin 1880,
ne devra pas excéder la somme de 800.000 francs pour les
chemins de fer d'intérêt local et de 600.000 francs pour les
tramways.

Art. 52.

Le Ministre des Travaux publics est autorisé à exécuter, pendant l'année 1890, sur les fonds à verser par les
chambres de commerce, villes, départements et autres intéressés, des travaux relatifs aux rivières, canaux et ports

maritimes, s'élevant au maximum à la somme de 24.040.000 francs. Les crédits nécessaires au payement des dépenses seront ouverts par décrets de fonds de concours dans la limite et à mesure de la réalisation des versements effectués.

Les crédits non employés en fin d'exercice et les ressources correspondantes ne pourront être reportés aux exercices suivants qu'en vertu d'une loi.

Art. 33.

Les travaux à exécuter pendant l'année 1890, soit par les Compagnies de chemins de fer, soit par l'Etat, à l'aide des fonds que ces Compagnies mettront à la disposition du Trésor, conformément aux conventions ratifiées par les lois du 20 novembre 1883, ne pourront excéder le maximum de 142 millions de francs, non compris les dépenses du matériel roulant.

Les versements des Compagnies seront portés à un compte intitulé : *Remboursement de la garantie d'intérêts et fonds de concours versés par les Compagnies de chemins de fer en exécution des conventions de 1883.*

Les crédits nécessaires au payement des dépenses seront ouverts par décrets de fonds de concours, à mesure de la réalisation des versements effectués par les Compagnies.

Les crédits non employés à la fin de l'exercice 1890 et les ressources correspondantes ne pourront être reportés aux exercices suivants qu'en vertu d'une loi.

Art. 34.

Le montant des dépenses pour travaux complémentaires dont le Ministre des Travaux publics pourra autoriser l'imputation, en 1890, au compte de premier établissement, non compris le matériel roulant, est fixé à la somme de 55 millions, ainsi répartie par Compagnie :

Compagnie du Nord.	12.000.000	fr.
— de l'Est.	12.000.000	
— de l'Ouest	11.000.000	
— de Paris-Lyon-Méditeranée	5.500.000	
— d'Orléans	6.000.000	
— du Midi	8.500.000	
Total égal.	55.000.000	fr.

Les Compagnies présenteront, en 1891, un compte spécial des travaux complémentaires effectués dans le cours de l'exercice 1890, en vertu de l'autorisation qui précède.

L'autorisation donnée par le paragraphe 1er ne sera valable que jusqu'à concurrence des sommes réellement dépensées dans le cours de l'exercice 1890.

ART. 55.

Est fixé, pour l'exercice 1890, à onze millions de francs, le contingent de la Cochinchine dans les dépenses militaires de l'Annam et du Tonkin.

ART. 56.

L'école coloniale est autorisée à percevoir des droits d'inscription et d'examen, qu'elle pourra employer pour pourvoir à ses dépenses. Ces droits seront fixés par un décret rendu en Conseil d'État.

ART. 57.

Est et demeure autorisée la perception des contributions directes et des taxes y assimilées établies pour l'exercice 1890, en conformité de la présente loi.

Art. 58.

Toutes contributions directes et indirectes autres que celles qui sont autorisées par les lois de finances de l'exercice 1890, à quelque titre ou sous quelque dénomination qu'elles se perçoivent, sont formellement interdites, à peine, contre les autorités qui les ordonneraient, contre les employés qui confectionneraient les rôles et tarifs et ceux qui en feraient le recouvrement, d'être poursuivis comme concussionnaires, sans préjudice de l'action en répétition pendant trois années contre tous receveurs, percepteurs ou individus qui en auraient fait la perception.

Il n'est pas dérogé à l'exécution de l'article 4 de la loi du 2 août 1829, modifié par l'article 7 de la loi du 7 août 1850, relatif au cadastre, non plus qu'aux dispositions des lois des 10 mai 1838, 10 août 1871 et 31 mars 1886 sur les attributions départementales ; des 16 septembre 1871 et 21 mai 1873 sur la composition du Conseil général de la Seine ; du 5 avril 1884 sur l'organisation communale ; du 24 juillet 1867 sur l'administration communale, mais exclusivement en ce qui touche la disposition de l'article 9, relative à l'établissement du tarif général, et l'article 17, lequel n'est maintenu en vigueur qu'en ce qui concerne la Ville de Paris ; du 21 mai 1836 sur les chemins vicinaux ; des 21 juillet 1870 et 20 août 1881 sur les chemins ruraux ; du 16 juin 1881, articles 2 et 4 ; du 29 décembre 1882, article 21, sur la gratuité absolue de l'enseignement primaire; et enfin du 21 décembre 1882, tendant à accorder des secours aux familles nécessiteuses des soldats de la réserve et de l'armée territoriale pendant l'absence de leurs chefs.

ÉTATS LÉGISLATIFS

ANNEXÉS

Au projet de loi portant fixation du **budget général des dépenses et des recettes de l'exercice 1890.**

TITRE PREMIER

BUDGET ORDINAIRE

DE L'EXERCICE 1890.

DEPENSES

BUDGET ORDINAIRE [ÉTAT A.]

DES DÉPENSES DE L'EXERCICE 1890

TABLEAU, PAR CHAPITRES, DES DÉPENSES ORDINAIRES

CHAPITRES spéciaux.	MINISTÈRES ET SERVICES	MONTANT DES CRÉDITS accordés.
		fr.
	MINISTÈRE DES FINANCES	
	1re PARTIE. — Dette publique	
	DETTE CONSOLIDÉE	
1	Rentes 4 1/2 0/0 (nouveau fonds) (Loi et décret du 27 avril 1883)	305.540.303
2	Rentes 3 0/0 (Loi et ordonnance du 1er mai 1825)	433.519.616
	TOTAL.	739.059.919
	DETTE REMBOURSABLE A TERME OU PAR ANNUITÉS	
3	Intérêts et amortissemment des obligations du Trésor à court terme.	47.760.000
4	Intérêts des obligations du Trésor à court terme émises pour garanties d'intérêt aux compagnies des chemins de fer. .	13.734.000
5	Rentes 3 0/0 amortissables par annuités (Loi du 11 juin 1878 ; décret du 16 juillet 1878).	140.474.045
6	Intérêts et amortissement des obligations trentenaires (Loi du 29 décembre 1876; décret du 12 juin 1877).	4.562.000
7	Intérêts et amortissement des obligations émises pour l'achèvement des chemins vicinaux et la construction des établissements scolaires [Lois des 22 juillet 1885 (art. 5) et du 8 août 1885 (art. 16).]	10.437.000
8	Intérêts et amortissement de l'emprunt contracté par le Gouvernement sarde pour l'amélioration de l'établissement thermal d'Aix. (Décret du 20 octobre 1860 ; loi du 5 août 1874).	36.050
9	Rachat de concessions de canaux. (Lois des 28 juillet et 1er août 1860 et 20 mai 1863).	3.064.608
10	Annuités aux compagnies de chemins de fer.	38.006.318
11	Annuités aux compagnies de chemins de fer pour garantie d'intérêts de 1871 et 1872.	2.482.500
12	Annuité à la compagnie algérienne.	4.997.765
13	Annuités aux départements, aux villes et aux communes pour remboursement d'une partie des contributions extraordinaires et réparations des dommages résultant de la guerre. . .	17.474.250
14	Annuités pour réparation des dommages causés par le génie militaire.	1.837.750
15	Annuités de remboursement aux communes et aux départements des avances faites pour le casernement (Loi du 4 août 1874)	513.377
16	Annuité à la compagnie des chemins de fer de l'Est (Loi du 17 juin 1873).	20.500.000
17	Annuité de conversion de l'emprunt Morgan (Loi du 31 mai 1875 ; décret du 5 juin 1875)	17.300.000
18	Redevance annuelle envers l'Espagne pour droit de dépaissance sur les deux versants de la frontière des Pyrénées. .	20.000
19	Intérêts de la dette flottante du Trésor.	24.511.000
20	Intérêts de capitaux de cautionnements. (Loi du 4 août 1844, art. 7).	9.230.000
	TOTAL de la Dette remboursable à terme ou par annuités.	356.960.863
	A reporter.	1.096.020.782

BUDGET ORDINAIRE, par chapitres, des dépenses de l'exercice 1890 (Suite).

CHAPITRES spéciaux.	MINISTÈRES ET SERVICES	MONTANT DES CRÉDITS accordés.
		fr.
	Report.	1.096.020.782
	MINISTERE DES FINANCES *(Suite)*.	
	1re PARTIE. — Dette publique (Suite).	
	DETTE VIAGÈRE	
21	Pensions civiles. (Lois des 22 août 1790, 19 frimaire an VII, 4 septembre 1835, 21 mars 1838, 8 mai 1847, 29 juin 1848, 9 août 1848, 7 juin 1853, 12 février 1855, 18 mai 1858 et 16 avril 1859, 31 mars 1859, 20 avril 1859, 20 mai 1863, 15 septembre 1871, 1er mars 1872, 22 mars 1872, 15 juin 1872, 3 août 1875, 12 août 1876, 20 juin 1878, 15 juillet 1879, 30 décembre 1880, 22 août 1881, 11 mai 1883, 2 août 1888, 14 août 1885 et 14 novembre 1886 ; sénatus-consulte du 12 juin 1860; art. 32 de la loi du 9 juin 1853.)	1.090.000
22	Rentes viagères d'ancienne origine. (Loi du 23 floréal an II.)..	1.685
23	Pensions de la Pairie et de l'ancien Sénat (Loi du 4 juin 1814.)	48.000
24	Pensions de donataires dépossédés. (Loi du 26 juillet 1821.). .	440.000
25	Pensions militaires de la guerre	92.500.000
26	Pensions militaires de la marine	32.900.000
27	Secours aux pensionnaires de l'ancienne liste civile des rois Louis XVIII et Charles X. (Loi du 8 avril 1834.).	17.000
28	Pensions et indemnités viagères de retraite aux employés de l'ancienne liste civile et du domaine privé du roi Louis-Philippe. (Loi du 8 juillet 1852.).	39.000
29	Pensions à titre de récompense nationale. (Loi du 13 juin 1850.)	135.000
30	Traitements viagers des membres de l'ordre de la Légion d'honneur et des médaillés militaires.	10.238.706
31	Pensions civiles (Loi du 8 juin 1853)	62.300.000
32	Pensions des grands fonctionnaires (Loi du 17 juin 1856) . . .	132.000
33	Pensions ecclésiastiques sardes. (Convention internationale du 23 août 1860.).	21.000
34	Anciens dotataires du Mont-de-Milan (Décret du 18 décembre 1861).	239.000
35	Annuité à la Caisse des dépôts et consignations pour le service des pensions aux anciens militaires de la République et de l'Empire (Loi du 5 mai 1869).	3.668.000
36	Annuité à la Caisse des dépôts et consignations pour le service des suppléments de pensions aux anciens militaires ou marins et à leurs veuves. (Loi du 18 août 1881.)	9.325.000
37	Indemnités viagères aux victimes du coup d'Etat du 2 décembre 1851. (Loi du 30 juillet 1881.).	6.200.000
38	Pensions et indemnités de réforme de la magistrature. (Loi du 30 août 1883)	1.220.000
39	Indemnités aux anciens professeurs des facultés de théologie catholique. (Loi du 27 juin 1885).	49.235
40	Pensions viagères aux survivants des blessés de février 1848 à leurs ascendants, veuves ou orphelins. (Loi du 18 avril 1888.)	198.000
	TOTAL DE LA DETTE VIAGÈRE.	220.761.626
	TOTAL de la 1re Partie.	1.316.782.408

BUDGET ORDINAIRE, *par chapitres, des dépenses de l'exercice 1890* (Suite).

CHAPITRES spéciaux.	MINISTÈRES ET SERVICES	MONTANT DES CRÉDITS accordés.
		fr.
	MINISTERE DES FINANCES (*Suite*).	
	2ᵉ PARTIE. — Pouvoirs publics.	
41	Dotation du Président de la République..............	600.000
42	Frais de maison du Président de la République........	200.000
43	Frais de voyage, de déplacement et de représentation du Président de la République.............	300.000
44	Dépenses administratives du Sénat et indemnités des Sénateurs	4.600.000
45	Dépenses administratives de la Chambre des Députés et indemnités des Députés........................	7.244.048
	TOTAL de la 2ᵉ partie.........	13.044.048
	3ᵉ PARTIE. — Services généraux des Ministères.	
46	Personnel de l'administration cenrale du Ministère.....	3.560.000
47	Inspection générale des finances................	755.600
48	Personnel central des administrations financières......	1.535.180
49	Indemnités diverses.....................	23.500
50	Matériel de l'administration centrale..............	575.000
51	Impressions.........................	2.190.900
52	Dépenses diverses de l'administration centrale........	86.200
53	Frais de trésorerie......................	315.000
54	Traitements fixes de 87 trésoriers-payeurs généraux.....	522.000
55	Abonnement à forfait des bureaux des trésoreries générales.	5.902.000
56	Traitements fixes des receveurs particuliers des finances..	598.000
57	Commissions aux receveurs particuliers des finances à valoir sur les frais de personnel et de matériel à leur charge et Indemnités pour augmentation de frais de personnel et de matériel aux trésoriers-payeurs généraux, aux receveurs particuliers et aux percepteurs............	2.551.700
58	Frais de la trésorerie d'Algérie................	502.250
59	Personnel de la Cour des comptes...............	1.503.600
60	Matériel et dépenses diverses de la Cour des comptes....	53.440
61	Dépenses des exercices périmés non frappées de déchéance.	211.000
62	Dépenses des exercices clos..................	Mémoire.
	TOTAL de la 3ᵉ partie.....	20.985.370

BUDGET ORDINAIRE, par chapitres, des dépenses
de l'exercice 1890 (Suite).

CHAPITRES spéciaux.	MINISTÈRES ET SERVICES	MONTANT DES CRÉDITS accordés.
		fr.
	MINISTÈRE DES FINANCES (*Suite*).	
	4º PARTIE. — Frais de régie, de perception et d'exploitation des impôts et revenus publics.	
63	Personnel de l'administration des contributions directes.	3.788.250
64	Dépenses diverses de l'administration des contributions directes.	1.414.150
65	Frais relatifs aux rôles des taxes assimilées	107.000
66	Frais d'arpentage et d'expertise	120.000
67	Mutations cadastrales	690.000
68	Personnel des contributions directes et du cadastre en Algérie.	356.035
69	Matériel des contributions directes et du cadastre en Algérie.	324.185
70	Personnel de la topographie en Algérie.	427.540
71	Matériel de la topographie en Algérie.	285.000
72	Remises proportionnelles des percepteurs et frais divers.	11.230.000
73	Indemnités et secours aux porteurs de contraintes.	450.000
74	Frais de perception des amendes et condamnations pécuniaires en France.	406.000
75	Frais de perception des amendes et condamnations pécuniaires en Algérie.	50.000
76	Secours aux percepteurs réformés, aux veuves et aux orphelins de percepteurs.	200.000
77	Personnel de l'administration de l'enregistrement, des domaines et du timbre.	15.414.700
78	Matériel de l'administration de l'enregistrement, des domaines et du timbre.	969.500
79	Dépenses diverses de l'administration de l'enregistrement, des domaines et du timbre.	1.849.850
80	Personnel de l'enregistrement, des domaines et du timbre en Algérie.	687.900
81	Matériel de l'enregistrement, des domaines et du timbre en Algérie.	385.500
82	Imposition à la charge de l'État pour le service de la propriété individuelle indigène en Algérie.	50.000
	À reporter.	39.205.610

BUDGET ORDINAIRE, par chapitres, des dépenses de l'exercice 1890 (Suite).

CHAPITRES spéciaux	MINISTÈRES ET SERVICES	MONTANT DES CRÉDITS accordés.
		fr.
	MINISTÈRE DES FINANCES (*Suite*).	
	4ᵉ PARTIE. — Frais de régie, de perception et d'exploitation des impôts et revenus publics (Suite).	
	Report	39.205.610
83	Personnel de l'administration des douanes	27.942.370
84	Matériel de l'administration des douanes	436.596
85	Dépenses diverses de l'administration des douanes	1.408.795
86	Personnel des douanes en Algérie	1.108.573
87	Matériel des douanes en Algérie	100.347
88	Dépenses diverses des douanes en Algérie	80.620
89	Personnel de l'administration des contributions indirectes	30.374.860
90	Matériel de l'administration des contributions indirectes	364.500
91	Frais de loyer et indemnités de l'administration des contributions indirectes	5.753.860
92	Dépenses diverses de l'administration des contributions indirectes	484.400
93	Achats de tabacs, primes et transports de l'administration des contributions indirectes	1.120.000
94	Avances recouvrables par l'administration des contributions indirectes	855.000
95	Personnel des contributions diverses en Algérie	938.250
96	Matériel des contributions diverses en Algérie	354.750
97	Personnel de l'administration des manufactures de l'État	2.106.000
98	Gages et salaires de l'administration des manufactures de l'État	16.823.000
99	Matériel de l'administration des manufactures de l'État	2.850.000
100	Aménagement, entretien et réparation des bâtiments des manufactures de l'État	260.000
101	Constructions nouvelles des manufactures de l'État	540.000
102	Dépenses diverses de l'administration des manufactures de l'État	873.000
103	Indemnités ou secours viagers à des ouvriers et ouvrières des manufactures de l'État en cas de maladies, blessures ou infirmités	115.000
104	Avances recouvrables par l'administration des manufactures de l'État	225.600
105	Achats et transports de tabacs	45.000.000
	Total de la 4ᵉ partie	178.525.534

BUDGET ORDINAIRE, *par chapitres, des dépenses de l'exercice 1890 (Suite).*

CHAPITRES spéciaux.	MINISTÈRES ET SERVICES	MONTANT DES CRÉDITS accordés.
		fr.
	MINISTÈRE DES FINANCES (*Suite.*)	
	5e PARTIE. — Remboursements et restitutions, non-valeurs et primes.	
106	Dégrèvements et non-valeurs sur les taxes spéciales assimilées aux contributions directes.	175.000
107	Remboursements sur produits indirects et divers en France.	6.196.000
108	Remboursements sur produits indirects et divers en Algérie..	210.000
109	Répartitions de produits d'amendes, saisies et confiscations attribuées à divers en France..	6.338.700
110	Répartitions de produits d'amendes, saisies et confiscations attribuées à divers en Algérie.	370.000
111	Primes à l'exportation de marchandises.	160.000
	TOTAL de la 5e partie.	13.449.700
	RÉCAPITULATION	
	1re PARTIE. — Dette publique.	1.316.782.408
	2e PARTIE. — Pouvoirs publics	13.044.048
	3e PARTIE. — Service général..	20.985.370
	4e PARTIE. — Frais de régie, de perception et d'exploitation des impôts et revenus publics.	178.525.531
	5e PARTIE. — Remboursements et restitutions, non-valeurs et primes.	13.449.700
	TOTAL général du Ministère des Finances). . . .	1.542.787.057

BUDGET ORDINAIRE, par chapitres, des dépenses de l'exercice 1890 (Suite).

CHAPITRES et spéciaux.	MINISTÈRES ET SERVICES	MONTANT DES CRÉDITS accordés.
		fr.
	MINISTÈRE DE LA JUSTICE ET DES CULTES	
	3e PARTIE. — Services généraux des Ministères.	
	1re Section. — Service de la Justice.	
1	Traitement du Ministre et personnel de l'administration centrale	536.000
2	Matériel de l'administration centrale	86.000
3	Personnel du Conseil d'Etat	1.043.000
4	Matériel du Conseil d'Etat	70.000
5	Personnel de la Cour de cassation	1.149.600
6	Menues dépenses de la Cour de cassation	36.800
7	Cours d'appel	6.140.500
8	Cours d'assises	45.000
9	Tribunaux de première instance	11.333.000
10	Tribunaux de commerce	183.000
11	Tribunaux de police	93.100
12	Justices de paix	8.398.800
13	Personnel de la justice française en Algérie	1.811.600
14	Matériel et menues dépenses de la Cour d'appel d'Alger et frais de passage gratuit	22.000
15	Personnel de la justice française en Tunisie	236.300
16	Frais de justice criminelle en France et en Algérie	5.909.700
17	Frais de justice criminelle en Tunisie	30.000
18	Frais d'impression des statistiques	16.000
19	Secours et dépenses imprévues	75.000
20	Collection des lois étrangères	20.000
21	Reconstitution des actes de l'état civil de la ville de Paris et des départements	30.000
22	Personnel de la justice musulmane en Algérie	93.000
23	Matériel de la justice musulmane en Algérie	8.050
24	Constitution de l'état civil des indigènes musulmans de l'Algérie	100.000
25	Dépenses des exercices périmés non frappées de déchéance	Mémoire.
26	Dépenses des exercices clos	Idem.
	TOTAL pour le service de la Justice	37.468.450

*BUDGET ORDINAIRE, par chapitres, des dépenses
de l'exercice 1890 (Suite).*

CHAPITRES spéciaux.	MINISTÈRES ET SERVICES	MONTANT DES CRÉDITS accordés.
		fr.
	MINISTÈRE DE LA JUSTICE ET DES CULTES (Suite).	
	3ᵉ PARTIE. — Services généraux des Ministères (Suite).	
	2ᵉ Section. — Service des Cultes.	
1	Personnel des bureaux des cultes................	205.000
2	Matériel des bureaux des cultes................	23.000
3	Impressions................................	8.000
4	Secours et dépenses diverses.................	2.000
5	Traitements des archevêques et évêques...........	930.000
6	Traitements des curés........................	4.421.400
7	Allocations aux vicaires généraux..............	497.846
8	Allocations aux chanoines....................	785.336
9	Allocations aux desservants et vicaires. — Binage......	31.925.358
10	Pensions et secours........................	800.000
11	Mobilier des archevêchés et évêchés............	20.000
12	Loyers et rentes pour évêchés................	11.023
13	Entretien des édifices diocésains..............	600.000
14	Grosses réparations des édifices diocésains...........	1.000.000
15	Crédits spéciaux pour cathédrales..............	355.000
16	Secours pour églises et presbytères...........	1.500.000
17	Personnel des cultes protestants..............	1.525.100
18	Dépenses des séminaires protestants...........	26.500
	A reporter............	44.635.263

BUDGET ORDINAIRE, par chapitres, des dépenses de l'exercice 1890 (Suite).

CHAPITRES spéciaux.	MINISTÈRES ET SERVICES.	MONTANT DES CRÉDITS accordés.
		fr.
	MINISTÈRE DE LA JUSTICE ET DES CULTES (Suite).	
	3e PARTIE. — Services généraux des Ministères (Suite).	
	2e Section. — Service des Cultes (Suite).	
	Report	44.633.263
19	Personnel du culte israélite	158.900
20	Dépenses des séminaires israélites.	22.000
21	Secours pour les édifices des cultes protestants et israélite . .	40.000
22	Personnel du culte musulman	166.490
23	Matériel du culte musulman	49.850
24	Frais de passage	13.000
25	Dépenses des exercices périmés non frappées de déchéance .	Mémoire.
26	Dépenses des exercices clos	Mémoire.
	Total pour le service des Cultes	45.085.503
	RÉCAPITULATION	
	1re section. — Service de la Justice	37.468.450
	2e section. — Service des Cultes	45.085.503
	Total général pour le Ministère de la Justice et des Cultes	82.553.953

BUDGET ORDINAIRE, par chapitres, des dépenses de l'exercice 1890 (Suite).

CHAPITRES spéciaux.	MINISTÈRES ET SERVICES	MONTANT DES CRÉDITS accordés.
		fr.
	MINISTÈRE DES AFFAIRES ÉTRANGÈRES	
	3e PARTIE. — Services généraux des Ministères.	
	1re SECTION. — SERVICE ORDINAIRE.	
1	Traitement du Ministre et personnel de l'administration centrale.	759.000
2	Matériel de l'administration centrale.	186.500
3	Traitements des agents diplomatiques et consulaires.	6.387.100
4	Traitements des élèves chanceliers et commis ; indemnités des commis, traducteurs, drogmans et interprètes auxiliaires.	545.100
5	Traitements des agents en disponibilité.	100.000
6	Frais de représentation des agents diplomatiques	1.541.600
7	Frais de service des résidences.	1.880.100
8	Frais d'établissement des agents diplomatiques et consulaires.	270.000
9	Frais de voyages et de courriers.	623.000
10	Présents diplomatiques.	40.000
11	Missions, dépenses extraordinaires et dépenses imprévues.	249.500
12	Secours	180.000
13	Dépenses secrètes.	700.000
14	Frais de location et charges accessoires de l'hôtel affecté à la résidence de l'ambassade ottomane.	60.000
15	Allocations à la famille d'Abd-el-Kader.	70.000
16	Dépenses des exercices périmés non frappées de déchéance.	Mémoire.
17	Dépenses des exercices clos	Idem.
	TOTAL du service ordinaire.	13.591.900
	2e SECTION. — SERVICE DES PROTECTORATS.	
1	Dépenses de la résidence en Tunisie	162.600
2	Dépenses des résidences à Madagascar	414.000
	TOTAL du service des protectorats.	576.600
	4e PARTIE. — Frais de régie, de perception et d'exploitation des impôts et revenus publics.	
Unique.	Remise de 5 pour 100 sur les produits des chancelleries diplomatiques et consulaires.	60.000
	TOTAL général pour le Ministère des Affaires étrangères.	14.228.500

BUDGET ORDINAIRE, par chapitres, des dépenses de l'exercice 1890 (Suite).

CHAPITRES spéciaux.	MINISTÈRES ET SERVICES	MONTANT DES CRÉDITS accordés.
		fr.
	MINISTÈRE DE L'INTÉRIEUR	
	3e PARTIE. — Services généraux des Ministères.	
	1re Section. — Service du Ministère de l'Intérieur.	
1	Traitement du Ministre, traitements et indemnités du personnel de l'administration centrale	1.389.042
2	Matériel et dépenses diverses de l'administration centrale. .	286.400
3	Secours personnels à divers titres.	690.000
4	Inspections générales administratives.	185.000
5	Traitements et indemnités des fonctionnaires administratifs des départements	5.071.000
6	Dépenses fixes du personnel d'administration et d'exploitation des *Journaux officiels*.	84.900
7	Dépenses variables du personnel d'exploitation des *Journaux officiels*.	593.300
8	Dépenses du matériel des *Journaux officiels*.	456.100
9	Entretien des tombes militaires (Loi du 4 avril 1873)	8.000
10	Personnel des bureaux des préfectures et des sous-préfectures.	4.881.600
11	Frais matériels d'administration des préfectures et des sous-préfectures.	1.353.800
12	Subvention pour l'organisation et l'entretien des corps de sapeurs-pompiers	8.000
13	Frais des élections sénatoriales.	150.000
14	Matériel des Cours d'appel	450.000
15	Célébration de la fête nationale du 14 juillet	300.000
16	Indemnités à d'anciens fonctionnaires sardes devenus Français.	6.000
17	Travaux des Palais de justice de Rennes et de Grenoble. . . .	250.000
18	Subvention pour le rachat des ponts à péage dépendant des routes départementales (Loi du 30 juillet 1880).	70.000
19	Reconstruction de la Cour d'appel de Paris.	250.000
20	Acquisition des bâtiments de la préfecture de police	250.000
21	Subvention aux sociétés de tir	40.000
22	Subvention aux départements. (Loi du 10 août 1871).	3.600.000
23	Annuité à payer au Crédit foncier pour le service des emprunts contractés en exécution de la convention annexée à la loi du 22 juillet 1887	210.188
24	Subvention pour le rachat des ponts à péage dépendant des chemins vicinaux (Loi du 30 juillet 1880)	200.000
	À reporter.	20.781.330

BUDGET ORDINAIRE, *par chapitres, des dépenses de l'exercice 1890* (Suite).

CHAPITRES spéciaux.	MINISTÈRES ET SERVICES	MONTANT DES CRÉDITS accordés.
		fr.
	MINISTÈRE DE L'INTÉRIEUR (*Suite*).	
	3ᵉ PARTIE. — Services généraux des Ministères (*Suite*).	
	1ʳᵉ Section. — *Service du Ministère de l'Intérieur* (Suite).	
	Report.	20.781.330
25	Subvention pour l'achèvement des chemins vicinaux.	6.500.000
25 *bis*.	Dépenses du Conseil supérieur de l'assistance publique . . .	5.000
26	Subvention à l'hospice national des Quinze-Vingts	310.000
27	Subvention à la maison nationale de Charenton	47.000
28	Subvention aux asiles nationaux de Vincennes et du Vésinet. .	20.000
29	Subvention à l'hospice national du Mont-Genèvre	6.000
30	Subvention à l'institution nationale des sourds-muets de Chambéry	77.000
31	Subvention à l'institution nationale des sourds-muets de Paris.	264.300
32	Subvention à l'institution nationale des sourdes-muettes de Bordeaux, ...	110.000
33	Subvention à l'institution nationale des jeunes aveugles. . . .	190.000
34	Remboursement de frais occasionnés par des individus sans domicile de secours	200.000
35	Dépenses intérieures et frais d'inspection et de surveillance du service des enfants assistés.	1.045.000
36	Frais de protection des enfants du premier âge	750.000
37	Secours aux sociétés de charité maternelle et aux crèches . . .	146.000
38	Subvention pour secours exceptionnels à des institutions de bienfaisance et pour secours d'extrème urgence.	530.000
39	Service de la médecine gratuite dans les départements. . . .	50.000
40	Sociétés de secours mutuels.	475.000
41	Dépenses diverses des eaux minérales et des établissements thermaux de l'État	9.600
42	Personnel de l'établissement thermal d'Aix.	65.500
43	Matériel de l'établissement thermal d'Aix	39.500
44	Personnel des établissements thermaux affermés	19.600
45	Matériel des établissements thermaux affermés	5.800
46	Personnel du service sanitaire. — Comité consultatif d'hygiène publique de France	329.000
47	Matériel et dépenses diverses du service sanitaire	125.650
48	Inspection des viandes à la frontière.	120.000
49	Visite annuelle des pharmacies et magasins de drogueries, fabriques et dépôts d'eaux minérales	272.500
	A reporter	32.493.780

BUDGET ORDINAIRE, par chapitres, des dépenses de l'exercice 1890 (Suite).

CHAPITRES spéciaux	MINISTÈRES ET SERVICES	MONTANT des crédits accordés.
		fr.
	MINISTÈRE DE L'INTÉRIEUR (*Suite.*)	
	3e PARTIE. — Services généraux des Ministères (*Suite*).	
	1re *Section.* — *Service du Ministère de l'Intérieur* (Suite).	
	Report	32.493.780
50	Traitements des commissaires de police, indemnités de déplacement et autres.	1.880.013
51	Subvention à la ville de Paris pour la police municipale	7.693.825
52	Frais de police de l'agglomération lyonnaise	1.469.266
53	Secours aux étrangers réfugiés.	195.000
54	Frais de rapatriement.	50.000
55	Dépenses du service de l'émigration.	8.000
56	Personnel du service pénitentiaire (département de la Seine excepté)	4.924.664
57	Personnel des maisons d'arrêt, de justice et de correction de la Seine	669.785
58	Entretien des détenus.	10.000.000
59	Remboursements divers pour frais de séjour des détenus hors des établissements pénitentiaires.	40.075
60	Transport des détenus et des libérés.	410.600
61	Travaux ordinaires aux bâtiments pénitentiaires (Services à l'entreprise)	142.302
62	Mobilier du service pénitentiaire (Services à l'entreprise). . .	65.000
63	Travaux ordinaires aux bâtiments pénitentiaires et mobilier (Services en régie)	231.000
64	Exploitations agricoles.	220.000
65	Dépenses accessoires du service pénitentiaire	85.000
66	Subventions aux sociétés de patronage.	120.000
67	Acquisitions et constructions pour le service pénitentiaire . . .	80.000
68	Subventions aux départements pour la transformation des prisons (Loi du 5 juin 1875)	145.000
69	Dépenses des exercices périmés non frappées de déchéance.	Mémoire.
70	Dépenses des exercices clos	Idem.
	TOTAL de la 1re section.	60.873.310

BUDGET ORDINAIRE, par chapitres, des dépenses de l'exercice 1890 (Suite).

CHAPITRES spéciaux.	MINISTÈRES ET SERVICES	MONTANT DES CRÉDITS accordés.
	MINISTÈRE DE L'INTÉRIEUR (Suite).	fr.
	Report.......	60.873.310
	5e PARTIE. — Remboursements et Restitutions, non-valeurs et primes.	
	1re Section. — Service du Ministère de l'Intérieur.	
Unique.	Remboursements sur le produit du travail des détenus.....	3.900.000
	TOTAL pour le service du Ministère de l'Intérieur...	64.773.310
	3e PARTIE. — Services généraux des Ministères (Suite).	
	2e Section. — Service du Gouvernement général de l'Algérie.	
1	Personnel de l'administration centrale en Algérie........	538.250
2	Matériel de l'administration centrale en Algérie.........	45.000
3	Publications et impressions diverses.............	43.000
4	Subsides, secours et récompenses.............	125.950
5	Personnel de l'administration civile en Algérie.........	1.556.900
6	Matériel de l'administration civile en Algérie.........	515.500
7	Personnel des polices centrales et force publique en Algérie..	416.627
8	Matériel des polices centrales en Algérie............	19.100
9	Assistance publique en Algérie................	694.130
10	Personnel de l'administration militaire en Algérie.......	320.238
11	Matériel de l'administration militaire en Algérie.......	54.520
12	Dépenses de colonisation en Algérie............	2.815.000
13	Dépenses secrètes en Algérie................	80.000
14	Subvention aux établissements thermaux en Algérie......	3.000
15	Service sanitaire maritime en Algérie............	43.920
16	Visite des pharmacies en Algérie..............	11.500
17	Dépenses des exercices périmés non frappées de déchéance...	Mémoire.
18	Dépenses des exercices clos................	Idem.
	TOTAL pour le service du Gouvernement général de l'Algérie.	7.282.635
	RÉCAPITULATION	
3e PARTIE.	1re Section. — Service du Ministère de l'Intérieur.	60.873.310
	2e Section. — Service de l'Algérie........	7.282.635
5e PARTIE.	1re Section. — Service du Ministère de l'Intérieur.	3.900.000
	TOTAL général pour le Ministère de l'Intérieur......	72.055.945

BUDGET ORDINAIRE, par chapitres, des dépenses de l'exercice 1890 (Suite).

CHAPITRES spéciaux.	MINISTÈRES ET SERVICES	MONTANT DES CRÉDITS accordés.
		fr.
	MINISTÈRE DE LA GUERRE	
	3e PARTIE. — Services généraux des Ministères.	
1	Traitement du Ministre et personnel de l'administration centrale, et salaires des hommes de peine et ouvriers employés à l'administration centrale.	2.482 850
2	Officiers détachés à l'administration centrale	769.710
3	Matériel de l'administration centrale.	249.720
4	Frais généraux d'impressions.	420.000
5	Service géographique (Personnel).	395.540
6	Service géographique (Matériel).	471.380
7	État-major général. — Archives et bibliothèques	136.700
8	Télégraphie militaire (Matériel).	271.000
9	Service des chemins de fer (Matériel)	64.500
10	États-majors.	24.766.120
11	Écoles militaires (Personnel).	9.531.420
12	Personnel hors cadres ou non classé dans les corps de troupe.	12.310.790
13	Solde de l'infanterie	115.120.980
14	Solde des troupes d'administration	4.635.280
15	Solde de la cavalerie.	32.791.690
16	Solde de l'artillerie.	31.589.550
17	Solde du génie	4.172.680
18	Solde du train des équipages militaires.	4.938.340
19	Solde de la télégraphie militaire.	137.500
20	Gendarmerie départementale, légion d'Afrique et détachement de Tunisie.	34.821.240
21	Garde républicaine.	4.756.590
22	Vivres (Matériel d'exploitation).	50.348.070
23	Chauffage et éclairage.	796.720
24	Fourrages.	69.170.920
25	Service de santé (Personnel d'exploitation).	313.740
26	Service de santé (Matériel d'exploitation)	9.496.590
27	Service de marche.	11.491.000
28	Habillement et campement. (Personnel d'exploitation) . . .	1.480.020
	A reporter.	427.860.640

BUDGET ORDINAIRE, par chapitres, des dépenses de l'exercice 1890 (Suite).

CHAPITRES spéciaux.	MINISTÈRES ET SERVICES	MONTANT DES CRÉDITS accordés.
		fr.
	MINISTÈRE DE LA GUERRE (Suite).	
	3e PARTIE. — Services généraux des Ministères (Suite).	
	Report.	427.860.640
29	Habillement et campement (Matériel d'exploitation).	53.817.780
30	Lits militaires.	10.135.150
31	Transports spéciaux.	679.000
32	Recrutement.	608.740
33	Réserve et armée territoriale	392.060
34	Justice militaire (frais généraux) et prisons	664.760
35	Ateliers et pénitenciers militaires	173.100
36	Remonte générale.	14.217.660
37	Recensement des chevaux et mulets..	70.000
38	Harnachement.	1.753.190
39	Etablissements de l'artillerie (Personnel d'exploitation). . . .	691.000
40	Etablissements de l'artillerie (Matériel d'exploitation).	14.033.310
41	Poudres et salpêtres (Personnel d'exploitation)	932.190
42	Poudres et salpêtres (Matériel d'exploitation)	3.490.490
43	Établissements du génie (Personnel d'exploitation)	516.000
44	Établissements du génie (Matériel d'exploitation)	16.256.000
45	Écoles militaires (Matériel).	3.735.870
46	Invalides de la guerre (Personnel).	104.940
47	Invalides de la guerre (Matériel)	296.030
48	Solde de non-activité, solde et gratifications de réforme . . .	768.140
49	Secours..	4.037.500
50	Dépenses secrètes.	500.000
51	Construction de la nouvelle enceinte et des forts détachés de Lyon.	600.000
52	Dépenses des exercices périmés non frappées de déchéance.	Mémoire.
53	Dépensès des exercices clos.	Idem.
54	Rappels de dépenses payables sur revues antérieures à 1890 et non frappées de déchéance..	Idem.
	TOTAL pour le Ministère de la Guerre. . . .	556.833.550

BUDGET ORDINAIRE, par chapitres, des dépenses
de l'exercice 1890 (Suite).

CHAPITRES spéciaux.	MINISTÈRES ET SERVICES	MONTANT DES CRÉDITS accordés.
		fr.
	MINISTÈRE DE LA MARINE	
	3e PARTIE. — Services généraux des Ministères.	
	TITRE Ier. — DÉPENSES DE PERSONNEL, TRAITEMENTS ET SOLDES.	
1	Traitement du Ministre et personnel de l'administration centrale.	1.142.700
2	Officiers de marine et équipages	33.811.000
3	Troupes de la marine.	11.333.000
4	Gendarmerie maritime.	844.075
5	Inspection des services administratifs et financiers.	335.779
6	Personnel technique.	2.057.265
7	Personnel administratif	7.858.091
8	Personnel médical et hospitalier et personnel religieux des différents cultes.	2.327.604
	TITRE II. — DÉPENSES DE MAIN-D'ŒUVRE, SALAIRES.	
9	Constructions navales. — Salaires pour les constructions neuves, et pour le premier armement des bâtiments neufs ou transformés	9.451.000
10	Constructions navales. — Salaires pour l'entretien et l'approvisionnement de la flotte.	6.648.700
11	Artillerie. — Salaires pour le premier établissement et la reconstitution.	1.045.000
12	Artillerie. — Salaires pour l'entretien et le service courant.	1.157.400
13	Travaux hydrauliques et bâtiments civils. — Salaires	1.282.146
14	Vivres. — Salaires	878.000
15	Service général des ports, ateliers, chantiers et magasins. — Salaires	6.942.290
16	Dépenses diverses de main-d'œuvre	406.710
	TITRE III. — DÉPENSES DE MATÉRIEL.	
17	Matériel de l'administration centrale	242.400
18	Constructions navales. — Approvisionnements de la flotte. — Achats pour l'entretien et le service courant.	10.000.000
19	Constructions navales. — Achats de bâtiments neufs à l'industrie.	10.844.000
	À reporter.	108.607.160

BUDGET ORDINAIRE, *par chapitres, des dépenses de l'exercice 1890* (Suite).

CHAPITRES sépciaux	MINISTÈRES ET SERVICES	MONTANT DES CRÉDITS accordés
		fr.
	MINISTÈRE DE LA MARINE (*Suite*).	
	3ᵉ PARTIE. — Services généraux des ministères (*Suite*)	
	TITRE III. — DÉPENSES DE MATÉRIEL (*Suite*)	
	Report.	108.607.160
20	Constructions navales. Achats pour les travaux de construc-tions neuves et transformation de bâtiments de la flotte et pour le premier armement des bâtiments neufs ou transformés	17.600.000
21	Artillerie. Armes. Établissement et reconstitution	9.000.000
22	Artillerie. Armes. Entretien et service courant. Poudres et munitions	7 297.000
23	Torpilles	2.446.000
24	Travaux hydrauliques et bâtiments civils. Travaux neufs et grandes améliorations	3.124.000
25	Travaux hydrauliques et bâtiments civils. Entretien et ser-vice courant	1.440.000
26	Habillement (Achats directs et indemnités représentatives)..	5.200.000
27	Vivres (Achats directs et indemnités représentatives). . . .	19.350.000
28	Casernement.	1.125.000
29	Matériel de médecine, de science, d'art et de religion. . . .	1.500.000
30	Outillage et service général des ports, arsenaux, chantiers et magasins.	5.850.000
31	Chauffage et éclairage (Achats directs et indemnités repré-sentatives)..	832.000
32	Fournitures et mobilier d'administration (Achats directs et indemnités représentatives). Impressions. Livres et reliures.	1.037.000
	TITRE IV. — DÉPENSES COMMUNES	
33	Frais de passage et de transport par mer. Affrètements et frais accessoires	4.795.000
34	Frais de séjour et de tournées. Frais de route et de trans-port par terre et frais accessoires	4.742.000
35	Gratifications, secours et subventions	1.148.762
36	Subvention à la caisse des Invalides de la marine.	7.726.803
37	Dépenses secrètes	65.000
38	Dépenses diverses	262.500
39	Dépenses des exercices périmés non frappées de déchéance .	Mémoire.
40	Dépenses des exercices clos.	Idem.
41	Rappels de dépenses payables sur revues antérieures à 1890.	Idem.
	TOTAL du Ministère de la marine.	203.148.225

BUDGET ORDINAIRE, *par chapitres, des dépenses de l'exercice 1890* (Suite).

CHAPITRES spéciaux.	MINISTÈRES ET SERVICES.	MONTANT DES CRÉDITS accordés.
		fr.
	MINISTÈRE DE L'INSTRUCTION PUBLIQUE ET DES BEAUX-ARTS.	
	3e PARTIE. — Services généraux des Ministères.	
	1re Section. — Service de l'Instruction publique.	
1	Traitement du Ministre et personnel de l'administration centrale	1.020.000
2	Matériel de l'administration centrale	245.000
3	Conseil supérieur et inspecteurs généraux de l'instruction publique	275.000
4	Services généraux de l'instruction publique	351.000
5	Administration académique	1.783.500
6	Facultés. — Personnel	6.354.559
7	Facultés. — Matériel	3.283.420
8	Facultés. — Dépenses communes à toutes les Facultés	1.474.317
9	Facultés dont les dépenses donnent lieu à compte avec les villes	328.783
10	Dépenses des Facultés et écoles d'enseignement supérieur imputables sur le produit des fonds de concours	Mémoire
11	École des hautes études	316.000
12	École normale supérieure	513.600
13	Collège de France	499.000
14	Enseignement des langues orientales vivantes	154.000
15	École des Chartes	70.000
16	École française d'Athènes	78.000
17	École française de Rome	72.000
18	Muséum d'histoire naturelle (Personnel)	388.600
19	Muséum d'histoire naturelle (Matériel)	528.900
	A reporter.	17.735.679

BUDGET ORDINAIRE, *par chapitres, des dépenses de l'exercice 1890* (Suite).

CHAPITRES spéciaux.	MINISTÈRES ET SERVICES.	MONTANT DES CRÉDITS accordés.
		fr.
	MINISTÈRE DE L'INSTRUCTION PUBLIQUE ET DES BEAUX-ARTS (*Suite*).	
	3e PARTIE. — Services généraux des Ministères (*Suite*).	
	1re Section. — *Service de l'Instruction publique* (Suite).	
	Report.	17.735.679
20	Observatoire de Paris.	228.000
21	Bureau central météorologique.	182.000
22	Observatoire d'astronomie physique de Meudon.	71.000
23	Observatoires des départements.	171.700
24	Bureau des longitudes.	145.000
25	Institut national de France	697.000
26	Académie de médecine	75.500
27	Bibliothèque nationale. (Personnel.).	436.000
28	Bibliothèque nationale. (Matériel.)	272.000
29	Bibliothèque nationale. — Catalogues	80.000
30	Bibliothèques publiques de Paris	217.600
31	Bibliothèques publiques des départements.	15.200
32	Service général des bibliothèques.	39.000
33	Catalogues des manuscrits	30.000
34	Archives nationales	200.000
35	Sociétés savantes	98.000
36	Journal des savants.	22.000
37	Souscriptions scientifiques et littéraires. — Bibliothèques populaires. — Échanges internationaux. . . .	229.000
38	Encouragements aux savants et gens de lettres	180.000
39	Voyages et missions scientifiques. — Musée Guimet et Musée ethnographique.	212.250
40	Mission archéologique française au Caire.	71.860
41	Recueil et publication de documents inédits de l'histoire de France.	145.000
42	Frais généraux de l'instruction secondaire	240.000
43	Lycées nationaux de garçons	8.329.000
44	Lycées nationaux de garçons. (Remises de frais de pensions et d'externat.)	1.100.000
45	Collèges communaux de garçons	3.045.750
46	Enseignement secondaire des jeunes filles.	1.578.000
47	Bourses nationales et dégrèvements	3.152.000
48	Enseignement primaire. — Inspecteurs. — Écoles maternelles. — Inspectrices générales.	2.102.000
49	Écoles normales primaires. — Écoles normales supérieures d'enseignement primaire. — Dépenses d'installation et de matériel des écoles normales primaires.	1.797.200
	A reporter	42.897.739

BUDGET ORDINAIRE, par chapitres, des dépenses de l'exercice 1890 (Suite).

CHAPITRES spéciaux.	MINISTÈRES ET SERVICES.	MONTANT DES CRÉDITS accordés.
	MINISTÈRE DE L'INSTRUCTION PUBLIQUE ET DES BEAUX-ARTS *(Suite)*.	
	3ᵉ PARTIE. — Services généraux des Ministères *(Suite)*.	
	1ʳᵉ Section. — Service de l'Instruction publique (Suite).	
	Report............	42.897.739
50	Ecoles nationales et écoles communales d'enseignement primaire, supérieur et professionnel — Personnel et bourses. .	2.830.000
51	Enseignement primaire.—Traitements. — Caisses des Ecoles.— Loyers d'écoles — Subventions aux écoles maternelles et aux classes enfantines, notamment pour n'imposer aucune charge nouvelle aux communes dans lesquelles ces écoles avaient été régulièrement créées avant la promulgation de la loi du 30 octobre 1886........	61.558.000
52	Subvention annuelle pour améliorer le traitement des instituteurs, institutrices, adjoints et adjointes laïques.	2.750.000
53	Subventions aux communes pour alléger les charges de la gratuité de l'instruction primaire...........	14.000.000
54	Enseignement primaire. — Algérie.	1.735.000
55	Enseignement primaire en Algérie. — Instruction primaire des indigènes.	219.000
56	Enseignement primaire. — Cours d'adultes. — Matériel. — Encouragements. — Bibliothèques scolaires.	818.800
57	Enseignement primaire. — Secours et allocations.	2.011.200
58	Instruction publique musulmane	49.000
59	Remboursement par annuités à la Caisse des lycées, collèges et écoles primaires.	6.531.000
60	Subventions aux départements, villes ou communes, destinées à faire face au payement de parties des annuités dues par eux et nécessaires au remboursement des emprunts qu'ils ont contractés pour la construction de leurs établissements publics d'enseignement supérieur, d'enseignement secondaire et d'enseignement primaire.	4.564.299
61	Dépenses des exercices périmés non frappées de déchéance. .	Mémoire.
62	Dépenses des exercices clos	Idem.
	TOTAL pour la 1ʳᵉ section	139.984.038

BUDGET ORDINAIRE, par chapitres, des dépenses
de l'exercice 1890 (Suite).

CHAPITRES spéciaux.	MINISTÈRES ET SERVICES.	MONTANT DES CRÉDITS accordés.
		fr.
	MINISTÈRE DE L'INSTRUCTION PUBLIQUE ET DES BEAUX-ARTS (*Suite*).	
	3e PARTIE. — Services généraux des Ministères	
	2e Section. — Service des Beaux-Arts.	
1	Personnel de l'administration des Beaux-Arts.	374.500
2	Personnel des inspections et des services extérieurs des Beaux-Arts.	84.700
3	Personnel de l'inspection de l'enseignement du dessin	42.000
4	Frais divers des inspections et frais de missions.	31.500
5	Matériel de l'administration des Beaux-Arts	55.100
6	Académie de France à Rome	152.200
7	Ecole nationale et spéciale des Beaux-Arts à Paris	353.210
8	Ecole nationale des arts décoratifs à Paris	106.000
9	Ecole nationale de dessin pour les jeunes filles à Paris.	40.200
10	Ecole spéciale d'architecture à Paris et écoles des Beaux-Arts dans les départements.	63.000
11	Ecoles spéciales des Beaux-Arts et de dessin dans les départements	333.450
12	Conservatoire national de musique et de déclamation	258.700
13	Succursales du Conservatoire et écoles de musique dans les départements.	220.500
14	Théâtres nationaux	1.476.000
15	Concerts populaires et Sociétés musicales dans les départements	55.000
16	Palais du Trocadéro	13.000
17	Indemnités et secours (théâtres)	100.000
18	Travaux d'art, décoration d'édifices publics à Paris et dans les départements.	1.000.000
19	Indemnités et secours (Beaux-Arts)	120.000
20	Manufacture nationale de Sèvres.	624.450
21	Manufacture nationale des Gobelins	231.520
22	Manufacture nationale de Beauvais.	116.350
23	Manufacture nationale de mosaïque	25.000
24	Musées nationaux.	937.375
25	Musées départementaux et municipaux	15.000
26	Souscriptions aux ouvrages d'art et publications. — Achat de livres pour les bibliothèques d'arts industriels.	80.000
	A reporter.	6.913.755

BUDGET ORDINAIRE, par chapitres, des dépenses de l'exercice 1890 (Suite).

CHAPITRES spéciaux.	MINISTÈRES ET SERVICES.	MONTANT DES CRÉDITS accordés.
		fr.
	MINISTÈRE DE L'INSTRUCTION PUBLIQUE ET DES BEAUX-ARTS (*Suite*).	
	3ᵉ PARTIE. — Services généraux des Ministères	
	2ᵉ Section. — *Service des Beaux-Arts* (Suite).	
	Report	6.913.755
27	Expositions à Paris et dans les départements	14.500
28	Monuments historiques et mégalithiques	1.300.000
29	Personnel des bâtiments civils	141.330
30	Entretien des bâtiments civils	700.000
31	Réfections et grosses réparations de bâtiments civils.	453.830
32	Personnel des palais nationaux............	140.000
33	Entretien des palais nationaux.............	610.000
34	Grosses réparations des palais nationaux	173.000
35	Service des eaux de Versailles et de Marly	325.000
36	Régies des Palais nationaux (Personnel)	293.010
37	Régies des Palais nationaux (Matériel)	220.580
38	Service du mobilier national.	251.900
39	Travaux ordinaires en Algérie.	180.000
40	Maison de santé de Charenton.	60.000
41	Dépôt d'étalons à Saint-Lô.	100.000
42	Réparations et entretien des bassins et eaux du parc de Versailles	100.000
43	Construction des bâtiments de l'Ecole nationale des arts industriels de Roubaix.	87.000
44	Dépenses des exercices périmés non frappées de déchéance. .	*Mémoire*
45	Dépenses des exercices clos	*Idem.*
	TOTAL pour la 2ᵉ Section.	12.063.905
	RÉCAPITULATION	
	1ʳᵉ SECTION. — Service de l'Instruction publique	139.984.038
	2ᵉ SECTION. — Service des Beaux-Arts	12.063.905
	TOTAL GÉNÉRAL du Ministère de l'Instruction publique et des Beaux-Arts.	152.047.943

BUDGET ORDINAIRE, *par chapitres, des dépenses de l'exercice 1890* (Suite).

CHAPITRES spéciaux.	MINISTÈRES ET SERVICES.	MONTANT DES CRÉDITS accordés.
		fr.
	MINISTÈRE DU COMMERCE, DE L'INDUSTRIE ET DES COLONIES	
	3ᵉ PARTIE. — Services généraux des Ministères.	
	1ʳᵉ *Section. — Service du Commerce et de l'Industrie.*	
1	Traitement du Ministre et personnel de l'administration centrale.	566.000
2	Matériel et dépenses diverses de l'administration centrale. . .	74.500
3	Achat de livres; abonnements aux revues et journaux.	24.000
4	Impressions.	247.300
5	Conservatoire national des arts et métiers.	444.150
6	Personnel des écoles nationales d'arts et métiers et inspection.	577.429
7	Matériel et dépenses diverses des écoles nationales des arts et métiers.	726.671
8	École nationale d'horlogerie de Cluses.	43.220
9	École d'apprentissage de Dellys.	100.000
10	Bourses à l'école centrale des arts et manufactures	60.000
11	Bourses aux élèves des écoles d'arts et métiers pour les préparer aux examens de l'école centrale des arts et manufactures.	20.000
12	Enseignement commercial et industriel	458.000
13	Inspection du travail des enfants dans les manufactures . . .	176.000
14	Frais de surveillance de sociétés	29.000
15	Comité consultatif des arts et manufactures	35.000
16	Encouragements aux manufactures et au commerce. — Récompenses honorifiques aux vieux ouvriers.	23.000
17	Propriété industrielle. — Rédaction des brevets d'invention et publication du bulletin officiel de la propriété industrielle	30.000
18	Part contributive de la France dans l'entretien du bureau international, institué à Berne, pour la protection de la propriété industrielle.	4.390
19	Commerce extérieur, expertises, valeurs de douanes.	81.000
20	Statistique générale.	5.000
21	Encouragements aux pêches maritimes.	4.500.000
22	Subvention à la marine marchande.	11.000.000
23	Personnel des poids et mesures.	1.065.000
24	Matériel et dépenses diverses des poids et mesures.	95.682
25	Dépenses de la Commission internationale du mètre et du bureau national des poids et mesures. — Part contributive de la France dans l'entretien du bureau international des poids et mesures.	16.341
26	Vérification des alcoomètres.	25.000
27	Secours aux colons de Saint-Domingue, réfugiés de Saint-Pierre et Miquelon et du Canada.	47.500
28	Service des poids et mesures en Algérie.	68.300
29	Dépenses des exercices périmés non frappées de déchéance. .	Mémoire.
30	Dépenses des exercices clos.	Idem.
	TOTAL pour le service du Commerce et de l'Industrie. .	20.339.483

*BUDGET ORDINAIRE, par chapitres, des dépenses
de l'exercice 1890 (Suite).*

CHAPITRES spéciaux.	MINISTÈRES ET SERVICES	MONTANT DES CRÉDITS accordés.
		fr.
	MINISTÈRE DU COMMERCE, DE L'INDUSTRIE ET DES COLONIES (*Suite*).	
	3e PARTIE. — Services généraux des Ministères.	
	2e Section. — Service des postes et des télégraphes.	
1	Traitement du Directeur général et personnel de l'administration centrale.	1.626.000
2	Matériel de l'administration centrale.	280.000
3	Dépenses des exercices périmés non frappées de déchéance .	Mémoire.
4	Dépenses des exercices clos.	Idem.
	Total de la 3e partie.	1.906.000
	4e PARTIE. — Frais de régie, de perception et d'exploitation des impôts et revenus publics.	
	2e Section. — Service des postes et des télégraphes.	
5	Traitement du personnel et indemnités à titre de traitements (agents).	35.178.610
6	Traitement du personnel et indemnités à titre de traitements (sous-agents).	33.441.659
7	Indemnités diverses et secours.	8.217.230
8	Chaussure et habillement.	3.394.180
9	Matériel des bureaux	7.426.876
10	Impressions et publications	2.166.215
11	Transport des dépêches postales.	9.980.925
12	Appareils et matériel technique d'exploitation	1.170.550
13	Construction et entretien des lignes télégraphiques.	3.395.900
14	Dépenses diverses	1.519.420
15	Subvention au service maritime entre la France et la Corse.	355.000
16	Subvention au service maritime des lignes de la Méditerranée, du Brésil et de la Plata.	1.929.834
17	Subvention au service maritime entre Calais et Douvres. . .	100.000
18	Subvention au service maritime de New-York aux Antilles et primes de vitesse.	10.958.000
19	Subvention au service maritime de l'Indo-Chine.	6.670.144
20	Subvention au service maritime de la France en Algérie, Tunisie et Barbarie.	880.000
	A reporter	126.784.543

BUDGET ORDINAIRE, par chapitres, des dépenses de l'exercice 1890 (Suite).

CHAPITRES spéciaux.	MINISTÈRES ET SERVICES.	MONTANT des crédits accordés.
		fr.
	MINISTÈRE DU COMMERCE, DE L'INDUSTRIE ET DES COLONIES (Suite).	
	4° PARTIE. — Frais de régie, de perception et d'exploitation des impôts et revenus publics. (Suite).	
	Report..........	126.784.543
21	Subvention au service maritime de l'Australie et la Nouvelle-Calédonie..	3.079.104
22	Subvention au service maritime de la côte orientale d'Afrique.	1.042.560
22 bis.	Subvention pour les services de la côte occidentale d'Afrique.	500.850
23	Subvention au service maritime de la Compagnie concessionnaire du câble reliant Saint-Louis aux possessions de Rio-Nunez.	300.000
24	Personnel de l'Algérie	2.556.291
25	Matériel de l'Algérie	1.471.626
26	Dépenses diverses de l'Algérie	47 650
	TOTAL de la 3e partie.	135.782.624
	5° PARTIE. — Remboursements et Restitutions, non-valeurs et primes.	
	1° Section. — Service des postes et des télégraphes.	
27	Remboursements sur produits des postes et des télégraphes.	5.273.800
28	Répartition de produits d'amendes.	3.000
	TOTAL de la 5e partie.	5.276.800
	RÉCAPITULATION DE LA 2° SECTION	
	2° Section. — Service des postes et des télégraphes.	
	3e PARTIE. — Service général	1.906.000
	4e PARTIE. — Frais de régie, de perception et d'exploitation des impôts et revenus publics.	135.782.624
	5e PARTIE. — Remboursements et restitutions, non-valeurs et primes.	5.276.800
	TOTAL de la 2e section (Service des postes et des télégraphes).	142.965.424

BUDGET ORDINAIRE, par chapitres, des dépenses de l'exercice 1890 (Suite).

CHAPITRES spéciaux.	MINISTÈRES ET SERVICES.	MONTANT DES CRÉDITS accordés.
		fr.
	MINISTÈRE DU COMMERCE, DE L'INDUSTRIE ET DES COLONIES (*Suite*).	
	3e PARTIE. — Services généraux des Ministères (*Suite*).	
	3e Section. — Service des Colonies.	
1	Personnel de l'administration centrale (service des colonies).	397.700
2	Matériel de l'administration centrale (service des colonies). .	47.400
3	Personnel des services civils aux colonies.	1.132.981
4	Personnel de la justice aux colonies. . . . . : . .	1.364.069
5	Personnel des cultes aux colonies	585.372
6	Personnel des services militaires aux colonies.	6.685.445
7	Agents des vivres et du matériel.	746.850
8	Frais de voyages par terre et par mer et dépenses accessoires.	1.456.129
9	Missions et études coloniales	50.000
10	Vivres.	6.334.801
11	Hôpitaux (Personnel)	1.418.199
12	Hôpitaux (Matériel)	1.141.808
13	Matériel (Services civils)	171.695
14	Matériel (Services militaires)	1.874.507
15	Dépenses diverses et d'intérêt général.	527.793
16	Subvention au service local des colonies.	1.565.050
17	Subvention au budget annexe du chemin de fer et du port de la Réunion.	2.700.000
18	Chemin de fer de Dakar à Saint-Louis	1.250.490
19	Routes et chemins de fer dans le Haut-Sénégal.	250.000
20	Câble télégraphique sous-marin du Tonkin	450.000
21	Transportation (Personnel)	5.370.000
22	Transportation (Matériel)	1.460.000
23	Relégation (Personnel)	1.628.827
24	Relégation (Matériel)	1.590.000
25	Exposition permanente des colonies	39.600
26	Part provisoirement à la charge de la métropole dans les dépenses de l'Annam et du Tonkin.	12.000.000
27	Dépenses des exercices périmés non frappées de déchéance. .	Mémoire.
28	Dépenses des exercices clos.	Idem.
29	Rappels de dépenses payables sur revues antérieures à 1890.	Idem.
	TOTAL du service des Colonies.	52.238.716
	RÉCAPITULATION	
	1re SECTION. — Service du Ministère du Commerce et de l'Industrie	20.539.483
	2e SECTION. — Service des postes et des télégraphes.	142.965.424
	3e SECTION. — Service des colonies.	52.238.716
	TOTAL GÉNÉRAL pour le Ministère du Commerce, de l'Industrie et des Colonies.	215.743.623

BUDGET ORDINAIRE, par chapitres, des dépenses de l'exercice 1890 (Suite).

CHAPITRES spéciaux.	MINISTÈRES ET SERVICES.	MONTANT DES CRÉDITS accordés.
	MINISTERE DE L'AGRICULTURE.	fr.
	3e PARTIE. — Services généraux des Ministères.	
1	Traitement du Ministre et personnel de l'administration centrale.	695.000
2	Matériel et dépenses diverses de l'administration centrale.	95.000
3	Impressions, souscriptions aux publications, abonnements, autographies, entretien des machines, etc.	173.500
4	Mérite agricole	7.000
5	Personnel des écoles vétérinaires.	432.800
6	Matériel des écoles vétérinaires	565.500
7	Service des épizooties.	157.800
8	Indemnités pour abatage d'animaux	300.000
9	Personnel de l'enseignement agricole	749.120
10	Matériel de l'enseignement agricole.	902.580
11	Subventions à diverses institutions agricoles.	1.384.400
12	Inspection de l'agriculture.	110.000
13	Encouragements à l'agriculture et au drainage.	1.847.400
14	Phylloxera, doryphora, mildew et autres parasites, vérification des beurres, engrais, etc.	1.550.000
15	Primes pour la destruction des loups	55.000
16	Traitements des inspecteurs généraux, des directeurs, sous-directeurs, surveillants, vétérinaires, professeurs de l'Ecole des haras et des régisseurs	310.000
17	Gages des piqueurs, entraîneurs, adjudants, brigadiers-chefs, brigadiers, palefreniers et gagistes	998.400
18	Secours et gratifications de monte. — Médicaments aux hommes.	67.830
19	Frais de tournées des inspecteurs généraux, des directeurs, sous-directeurs, surveillants et vétérinaires de dépôts d'étalons	125.000
20	Habillement des gagistes.	110.000
21	Nourriture de 2.678 chevaux et juments et de leurs produits.	1.785.000
22	Ferrure, soins et médicaments pour les chevaux, entretien et renouvellement des objets de sellerie et des ustensiles d'écurie, achat de breaks pour exercer les chevaux. — Eclairage des écuries.	140.000
23	Frais de conduite, frais de monte, salaires	240.000
24	Frais de bureau, bâtiments, constructions; frais d'entretien et de réparation; locations; indemnités de logement; frais de culture; dépenses diverses des établissements. — Service général. — Impressions.	145.000
25	Consommation en nature, denrées et foins provenant des domaines, fumiers	35.000
26	Remonte des haras.	1.410.450
27	Encouragements à l'industrie chevaline.	2.090.500
28	Personnel de l'hydraulique agricole.	277.600
29	Études et subventions pour travaux d'irrigation, de desséchement, de curage et d'amélioration agricole	765.500
30	Travaux de routes agricoles et salicoles.	5.000
31	Assainissement des marais communaux.	5.000
32	Prêts pour irrigations et desséchements.	1.000
33	Garantie d'intérêts aux compagnies concessionnaires de travaux d'hydraulique agricole.	645.250
	A reporter.	18.181.630

BUDGET ORDINAIRE, par chapitres, des dépenses de l'exercice 1890 (Suite).

CHAPITRES spéciaux.	MINISTÈRES ET SERVICES.	MONTANT DES CRÉDITS accordés.
	MINISTÈRE DE L'AGRICULTURE (Suite).	fr.
	Report.........	18.181.630
34	Études et travaux relatifs à l'aménagement des eaux. ...	1.760.000
35	Surveillance de sociétés et établissements divers	16.200
36	Encouragements à l'agriculture en Algérie..........	130.000
37	Encouragements à l'industrie chevaline en Algérie	50.000
38	Travaux hydrauliques en Algérie...............	600.000
39	Dépenses des exercices périmés non frappées de déchéance.	Mémoire.
40	Dépenses des exercices clos	Idem.
	TOTAL de la 3e partie...........	20.737.830
	4° PARTIE. — Frais de régie, de perception et d'exploitation des impôts et revenus publics.	
41	Personnel des agents des forêts dans les départements. ...	2.520.000
42	Personnel des préposés dans les départements et enfants de troupe forestiers	2.593.380
43	Indemnités et secours au personnel.............	681.640
44	Personnel de l'enseignement forestier...........	142.000
45	Matériel de l'enseignement forestier............	33.680
46	Amélioration des forêts domaniales............	1.060.000
47	Entretien des forêts domaniales..............	584.550
48	Restauration et conservation des terrains en montagne. ...	3.192.800
49	Fixation des dunes...................	270.000
50	Matériel. — Dépenses diverses du service et des enfants de troupe des forêts	143.880
51	Entretien des chasses non affermées............	50.000
52	Impositions sur les forêts domaniales...........	1.810.000
53	Avances recouvrables.................	478.000
54	Personnel des agents des forêts en Algérie.........	263.000
55	Personnel des préposés en Algérie............	515.000
56	Personnel des préposés indigènes et chaouchs en Algérie. ..	97.000
57	Indemnités au personnel des forêts en Algérie........	503.000
58	Travaux en Algérie...................	460.000
59	Dépenses diverses du service des forêts en Algérie.	127.000
	TOTAL de la 4° partie.........	15.524.930
	5e PARTIE. — Remboursements et restitutions, non-valeurs et primes.	
60	Remboursements sur produits divers des forêts, etc.	40.000
	TOTAL de la 5e partie........	40.000
	RÉCAPITULATION	
	3° PARTIE. — Service général.............	20.737.830
	4° PARTIE. — Frais de régie, de perception, etc........	15.524.930
	5° PARTIE. — Remboursements et restitutions, etc......	40.000
	TOTAL GÉNÉRAL pour le Ministère de l'Agriculture. ..	36.302.760

BUDGET ORDINAIRE, *par chapitres, des dépenses de l'exercice 1890* (Suite).

CHAPITRES spéciaux.	MINISTÈRES ET SERVICES.	MONTANT DES CRÉDITS accordés.
		fr.
	MINISTÈRE DES TRAVAUX PUBLICS.	
	3ᵉ PARTIE. — Services généraux des Ministères.	
	1ʳᵉ Section. — *Service ordinaire.*	
1	Traitement du Ministre et personnel de l'administration centrale.	1.233.000
2	Matériel et dépenses diverses de l'administration centrale. . .	240.000
3	Personnel du corps des ponts et chaussées. — Enseignement et école des ponts et chaussées	4.584.000
4	Personnel des sous-ingénieurs des ponts et chaussées.	136.400
5	Personnel des conducteurs des ponts et chaussées	7.270.000
6	Personnel du corps des mines. — Enseignement et écoles. . .	1.040.000
7	Personnel des gardes-mines	458.500
8	Personnel des officiers et maîtres de port du service maritime.	316.500
9	Personnel des commis des ponts et chaussées.	2.970.000
10	Personnel des gardes de navigation, éclusiers, pontiers et autres agents attachés au service de la navigation intérieure et au service des ports maritimes de commerce.	2.055.000
11	Personnel des maîtres et gardiens des phares et fanaux.. . .	503.400
12	Personnel des agents préposés à la surveillance de la pêche fluviale.	354.200
13	Personnel des commissaires généraux et inspecteurs de l'exploitation commerciale des chemins de fer.	223.500
14	Personnel des commissaires de surveillance administrative des chemins de fer	875.000
15	Frais généraux du service de contrôle et de surveillance des chemins de fer concédés	400.000
16	Personnel des inspecteurs des tramways des départements de la Seine et de Seine-et-Oise	15.000
17	Secours.	250.000
18	Routes et ponts. — Travaux ordinaires (Entretien).	25.850.000
19	Routes et ponts. — Grosses réparations et restaurations. . .	4.696.000
	A reporter.	53.270.500

BUDGET ORDINAIRE, par chapitres, des dépenses
de l'exercice 1890 (Suite).

CHAPITRES spéciaux.	MINISTÈRES ET SERVICES	MONTANT DES CRÉDITS accordés.
		fr.
	MINISTÈRE DES TRAVAUX PUBLICS (*Suite*).	
	3e PARTIE. — Services généraux des Ministères (*Suite*)	
	1re *Section.* — *Service ordinaire* (Suite).	
	Report	53.270.500
20	Routes forestières de la Corse (Entretien.).	150.000
21	Entretien des chaussées de Paris.	3.500.000
22	Rachat de concessions de ponts à péage dépendant des routes nationales.	60.000
23	Navigation intérieure. (Rivières.) — Travaux ordinaires (Entretien et grosses réparations).	5.239.000
24	Navigation intérieure. (Canaux.) — Travaux ordinaires (Entretien et grosses réparations).	5.575.000
25	Ports maritimes. — Travaux ordinaires (Entretien et grosses réparations).	5.825.000
26	Phares, fanaux et balises. (Entretien et grosses réparations).	1.800.000
27	Matériel des mines.	53.000
28	Annuités aux compagnies concessionnaires de chemins de fer (Conventions autres que celles approuvées par les lois du 20 novembre 1883).	11.791.760
29	Annuités aux compagnies concessionnaires de chemins de fer (Conventions nouvelles approuvées par les lois du 20 novembre 1883).	17.500.000
30	Annuité à la compagnie d'Orléans, pour les lignes échangées entre elle et l'État (Art. 5 de la convention approuvée par la loi du 20 novembre 1883)	1.900.000
31	Personnel des travaux publics en Algérie.	1.331.315
32	Travaux ordinaires en Algérie. — Routes nationales et ponts. — Grande voirie, subventions aux routes départementales et chemins non classés.	4.551.367
33	Travaux ordinaires en Algérie (Ports maritimes, phares, fanaux et balises).	471.442
34	Travaux ordinaires en Algérie (Études et dépenses relatives aux ponts et chaussées et au contrôle des chemins de fer).	70.000
35	Travaux ordinaires en Algérie (Mines et forages; matériel et travaux)	80.000
36	Dépenses des exercices périmés non frappées de déchéance .	Mémoire.
37	Dépenses des exercices clos.	Idem.
	TOTAL de la 1re Section.	113.468.884

BUDGET ORDINAIRE, par chapitres, des dépenses de l'exercice 1890 (Suite).

CHAPITRES spéciaux.	MINISTÈRES ET SERVICES.	MONTANT DES CRÉDITS accordés.
		fr.
	MINISTÈRE DES TRAVAUX PUBLICS (*Suite*).	
	3e PARTIE. — Services généraux des Ministères.	
	2e Section. — Travaux extraordinaires.	
38	Lacunes des routes nationales, des routes départementales dès départements annexés et des routes thermales . . .	1.053.500
39	Routes forestières de la Corse (Construction)	137.968
40	Rectification des routes nationales et des routes départementales des départements annexés. . . . . : : . . .	700.000
41	Remboursement des avances affectées aux travaux de rectification des routes nationales.	101.167
42	Garanties d'intérêts aux concessionnaires de tramways. . . .	525.461
43	Construction de ponts	880.000
44	Amélioration des rivières	5.200.000
45	Etablissement et amélioration de canaux de navigation. . . .	10.115.000
46	Amélioration et achèvement des ports maritimes.	11.313.600
47	Remboursement des avances affectées aux travaux d'amélioration des rivières, canaux et ports. : . .	7.883.626
48	Phares, éclairage électrique et installation de signaux divers. .	150.000
49	Travaux de défense contre les inondations.	595.000
50	Nivellement général de la France (Opérations et représentation graphique).	50.000
51	Exécution de la carte géologique détaillée de la France. . .	80.000
52	Etudes et travaux de chemins de fer exécutés par l'État . . .	13.000.000
53	Rachat de lignes de chemins de fer	1.000
54	Travaux complémentaires du réseau de l'État.	2.000.000
55	Subventions pour chemins de fer d'intérêt local.	100.000
56	Garanties d'intérêts aux concessionnaires de chemins de fer d'intérêt local. . . . . . : . .	1.500.000
57	Insuffisance éventuelle des produits de l'exploitation des chemins de fer rachetés par l'État depuis la loi du 18 mai 1878, des chemins de fer concédés placés sous le séquestre administratif et des lignes revenues à l'Etat par suite de déchéances définitives	20.000
58	Insuffisance éventuelle des produits de l'exploitation des chemins de fer non concédés construits par l'Etat	100.000
59	Amélioration des ports en Algérie.	1.082.823
60	Remboursement des avances affectés aux travaux d'amélioration des ports maritimes en Algérie.	1.053.789
	TOTAL de la 2e section. . . . . . : .	57.592.934

RÉCAPITULATION

1re SECTION. — Service ordinaire		113.168.384
2e SECTION. — Travaux extraordinaires.		57.592.934
TOTAL GÉNÉRAL pour le Ministère des Travaux publics.		170.761.318

RÉCAPITULATION

Du Budget ordinaire des Dépenses de l'exercice 1890.

MINISTÈRES ET SERVICES.		MONTANT DES CRÉDITS accordés.
		fr.
1re Partie. — Dette publique. — Ministère des Finances............		1.316.782.408
2e Partie. — Pouvoirs publics. — Ministère des Finances............		13.044.046
3e Partie. — Services généraux des Ministères.		
Ministère de la Justice et des Cultes.	1re section. — Service de la Justice........	37.468.450
	2e section. — Service des Cultes..........	45.085.503
Ministère des Affaires étrangères.	1re section. — Service ordinaire..........	13.591.900
	2e section. — Service des protectorats.......	576.600
Ministère de l'Intérieur	1re section. — Service de l'Intérieur.........	60.873.310
	2e section. — Service du Gouvernement général de l'Algérie........	7.282.635
Ministère des Finances..................		20.985.370
Ministère de la Guerre.................		556.333.550
Ministère de la Marine.................		203.148.225
Ministère de l'Instruction publique et des Beaux-Arts..	1re section. — Service de l'Instruction publique..	139.984.038
	2e section. — Service des Beaux-Arts.........	12.063.905
Ministère du Commerce, de l'Industrie et des Colonies...	1re section. — Service du Commerce et de l'Industrie............	20.539.483
	2e section. — Service des Postes et des Télégraphes	1.906.000
	3e section. — Service des Colonies........	52.238.716
Ministère de l'Agriculture...............		20.737.830
Ministère des Travaux publics.....	1re section. — Service ordinaire..........	113.168.384
	2e section. — Travaux extraordinaires......	57.592.934
Total 3e Partie		1.363.576.833
4e Partie. Frais de régie, de perception et d'exploitation des impôts et revenus publics......	Ministère des Finances..........	178.525.531
	Ministère des Affaires étrangères...	60.000
	Ministère du Commerce, de l'Industrie et des Colonies. — 2e section. — Service des Postes et des Télégraphes.	135.782.624
	Ministère de l'Agriculture. (Forêts)..	15.524.930
	Total 4e Partie	329.893.085
5e Partie. Remboursements et restitutions, non-valeurs et primes.	Ministère des Finances.	13.449.700
	Ministère de l'Intérieur.........	3.900.000
	Ministère du Commerce, de l'Industrie et des Colonies. — 2e Section. — Service des Postes et des Télégraphes.	5.276.800
	Ministère de l'Agriculture. (Forêts)..	40.000
	Total 5e Partie	22.666.500
TOTAL GÉNÉRAL des dépenses ordinaires de l'exercice 1890....		3.045.962.874

TABLEAU

Des **Contributions directes** *à imposer en principal et centimes additionnels pour l'exercice 1890.*

TABLEAU des contributions directes à imposer en

NATURE ET OBJET DES IMPOSITIONS			FONCIÈRE propriétés non bâties	FONCIÈRE propriétés bâties
			Centimes additionnels	Centimes additionnels.

Budget

	fr.	fr.
Principal des contributions.	» 118.555.927	» 62.683.393
A retrancher pour cotisations en principal des propriétés non bâties ayant cessé d'être imposables, déduction faite des cotisations afférentes aux propriétés non bâties devenues passibles de l'impôt (*Art. 11, 12 et 13 de la loi du 1er mai 1822*).	» 7.927	» »
A ajouter pour cotisations en principal des propriétés nouvellement bâties, imposables à partir du 1er janvier 1890, déduction faite des dégrèvements afférents aux propriétés détruites ou démolies (*Art. 2 des lois des 17 août 1835 et 4 août 1844, et art. 1er de la loi du 29 décembre 1884*).	» »	» 766.607
Total du principal	» 118.548.000	» 63.450.000
A retrancher pour attribution aux communes sur la contribution des patentes.	» »	» »
Reste.	» 118.548.000	» 63.450.000
Centimes additionnels généraux sans affectation spéciale (calculés sur le total du principal). .	» »	» »
Centimes additionnels généraux extraordinaires avec maintien des exceptions déterminées par l'art. 1er de la loi du 24 juillet 1873.	» »	» »
Totaux.	» 118.548.000	» 63.450.000

3/5es de la taxe de premier avertissement pour les rôles confectionnés aux frais de l'État (*Art. 51 de la loi du 15 mai 1818*)

Total du budget ordinaire. . . . .

Budget des Dépenses

Fonds pour dépenses départementales.	Budget départemental ordinaire.	Centimes additionnels portant sur les quatre contributions directes.	Centimes additionnels portant sur les contributions foncière et personnelle-mobilière, votés annuellement par les Conseils généraux (*Loi du 10 août 1871, art. 58*); maximum : 25 centimes	» 30.068.500	» 15.862.500
			pour dépenses ordinaires des départements; maximum : 1 centime.	» 1.202.740	» 634.500
			pour dépenses du service vicinal, max., 7 c.	» 8.419.180	» 4.441.500
			pour dépenses de l'instruction primaire (*Art. 4 de la loi du 16 juin 1881*): 4 centimes, sauf prélèvement sur d'autres ressources.	» 4.810.960	» 2.538.000
			imposés d'office, en cas d'omission au budget départemental d'un crédit suffisant pour faire face aux dépenses spécifiées à l'art. 61 de la loi du 10 août 1871; maximum : 2 cent. (*Mémoire*)	» »	» »
			pour dépenses du cadastre; maximum : 5 cent.	» 21.700	» 39.900
	Budget départemental extraordinaire	Centimes additionnels extraordinaires sur les quatre contributions directes à recouvrer en vertu de l'article 40 de la loi du 10 août 1871 (*maximum, 12 centimes*) et en vertu de lois spéciales.	pour dépenses de l'instruction primaire . . .	» 136.300	» 79.600
			pour dépenses autres que celles de l'inst. pr.	» 24.209.000	» 11.665.000
		A reporter.		» 68.868.380	» 35.261.000

principal et centimes additionnels pour l'exercice 1890.

CONTRIBUTIONS					TOTAUX		OBSERVATIONS
PERSONNELLE-MOBILIÈRE		DES PORTES ET FENÊTRES		DES PATENTES	PAR NATURE de contributions	PAR AFFEC-TATION de contributions	
Centimes addi-tionnels.		Centimes addi-tionnels.		Centimes addi-tionnels.			

ordinaire.

	fr.		fr.		fr.	fr.		
»	62.933.181	»	42.016.761	»	82.400.000	368.389.262		
»	»	»	»	»	»	en moins 7.927		
»	1.216.819	»	533.239	»	»	2.316.665		
»	64.150.000	»	42.550.000	»	82.400.000	371.098.000		
»	»	»	»	»	6.552.000	6.592.000		
»	64.150.000	»	42.550.000	»	75.808.000	364.506.000		
17	10.905.500	15 8	6.722.900	14 6	12.030.400	29.658.800		
»	»	»	»	20	16.312.000	16.312.000		
»	75.055.500	»	49.272.900	»	104.150.40	410.476.800		
						(A) 624.000		
						411.100.800	411.100.800	

sur ressources spéciales.

»	16.037.500	»	»	»	»	61.968.500		
»	641.500	»	425.500	»	824.000	3.728.240		
»	4.490.00	»	2.978.500	»	5.768.000	26.097.680		
»	2.566.000	»	1.702.000	»	3.296.000	14.912.960		
							178.528.880	
»	»	»	»	»	»	»		
»	»	»	»	»	»	61.600		
»	83.800	»	68.600	»	136.400	504.900		
»	14.953.000	»	7.963.000	»	15.463.000	71.255.000		
»	85.775.880	»	53.137.800	»	25.489.400	178.528.880	178.528.880	

(A) Sur les 5 centimes imposés pour taxe de premier avertissement, 3 centimes sur 20.800.000 avertissements, pour rôles des quatre contributions directes, rentrent dans les fonds pour dépenses générales du budget. Le produit de ces 3 centimes est de 624.000 francs.

Le produit des 2 autres centimes est attribué aux percepteurs pour la distribution des avertissements aux contribuables, et figure à la deuxième partie du présent tableau.

Suite du TABLEAU des contributions directes à imposer en

NATURE ET OBJET DES IMPOSITIONS	FONCIÈRE, propriétés non bâties		FONCIÈRE, propriétés bâties	
	Centimes additionnels		Centimes additionnels	
Report..	»	fr. 68.868.380	»	fr. 35.261.000
Fonds pour dépenses communales — Centimes pour dépenses ordinaires (*maximum : 5 centimes*)	»	6.013.700	»	3.172.500
Centimes pour dépenses extraordinaires (*approuvés par des actes du Gouvernement, par des arrêtés des préfets, votés par les conseils municipaux dans les limites légales, ou imposés d'office en vertu de l'art. 149 de la loi du 5 avril 1884*).	»	42.516.000	»	26.291.000
Centimes pour dépenses des chemins vicinaux (*maximum : 5 centimes*)......	»	5.988.000	»	2.190.000
Centimes pour dépenses de l'instruction primaire (Loi du 16 juin 1881, article 2): 4 centimes, sauf prélèvement sur d'autres ressources)...............	»	4.722.900	»	2.458.000
Centimes pour frais de perception des impositions communales, y compris les contributions spéciales pour frais de bourses et chambres de commerce (3 centimes du montant de ces impositions)................	»	1.812.762	»	1.043.812
Fonds de 8 centimes sur le principal des patentes attribué aux communes par l'art. 36 de la loi du 15 juillet 1880.	»	»	»	»
Contributions spéciales pour frais de bourses et chambres de commerce (y compris le fonds de non-valeurs)................	»	»	»	»
Fonds pour secours en cas de grêle, inondations et autres cas fortuits........	1	1.485.480	1	634.500
Fonds de non-valeurs et frais de rôles. — sur le principal des contributions foncière, personnelle-mobilière et des portes et fenêtres (décharges et réductions non susceptibles de réimposition, remises et modérations et frais de rôles)	2	2.370.960	2	1.269.000
sur le principal de la contribution des patentes (décharges, réductions, remises et modérations, frais de rôles, frais d'impression des bulletins de recensement et frais d'expédition des formules de patentes).	»	»	»	»
Centimes à ajouter au montant des impositions départementales pour leur contribution à la formation du fonds de non-valeurs, décharges et réductions, etc. (*Art. 14 de la loi du 8 juillet 1852 et art. 11 de la loi du 4 septembre 1871*).	»	1.377.368	»	705.220
Centimes à ajouter au montant des impositions communales pour leur contribution à la formation du fonds de non-valeurs, décharges et réductions, etc. (*Art. 14 de la loi du 8 juillet 1852 et art. 11 de la loi du 4 septembre 1871*).	»	1.181.812	»	682.230
Fonds de réimpositions.........	»	1.200	»	261.300
Centimes pour frais de confection de rôles spéciaux d'impositions extraordinaires........	»	11.000	»	2.100
TOTAUX................	»	136.052.562	»	73.970.662

2/5es de la taxe de premier avertissement pour les rôles des quatre contributions directes (*Art. 51 de la loi du 15 mai 1818*)

TOTAL du budget des dépenses sur ressources spéciales. ....

RÉCAPITU

BUDGET ordinaire...........	»	148.548.000	»	63.450.000
Taxe de premier avertissement......................	»	»	»	»
BUDGET des dépenses sur ressources spéciales	»	136.052.562	»	73.970.662
Taxe de premier avertissement.	»	»	»	»
TOTAL GÉNÉRAL des contributions directes................	»	354.600.562	»	137.420.662

principal et centimes additionnels pour l'exercice 1890.

CONTRIBUTIONS			TOTAUX		OBSERVATIONS
PERSONNELLE-MOBILIÈRE	DES PORTES ET FENÊTRES	DES PATENTES	PAR NATURE de contributions	PAR AFFECTATION de contributions	
Centimes additionnels	Centimes additionnels	Centimes additionnels			
fr. 35.772.300 »	fr. 13.137.800 »	fr. 25.489.400 »	fr. 578.528.880	fr. 178.528.880	
3.207.500 »	» »	» »	12.393.700		
22.919.000 »	15.084.000 »	25.040.000 »	431.830.000		
2.414.000 »	1.694.000 »	2.773.000 »	15.059.000	185.815.305	
2.444.000 »	1.643.000 »	3.268.000 »	14.535.900		
938.830 »	569.209 »	»	1.020.092	5.384.705	
» »	» »	»	6.592.000	6.592.000	(A) 3 centimes sur 355.200 avertissements pour rôles spéciaux d'impositions extraordinaires, établis aux frais des communes, et pour rôles de frais de bourses et chambres de commerce, servent à couvrir les frais d'impression et de confection desdits avertissements : le produit de ces 3 centimes
»	»	1.368.000 »	1.368.000	1.368.000	
641.500 1	» »	»	2.461.480	2.461.480	est de .... 10.656 fr. 2 centim. sur la totalité des avertissements (21.155.200) sont attribués
641.500 1	1.276.500 3	»	5.357.960		aux percepteurs pour la distribution desdits avertissements, soit 423.104
» »	» »	4.120.000 5	4.120.000	18.070.442	TOTAL .... 433.760 fr.
357.723 »	394.134 »	1.274.470 »	4.108.913		(B) Le produit des impositions affectées à des dépenses spéciales est attribué aux Ministères ci-après :
309.843 »	552.630 »	1.554.030 »	4.283.567	»	Instruction publique..... 15.417.860 Intérieur............. 163.049.420 } 180.928.760
1.770.000 »	11.000 »	»	2.073.500	2.073.500	Agriculture............ 2.461.480
3.000 »	1.500 »	2.200	20.200	20.200	Finances.............. 207.842.807
71.419.198 »	34.394.173 »	72.501.212	388.337.807	388.337.807	TOTAL 388.771.567
et taxe entière des avertissements pour rôles spéciaux.....			433.760	(A) 433.760	(C) Ce chiffre se compose du total des quatre contributions (colonnes 2 à 6) et des sommes de 621.000 francs et de 433.760 francs formant le montant de la taxe du premier avertissement.
. . . .			388.771.567	388.771.567	

...LATION

	PERSONNELLE-MOBILIÈRE		DES PORTES ET FENÊTRES		DES PATENTES	PAR NATURE	PAR AFFECTATION	
»	75.055.500	»	49.272.900	»	104.150.400	410.476.800	411.109.800	
»	»	»	»	»	»	621.000		
»	71.419.198	»	34.394.173	»	72.501.212	388.337.807	(B) 388.771.567	
»	»	»	»	»	»	433.760		
«	146.474.698	»	83.667.073	»	176.651.612	799.872.367	(C) 799.872.367	

CONTRIBUTIONS foncière, personnelle-mobilière et des portes et fenêtres.

Tableau de fixation du contingent de chaque département, en principal, pour 1890.

Nos D'ORDRE	DÉPARTEMENTS	CONTRIBUTIONS EN PRINCIPAL			
		FONCIÈRE		PERSONNELLE-MOBILIÈRE	PORTES ET FENÊTRES
		des propriétés non bâties	des propriétés bâties		
		fr.	fr.	fr.	fr.
1	Ain	1.070.916	223.054	379.897	243.774
2	Aisne	2.177.898	820.003	855.840	720.230
3	Allier	1.151.864	332.866	498.565	343.948
4	Alpes (Basses-)	540.956	83.621	137.756	88.876
5	Alpes (Hautes-)	437.202	78.817	104.015	73.209
6	Alpes-Maritimes	409.919	436.456	565.783	269.878
7	Ardèche	728.893	233.921	294.325	198.391
8	Ardennes	975.710	440.832	493.467	313.703
9	Ariège	509.011	118.310	197.966	133.137
10	Aube	1.148.904	402.326	446.739	326.342
11	Aude	1.478.310	447.733	456.616	269.592
12	Aveyron	1.308.843	213.350	344.872	251.182
13	Bouches-du-Rhône	834.548	1.818.030	1.612.320	1.035.638
14	Calvados	3.257.960	728.343	848.770	692.883
15	Cantal	1.008.211	136.875	204.056	117.141
16	Charente	1.531.953	436.015	515.517	333.534
17	Charente-Inférieure	1.943.122	640.484	687.698	399.569
18	Cher	823.738	390.893	415.012	226.773
19	Corrèze	771.018	115.962	215.810	148.162
20	Corse	141.870	55.376	176.638	66.076
21	Côte-d'Or	2.135.469	666.693	640.804	418.417
22	Côtes-du-Nord	1.434.597	354.582	464.906	246.597
23	Creuse	646.083	104.935	200.956	132.280
24	Dordogne	1.881.467	361.786	497.357	294.368
25	Doubs	972.509	359.392	445.063	280.866
26	Drôme	1.029.227	276.996	389.573	250.875
27	Eure	2.687.333	666.575	603.273	608.789
28	Eure-et-Loir	1.829.287	461.247	490.877	294.494
29	Finistère	1.095.551	581.539	603.726	420.441
30	Gard	1.393.325	629.381	596.754	441.456
31	Garonne (Haute-)	1.829.337	727.385	757.084	687.770
32	Gers	1.500.629	180.218	341.685	208.289
33	Gironde	1.992.410	1.891.500	1.812.211	1.127.889
34	Hérault	1.773.909	969.136	860.197	517.793
35	Ille-et-Vilaine	1.587.637	552.648	633.870	403.919
36	Indre	834.462	263.433	344.268	173.892
37	Indre-et-Loire	1.247.022	571.952	587.304	384.577
38	Isère	2.001.395	602.341	671.744	448.037
39	Jura	1.131.195	266.126	328.085	204.156
40	Landes	632.636	171.053	241.694	201.972
41	Loir-et-Cher	1.053.454	396.082	388.289	207.845
42	Loire	1.084.055	857.044	733.859	693.955
43	Loire (Haute-)	906.918	168.686	269.691	179.212
44	Loire-Inférieure	1.226.608	720.367	829.590	575.509
45	Loiret	1.347.909	722.953	630.837	412.151
	A reporter	57.525.268	21.603.019	23.812.570	16.056.686

CONTRIBUTIONS foncière, personnelle-mobilière et des portes et fenêtres.

Tableau de fixation du contingent de chaque département, en principal, pour 1890.

Nos D'ORDRE	DÉPARTEMENTS	CONTRIBUTIONS EN PRINCIPAL			
		FONCIÈRE		PERSONNELLE-MOBILIÈRE	PORTES ET FENÊTRES
		des propriétés non bâties	des propriétés bâties		
		fr.	fr.	fr.	fr.
	Report........	57.525.268	21.605.019	23.812.370	15.056.686
46	Lot..................	1.135.691	155.857	300 097	164.448
47	Lot-et-Garonne..........	1.858.802	341.391	463.524	241.441
48	Lozère...............	526.616	77.200	101.062	74.378
49	Maine-et-Loire..........	2.130.160	684.041	710.868	543.984
50	Manche...............	3.097.561	458.658	683.009	478.817
51	Marne................	1.465.573	663.128	883.003	648.620
52	Marne (Haute-)..........	1.139.762	318.723	352.461	205.518
53	Mayenne..............	1.271.380	445.428	501.049	241.460
54	Meurthe-et-Moselle.......	1.237.621	529.190	685.993	410.573
55	Meuse................	1.260.192	313.907	384.676	232.552
56	Morbihan.............	1.195.910	411.060	449.827	232.504
57					
58	Nièvre................	1.055.109	343.344	424.427	228.810
59	Nord.................	2.944.592	2.593.323	2.355.766	2.451.069
60	Oise.................	2.333.062	573.235	733.635	601.515
61	Orne.................	2.054.430	394.631	511.997	374.750
62	Pas-de-Calais..........	2.492.813	850.524	1.020.715	1 010.311
63	Puy-de-Dôme...........	2.116.061	368.461	627.139	388.669
64	Pyrénées (Basses-).......	711.316	259.960	461.843	410.421
65	Pyrénées (Hautes-).......	503.848	107.702	219.509	155.330
66	Pyrénées-Orientales......	583.533	204.342	233.793	148.750
67					
68	Territoire de Belfort......	155.440	68.359	100.008	80.711
69	Rhône................	1.080.391	2.105.781	1.710.242	1.185.898
70	Saône (Haute-).........	1.282.538	244.080	340.539	222.549
71	Saône-et-Loire.........	2.446.455	658.498	723.669	468.550
72	Sarthe...............	1.764.192	655.452	600.891	413.033
73	Savoie...............	514.370	101.552	186.616	109.244
74	Savoie (Haute-).........	434.630	111.220	152.873	90.697
75	Seine................	282.453	17.752.638	13.907.839	7.481.407
76	Seine-Inférieure........	3.188.952	2.834.410	1.833.407	1.701.916
77	Seine-et-Marne.........	2.371.069	731.035	765.101	462.657
78	Seine-et-Oise..........	2.513.304	1.669.061	2.004.668	983.431
79	Sèvres (Deux-).........	1.246.496	319.460	360.463	207.089
80	Somme...............	2.567.730	894.723	831.499	872.293
81	Tarn.................	1.414.888	327 353	380.570	269.617
82	Tarn-et-Garonne........	1.446.839	257.554	286.675	162.971
83	Var.................	910.054	433.869	496.895	344.272
84	Vaucluse..............	725.273	263 366	354.696	275.392
85	Vendée...............	1.393.676	304.386	412.189	233.520
86	Vienne...............	1.022.079	307.605	418.945	286.536
87	Vienne (Haute-).........	767.766	258.263	334.308	248.689
88	Vosges...............	991.608	257.823	399.395	288.445
89	Yonne................	1.466.415	430.766	550.988	342.338
	TOTAUX........	118.555.927	62.683.393	62.933.184	42.016.761

TABLEAU des droits, produits et revenus

DONT LES RÔLES PEUVENT ÊTRE ÉTABLIS, POUR 1890, CONFORMÉMENT AUX LOIS EXISTANTES.

§ 1er.

BUDGET ORDINAIRE.

Perceptions au profit de l'Etat.

Taxe des biens de mainmorte (lois des 20 février 1849, 30 mars 1872, 30 décembre 1873 et 29 décembre 1884) ;

Redevances des mines, y compris les centimes additionnels pour fonds de non-valeurs et frais de perception (loi du 21 avril 1810 et décrets des 6 mai 1811 et 11 février 1874) ;

Droits de vérification des poids et mesures (décret du 26 février 1873, loi du 5 août 1874) ;

Droits de vérification des alcoomètres (lois des 7 juillet 1881, 7 juillet 1882 et 28 juillet 1883 ; décret du 27 décembre 1884) ;

Droits de visite chez les pharmaciens, droguistes et épiciers (loi du 21 germinal an xi, [11 avril 1803] ; arrêté du Gouvernement du 25 thermidor de la même année [13 août 1803] ; décret du 23 mars 1859 et loi du 31 juillet 1867) ;

Droits d'inspection sur les fabriques d'eaux minérales artificielles et les dépôts d'eaux minérales naturelles ou artificielles (loi du 21 avril 1832, art. 2 ; loi du 19 juillet 1886 et décret du 9 mai 1887) ;

Contribution sur les voitures, chevaux, mules et mulets, déduction faite du vingtième attribué aux communes (lois des 2 juillet 1862, 16 septembre 1871, 23 juillet 1872, 22 décembre 1879 et 29 décembre 1884) ;

Taxe sur les billards publics et privés (lois des 16 septembre 1871 et 18 décembre 1871) ;

Taxe sur les cercles, sociétés et lieux de réunion (lois des 16 septembre 1871, 18 décembre 1871 et 5 août 1874).

TABLEAU des droits, produits et revenus

DONT LES RÔLES PEUVENT ÊTRE ÉTABLIS, POUR 1890, CONFORMÉMENT AUX LOIS EXISTANTES.

§ 2.

BUDGET DES DÉPENSES SUR RESSOURCES SPÉCIALES.

Perceptions au profit des départements, des communes, des établissements publics et des communautés d'habitants dûment autorisées.

Taxes imposées, avec l'autorisation du Gouvernement, pour la surveillance, la conservation et la réparation des digues et autres ouvrages d'art intéressant les communautés de propriétaires ou d'habitants; taxes pour les travaux de desséchement autorisés par la loi du 16 septembre 1807 et taxes d'affouage là où il est d'usage et utile d'en établir;

Taxes perçues pour l'entretien, la réparation et la reconstruction des canaux et rivières non navigables et des ouvrages d'art qui y correspondent (loi du 14 floréal an xi) [4 mai 1803];

Taxes syndicales pour l'assèchement des mines (loi du 27 avril 1838);

Taxes pour l'exécution des travaux destinés à mettre les villes à l'abri des inondations (loi du 28 mai 1858);

Taxes au profit des associations syndicales autorisées par la loi du 21 juin 1865 et 22 décembre 1888;

Taxe des frais de pavage des rues dans les villes où l'usage met ces frais à la charge des propriétaires riverains (dispositions combinées de la loi du 11 frimaire an vii [1er décembre 1798] et du décret de principe du 25 mars 1807; loi du 25 juin 1841, article 28);

Taxe d'établissement de trottoirs dans les rues et places dont les plans d'alignement ont été arrêtés conformément aux dispositions de la loi du 7 juin 1845;

Taxe municipale de balayage imposée aux propriétaires riverains des voies de communication de Paris (loi du 26 mars 1873);

Frais de travaux intéressant la salubrité publique (loi du 16 septembre 1807);

Taxes d'arrosages autorisées par le Gouvernement (loi du 23 juin 1857, article 25);

Honoraires et frais de déplacement dus aux ingénieurs et agents des ponts et chaussées et des mines pour leur intervention dans les affaires d'intérêt communal ou privé (décrets des 13 octobre 1851, 10 et 27 mai 1854).

Dépenses de destruction des insectes, des cryptogames et autres végétaux nuisibles à l'agriculture (loi du 24 décembre 1888, art. 4);

TABLEAU des droits, produits et revenus

DONT LES ROLES PEUVENT ÊTRE ÉTABLIS, POUR 1890, CONFORMÉMENT AUX LOIS EXISTANTES.

§ 2 (suite).

BUDGET DES DÉPENSES SUR RESSOURCES SPÉCIALES (suite).

Perceptions au profit des départements, des communes, des établissements publics et des communautés d'habitants dûment autorisées (suite).

Contributions spéciales destinées à subvenir aux dépenses des bourses et chambres de commerce, et revenus spéciaux accordés auxdits établissements (lois des 23 juillet 1820, articles 11 à 16, et 15 juillet 1880, article 38);

Prestations en nature pour les chemins vicinaux (loi du 21 mai 1836) ;

Prestations en nature pour les chemins ruraux (loi du 20 août 1881);

Taxes syndicales pour les chemins ruraux (loi du 20 août 1881) ;

Taxe municipale sur les chiens (loi du 2 mai 1855 ; décrets des 4 août 1855, 3 août 1861 et 22 décembre 1886) ;

Huit centièmes, au profit des communes, du principal de la contribution des patentes (loi du 15 juillet 1880, article 36) ;

Un vingtième, au profit des communes, du principal de la contribution sur les voitures, chevaux, mules et mulets (loi du 23 juillet 1872, article 10) ;

Centimes additionnels aux contributions arabes et autres produits affectés au service de l'assistance hospitalière en Algérie (décret du 23 décembre 1874, article 14; loi du 3 août 1875) ;

Centimes additionnels au principal des contributions arabes pour la constitution de la propriété individuelle indigène en Algérie et taxe de premier avertissement (loi du 26 juillet 1873; décret du 27 juillet 1875, fixant le montant des centimes additionnels au principal des contributions arabes à percevoir et loi du 28 avril 1887, art. 21);

Part des chefs indigènes chargés de l'assiette et du recouvrement des contributions arabes en Algérie (ordonnance du 17 janvier 1845, article 3) ;

Produit des centimes additionnels ordinaires et extraordinaires sur la contribution foncière établie sur les propriétés bâties en Algérie (loi du 23 décembre 1884) ;

Frais de visite des vignobles en Algérie en exécution des lois des 21 mars 1883 et 28 juillet 1886 contre le phylloxera et de la loi du 5 mars 1887 (Taxe spéciale et temporaire sur les vignes).

TABLEAU des taxes assimilées aux contributions directes à établir pour l'exercice 1890.

	ÉVALUATIONS pour 1890.
Budget ordinaire.	fr.
Taxe des biens de mainmorte	7.000.000
Redevances des mines.	2.400.000
Droits de vérification des poids et mesures.	4.655.000
Droits de vérification des alcoomètres.	14.000
Droits de visite des pharmacies et magasins de droguerie.	290.500
Droits d'inspection des fabriques et dépôts d'eaux minérales.	18.500
Contribution sur les voitures, chevaux, mules et mulets.	11.532.500
Taxe sur les billards publics et privés	1.170.000
Taxe sur les cercles, sociétés et lieux de réunion.	1.450.000
Total du budget ordinaire..	28.530.500
Budget des dépenses sur ressources spéciales.	
Frais de premier avertissement de la taxe des biens de mainmorte.	7,000
Frais de premier avertissement des redevances des mines..	70
Contribution sur les voitures, chevaux, mules et mulets { Fonds du vingtième, attribué aux communes sur le principal de la contribution .... 605.000 / Fonds de non-valeurs (5 centimes par franc du principal). .... 605.000 / Portion de la taxe de premier avertissement (2/5es). .... 25.000 }	1.235.000
Frais de premier avertissement de la taxe sur les billards publics et privés..	4.650
Frais de premier avertissement de la taxe sur les cercles, sociétés et lieux de réunion..	260
Total du budget sur ressources spéciales ...	1.246.980
RÉCAPITULATION.	
Budget ordinaire.	28.530.500
Budget des dépenses sur ressources spéciales..	1.246.980
Total général	29.777.480

*TABLEAU des contributions directes et taxes y assimilées de l'Algérie
à établir pour l'exercice 1890.*

	ÉVALUATIONS pour 1890.
PREMIÈRE PARTIE **Budget ordinaire.**	
CONTRIBUTIONS DIRECTES	fr.
Patentes...	1.698.500
TAXES ASSIMILÉES AUX CONTRIBUTIONS DIRECTES	
Redevances des mines....................................	27.500
Droits de vérification des poids et mesures................	134.600
Droits de visite des pharmacies et magasins de droguerie....	13.800
TOTAL...................................	175.960
CONTRIBUTIONS ARABES	
Hockor...	297.500
Zekkat..	3.251.300
Achour..	2.342.000
Lezma...	1.014.500
TOTAL...................................	6.905.300
TOTAL du budget ordinaire............	8.779.700
DEUXIÈME PARTIE **Budget des dépenses sur ressources spéciales.**	
CONTRIBUTIONS DIRECTES	
Contribution foncière sur les propriétés bâties (centimes additionnels ordinaires et extraordinaires et centimes pour fonds de non-valeurs (loi du 23 décembre 1884)....................	1.355.600
Taxes sur les vignobles en Algérie.........................	171.800
TOTAL...................................	1.527.400
CONTRIBUTIONS ARABES	
Centimes additionnels au principal des contributions arabes pour le service de l'assistance hospitalière (6 c.)	807.800
Dixième du principal des impôts arabes attribué aux chefs collecteurs.................	1.401.400
TOTAL...................................	2.209.200
TOTAL du budget des dépenses sur ressources spéciales......	3.736.600
RÉCAPITULATION	
Budget ordinaire...	8.779.700
Budget des dépenses sur ressources spéciales................	3.736.600
TOTAL GÉNÉRAL.................................	12.516.300

TABLEAU des droits, produits et revenus au profit de l'État

DONT LA PERCEPTION EST AUTORISÉE, POUR 1890, CONFORMÉMENT AUX LOIS EXISTANTES.

§ 2. — Impôts et revenus indirects.

1° et 2° Produits de l'Enregistrement et du Timbre.

France....... Droits d'enregistrement, de greffe, d'hypothèques; amendes de consignations, de condamnations, de contraventions, décimes et demi-décimes. (*Lois des 6 prairial an VII, 23 août 1871 et 30 décembre 1873.*) Droits de chancellerie pour légalisation d'actes et visa de passeports; droits de sceau attribués au Trésor. (*Lois des 28 avril 1816, 29 janvier 1831 et 20 février 1849.*) Perceptions diverses. Droits de timbre; décimes; droits d'affichage; passeports; permis de chasse. (*Lois des 30 mars 1888 et 16 juin 1888.*)
Timbre des polices d'assurances; droits d'accroissement des congrégations. (*Lois des 5 juin 1850, 28 décembre 1880 et 29 décembre 1884.*)

Algérie..... Droits d'enregistrement, de greffe, d'hypothèques; amendes de consignations, de contraventions et de condamnations. Perceptions diverses. Droits de timbre; double décime. Droits d'accroissements des congrégations. (*Loi des 28 décembre 1880 et 29 décembre 1884, rendues exécutoires par décret du 3 janvier 1887.*)

3° Taxe de 3 0/0 sur le revenu des valeurs mobilières.

France et Algérie. Impôt de 3 0/0 sur le revenu des valeurs mobilières. (*Lois des 29 juin 1872 et 21 juin 1875; lois du 28 décembre 1880, art. 3 et 4*, portant fixation du budget des recettes de l'exercice 1881, et du *29 décembre 1884, art. 9*, portant fixation du budget des recettes de l'exercice 1885.) (*Décret du 3 janvier 1887.*)

4° Produit des douanes.

France....... Droits de douanes à l'importation sur les marchandises diverses. (*Loi du 7 mai 1881 et traités de commerce; loi du 19 juillet 1880; loi du 15 avril 1884; loi du 28 mars 1885; loi du 7 avril 1885; loi du 14 août 1885; loi du 29 mars 1887; loi du 5 avril 1887; loi du 27 février 1888 sur les produits italiens; loi du 30 mars 1888; lois et décrets cités au tarif officiel et dans ses suppléments; loi du 16 avril 1889 relative à l'importation des seigles étrangers.*)
Droits de statistique. (*Loi du 22 janvier 1872.*)
Droits de navigation. (*Lois des 27 vendémiaire an II et 30 janvier 1872; loi de finances du 29 juillet 1881; lois et décrets désignés dans les observations préliminaires du tarif officiel et dans ses suppléments, n°ˢ 507 à 535.*)
Droits et produits divers. (*Lois des 28 avril 1816, 2 juillet 1836 et 22 janvier 1872; lois et décrets désignés dans les observations préliminaires du tarif officiel et dans ses suppléments, n°ˢ 536 à 567 et 119 à 125.*)
Intérêts de retard pour crédits de droits. (*Loi du 15 février 1875.*)
Remise de 1/3 0/0 pour crédits de droits. (*Arrêté ministériel du 27 mars 1866 et loi du 15 février 1875.*)
Remise de un pour mille du montant des droits sur les marchandises enlevées avant liquidation. (*Loi de finances du 29 décembre 1884, article 11 et loi de finances du 26 février 1887, article 5.*)
Recettes accidentelles à différents titres. (*Lois annuelles de finances.*)
Produits d'amendes et confiscations perçus en vertu des lois de douane.
Revenus des lazarets et établissements sanitaires. (*Loi du 3 mars 1822 et décret du 22 février 1876, titre X.*)
Droits de visite du bétail importé en France. (*Lois des 26 mars et 9 avril 1878; décret du 23 novembre 1887; loi du 3 avril 1877; loi du 18 mai 1888, décret du 26 mai 1888.*)
Taxe de consommation des sels. (*Loi du 28 décembre 1848.*)

TABLEAU des droits, produits et revenus au profit de l'État

DONT LA PERCEPTION EST AUTORISÉE, POUR 1890, CONFORMÉMENT AUX LOIS EXISTANTES (Suite).

§ 2. — Impôts et revenus indirects (Suite).

4° Produits des douanes (Suite).

Algérie. . . .

Produits des douanes à l'importation. (Lois des 17 juillet 1867 et 19 mars 1875; traités de commerce; loi de finances du 29 décembre 1884; lois et décrets cités au tarif officiel et dans ses suppléments.)

Droits de navigation. (Lois et décrets cités dans les observations préliminaires du tarif officiel et dans ses suppléments, nos 507 à 535.)

Droits et produits divers. (Ordonnance du 21 décembre 1844 sur l'octroi de mer et décrets des 18 juillet 1864, 25 septembre 1880, 28 décembre 1883 et 26 décembre 1884; lois des 28 avril 1816, 2 juillet 1836; lois et décrets cités dans les observations préliminaires du tarif officiel, et dans ses suppléments, nos 536 à 567.)

Intérêts de retard pour crédits de droits. (Loi du 15 février 1875.)

Remise de 1/3 pour 100 pour crédits de droits. (Arrêté ministériel du 27 mars 1866 et loi du 15 février 1875.)

Remise de un pour mille du montant des droits sur les marchandises enlevées avant liquidation. (Loi de finances du 29 décembre 1884, article 11, et loi de finances du 26 février 1887, article 5.)

Produits d'amendes et confiscations perçus en vertu des lois de douane.

Recettes accidentelles à différents titres. (Lois annuelles de finances.)

5° Produits des contributions indirectes et des contributions diverses.

CONTRIBUTIONS INDIRECTES.

France . . . .

Impôt sur les boissons. (Lois des 28 avril 1816, 1er septembre 1871, 26 mars 1872, 31 décembre 1873 et 19 juillet 1880); surtaxes sur les vins alcoolisés. (Loi du 1er septembre 1871.)

Taxe de consommation sur les sels. (Loi du 28 décembre 1848 et décret du 20 avril 1881.)

Droit sur les huiles minérales. (Lois des 16 sept. 1871 et 29 déc. 1873.)

Droit d'entrée sur les huiles autres que les huiles minérales. (Lois des 31 décembre 1873 et 22 décembre 1878.)

Droit sur la stéarine et les bougies. (Loi du 30 décembre 1873.)

Impôt sur les vinaigres et l'acide acétique. (Loi du 17 juillet 1875 et décret du 11 août 1884.)

Produit des deux dixièmes sur le prix des places de voyageurs et des bagages et messageries transportés en grande vitesse par les chemins de fer. (Lois des 2 juillet 1838, 14 juillet 1855, 16 septembre 1871 et 11 juillet 1879 et décret du 21 mai 1881.)

Droit sur les voitures publiques de terre et d'eau. (Lois des 9 vendémiaire an VI, 5 ventôse an XII, 25 mars 1817, 20 juillet 1837 et 11 juillet 1879.)

TABLEAU des droits, produits et revenus au profit de l'Etat

DONT LA PERCEPTION EST AUTORISÉE, POUR 1890, CONFORMÉMENT AUX LOIS EXISTANTES (Suite).

§ 2. — Impôts et revenus indirects (Suite).

5° *Produits des contributions indirectes et des contributions diverses* (Suite).

CONTRIBUTIONS INDIRECTES (Suite).

France (Suite).

Droits divers :

Licences autres que celles de voitures publiques. (*Lois des 28 avril 1816, 10 mars 1819, 1er et 4 septembre 1871, 30 et 31 décembre 1873 et 17 juillet 1875.*)

Licences annuelles des voitures publiques. (*Loi du 25 mars 1817.*)

Droits de touage. (*Décrets des 28 avril 1866, 13 avril 1870, 21 juin 1878 et décret du 15 mars 1880.*)

Péage sur les ponts. (*Loi du 14 floréal an X.*)

Bacs et passages d'eau. (*Loi du 6 frimaire an VII.*)

Pêche, francs-bords, prises d'eau. (*Lois des 18-27 mai, 19 août et 12 septembre 1791, 28 messidor an II et 16 juillet 1840. — Décrets des 23 décembre 1810 et 25 mars 1863.*)

Garantie des matières d'or et d'argent. (*Lois des 19 brumaire an VI, 5 ventôse an XII, 30 mars 1872 et 25 janvier 1884, et décret du 6 juin 1884.*)

Droits de garantie des marques de fabrique et de commerce. (*Loi du 26 novembre 1873 et décret du 25 juin 1874.*)

Droit de dénaturation de l'alcool. (*Loi du 2 août 1872 et décret du 29 janvier 1881.*)

Timbres. (*Loi du 28 avril 1816.*)

Cartes à jouer. (*Lois des 9 vendémiaire an VI, 5 ventôse an XII, 1er septembre 1871 et 21 juin 1873.*)

Prélèvement sur les communes pour frais de casernement. (*Loi du 15 mai 1818.*)

Portion du Trésor dans la valeur des tabacs et poudres saisis. (*Lois des 13 fructidor an V et 28 avril 1816.*)

Amendes et confiscations, contributions indirectes, culture de tabacs. (*Lois des 13 fructidor an V, 19 brumaire an VI, 9 frimaire an VII, 23 pluviôse an XIII, 24 avril 1806, 28 avril 1816, 25 mars 1817, 24 juin 1824, 19 juin 1840, 25 juin 1841, 4 et 16 septembre 1871, 28 février, 26 mars et 2 août 1872, 15 mars, 21 juin, 30 et 31 décembre 1873, 28 janvier, 8 mars, 17 et 28 juillet 1875 et décret du 4 prairial an XIII.*)

Simples, doubles, quadruples et sextuples droits sur acquits non rentrés. (*Décret du 22 août 1791, ordonnance du 11 juin 1816. — Lois des 28 avril 1816, 21 juin et 30 décembre 1873.*)

Indemnité pour frais d'exercices dans l'intérieur des villes. (*Ordonnance du 9 décembre 1814.*)

Recouvrements d'avances. (*Ord. du 9 déc. 1814. — Loi du 28 avril 1816.*)

Prix des plombs apposés pour les sels, les sucres, les allumettes et les bougies. (*Lois des 26 juin 1841 et 31 mai 1846. — Décrets des 11 août 1851, 1er septembre 1852, 29 nov. 1871 et 8 janvier 1874. — Arrêté ministériel du 15 nov. 1879.*)

Indemnités pour frais de surveillance des entrepôts de sucres. (*Loi du 31 mai 1846.*)

Indemnités pour frais de surveillance des fabriques de soude. (*Loi du 2 juillet 1862.*)

TABLEAU des droits, produits et revenus au profit de l'État

DONT LA PERCEPTION EST AUTORISÉE, POUR 1890, CONFORMÉMENT AUX LOIS EXISTANTES (Suite).

§ 2. — Impôts et revenus indirects (Suite).

5° Produits des contributions indirectes et des contributions diverses (Suite).

CONTRIBUTIONS INDIRECTES (Suite).

Suite des droits divers :

France (Suite).

Redevance de 30 centimes imposées aux fabricants de sucre. (*Loi du 4 juillet 1887.*)

Intérêts de retard pour crédits de droits. (*Loi du 15 février 1875.*)

Remises de 1/3 0/0 pour crédits de droits. (*Arrêté ministériel du 27 mars 1866 et loi du 15 février 1875.*)

Recettes accidentelles.

Retenues sur la livraison des tabacs pour le payement des experts. (*Loi du 24 décembre 1814.*)

Double décime et demi. (*Lois des 6 prairial an VII, 11 novembre 1813, 28 avril 1816, 25 mars 1817, 14 juillet 1855 et 30 décembre 1873.*)

Droit de fabrication sur la dynamite et la nitro-glycérine. (*Loi du 8 mars 1875; décrets des 15 juillet et 24 août 1875 et 17 mai 1876.*)

CONTRIBUTIONS DIVERSES.

Algérie. . . . . — *Droits divers et recettes à différents titres.*

Droits de licence sur la fabrication et la vente des boissons. (*Ordonnance du 31 janvier 1847.*)

Droits de licence sur la fabrication et la vente des tabacs. (*Ordonnance des 31 janvier 1847 et 1er janvier 1848.*)

Droits de garantie des matières d'or et d'argent. (*Décrets des 24 juillet 1857 et 6 août 1859; lois des 30 mars 1872 et 30 décembre 1873; décrets de promulgation des 11 juin 1872 et 11 septembre 1874.*)

Droits de garantie des marques de fabrique et de commerce. (*Décrets des 25 juin et 7 août 1874.*)

Droits des estampilles délivrées aux entrepreneurs de voitures publiques.(*Décret du 5 novembre 1855 et arrêté ministériel du 18 décembre 1856.*)

Timbre des expéditions et quittances. (*Loi du 28 avril 1816.*)

Frais de poursuites. (*Arrêté ministériel du 20 septembre 1850.*)

Prix des estampilles perdues par les assujettis à la licence. (*Ordonnance du 31 janvier 1847.*)

Produits des matières, estampilles, etc., manquant chez les comptables.(*Lois des 28 avril 1816 et 25 mars 1817; ordonnance du 31 janvier 1847.*)

Amendes et confiscations (produits à répartir). (*Ordonnances des 4 septembre 1844, 31 janvier 1847; loi du 19 brumaire an VI.*)

Prélèvements de 5 0/0 sur le produit des taxes intérieures de l'octroi de mer. (*Arrêté gouvernemental du 26 décembre 1884; loi de finances du 8 août 1885 et décrets des 30 novembre 1886 et 29 décembre 1888.*)

TABLEAU *des droits, produits et revenus au profit de l'Etat*

§ 2. — Impôts et revenus indirects (*Suite*).

6° *Produits des sucres.*

France . . . . — *Droits de douane à l'importation* :

Sur les sucres coloniaux. (*Lois des 19 juillet 1880, 7 mai 1881, 29 juillet 1884, 13 juillet 1886, 27 mai, 4 juillet 1887, et 24 juillet 1888 ; lois et décrets cités au tarif officiel et dans ses suppléments.*)

Sur les sucres étrangers. (*Lois des 19 juillet 1880, 7 mai 1881, 29 juillet 1884, 13 juillet 1886, 27 mai, 4 juillet 1887 et 24 juillet 1888 ; traités de commerce, lois et décrets cités au tarif officiel et dans ses suppléments.*)

Droits sur le sucre indigène. (*Lois des 31 mai 1846, 30 déc. 1875, 19 juillet 1880, 29 juillet 1884, 27 mai 1888, 4 juillet 1887, 24 juillet 1888, 29 décembre 1888 et décrets des 31 juillet 1884, 22 juillet 1885 et 25 août 1887.*)

§ 3. — Produits de monopoles et exploitations industrielles de l'État.

1° *Produits recouvrés par les receveurs des contributions indirectes et des contributions diverses.*

France . . . .

Droit sur les allumettes. (*Lois des 4 septembre 1871, 22 janvier et 2 août 1872, 15 mars 1873 et 28 janvier 1875.*)

Produit de la vente des tabacs. (*Lois des 28 avril 1816, 3 mars 1820, 4 septembre 1871, 29 février 1872, 21 décembre 1872 et 1er décembre 1875. — Décrets des 29 juin et 10 août 1853, 14 juillet 1860, 16 août 1862, 29 juin 1863, 22 décembre 1871, 11 juin 1872, 25 avril 1876, 28 août 1877, 19 décembre 1878, 28 mai 1879, 11 août 1881, 26 juillet 1882 et loi du 29 décembre 1882, art. 17; décret du 4 novembre 1886 et 24 mars 1888*).

Produit de la vente des poudres à feu. (*Lois des 13 fructidor an V, 16 mars 1819, 7 août 1850 et 25 juillet 1873 ; décrets des 29 septembre 1850, 8 octobre 1864, 10 mai 1872, 31 mai et 27 septembre 1873, 6 août 1875, 30 décembre 1882, et décrets des 5 janvier 1885 et 21 mai 1886.*) -- Poudre au bois pyroxylé. (*Loi du 6 août 1882.*) — Poudre de mine, dite *pulvérin*. (*Décrets des 11 juillet 1885 et 28 septembre 1886.*)

Algérie . . . .

Tabacs des manufactures de France. — Produit de la vente des tabacs. Recettes accessoires. (*Décrets des 31 mai 1854 et 11 mars 1873*).

Poudres à feu. — Produit de la vente des poudres. (*Ordonnance du 4 novembre 1844.*)

Recettes accessoires. (*Décret du 21 février 1851.*)

TABLEAU des droits, produits et revenus au profit de l'État

DONT LA PERCEPTION EST AUTORISÉE, POUR 1890, CONFORMÉMENT AUX LOIS EXISTANTES (*Suite*).

§ 3. — Produits de monopoles et exploitations industrielles de l'État (*suite*).

2° Produits des postes et des télégraphes.

PRODUITS DES POSTES.

France et Algérie.

Taxes des lettres, journaux, échantillons et imprimés de toute nature et droit de transport des valeurs déclarées. — Lettres et boîtes. (*Lois des 25 janvier 1873, 6 avril, 19 et 26 décembre 1878, 7 avril 1879 et 20 avril 1882; décrets des 14 janvier, 27 mars, 10 mai et 10 juin 1879, 7 septembre 1881, 4 avril, 10 août, 7 et 18 novembre, 2 et 9 décembre 1882, 14 avril, 21 juillet, 1er et 18 septembre, 15 octobre, 19 novembre et 8 décembre 1883, 14 janvier, 13 et 15 février, 1er, 12 et 15 mars, 15 avril, 10 juin, 23 juillet, 3 août et 16 septembre 1884, 13 avril, 13 juin, 21 septembre et 9 octobre 1885; loi et décrets du 27 mars 1886 et loi du 16 mars 1887; décret du 17 mars 1887; loi du 9 avril 1887 et décrets des 24 janvier et 11 février 1888.*)

Droits perçus sur les envois d'argent. (*Lois des 20 décembre 1872, 19 décembre 1878, 18 mars, 7 avril 1879, 17 juillet 1880 et 28 juillet 1882; décrets des 27 mars, 5 et 10 mai 1879, 15 février et 14 juin 1881; loi du 21 mai 1883 et décret du 15 décembre 1883; lois des 12 et 16 juillet et 1er août 1884; décrets du 23 septembre 1884 et du 13 juin 1885; loi et décrets du 27 mars 1886; loi du 20 décembre 1886 et décret du 9 nov. 1886; décrets des 27 janvier, 15 mai et 11 juillet 1888.*)

Droits perçus sur les ons de poste. (*Loi du 29 juin 1882; règlement d'administration publique du 28 novembre 1882; décrets des 15 novembre, 9 décembre 1882 et 27 janvier 1883.*)

Taxes perçues par l'État pour transport de colis postaux. (*Lois des 3 mars et 25 juillet 1881; décrets des 19 et 21 avril, 24 juillet, 24 août, 19 et 24 septembre, 25 novembre 1881, 6 mars, 14 et 18 juillet et 10 août 1882, 14 avril 1883, 19 janvier, 23 et 29 septembre 1884, 28 mars, 31 mai et 13 juin 1885; loi et décret du 27 mars 1886; décrets des 18 juin 1886, 17 mai, 7 et 15 juillet, 1er août, 14, 22 et 26 septembre et 18 octobre 1887, 31 mai et 27 juin 1888.*)

PRODUITS DES TÉLÉGRAPHES.

France et Algérie.

Taxes de la télégraphie privée française et internationale. (*Lois des 21 mars 1878, 26 février 1880 et 29 juillet 1881; décrets des 22 mars, 22 mai et 10 juillet 1880, 6 mai et 26 juin 1882; loi du 27 décembre 1883 et décrets des 10 novembre 1882, 24 janvier et 15 novembre 1883; lois des 16 juillet, 1er août, 20 et 31 décembre 1884; décrets des 9 janvier, 23 septembre, 14 novembre, 11 et 27 décembre 1884, et 13 janvier 1885; loi des 28 juillet et 1er août 1885 et décrets des 31 décembre 1884 et 28 juillet 1885; lois des 29 juin et 15 juillet 1886; décrets des 29 juin et 20 novembre 1886, 5 janvier 1887 et 3 mai 1888.*)

Taxes téléphoniques concernant le réseau de l'État. (*Décret du 31 décembre 1884, régularisé par la loi du 9 juillet 1885.* Cabines téléphoniques publiques; *décret du 28 juillet 1885 concernant les abonnements; décrets des 27 octobre 1885, Paris, Reims; 28 décembre 1886, Paris, Bruxelles; 5 janvier 1887, Paris, Lille; 4 mai 1887, Paris, Le Havre, Rouen, régularisés par la loi du 19 décembre 1887; décret du 28 juillet 1888, Paris, Lyon, Marseille; loi du 21 décembre 1888, Limoges.*)

Remboursement par les compagnies de chemins de fer des frais de surveillance de leur service télégraphique. (*Cahiers des charges homologués par décrets des 19 et 26 juin et 1er août 1857 et 11 juin 1859.*)

Remboursement, par divers établissements, du traitement des agents du service postal et télégraphique détachés auprès de ces établissements. (*Loi de finances du 29 décembre 1883.*)

TABLEAU des droits, produits et revenus au profit de l'Etat

DONT LA PERCEPTION EST AUTORISÉE, POUR 1890, CONFORMÉMENT AUX LOIS EXISTANTES.

§ 3. — **Produits de monopoles et exploitations industrielles de l'Etat** (*Suite*)

3° *Produits de diverses exploitations.*

Produits des télégraphes (câble du Tonkin).

Excédent des recettes sur les dépenses de la fabrication des monnaies et des médailles et produit net de l'émission des monnaies de bronze. (*Loi du 31 juillet 1879 et décrets des 31 octobre et 20 novembre 1879. — Loi du 22 décembre 1880, art. 8 et décret du 25 janvier 1884 et lois de finances du 27 février 1887, art. 15.*)

Excédent des recettes sur les dépenses de l'Imprimerie nationale. (*Ordonnance des 26 novembre 1823 et 11 octobre 1838, décret du 2 juillet 1862, loi du 21 décembre 1879, art. 8, et loi de finances de 1885, art. 27.*)

Bénéfices de l'exploitation des chemins de fer de l'État. (*Loi du 18 mai 1878 et décret du 25 du même mois, loi du 27 juillet 1880.*)

Produits bruts de l'exploitation en régie des journaux officiels (*Lois du 28 décembre 1880 et du 29 décembre 1888 et décret du 30 du même mois; décret du 31 décembre 1884, relatif à l'édition des communes du* Journal officiel.)

§ 4. — **Produits et revenus du domaine de l'État**

1° *Produits du domaine autre que le domaine forestier.*

France .....

Revenus et produits de toute nature du domaine public, fluvial, maritime et terrestre; revenus et produits de toute nature des biens de l'Etat; rentes et créances; produits des aliénations d'objets mobiliers et d'immeubles, successions en déshérence, épaves et biens vacants. (*Lois des 22 octobre, 5 novembre 1790, 22 novembre, 1er décembre 1790, 8 juillet 1791, 11 frimaire an VII, 9 germinal an XI, 1er juin 1864 et 20 décembre 1872.*)

Produits de l'exploitation des établissements régis ou affermés par l'État

Écoles nationales vétérinaires (*Décret du 18 février 1887*); écoles d'agriculture, d'horticulture de Versailles, des arts et métiers, d'horlogerie de Cluses; bergeries; haras et dépôts d'étalons. (*Lois des 20 juillet 1837, 8 juillet 1865, 8 août 1875 et règlement du 28 novembre 1837*); établissements thermaux régis ou affermés par l'État; établissements affermés: Vichy (*Lois des 10 juin 1853 et 7 mai 1864*); Plombières (*Loi du 6 juin 1857*); Néris et Bourbonne (*Loi du 27 décembre 1884*); Luxeuil (*Arrêté ministériel du 17 avril 1886*); Bourbon-l'Archambault et sources Saint-Pardoux et la Trollière (*Loi du 22 décembre 1881*); établissements en régie (*Loi du 20 juillet 1837.*)

Produit de la vente des plâtres et estampes provenant des musées. (*Décret du 26 septembre 1872.*)

Produit des ventes effectuées à la manufacture de Sèvres. (*Décrets des 5 septembre 1870 et 2 janvier 1871.*)

Algérie .....

Revenus et produits de toute nature du domaine autre que le domaine forestier; produits des biens des corporations; rentes et créances; produits des aliénations d'objets mobiliers et d'immeubles; successions en déshérence, épaves et biens vacants.

TABLEAU des droits, produits et revenus au profit de l'État

§ 4 — **Produits et revenus du domaine de l'État** (Suite).

2° Produits des forêts.

France .....

Les forêts domaniales en France ont six origines principales :

1° Domaine royal antérieur à 1669;

2° Anciens domaines souverains réunis postérieurement à 1669;

3° Bois ecclésiastiques réunis à ceux de l'État par les lois des 2 novembre 1789, 26 mars 1790, etc.;

4° Fixation des dunes sur le littoral maritime. (Décrets du 14 décembre 1810 et du 29 avril 1862);

5° Reboisement des montagnes (Lois du 28 juillet 1860 et du 4 avril 1882, et décrets du 10 novembre 1854 et du 11 juillet 1882);

6° Acquisitions diverses à l'aide de crédits inscrits annuellement au budget, par voie d'échange, etc.

Les produits des forêts domaniales se répartissent comme il suit :

1° Produit des coupes principales (Code forestier, art. 17 et ordonnance du 1er août 1827, art. 73, etc.);

2° Frais d'adjudication des coupes principales (Arrêté ministériel du 4 juillet 1836; décisions ministérielles du 20 juillet 1872 et des 7 et 11 avril 1883);

3° Produit des coupes de bois vendues par unités de marchandises ou après façonnage et des exploitations accidentelles (Ordonnance du 1er août 1827, articles 88 et 102, etc.);

4° Location du droit de chasse (Loi du 24 avril 1833; ordonnance du 20 juin 1845; décision ministérielle du 28 novembre 1863);

5° Les produits de toute nature provenant des forêts autres que les produits en bois et le fermage du droit de chasse (Code forestier, articles 144 à 153; ordonnance du 1er août 1827, art. 169; décisions ministérielles des 27 juillet 1886 et 2 février 1887, etc.);

6° Frais de toutes adjudications de produits autres que les adjudications de coupes (Arrêté ministériel du 16 octobre 1838 et décisions ministérielles du 10 septembre 1864, des 7 et 11 avril 1883);

TABLEAU des droits, produits et revenus au profit de l'État

§ 4. — **Produits et revenus du domaine de l'État** (Suite).

2° Produits des forêts (Suite).

France (Suite).

7° Salaires des gardes recouvrés sur les copropriétaires de bois indivis, les usagers, etc. (Code forestier, art. 115);

8° Restitutions, frais et dommages-intérêts résultant de jugements ou de transactions sur délits dans les bois de l'État (Code forestier, articles 159, 204 et 210);

9° Restitutions, frais et dommages-intérêts résultant de jugements en matière civile concernant les forêts;

10° Recouvrements des frais d'administration des bois des communes et des établissements publics (Loi du 25 juin 1841, article 5; loi du 19 juillet 1845, article 6; loi du 14 juillet 1856, article 14);

11° Prix des cessions de terrains forestiers domaniaux effectuées aux compagnies de chemins de fer, aux départements et aux communes, pour cause d'utilité publique (Loi du 3 mai 1841);

12° Soultes dues à l'occasion d'échanges (Ordonnance du 12 décembre 1827, article 7, § 1er);

13° Valeur des bois cédés directement à la marine, à la guerre ou à d'autres administrations (Décret du 16 octobre 1858; ordonnance du 24 décembre 1830; décret du 10 octobre 1874, etc.).

Algérie.

Le domaine boisé de l'État en Algérie comprend, d'une manière générale, tous les bois et forêts, à l'exception de ceux régulièrement acquis par des tiers, et sous la réserve des droits d'usage existants (loi du 16 juin-15 juillet 1851, article 4, et sénatus-consulte du 22 avril-8 mai 1863, article 5).

La nomenclature des produits forestiers domaniaux de l'Algérie comprend tous les articles relatifs à la France qui figurent ci-dessus sous les numéros 1 à 13 et, en outre :

14° Les annuités provenant de la vente d'anciennes concessions de chênes-liège. (Décret du 2 février-22 mars 1870.)

15° Le prix de location des forêts de chênes-liège (Décrets du 9 août 1864 et du 22 juillet 1876.)

TABLEAU des droits, produits et revenus au profit de l'État

DONT LA PERCEPTION EST AUTORISÉE, POUR 1890, CONFORMÉMENT AUX LOIS EXISTANTES (Suite).

§ 5. — Produits divers du Budget.

Droits de chancellerie et de consulat perçus en vertu des tarifs existants pour légalisation d'actes et visas de passeports et autres produits des chancelleries diplomatiques et consulaires. (Lois des 28 juin 1833, 29 décembre 1876, art. 6, et décret du 14 août 1880.)

Taxe des brevets d'invention. (Loi du 5 juillet 1844.)

Produit de la rente de l'Inde. (Loi du 21 avril 1832.)

Bénéfices réalisés par la Caisse des dépôts et consignations. (Lois des 21 mai 1825, 16 octobre 1831 et 24 mai 1834.)

Versements des engagés conditionnels d'un an. (Loi du 27 juillet 1872, art. 55.)

Produit de la vente des publications du Gouvernement. (Ordonnance du 14 septembre 1822.) — Produit de la vente du catalogue des moulages du musée de sculpture comparée du Trocadéro.

Produit des expéditions des archives de la République. (Loi du 29 décembre 1888.)

Produit du concours général d'animaux de boucherie. (Loi du 3 août 1875.)

Revenus ordinaires de l'Académie de France à Rome. (Loi de finances du 28 décembre 1880.

Produit de la rétribution facultative perçue au musée de Cluny pour le dépôt des cannes e parapluies. (Décision ministérielle du 16 mai 1885.)

Produits des cessions de transports faits par l'artillerie dans les colonies. (État C annexé à la loi de finances du 29 décembre 1883.)

Produit du travail des détenus dans les ateliers et pénitenciers militaires. (Loi du 25 juin 1841.)

Produit des maisons centrales de force et de correction et établissements assimilés. (Code pénal, art. 15, 21 et 40; loi de finances du 19 juillet 1845, art. 10; décret du 25 février 1852.)

Produit du travail des condamnés transportés à la Guyane et à la Nouvelle-Calédonie. (30 0/0). (Loi de finances des 3 août 1875 et 21 mars 1885.)

Intérêts d'une somme due par le Mont-de-Milan. (Protocoles signés à Zurich les 9 et 10 novembre 1859.)

Restitutions au Trésor. (Décision ministérielle du 6 mars 1880 et loi de finances du 28 décembre suivant.)

Fonds non réclamés aux caisses des agents des postes, mandats d'articles d'argent. (Lois des 31 janvier 1833, 5 mai 1855 et 15 juillet 1882); bons de poste. (Loi du 29 juin 1882.)

Valeurs du Trésor restant à rembourser depuis plus de cinq ans. (Décision du Ministre des Finances du 11 juillet 1870 et loi de finances du 28 décembre 1880.)

Redevance de la vallée d'Andorre. (Décrets des 27 mars 1806, 3 et 28 juin 1882.)

Reversements de fonds sur les dépenses des Ministères. (Décret du 31 mai 1862, art. 44 à 47.)

TABLEAU des droits, produits et revenus au profit de l'État

DONT LA PERCEPTION EST AUTORISÉE POUR 1890, CONFORMÉMENT AUX LOIS EXISTANTES (Suite).

§ 5. — Produits divers du Budget (Suite).

Recouvrements poursuivis par l'agent judiciaire du Trésor.

Recettes sur débets non compris dans l'actif de l'administration des finances. (Loi du 13 frimaire an VIII ; arrêtés des 18 ventôse an VIII et 28 floréal an XI; décret du 31 janvier 1806.)

Intérêts et frais provenant de prêts faits à l'industrie. (Loi du 1er août 1860.)

Recettes accidentelles à différents titres. (Lois annuelles de finances.)

Revenus et produits accidentels spéciaux à l'Algérie.

Produits des confiscations opérées au préjudice des tribus rebelles. (Ordonnance du 27 janvier 1846.)

Produit des prises sur l'ennemi. (Arrêté ministériel du 26 avril 1841, art. 2.)

Contributions extraordinaires de guerre. (Ordonn. du 2 janvier 1846.)

Frais de perception de la contribution des chambres de commerce. (Décret du 20 janvier 1851.)

Recettes accidentelles à divers titres.

Part du Trésor sur amendes collectives frappées en vertu du principe de la responsabilité des tribus. (Loi du 17 juillet 1874.)

Remboursement des frais de contrôle et de surveillance des chemins de fer en France, en Algérie et en Tunisie (Loi sur le budget des recettes de 1842 du 25 juin 1841 ; loi et décret du 11 juin 1859.)

Remboursement des frais de contrôle et de surveillance par l'État du chemin de fer de Dakar à Saint-Louis. (Loi du 29 juin 1882.)

Remboursement des frais de contrôle et de surveillance du chemin de fer de la Réunion. (Loi du 23 juin 1877.)

Remboursement des frais de contrôle et de surveillance des tramways. (Loi du 11 juin 1880, art. 21.)

Remboursement des frais de surveillance par l'État de la fabrication et de l'emballage des dynamites dans les établissements privés. (Loi du 8 mars 1875, art. 4; règlement du 10 juin 1879 et décret du 28 octobre 1882.)

Remboursement des frais de contrôle et de surveillance de divers établissements et sociétés dépendant des Ministères du Commerce et de l'Industrie, de l'Agriculture et des Travaux publics. (Avis du Conseil d'État approuvé par l'Empereur le 1er avril 1809; ordonnance royale du 12 juin 1842; loi des recettes de 1843, et article 66 de la loi du 24 juillet 1867; décrets des 17 février 1854, 22 février 1855, 22 décembre 1855, 23 octobre 1856; loi du 11 mai 1857; décrets des 9 juin 1881 et 13 août 1883; loi du 27 décembre 1884; arrêté ministériel du 17 avril 1886.)

Remboursement du prix des échelles métriques livrées par l'administration pour le jaugeage des bateaux de navigation intérieure. (Instruction ministérielle du 23 janvier 1882.)

Remboursement à l'État du prix des insignes de l'ordre du Mérite agricole. (Loi du 29 décembre 1884 sur les recettes de 1885.)

Valeur des fers confectionnés par l'école de maréchalerie de Saumur. (Décret du 30 mai 1875.)

Annuité payée par le gouvernement grec pour le remboursement de la portion garantie par la France dans l'emprunt de 1833. (Loi du 26 février 1887, art. 4.)

Produits de locations et d'aliénations de domaines de l'État à la Nouvelle-Calédonie. (État G, annexé à la loi de finances du 30 mars 1888.)

Droit d'inscription des courtiers de commerce. (Lois du 18 juillet 1866, art. 18, et du 19 juillet 1886, art. 2.)

TABLEAU des droits, produits et revenus au profit de l'État

DONT LA PERCEPTION EST AUTORISÉE, POUR 1890, CONFORMÉMENT AUX LOIS EXISTANTES (Suite).

§ 6. — Ressources exceptionnelles.

Remboursement par le gouvernement de l'Uruguay d'une avance faite par l'Etat en 1848. (Loi de finances du 8 août 1885.)

§ 7. — Recettes d'ordre.

1° Recettes en atténuation de dépenses.

Rétributions imposées sur les élèves des établissements d'enseignement supérieur et sur les candidats qui se présentent pour y obtenir des grades, ainsi que sur les candidats au diplôme et au brevet de capacité de l'enseignement secondaire spécial. (Lois des 14 juin 1854 et 31 juillet 1867; décrets des 22 août 1854 et 12 août 1867; arrêté du Gouvernement du 20 prairial an XI, concernant les droits d'examen proprement dits pour les officiers de santé; arrêté du Gouvernement du 25 thermidor an XI, concernant les droits d'examen proprement dits pour les herboristes de 2° classe: règlement d'administration publique du 23 août 1858, concernant le baccalauréat ès sciences restreint exigé des étudiants en médecine; arrêté du 15 février 1859, imposant aux chirurgiens embarqués à bord des navires expédiés pour la pêche à la morue un droit de certificat d'aptitude et de visa dans une école préparatoire; loi de finances du 29 décembre 1873, art. 9, instituant un droit de bibliothèque; règlement d'administration publique du 25 juillet 1874, relatif au baccalauréat ès lettres; règlement d'administration publique du 15 juillet 1875, concernant les aspirants au titre de pharmacien de 2° classe; règlement d'administration publique du 20 juin 1878, concernant les aspirants au doctorat en médecine; règlement d'administration publique du 12 juillet 1878, concernant les aspirants au titre de pharmacien de 1re classe; décret du 14 octobre 1879, relatif au mode de payement des droits de travaux pratiques imposés aux élèves en médecine et en pharmacie par les règlements d'administration publique susvisés; règlement d'administration publique du 3 août 1880, concernant l'examen de validation de stage des pharmaciens; règlement d'administration publique du 3 août 1880, pour l'obtention, devant l'école de plein exercice de médecine et de pharmacie d'Alger, du certificat d'aptitude permettant d'exercer la médecine en territoire indigène; règlements d'administration publique du 8 janvier 1881 et du 14 septembre 1882, pour l'obtention, devant l'école préparatoire à l'enseignement supérieur du droit à Alger, du certificat d'études du droit administratif et de coutumes indigènes et du certificat supérieur d'études de législation algérienne et de coutumes indigènes; règlements d'administration publique du 9 mai 1882 et du 24 août 1885 et du 15 mars 1888, concernant les aspirants au brevet, au diplôme de langue arabe, au brevet de langue kabyle et au diplôme des dialectes berbères délivrés par l'école préparatoire à l'enseignement supérieur des lettres d'Alger; règlement d'administration publique du 8 janvier 1881, réglant à nouveau le mode de perception des droits exigés des aspirants à la licence en droit; règlement d'administration publique du 14 septembre 1882, réglant à nouveau le mode de perception des droits exigés des aspirants au doctorat en droit; décret du 1er août 1883, modifiant la scolarité exigée des aspirants au titre d'officier de santé, et leur imposant, à titre obligatoire, les travaux pratiques dans les conditions précédemment déterminées pour les aspirants au doctorat en médecine; loi de finances du 26 février 1887, rétablissant le droit d'inscription; règlement d'administration publique du 31 mars 1887, réglant à nouveau le mode de perception des droits de bibliothèque et de travaux pratiques dans toutes les facultés et écoles.)

Droit d'examen exigé des candidats au brevet élémentaire ou de second ordre et des candidats au brevet supérieur de premier ordre. (Loi du 26 février 1887.)

Produits universitaires.

TABLEAU des droits, produits et revenus au profit de l'État

DONT LA PERCEPTION EST AUTORISÉE, POUR 1890, COMFORMÉMENT AUX LOIS EXISTANTES (*Suite*).

§ 7. — **Recettes d'ordre** (*suite*).

1° *Recettes en atténuation de dépenses* (Suite).

Produit des amendes et condamnations pécuniaires. { En France. (*Loi du 29 décembre 1873; décrets des 21 avril et 22 octobre 1880.*) / En Algérie. (*Décrets des 17 octobre 1874 et 24 novembre 1881.*)

Retenues et autres produits perçus en exécution de la loi du 9 juin 1853 sur les pensions civiles. (*Loi du 9 juin 1853 et décret du 9 novembre suivant ; loi de finances du 21 mars 1885, art. 9.*)

Retenue de 5 0/0 sur la solde des officiers de l'armée de terre. (*Décret du 25 décembre 1875 et loi du 22 juin 1878.*)

Retenue de 5 0/0 sur la solde des officiers des sapeurs-pompiers de la ville de Paris. (*Idem.*)

Retenues sur la solde et les accessoires de solde du personnel de la marine et des colonies. (*Loi de finances du 22 mars 1885, art. 9 à 11*); contingents coloniaux. (*Sénatus-consulte du 4 juillet 1866, art. 6.*)

Contingent à verser au Trésor par les colonies dont les budgets se règlent en excédent de recette. (*Sénatus-consulte du 3 mai 1854, art. 15.*)

Part de la Cochinchine dans la dépense du câble télégraphique sous-marin du cap Saint-Jacques à Haï-Phong (loi du 22 décembre 1883.)

Bénéfices provenant des gestions intérimaires des trésoreries générales et des recettes des finances.

Pensions et trousseaux des élèves des écoles du Gouvernement. { Écoles militaires. (*Lois des 21 avril 1832 et 24 mai 1834.*) / École navale de Brest. (*Lois des 26 janvier, 3 mai et 5 juin 1850.*) / Autres établissements. (*Loi du 20 juillet 1837 et règlement du 28 novembre 1837.*) / Remboursement du montant de la première mise d'équipement par les vétérinaires quittant le service avant d'avoir accompli leur engagement d'honneur. (*Décret du 14 janvier 1866 et décision ministérielle du 20 juillet 1881.*) / Frais de nourriture du personnel civil employé dans les écoles militaires. (*Décret du 30 mai 1875 et règlement du 15 décembre suivant.*)

Frais de scolarité des médecins élèves du service de santé démissionnaires. (*Décision présidentielle du 5 octobre 1872 et loi de finances du 28 décembre 1880.*)

Retenues pour cause de cumul des fonctionnaires députés. (*Loi du 16 février 1872.*)

Change perçu additionnellement au droit de 1 0/0 en vertu du décret du 26 juin 1878 sur les mandats d'articles d'argent délivrés dans certaines colonies. (Recettes en atténuation des frais de trésorerie.)

2° *Recettes d'ordre proprement dites.*

Portion des dépenses de la garde de Paris remboursée à l'État par la ville de Paris. (*Loi du 2 avril 1849.*)

Contingent des communes dans les frais de police de l'agglomération lyonnaise. (*Loi du 19 juin 1851 et décret du 4 septembre 1851, art. 9; lois des 13 mars 1873 et 8 janvier 1881.*)

Remboursement, par les communes du département de la Seine, des dépenses faites pour leur police municipale. (*Loi du 10 juin 1853; décrets des 17 décembre 1859 et 17 novembre 1862; lois des 30 décembre 1873 et 26 décembre 1879.*)

Remboursement par le Gouvernement beylical des frais du personnel et des frais de justice criminelle de la justice française en Tunisie. (*Lois de finances des 29 décembre 1884 et 26 février 1887.*)

Fonds de concours pour dépenses d'intérêt public. (*Loi du 6 juin 1843, art. 13.*)

Produits accessoires du service de trésorerie. (*Décret du 31 décembre 1881, art. 2.*)

TABLEAU des voies et moyens de l'exercice 1890.

DÉSIGNATION DES PRODUITS	MONTANT DES RECETTES prévues.
	fr.

§ 1er. — IMPOTS DIRECTS

1° CONTRIBUTIONS DIRECTES. (*Fonds généraux.*)   fr.

France.

Contribution foncière. { Propriétés non bâties.. . . . . 118.548.000   fr.
{ Propriétés bâties. 63.450.000
Contribution personnelle-mobilière. 75.055.500
—   des portes et fenêtres. 49.272.900   411.100.800
—   des patentes. 104.150.400
Taxe de premier avertissement (Portion imputable sur les fonds généraux) 624.000

          439.681.300

2° TAXES SPÉCIALES ASSIMILÉES AUX CONTRIBUTIONS DIRECTES (*Fonds généraux*).

Taxe des biens de mainmorte 7.000.000
Redevances des mines 2.400.000
Droit de vérification des poids et mesures 4.655.000
—   —   des alcoomètres 14.000   28.530.500
Droit de visite des pharmacies et magasins de drogueries. . 290.500
Droit d'inspection des fabriques et dépôts d'eaux minérales 18.500
Contribution sur les voitures, chevaux, mules et mulets. . 11.532.500
Taxe sur les billards publics et privés 1.170.000
Taxe sur les cercles, sociétés et lieux de réunion. 1.450.000

3° CONTRIBUTIONS ET TAXES SPÉCIALES EN ALGÉRIE.

Algérie.

Contributions directes. — Patentes. 1.698.500
Taxes spéciales. { Redevances des mines 27.500
{ Droit de vérification des poids et mesures. . 134.600   175.900   8.779.700
{ Droit de visite des pharmacies et magasins de drogueries. 13.800
Contributions arabes — Principal. 6.905.300

TOTAL du § 1er 448.411.000

TABLEAU des voies et moyens de l'exercice 1890 (Suite).

DÉSIGNATION DES PRODUITS		MONTANT DES RECETTES prévues.
		fr.

§ 2. — IMPOTS ET REVENUS INDIRECTS

1° PRODUITS DE L'ENREGISTREMENT.

		fr.	fr.
France	Transmissions entre vifs à titre onéreux.	151.253.700	
	Transmissions entre vifs à titre gratuit	21.109.300	
	Mutations par décès	178.031.900	
	Baux et antichrèses.	7.628.800	
	Adjudications et marchés, obligations, cautionnements et libérations.	40.928.500	
	Condamnations, collocations et liquidations..	3.600.400	
	Droits fixes proprement dits.	35.992.600	
	Droits fixes gradués.	11.156.200	509.104.300
	Droits et demi-droits en sus.	4.018.100	
	Droits de greffe.	8.035.900	
	Droits d'hypothèques.	5.304.200	
	Amendes.	1.316.700	
	Assurances maritimes	244.000	
	Transmissions de titres des sociétés.	39.616.700	
	Perceptions diverses.	867.300	
Algérie	Transmissions entre vifs à titre onéreux.	1.987.300	
	Transmissions entre vifs à titre gratuit.	77.800	
	Baux et antichrèses.	64.800	
	Adjudications et marchés, obligations, cautionnements et libérations	494.200	
	Condamnations, collocations et liquidations.	78.800	
	Droits fixes proprement dits.	635.100	
	Droits fixes gradués.	71.800	3.839.900
	Droits et demi-droits en sus.	44.900	
	Droits de greffe	182.500	
	Droits d'hypothèques	59.800	
	Amendes.	42.900	
	Assurances maritimes	2.000	
	Transmissions de titres des sociétés.	90.000	
	Perceptions diverses	8.000	

Total: 512.944.200

A reporter. 512.944.200

TABLEAU des voies et moyens de l'exercice 1890 (Suite).

DÉSIGNATION DES PRODUITS	MONTANT DES RECETTES prévues
	fr.
Report	512.944.20

§ 2. — IMPOTS ET REVENUS INDIRECTS (Suite).

2° PRODUITS DU TIMBRE.

			fr.	fr.	fr.
France	Timbre débité	de dimension.	55.031.800		
		spécial (mobile). . . . . { Connaissements.	1.469.600		
		Affiches.	1.130.600		
	Timbre extraordinaire et visa.	Actions et obligations et titres de rentes des Gouvernements étrangers	19.713.500		
		Polices d'assurances, bordereaux, affiches, connaissements, etc.	5.952.800		
		Droits d'affichage et passeports.	95.300		
		Permis de chasse.	6.686.500		
	Timbre débité, non sujet aux décimes	proportionnel (effets, etc.).	11.316.500	160.997.400	
		spécial (quittances, reçus et chèques) . .	14.592.800		
	Timbre extraordinaire et visa.	proportionnel. { Rentes des gouvernements étrangers. . . .	2.115.100		
		Crédit foncier, obligations	419.200		
		Effets, warrants, etc.. .	2.891.400		
		Polices d'assurances, abonnements, etc.. .	4.501.500		
		spécial (lettres de voitures, récépissés). .	35.052.400		
		Timbre aux anciens tarifs.	5.500		
		Marques de fabrique.	22.900		165.131.400
Algérie	Timbre débité	du dimension.	2.343.200		
		spécial (mobile). . . . . { Connaissements.	120.700		
		Affiches.	38.900		
	Timbre extraordinaire et visa.	Actions et obligations.	67.000		
		Polices d'assurances, bordereaux, affiches, connaissements, etc.	104.500	4.124.000	
		Droits d'affichage et passeports	13.500		
		Permis de chasse.	140.500		
	Timbre débité, non sujet aux décimes	proportionnel (effets, etc.).	470.900		
		spécial (quittances, reçus et chèques).. .	378.000		
	Timbre extraordinaire et visa.		459.800		
A reporter					678.075.600

TABLEAU des voies et moyens de l'exercice 1890 (Suite).

DÉSIGNATION DES PRODUITS		MONTANT DES RECETTES prévues.
		fr.
Report......................		678.075.600
§ 2. — IMPOTS ET REVENUS INDIRECTS (Suite).		
3° TAXE DE 3 P. 0/0 SUR LE REVENU DES VALEURS MOBILIÈRES	fr.	
Recouvrable par les receveurs de l'enregistrement en France...............	50.424.000	
Recouvrable par les receveurs de l'enregistrement en Algérie..............	197.500	50.621.500
4° PRODUITS DES DOUANES.	fr.	
France — Droits à l'importation (marchandises diverses).......	331.984.000	
Droits de statistique.....................	6.851.400	
Droits de navigation....................	8.402.600	
Autres droits et recettes accessoires............	4.104.100	373.985.500
Amendes et confiscations................	1.140.200	
Taxe de consommation des sels de douanes..........	21.503.200	
Algérie — Droits à l'importation (marchandises diverses).......	5.585.700	384.396.800
Sucres de toute origine................	4.227.000	
Droits de navigation....................	132.800	10.411.300
Autres droits et recettes accessoires............	433.600	
Amendes et confiscations................	32.200	
5° PRODUITS DES CONTRIBUTIONS INDIRECTES ET DES CONTRIBUTIONS DIVERSES		
Contributions indirectes.		
France — Droits sur les boissons — Vins, cidres, poirés et hydromels.....	145.290.500	
Alcools et surtaxe des vins alcoolisés....	244.856.200	
Bières.....................	21.413.200	
Droit de 0 fr. 40 par expédition...............	4.826.000	
Taxe de consommation sur les sels, perçue en dehors du rayon des douanes................	11.254.900	
Droit de fabrication des huiles minérales..........	11.000	
Droit d'entrée sur les huiles végétales et animales....	2.437.800	
Droit de fabrication des stéarines et bougies........	5.272.100	
Droit de consommation des vinaigres et acides acétiques................	2.900.900	
Droit de transport par chemins de fer............	87.093.600	581.394.500
Droit de transport par autres voitures que les chemins de fer................	5.031.600	
Droits divers et recettes à différents titres — Licences (boissons et voitures publiques).....	13.059.400	
Bacs, passages d'eau, pêche, francs-bords, etc...	2.767.000	
Garantie des matières d'or et d'argent........	4.580.500	
Droit de dénaturation des alcools.........	4.028.300	
Timbres de toute espèce.............	9.080.000	
Cartes à jouer.................	2.224.200	
Prélèvement sur les communes pour frais de casernement................	2.204.000	
Amendes, droits sur acquits non rentrés et portion du Trésor dans le prix des tabacs et poudres saisis.	4.315.900	
Autres droits et recettes à différents titres....	5.727.400	
A reporter........	581.394.500	1.113.093.900

TABLEAU des voies et moyens de l'exercice 1890 (Suite).

DÉSIGNATION DES PRODUITS	MONTANT DES RECETTES prévues.
	fr.
Report..................	1.113.093.900
§ 2. — IMPOTS ET REVENUS INDIRECTS (*Suite*).	
Suite du 5°.— PRODUITS DES CONTRIBUTIONS INDIRECTES ET DES CONTRIBUTIONS DIVERSES	
Report.......... 581.394.500	
CONTRIBUTIONS DIVERSES.	582.995.100
Algérie.... Droits de licence sur la fabrication et la vente des boissons. 1.294.400	
Droit de licence sur la fabrication et la vente des tabacs. 118.200	
Droit de garantie des matières d'or et d'argent...... 91.800	
Timbres de toute espèce................. 7.800	
Recouvrement des frais de poursuites.......... 45.900	1.600.900
Prélèvement de 5 0/0 sur le produit des taxes intérieures de l'octroi de mer.................... 38.500	
Amendes et confiscations (produits à répartir)...... 4.200	
Recettes diverses non dénommées ci-dessus....... 400	
6° PRODUITS DES SUCRES	
France ... Douanes..... Sucres coloniaux...................... 34.000.000	
Sucres étrangers.................. 17.000.000	178.700.000
Contributions directes. — Sucres indigènes........... 127.700.000	
Total du paragraphe 2.............	1.874.789.300

TABLEAU des voies et moyens de l'exercice 1890 (Suite).

DÉSIGNATION DES PRODUITS	MONTANT DES RECETTES prévues.
	fr.

§ 3. — PRODUITS DE MONOPOLES ET EXPLOITATIONS INDUSTRIELLES DE L'ÉTAT.

1º PRODUITS RECOUVRÉS PAR LES RECEVEURS DES CONTRIBUTIONS INDIRECTES ET DES CONTRIBUTIONS DIVERSES.

		fr.	fr.	
France . . .	Droits de fabrication des allumettes chimiques..	17.011.500		
	Produit de la vente des tabacs	368.481.400	396.817.000	
	Produit de la vente des poudres à feu.	11.324.100		
Algérie . . .	Produit de la vente des tabacs des manufactures de France	467.900	1.466.700	
	Produit de la vente des poudres à feu.	998.800		398.283.700

2º PRODUITS DES POSTES ET DES TÉLÉGRAPHES.

Produits des postes.

		fr.	
France . . .	Produit de la taxe des lettres, journaux, échantillons et imprimés de toute nature, des valeurs déclarées et cotées. — Soldes des comptes avec les offices étrangers.	141.560.000	
	Droits perçus sur les envois d'argent.	6.619.000	148.321.600
	Droits perçus sur les bons de poste	89.800	
	Recettes diverses et accidentelles.	52.800	
Algérie . . .	Produit de la taxe des lettres, journaux, échantillons et imprimés de toute nature, des valeurs déclarées et cotées.	2.135.800	2.444.300
	Droits perçus sur les envois d'argent	307.700	
	Droits perçus sur les bons de poste.	100	
	Recettes diverses et accidentelles, ...	700	

150.765.900

A reporter.	549.049.600

TABLEAU *des voies et moyens de l'exercice 1890 (Suite).*

DÉSIGNATION DES PRODUITS		MONTANT DES RECETTES prévues.
		fr.
Report.............		549.049.600
§ 3. — PRODUITS DE MONOPOLES ET EXPLOITATIONS INDUSTRIELLES DE L'ÉTAT (Suite).		
Produits des télégraphes.		
France.... — Recettes des bureaux télégraphiques en France......	28.462.900	
Recettes encaissées pour le compte de la France par divers offices étrangers..................	1.450.300	
Produits des réseaux téléphoniques de l'État........	645.000	
Remboursement par les compagnies de chemins de fer des frais de surveillance de leur service télégraphique.	414.900	32.823.000
Remboursement par divers établissements de traitements d'agents du service postal et télégraphique.......	50.900	
Recettes diverses et accidentelles.............	1.799.000	
		34.088.400
Algérie.... — Recettes des bureaux télégraphiques en Algérie......	1.263.700	
Recettes diverses et accidentelles.............	1.700	1.265.400
3° PRODUITS DE DIVERSES EXPLOITATIONS.		
Produit des télégraphes (câble du Tonkin)......................	135.000	
Excédent des recettes sur les dépenses de la fabrication des monnaies et médailles et de l'émission des monnaies de bronze......................	83.200	
Excédent des recettes sur les dépenses de l'Imprimerie nationale.............	183.000	8.704.362
Bénéfices de l'exploitation des chemins de fer de l'État.................	7.350.000	
Produits bruts de l'exploitation en régie des journaux officiels...............	953.162	
TOTAL du § 3....................		591.842.362

TABLEAU des voies et moyens de l'exercice 1890 (Suite).

DÉSIGNATION DES PRODUITS	MONTANT DES RECETTES prévues.
	fr.

§ 4. — PRODUITS ET REVENUS DU DOMAINE DE L'ÉTAT.

1° PRODUITS DU DOMAINE AUTRE QUE LE DOMAINE FORESTIER.

		fr.	fr.	
France	Revenus du domaine autre que les forêts.	2.382.800		
	Recouvrements de rentes et créances	173.000		
	Produits de l'exploitation des établissements régis ou affermés par l'État	1.555.800		
	Produit de la vente des plâtres et estampes provenant des musées.	33.200		
	Produit des ventes effectuées à la manufacture de Sèvres	80.300	14.407.650	
	Aliénations d'objets mobiliers.	5.002.800		
	Aliénations d'immeubles.	1.794.850		
	Successions en déshérence, épaves et biens vacants . . .	1.330.300		16.535.256
	Produit de l'aliénation des terrains provenant des fortifications de Lyon.	2.000.000		
	Produit de l'ancien pénitencier de Casabianda (Corse). .	54.600		
Algérie	Produit du domaine autre que les forêts.	928.500		
	Produits des biens des corporations.	25.000		
	Recouvrements de rentes et créances.	201.100		
	Produits de l'exploitation des établissements régis ou affermés par l'État	90.100	2.127.600	
	Redevances pour concessions de chutes d'eau.	28.900		
	Aliénations d'objets mobiliers.	257.000		
	Aliénations d'immeubles.	551.900		
	Successions en déshérence, épaves et biens vacants. . .	45.100		

2° PRODUITS DES FORÊTS.

France	Produits des coupes de bois.	21.762.500		
	Produits accessoires	2.824.900		
	Contributions des communes et établissements publics pour frais de régie de leurs bois.	1.005.200	25.614.300	
	Valeur des bois cédés directement aux arsenaux de la guerre et de la marine	21.700		26.171.100
Algérie	Produits des coupes de bois.	205.500		
	Produits accessoires	157.100		
	Location du droit de chasse.	7.900	556.800	
	Recouvrements divers.	1.000		
	Valeur des anciennes concessions de chênes-liège	185.300		

	ToTAL du § 4.			42.706.356

TABLEAU des voies et moyens de l'exercice 1890 (Suite).

DÉSIGNATION DES PRODUITS	MONTANT DES RECETTES prévues.
	fr.
§ 5. — PRODUITS DIVERS DU BUDGET.	
Produits des chancelleries diplomatiques et consulaires	1.057.000
Taxes des brevets d'invention	2.380.650
Produit de la rente de l'Inde	741.240
Bénéfices réalisés par la Caisse des dépôts et consignations	3.000.000
Versements des engagés conditionnels d'un an	4.702.500
Remboursement des frais de personnel des établissements thermaux affermés	9.500
Produit de la vente des publications du Gouvernement	205.795
Produit du concours général d'animaux de boucherie	67.344
Revenus ordinaires de l'Académie de France à Rome	4.266
Produit des cessions de transports faits par l'artillerie dans les colonies	95.600
Produit du travail des détenus dans les ateliers et pénitenciers militaires	507.200
Produit des maisons centrales de force et de correction et établissements assimilés	4.444.300
Produit du travail des condamnés transportés à la Guyane et à la Nouvelle-Calédonie (30 0/0)	117.000
Intérêts d'une somme due par le Mont-de-Milan	250.000
Restitutions au Trésor	23.512
Dépôts d'argent non réclamés aux caisses des agents des postes	265.000
Valeurs du Trésor restant à rembourser depuis plus de cinq ans	312.322
Redevance de la vallée d'Andorre	960
Reversements de fonds sur les dépenses des Ministères	2.944.912
Recouvrements poursuivis par l'agent judiciaire du Trésor { Recettes sur débets non compris dans l'actif de l'administration des finances	380.000
Intérêts et frais provenant de prêts faits à l'industrie	35.000
Recettes accidentelles à différents titres	1.120.797
Recettes et produits accidentels spéciaux à l'Algérie	56.900
Produit des expéditions des archives de la République	1.666
Remboursement des frais de contrôle et de surveillance des chemins de fer en France	4.032.470
Remboursement des frais de contrôle et de surveillance des chemins de fer en Algérie	299.420
Remboursement des frais de contrôle et de surveillance des chemins de fer aux colonies	26.420
Remboursement des frais de contrôle et de surveillance des tramways	15.000
Remboursement des frais de surveillance de Sociétés et établissements divers dépendant des Ministères. { de la Guerre	9.020
du Commerce et de l'Industrie	29.500
de l'Agriculture	14.900
des Travaux publics	14.800
Prix des insignes de l'ordre du Mérite agricole	5.700
Valeur des fers confectionnés par l'école de maréchalerie de Saumur	10.000
Produits de locations et d'aliénations de domaines de l'État à la Nouvelle-Calédonie	10.000
Droit d'inscription des courtiers de commerce	23.500
Annuité payée par le gouvernement grec pour le remboursement de la portion garantie par la France dans l'emprunt de 1833	200.000
Total du § 5	27.414.194

TABLEAU des voies et moyens de l'exercice 1890 (Suite).

DÉSIGNATION DES PRODUITS			MONTANT DES RECETTES prévues.
			fr.
§ 6. — RESSOURCES EXCEPTIONNELLES.			
Remboursement par le Gouvernement de l'Uruguay d'une avance faite par l'État en 1848			766.945
TOTAL du § 6.			766.945
§ 7. — RECETTES D'ORDRE.			
1° RECETTES EN ATTÉNUATION DE DÉPENSES.		fr.	
Produits universitaires		5.551.432	
Produit des amendes et condamnations pécuniaires. . . . . { France. . . 7.529.915 { Algérie. . . 817.454 }		8.347.369	
Retenues et autres produits perçus en exécution de la loi du 9 juin 1853 sur les pensions civiles		24.523.351	
Retenues sur la solde des officiers de l'armée de terre		5.000.000	
Retenues sur la solde des officiers de sapeurs-pompiers de la ville de Paris.		10.885	56.481.028
Retenues sur la solde et les accessoires de solde du personnel de la marine et des colonies		3.238.448	
Contingents coloniaux (art. 6 du sénatus-consulte du 4 juillet 1866).		691.110	
Part de la Cochinchine dans les dépenses du câble du Tonkin		150.000	
Bénéfices provenant des gestions intérimaires des trésoreries générales et des recettes des finances.		17.000	
Pensions et trousseaux des élèves des écoles du Gouvernement		2.278.553	
Frais de scolarité des médecins élèves du service de santé démissionnaires, et remboursement des premières mises allouées aux vétérinaires		880	
Retenues pour cause de cumul des fonctionnaires députés		72.000	
Recettes en atténuation des dépenses de la dette flottante		6.600.000	
2° RECETTES D'ORDRE PROPREMENT DITES.			
Portion des dépenses de la garde de Paris remboursée à l'État par la ville de Paris		2.644.161	
Contingent des communes dans les frais de police de l'agglomération lyonnaise		440.780	
Remboursement, par les communes du département de la Seine, des dépenses faites pour leur police municipale		654.700	4.005.941
Remboursement par le Gouvernement beylical des frais de personnel et des frais de justice criminelle de la justice française en Tunisie		266.300	
Fonds de concours pour dépenses d'intérêt public		Mémoire.	
Produits accessoires du service de trésorerie		Idem.	
TOTAL du § 7.			60.486.969

RÉCAPITULATION.

§ 1er. — Impôts directs	448.411.000		
§ 2 — Impôts et revenus indirects	1.874.789.300		2.323.200.800
§ 3 — Produits de monopoles et exploitations industrielles de l'État			591.842.362
§ 4 — Produits et revenus du domaine de l'État			42.706.850
§ 5 — Produits divers du budget			27.414.194
TOTAL			2.985.163.206
§ 6 — Ressources exceptionnelles			766.945
§ 7 — Recettes d'ordre			60.486.969
TOTAL GÉNÉRAL des voies et moyens ordinaires de l'exercice 1890			3.046.417.120

TITRE II

BUDGET

DES DÉPENSES SUR RESSOURCES EXTRAORDINAIRES

BUDGET DES DÉPENSES sur ressources extraordinaires
de l'exercice 1890.

TABLEAU PAR CHAPITRES DES DÉPENSES EXTRAORDINAIRES.

CHAPITRES spéciaux.	DÉSIGNATION DES SERVICES	MONTANT DES CRÉDITS accordés.
		fr.
	MINISTÈRE DE LA GUERRE	
14	Équipage de campagne	17.560.000
15	Armement des places	6.000.000
16	Armement des côtes	8.800.000
17	Équipages de siège	3.000.000
18	Armes portatives	49.100.000
19	Munitions	23.000.000
20	Dépenses diverses	500.000
20 bis	Bâtiments et machines	6.000.000
21	Places de la frontière du Nord	3.000.000
22	Frontière de l'Est	8.000.000
23	Frontière du Sud-Est	3.000.000
24	Ports et embouchures	3.000.000
25	Magasins à poudre	6.000.000
26	Améliorations, procès, transports	600.000
27	Bâtiments militaires	6.000.000
28	Chemins de fer	3.800.000
29	Service de santé	2.145.000
30	Subsistances	3.613.000
31	Télégraphie militaire et aérostation	850.000
32	Cavalerie	95.000
33	Service géographique	70.000
	TOTAL du budget extraordinaire	154.073.000

TITRE III

BUDGET

DES DÉPENSES SUR RESSOURCES SPÉCIALES

DE L'EXERCICE 1890.

BUDGET DES DÉPENSES sur ressources spéciales de l'exercice 1890.

TABLEAU DES DROITS, PRODUITS ET REVENUS DONT LA PERCEPTION EST AUTO-
RISÉE POUR 1890, CONFORMÉMENT AUX LOIS EXISTANTES, AU PROFIT DES
DÉPARTEMENTS, DES COMMUNES, DES ÉTABLISSEMENTS PUBLICS ET DES COMMU-
NAUTÉS D'HABITANTS DÛMENT AUTORISÉES.

Droits de péage qui seraient établis: 1° conformément à la loi du 14 floréal an X (4 mai 1802), pour concourir à la construction ou à la réparation des ponts, écluses ou ouvrages d'art à la charge de l'État, des départements ou des communes; 2° conformément à la loi du 24 mai 1834, pour correction de rampes sur les routes nationales ou départementales.

Allocations accordées aux officiers et maîtres de port en vertu des règlements particuliers des ports, homologués par le Ministre des Travaux publics. (Art. 3 du décret du 15 juillet 1854).

Droits de tonnage établis par application de l'article 4 de la loi du 19 mai 1866, pour subvenir aux travaux d'amélioration des ports maritimes de commerce ou en vertu de lois spéciales.

Taxes de péage établies sur les voyageurs, en vertu des lois des 1er et 3 septembre 1884, pour subvenir aux travaux d'amélioration des ports maritimes de commerce.

Taxes ou cotisations imposées pour subvenir aux dépenses des associations syndicales organisées en vertu des lois des 14 floréal an XI, 16 septembre 1807 et 21 juin 1865.

Taxes imposées pour subvenir aux dépenses intéressant la communauté des marchands de bois à ouvrer, pour l'approvisionnement de Paris, et dont le tarif est fixé chaque année par un décret spécial. (Sentence du Bureau de l'Hôtel-de-Ville du 5 octobre 1772.)

Rétributions imposées sur les élèves des écoles de plein exercice de médecine et de pharmacie, sur les élèves des écoles préparatoires de médecine et de pharmacie et des écoles préparatoires à l'enseignement supérieur des sciences et des lettres, et sur les candidats qui se présentent pour y obtenir des grades; sauf les examens de fin d'année des aspirants au titre d'officier de santé, qui sont gratuits en vertu du règlement du 12 mars 1841, tous les droits sont les mêmes que dans les facultés et écoles supérieures de pharmacie. (Voir les lois et règlements indiqués dans l'état G, au paragraphe: Produits universitaires.)

Rétributions pour frais de visite des aliénés placés volontairement dans les établissements privés. (Art. 9 de la loi du 30 juin 1838 et 29 de la loi du 25 juin 1841.)

Droits d'octroi, droits de pesage, mesurage et jaugeage. (Loi du 5 avril 1884.)

Droits de voirie dont les tarifs ont été approuvés par le Gouvernement, sur la demande et au profit des communes. (Loi du 5 avril 1884.)

Dixième des billets d'entrée dans les spectacles et les concerts quotidiens. (Loi du 7 frimaire an V [27 novembre 1796] et art. 9 de la loi du 16 juin 1854.)

Cinq pour cent sur la recette brute des concerts non quotidiens. (Loi de finances du 3 août 1875, art. 23.)

Quart de la recette brute dans les lieux de réunion ou de fête où l'on est admis en payant. (Loi du 8 thermidor an V [26 juillet 1795].)

Produit du travail des condamnés transportés à la Guyane et à la Nouvelle-Calédonie (70 0/0). (Lois de finances des 3 août 1875 et 21 mars 1885.)

Droits de conditionnement et de titrage des soies, des laines et des cotons, perçus en vertu des décrets qui autorisent l'établissement de bureaux publics pour ces opérations : (Lyon, 23 germinal an XIII, 2 janvier 1809, 5 avril 1813, 17 mars 1819, 18 août 1820, 9 avril 1850 et 12 décembre 1880. — 22 juin 1855, 15 juin 1856, modifié par ceux du 12 avril 1872, 24 juin 1873, 27 octobre 1883 et 29 mars 1885 ; — Avignon : 13 fructidor an XIII; — Saint-Étienne : 15 janvier 1808 modifié par celui du 7 mai 1874; — Paris : 2 mai 1853, 7 juillet 1861 ; — Reims : 20 juillet 1858; — Privas : 26 novembre 1856 ; — Marseille : 15 juillet 1858 ; — Aubenas : 11 août 1860 ; — Roubaix : 15 janvier 1852, 18 septembre 1865 ; — Valence : 8 décembre 1862 ; — Tourcoing . 11 février 1863, 18 septembre 1865, 10 janvier 1866 ; — Amiens : 20 octobre 1863 ; 13 juillet 1886; — Fourmies : 10 juillet 1879.)

Taxes perçues au profit des communes pour les dépôts des dessins et modèles industriels. (Art. 19 de la loi du 18 mars 1806.)

BUDGET DES DÉPENSES sur ressources spéciales de l'exercice 1890 (Suite).

Droits de place perçus dans les halles, foires, marchés, abattoirs, d'après les tarifs dûment autorisés. (*Loi du 5 avril 1884.*)

Droit de stationnement et de location sur la voie publique, sur les ports et rivières et autres lieux publics. (*Loi du 5 avril 1884.*)

Taxes perçues à raison des services rendus pour l'exploitation des ports de mer, des fleuves et rivières navigables ou des canaux, par les départements, les villes, les Chambres de commerce, les établissements publics et les particuliers à ce autorisés par des décrets rendus en Conseil d'Etat.

Prix de la vente exclusive, au profit de la caisse des Invalides de la marine, des feuilles de rôle d'équipage des bâtiments de commerce, d'après le tarif de *l'article 11 de la loi de finances du 21 mars 1885.*

Droits d'inhumation et de concessions de terrains dans les cimetières. (*Décrets organiques du 23 prairial an XII [12 juin 1864] et du 18 août 1841*) ;

Prélèvement de un pour cent sur le montant des travaux publics adjugés dans la ville de **Paris** et sa banlieue, affecté à la dotation des asiles de Vincennes et du Vésinet (*Décret du 8 mars 1855*) ;

Centimes additionnels au principal des contributions directes établies en Algérie, perçus au profit des départements et des communes (*décret du 23 septembre 1875* ; *lois des 5 avril et 23 décembre 1884*) ; 5/10 du produit des impôts arabes attribués aux départements (*décrets du 25 août 1852, 1er décembre 1858, 24 septembre 1861 et 22 octobre 1875*).

Produits affectés au service de l'assistance hospitalière en Algérie. — Décime au principal des impôts et produits dont le recouvrement est confié à l'Administration de l'enregistrement et du timbre et qui, en France, sont passibles de décimes. (*Loi du 29 juillet 1882.*) — Recouvrement de la contribution de guerre de 1871. (*Loi du 12 avril 1880.*) — Part contributive des communes dans les dépenses du service médical de colonisation. (*Décision du Gouverneur général de l'Algérie du 27 juillet 1877.*)

BUDGET DES DÉPENSES sur ressources spéciales de l'exercice 1890.

TABLEAU DES VOIES ET MOYENS

DÉSIGNATION DES PRODUITS		MONTANT DES RECETTES prévues.
	fr.	fr.
§ 1er. — IMPOTS DIRECTS *Contributions directes* (Fonds spéciaux).		
Fonds pour dépenses départementales.	178.528.880	
Fonds pour dépenses communales.	187.183.305	
Fonds pour secours spéciaux à l'agriculture	2.461.480	
Fonds de non-valeurs.	18.070.442	388.771.567
Fonds de réimpositions.	2.073.500	
Fonds pour frais de confection de rôles spéciaux d'impositions extraordinaires	20.200	
Portion de la taxe de premier avertissement imputable sur les fonds spéciaux	433.760	
Taxes spéciales assimilées aux contributions directes (Fonds spéciaux).		
Frais de premier avertissement de la taxe des biens de mainmorte.	7.000	
Frais de premier avertissement des redevances des mines.	70	
Contribution sur les voitures, chevaux, mules et mulets. — Fonds du vingtième attribué aux communes sur le principal de la contribution.	605.000	
Fonds de non-valeurs (5 centimes par franc du principal)	605.000	1.235.000
Portion de la taxe de premier avertissement (2/5es).	25.000	1.246.980
Frais de premier avertissement de la taxe sur les billards.	4.650	
Frais de premier avertissement de la taxe sur les abonnés des cercles, sociétés et lieux de réunion	260	
Contributions directes en Algérie.		
Contributions foncières sur les propriétés bâties (centimes additionnels ordinaires et extraordinaires et centimes pour fonds de non-valeurs (*loi du 23 décembre 1884*).		1.355.600
Contributions arabes.		
Centimes additionnels affectés au service de l'assistance hospitalière en Algérie.	807.800	
Dixième du principal des impôts arabes attribué aux chefs collecteurs.	1.401.400	2.209.200
À reporter		393.583.347

BUDGET DES DÉPENSES sur ressources spéciales
de l'exercice 1890 (Suite.)
TABLEAU DES VOIES ET MOYENS (*Suite*).

DÉSIGNATION DES PRODUITS	MONTANT DES RECETTES prévues.
	fr.
Report.	393.583.347
§ 2. — IMPOTS INDIRECTS	
Enregistre-ment. { Décime sur le principal des droits d'enregistrement établi par la loi du 29 juillet 1882, au profit du service de l'assistance hospitalière en Algérie.	363.780
§ 3. — PRODUITS DIVERS	
	fr.
Produits affectés aux dépenses ordinaires des départements. — Produits éventuels ordinaires. { propres aux départements. . . . . . 18.479.880 } subventions de l'Etat (loi du 10 août 1871). . . . . 3.600.000 } 57.203.280 — Ressources éventuelles du service vicinal. . . . . 35.123.400 }	
Produits affectés aux dépenses extraordinaires des départements. . . . . { Produits des emprunts départementaux. 21.369.700 } Produits éventuels extraordinaires. . . . . 1.638.500 } 23.008.200 } 80.561.480	80.561.480
Produits affectés aux dépenses de l'instruction publique. . { Ressources spéciales pour dépenses des écoles normales primaires. . . . . 156.000 } Produits divers spéciaux applicables à l'instruction publique. 200.000 } 350.000	
Produits spéciaux affectés au service de l'assistance hospitalière en Algérie.	718.699
Transportation. — Produit du travail des condamnés (70 pour 100).	273.000
Produit de la taxe sur les vignobles de l'Algérie. (Lois des 21 mars 1883, 28 juillet 1886 et 5 mars 1887.).	171.805
TOTAL des ressources spéciales de l'exercice 1890.	475.672.106

BUDGET DES DÉPENSES *sur ressources spéciales de l'exercice 1890.*
TABLEAU, PAR CHÂPITRES, DES DÉPENSES SPÉCIALES

CHÂPITRES spéciaux.	MINISTÈRES ET SERVICES	MONTANT DES CRÉDITS accordés.
		fr.
	MINISTÈRE DES FINANCES	
1	Rôles spéciaux. — Frais d'impression et de confection.	20.200
2	Avertissements. — Frais d'impression et d'expédition	17.844
3	Frais de distribution de premier avertissement.	452.896
4	Frais d'arpentage et d'expertise (cadastre).	61.600
5	Attribution aux chefs collecteurs du 10e du principal de l'impôt arabe. . .	1.401.400
6	Restitutions sur contributions directes	187.788.305
7	Dégrèvements, non-valeurs et frais de rôles	20.748.942
	TOTAL.	210.491.187
	MINISTÈRE DE L'INTÉRIEUR	
	1re Section. — Service du Ministère de l'Intérieur.	
1	Dépenses ordinaires des départements	148.997.700
2	Dépenses extraordinaires des départements.	94.263.200
	TOTAL	243.260.900
	2e Section. — Service du Gouvernement général de l'Algérie.	
1	Restitution et non-valeurs sur la contribution foncière établie sur les propriétés bâties en Algérie (loi du 23 décembre 1884).	1.355.600
2	Service de l'assistance hospitalière en Algérie.	1.890.279
	TOTAL.	3.245.879
	À reporter	456.997.966

BUDGET DES DÉPENSES sur ressources spéciales de l'exercice 1890.

TABLEAU, PAR CHAPITRES, DES DÉPENSES SPÉCIALES

CHAPITRES spéciaux.	MINISTÈRES ET SERVICES	MONTANT DES CRÉDITS accordés.
		fr.
	Report.	456.997.966
	MINISTÈRE DE L'INSTRUCTION PUBLIQUE ET DES BEAUX-ARTS	
1	Dépenses de l'instruction primaire imputables sur les fonds départementaux.	15.617.860
2	Dépenses de l'instruction primaire imputables sur les produits spéciaux des écoles normales primaires	150.000
	TOTAL.	15.767.860
	MINISTÈRE DU COMMERCE, DE L'INDUSTRIE ET DES COLONIES	
	3e Section. — Service des colonies.	
Unique.	Transportation. — Travail des condamnés. — Salaires	273.000
	MINISTÈRE DE L'AGRICULTURE	
	Service général.	
1	Secours spéciaux pour pertes matérielles et événements malheureux	2.461.480
	Service du Gouvernement général de l'Algérie.	
2	Frais de visite des vignobles en Algérie, en exécution des lois des 21 mars 1883, 28 juillet 1886 et 5 mars 1887. — Taxe spéciale et temporaire sur les vignes	171.800
	TOTAL.	2.633.280
	TOTAL GÉNÉRAL des dépenses sur ressources spéciales de l'exercice 1890.	475.672.106

TITRE IV

BUDGETS ANNEXES

RATTACHÉS POUR ORDRE AU BUDGET GÉNÉRAL

DE L'EXERCICE 1890.

BUDGETS ANNEXES rattachés pour ordre

TABLEAU DES RECETTES

CHAPITRES spéciaux.	RECETTES	MONTANT DES RECETTES PRÉVUES	
		par chapitres.	par services.
		fr.	fr.
	MINISTÈRE DES FINANCES		
	FABRICATION DES MONNAIES ET MÉDAILLES.		
1	Prélèvements pour frais de fabrication des monnaies	100.000	
2	Produit des tolérances en faible sur le titre et le poids des monnaies.	3.000	
3	Produit de la vente des médailles. . . { Prix de la matière	1.000.000	
4	Frais de fabrication des médailles d'or et d'argent.	190.000	
5	Jetons et médailles de bronze..	73.000	
6	Recettes accessoires	60.000	1.658.100
7	Produit de poinçons de garantie remboursés par l'administration des contributions indirectes.	25.000	
8	Droits d'essai. — Droit sur les certificats délivrés aux essayeurs de commerce	1.100	
9	Produit *brut* de l'émission des monnaies de bronze.	200.000	
10	Recettes accidentelles..	6.000	
	A reporter	. . . .	1.658.100

au BUDGET GÉNÉRAL de l'exercice 1890.
ET DES DÉPENSES

CHAPITRES spéciaux.	DÉPENSES	MONTANT DES CRÉDITS ACCORDÉS	
		par chapitres.	par services.
		fr.	fr.

MINISTÈRE DES FINANCES

FABRICATION DES MONNAIES ET MÉDAILLES

1º *Service administratif :*

1	Personnel du service administratif	63.000	
2	Matériel du service administratif	37.000	112.800
3	Dépenses diverses du service administratif	12.800	

2º *Service d'exploitation :*

4	Dépenses fixes d'administration et d'exploitation	160.100	
5	Dépenses d'exploitation non susceptibles d'une évaluation fixe	88.000	
6	Dépenses éventuelles	4.000	
7	Dépenses d'ordre. (Achat d'or et d'argent pour la fabrication des médailles)	1.000.000	1.545.300
8	Service des monnaies de bronze	60.000	
9	Circulation monétaire (Frais d'entretien des monnaies courantes)	150.000	
10	Excédent des recettes sur les dépenses à verser au Trésor	83.200	

A reporter..........   1.658.100

Total par services: 1.658.100

BUDGETS ANNEXES rattachés pour ordre

TABLEAU DES RECETTES

CHAPITRES spéciaux.	RECETTES	MONTANT DES RECETTES PRÉVUES	
		par chapitres.	par services.
		fr.	fr.
	Report.	. . . .	1.658.100
	MINISTÈRE DE LA JUSTICE		
	IMPRIMERIE NATIONALE		
1	Produit des impressions diverses.	9.023.500	
2	Produit du *Bulletin des lois*, des Codes et ouvrages.	39.000	
3	Produit du *Bulletin des arrêts de la Cour de cassation*	1.000	
4	Produit des fournitures de journaux à souche.	83.000	9.307.500
5	Produit de la retenue de 1 0/0 sur fournitures diverses	36.000	
6	Produit des recettes diverses.	125.000	
	LÉGION D'HONNEUR		
1	Arrérages de rentes 4 1/2 pour 100 sur le grand-livre de la dette publique.	6.217.151	
2	Supplément à la dotation	10.204.706	
3	Intérêts des actions sur les canaux d'embranchement du canal du Midi.	900	
4	Remboursement, par les membres de la Légion d'honneur et par les médaillés militaires, du prix de leurs décorations et médailles.	80.000	
5	Produit des brevets de nomination et de promotion dans l'Ordre. — Droits de chancellerie pour port de décorations étrangères	160.000	
6	Rentes données en remplacement des anciens chefs-lieux de cohortes. . . .	14.843	16.806.600
7	Versements par les titulaires de majorats.	3.000	
8	Produits du domaine d'Ecouen.	6.000	
9	Pensions des élèves pensionnaires de la maison de Saint-Denis et trousseaux des élèves pensionnaires et des élèves gratuites.	57.000	
10	Pensions et trousseaux des élèves des succursales	20.000	
11	Versements faits dans la caisse de l'Ordre à charge de restitution.	10.000	
12	Produits divers	5.000	
13	Avances à faire à la Légion d'honneur par la Caisse des dépôts et consignations pour le payement des pensions viagères concédées en vertu de la loi du 5 mai 1869	28.000	
	A reporter.	. . . .	27.772.200

au BUDGET GÉNÉRAL de l'exercice 1890.

ET DES DÉPENSES *(Suite).*

ᴰ HAPITRES spéciaux	DÉPENSES	MONTANT DES CRÉDITS ACCORDÉS	
		par chapitres.	par services.
		fr.	fr.
	Report. . . .	. . . .	1.658.100
	MINISTÈRE DE LA JUSTICE		
	IMPRIMERIE NATIONALE		
1	Dépenses fixes d'administration et d'exploitation	536.000	
2	Dépenses d'exploitation non susceptibles d'une évaluation fixe.	8.578.500	9.307.500
3	Dépenses éventuelles.	10.000	
4	Excédent des recettes sur les dépenses à verser au Trésor.	183.000	
	LÉGION D'HONNEUR		
1	Grande chancellerie. — Personnel.	233.800	
2	Grande chancellerie. — Matériel	55.500	
3	Traitements et suppléments de traitement des membres de l'Ordre. . . .	10.005.050	
4	Secours aux membres de l'Ordre, à leurs veuves et à leurs orphelins. . . .	51.000	
5	Traitements des médaillés militaires.	5.037.800	
6	Maison d'éducation de Saint-Denis. — Personnel	170.825	
7	Maison d'éducation de Saint-Denis. — Matériel.	424.200	
8	Succursale d'Ecouen. — Personnel.	71.150	
9	Succursale d'Ecouen. — Matériel	208.000	
10	Succursale des Loges. — Personnel	59.600	
11	Succursale des Loges. — Matériel.	183.900	
12	Secours aux élèves..	4.000	16.806.600
13	Frais relatifs au domaine d'Ecouen	5.775	
14	Travaux extraordinaires. — Gratifications aux employés. — Dépenses diverses	12.000	
15	Prix de décorations et médailles	80.000	
16	Prix de brevets et ampliations de décrets relatifs au port de décorations étrangères. — Distribution, à titre de secours, aux membres de l'Ordre et à leurs orphelines, de l'excédent du produit des brevets et des droits de chancellerie.	160.000	
17	Subventions supplémentaires aux anciens militaires de l'armée de terre mis à la retraite de 1814 à 1864.	6.000	
18	Remboursements de sommes versées à charge de restitution.	10.000	
19	Pensions viagères concédées en vertu de la loi du 5 mai 1869	28.000	
20	Dépenses des exercices périmés non frappées de déchéance..	Mémoire.	
21	Dépenses des exercices clos	Idem.	
	A reporter	. . . .	27.772.200

BUDGETS ANNEXES *rattachés pour ordre*
TABLEAU DES RECETTES

CHAPITRES spéciaux.	RECETTES	MONTANT DES RECETTES PRÉVUES	
		par chapitres.	par services.
		fr.	fr.
	Report	. . . .	27.772.200
	MINISTÈRE DE LA MARINE		
	CAISSE DES INVALIDES DE LA MARINE		
1	Versements de 5 pour 100 de leurs émoluments par les officiers des différents corps de la marine naviguant à bord des navires du commerce ou secondant des entreprises industrielles se reliant à la marine. . . . , ...	16.000	
2	Retenues sur les salaires des marins du commerce.	1.960.000	
3	Décomptes des déserteurs.	15.000	
4	Droits sur les prises	1.000	
5	Arrérages des inscriptions de rentes sur l'Etat appartenant à la Caisse des invalides	4.651.230	14.427.633
6	Produit de la vente des feuilles de rôles d'équipage des bâtiments de commerce.	40.000	
7	Recettes diverses.	77.600	
8	Subvention du département de la marine	7.726.803	
	MINISTÈRE DU COMMERCE, DE L'INDUSTRIE ET DES COLONIES		
	ÉCOLE CENTRALE DES ARTS ET MANUFACTURES		
1	Produit des bourses accordées par l'État.	60.000	
2	Produit des bourses accordées par les départements et les communes. . . .	23.000	
3	Produit des pensions.	520.000	
4	Droits de concours et d'examen de sortie pour l'obtention du diplôme. . . .	18.000	642.000
5	Rentes sur l'Etat provenant de fondations spéciales.	4.000	
6	Recettes éventuelles. — Produits des détériorations imputables aux élèves.	11.000	
7	Recettes extraordinaires. Intérêts servis par la Caisse des dépôts et consignations et produits divers..	6.000	
8	Recettes sur exercices clos	Mémoire	
	A reporter	. . . .	42.841.833

au **BUDGET GENERAL** *de l'exercice 1890.*
ET DES DÉPENSES *(Suite).*

CHAPITRES spéciaux.	DÉPENSES	MONTANT DES CRÉDITS ACCORDÉS	
		par chapitres.	par services.
		fr.	fr.
	Report.	. . . .	27.772.200
	MINISTERE DE LA MARINE		
	CAISSE DES INVALIDES DE LA MARINE		
1	Demi-soldes et pensions qui en dérivent (lois des 13 mai 1792, 11 avril 1881 et 8 août 1885).	12.625.000	
2	Fonds annuel de secours et gratifications renouvelables. . . , ...	1.105.000	
3	Remboursements sur anciens dépôts provenant de solde, de parts de prises, de naufrages, etc.	160.000	14.427.633
4	Dépenses diverses et remboursements de trop-perçus, etc.	111.433	
5	Frais d'administration et de trésorerie.	426.200	
6	Dépenses des exercices clos.	Mémoire.	
	MINISTÈRE DU COMMERCE, DE L'INDUSTRIE ET DES COLONIES		
	ÉCOLE CENTRALE DES ARTS ET MANUFACTURES		
1	Personnel.	435.500	
2	Matériel.	176.000	642.000
3	Dépenses des exercices clos.	Mémoire.	
4	Versement à la réserve.	30.500	
	A reporter.	. . . .	42.841.833

BUDGETS ANNEXES *rattachés pour ordre*
TABLEAU DES RECETTES

CHAPITRES spéciaux.	RECETTES	MONTANT DES RECETTES PRÉVUES	
		par chapitres.	par services.
		fr.	fr.
	Report............	....	42.841.833
	MINISTÈRE DU COMMERCE, DE L'INDUSTRIE ET DES COLONIES (*Suite*).		
	CAISSE NATIONALE D'ÉPARGNE		
1	Arrérages des valeurs de l'État achetées par la Caisse des dépôts et consignations pour le compte de la Caisse nationale d'épargne.........	10.392.000	
2	Intérêts du fonds de réserve conservé en compte courant par la Caisse des dépôts et consignations........................	1.625.000	12.055.000
3	Produits de la dotation de la Caisse nationale d'épargne...........	37.500	
4	Recettes diverses et accidentelles, dons, legs, etc., en faveur de la Caisse nationale d'épargne........................	500	
	A reporter.....................	......	54.896.833

au BUDGET GÉNÉRAL *de l'exercice 1890* (Suite).

ET DES DÉPENSES

CHAPITRES spéciaux.	DÉPENSES	MONTANT DES CRÉDITS ACCORDÉS	
		par chapitres.	par services.
		fr.	fr.
	Report.	. . . .	42.841.833
	MINISTÈRE DU COMMERCE, DE L'INDUSTRIE ET DES COLONIES (*Suite*).		
	CAISSE NATIONALE D'ÉPARGNE		
1	Intérêts à servir aux déposants.	9.330.000	
2	Dépenses de personnel.	1.589.200	
3	Dépenses de matériel.	338.250	
4	Dépenses diverses et accidentelles.	30.000	12.055.000
5	Excédent des recettes sur les dépenses à attribuer au compte de la dotation (art. 16 de la loi du 9 avril 1881)	767.550	
6	Dépenses d'exercices clos.	Mémoire.	
	A reporter.	. . . .	54.896.833

TABLEAU des recettes et des dépenses des budgets annexes

CHAPITRES spéciaux	RECETTES	MONTANT DES RECETTES PRÉVUES	
		par chapitre	par service
	Report.	. . . .	54.896.833
	MINISTÈRE DU COMMERCE, DE L'INDUSTRIE ET DES COLONIES (*Suite.*)		
	CHEMIN DE FER ET PORT DE LA RÉUNION		
1	Recettes d'exploitation	1.325.000	
2	Subvention du Ministère du Commerce, de l'Industrie et des Colonies. . . .	2 700.000	4.185.000
3	Subvention de la colonie. (Art. 14 du cahier des charges du 27 novembre 1875 annexé à la convention du 19 février 1877.).	160.000	
	A reporter..	. . . .	59.081.833

rattachés pour ordre au budget de l'exercice 1890. (Suite.)

CHAPITRES spéciaux	DÉPENSES	MONTANT DES CRÉDITS ACCORDÉS	
		par chapitre	par service
	Report.	. . . .	54.896.833
	MINISTÈRE DU COMMERCE, DE L'INDUSTRIE ET DES COLONIES *(Suite.)*		
	CHEMIN DE FER ET PORT DE LA RÉUNION		
1	Services des obligations garanties	2.495.000	
2	Dépenses de la direction générale de l'exploitation.	94.000	
3	Chemin de fer.	734.000	
4	Port.	372.000	4.185.000
5	Services accessoires.	40.000	
6	Dépenses de parachèvement.	300.000	
7|	Annuité pour rachat des marines.	150.000	
	A reporter.	. . . .	59.081.833

BUDGETS ANNEXES rattachés pour ordre
TABLEAU DES RECETTES

CHAPITRES spéciaux	RECETTES	MONTANT DES RECETTES PRÉVUES	
		par chapitres.	par services.
		fr.	fr.
	Report.	. . . .	59.081.833
	MINISTERE DES TRAVAUX PUBLICS		
	CHEMINS DE FER DE L'ÉTAT		
1	Grande vitesse	13.345.600	
2	Petite vitesse	19.154.400	34.800.00
3	Recettes en dehors du trafic.	300.000	
	TOTAL GÉNÉRAL des recettes.	. . . .	93.881.833

au BUDGET GÉNÉRAL de l'exercice 1890.

ET DES DÉPENSES (*Suite*).

CHAPITRES spéciaux.	DÉPENSES	MONTANT DES CRÉDITS ACCORDÉS	
		par chapitres.	par services.
		fr.	fr.
	Report..............	....	59.081.833
	MINISTÈRE DES TRAVAUX PUBLICS		
	CHEMINS DE FER DE L'ÉTAT		
1	Conseil d'administration......................	15.000	
2	Secrétariat et caisse générale................	102.000	
3	Direction...............................	381.000	
4	Dépenses non susceptibles d'une évaluation fixe. (Exploitation, matériel et traction, voie et bâtiments, gratifications, secours et indemnités, gares et troncs communs...........................	26.189.000	34.800.000
5	Impôts et assurances......................	763.000	
6	Dépenses et exercices périmés non frappées de déchéance.........	Mémoire	
7	Dépenses des exercices clos................	Mémoire	
8	Excédent des recettes sur les dépenses à verser au Trésor.........	7.350.000	
	TOTAL GÉNÉRAL des dépenses............	....	93.881.833

TITRE V

MOYENS DE SERVICE

ET DISPOSITIONS DIVERSES

DE L'EXERCICE 1890

NOMENCLATURE *des services pouvant seuls donner ouverture à des crédits supplémentaires, par décrets, pendant la prorogation des Chambres, pour l'exercice 1890.*

(Article 5 de la loi du 14 décembre 1879.)

1° BUDGET ORDINAIRE.

Ministère des Finances.

1° Dette publique (dette perpétuelle).
2° Intérêts, primes et amortissement des emprunts pour canaux et pour le service des obligations trentenaires.
3° Annuités de toute nature rattachées au service de la dette publique.
4° Intérêts de la dette flottante et des obligations du Trésor à court terme.
5° Intérêts de capitaux de cautionnements.
6° Rentes viagères d'ancienne origine.
7° Pensions civiles (Loi du 22 août 1790 et loi du 9 juin 1853). — Pensions à titre de récompense nationale. — Indemnités viagères aux victimes du coup d'État du 2 décembre 1851. — Pensions militaires de la guerre. — Pensions militaires de la marine. — Pensions ecclésiastiques. — Pensions de donataires dépossédés. — Pensions et indemnités de réforme de la magistrature. — Anciens dotataires de Mont-de-Milan. — Pensions aux anciens professeurs de théologie catholique. — Pensions aux blessés de février 1848.
8° Frais d'impression pour l'exploitation des produits indirects et achat de papier filigrané pour les cartes à jouer.
9° Frais judiciaires de poursuites, d'instances et de condamnations prononcées contre le Trésor public.
10° Frais de perception, dans les départements, des contributions directes et des taxes perçues en vertu des rôles.
11° Remises et taxation pour la perception, dans les départements, des droits d'enregistrement et de timbre.
12° Frais d'emballage et de transport de papiers timbrés, de registres et d'impressions.
13° Achats de papier à timbrer et de timbres mobiles.
14° Contribution des bâtiments et domaines de l'État et des biens séquestrés.
15° Frais d'estimation, d'affiche et de vente de mobiliers et de domaines de l'État.
16° Dépenses relatives aux épaves, déshérences et biens vacants.
17° Remises pour la perception des contributions indirectes dans les départements.
18° Primes pour saisies de tabacs et arrestations de colporteurs.
19° Contributions foncières des bacs, francs-bords et fabriques d'allumettes chimiques.
20° Service des poudres à feu.
21° Dépenses du service des manufactures de l'État (gages, salaires, fournitures diverses, achats et transports de tabacs et frais accessoires dans les entrepôts).
22° Remboursements et restitutions, non-valeurs et primes.

Ministère de la Justice. — Service de la justice.

1° Frais de justice criminelle en France et en Algérie.
2° Frais de justice criminelle en Tunisie.

Idem. — Service des cultes.

1° Traitement des archevêques et évêques et des curés.
2° Allocations aux vicaires généraux, chanoines, desservants et vicaires.
3° Traitement des ministres des cultes non catholiques.
4° Frais de passage.

Ministère des Affaires étrangères.

1° Frais d'établissement des agents diplomatiques et consulaires.
2° Frais de voyage et de courriers.
3° Remises de 5 0/0 sur le produit des chancelleries diplomatiques et consulaires.

Ministère de l'Intérieur.

1° Dépenses variables du personnel d'exploitation des journaux officiels.
2° Dépenses du matériel des journaux officiels.
3° Frais des élections sénatoriales.
4° Frais relatifs à l'entretien des établissements thermaux et à la vente des eaux thermales.
5° Frais relatifs au service sanitaire.
6° Entretien des détenus.
7° Transport des détenus et des libérés. — Secours de route.
8° Remboursement sur le produit du travail des détenus.

NOMENCLATURE des services pouvant seuls donner ouverture à des crédits supplémentaires, par décrets, pendant la prorogation des Chambres, pour l'exercice 1890 (Suite).

(Article 5 de la loi du 14 décembre 1879.)

1° BUDGET ORDINAIRE (*Suite*).

Ministère de la Guerre.......	1° Achats de grains et de rations toutes manutentionnées. 2° Achats de liquides. 3° Achats de combustibles. 4° Achats de fourrages pour les chevaux de troupe et de gendarmerie française (troupes françaises et indigènes). 5° Réparations civiles et dommages-intérêts.
Ministère de la Marine........	1° Réparation des constructions navales. 2° Achats de vivres. 3° Achats de médicaments et d'objets de pansement. 4° Frais de passage, frais de rapatriement, affrètement.
Ministère de l'Instruction publique et des Beaux-Arts. — Service de l'Instruction publique.	1° Frais des opérations et démonstrations des élèves des Facultés au dernier examen, et frais matériels des travaux pratiques. 2° Frais de concours dans les Facultés et pour l'agrégation des lycées. 3° Complément du traitement des instituteurs primaires à la charge de l'État. 4° Prix de l'Institut et de l'Académie nationale de médecine.
Idem. — Service des Beaux-Arts....	Néant.
Ministère du Commerce, de l'Industrie et des Colonies.	1° Frais relatifs à la publication des brevets d'invention. 2° Encouragements aux pêches maritimes. 3° Subvention à la marine marchande.
Idem. — Service des postes et télégraphes........	1° Personnel des postes et des télégraphes. 2° Entretien des bureaux de postes et de télégraphes. 3° Chauffage et éclairage des bureaux de postes et de télégraphes. 4° Chaussure et habillement des sous-agents du service actif. 5° Papier-bande, formules et enveloppes pour télégrammes. 6° Construction et entretien des voitures de l'Administration dans Paris. 7° Construction et entretien des bureaux ambulants. 8° Transport des dépêches par entreprise. 9° Transport des dépêches par chemins de fer. 10° Construction et entretien des lignes télégraphiques et téléphoniques. 11° Dépenses accidentelles. 12° Remboursements et restitutions.
Idem. — Service des colonies......	1° Frais de route. 2° Frais de justice. 3° Transport des condamnés à la Guyane et à la Nouvelle-Calédonie. 4° Service de la relégation aux colonies (dépenses de personnel et de matériel).
Ministère de l'Agriculture.......	1° Achats de fourrages pour les animaux reçus dans les hôpitaux des écoles vétérinaires et pour les haras et dépôts d'étalons. 2° Indemnités pour abatage d'animaux. 3° Primes pour la destruction des loups. 4° Phylloxéra. 5° Contributions des forêts. 6° Frais d'abatage et de façonnage de coupes de bois à exploiter par économie. 7° Frais d'adjudication des produits des forêts et des droits de chasse et de pêche. 8° Avances recouvrables et frais judiciaires. 9° Remboursements sur produits divers des forêts.
Ministère des Travaux publics...	1° Entretien des routes nationales. 2° Grosses réparations et restauration des routes nationales. 3° Travaux ordinaires des rivières. 4° Travaux ordinaires des canaux. 5° Travaux ordinaires des ports maritimes. 6° Travaux ordinaires des phares, fanaux et balises. 7° Remboursement des avances affectées aux travaux d'amélioration des rivières, canaux et ports (France). 8° Remboursement des avances affectées aux travaux d'amélioration des ports (Algérie).

NOMENCLATURE des services pouvant seuls donner ouverture à des crédits supplémentaires, par décrets, pendant la prorogation des Chambres, pour l'exercice 1890 (Suite).

2° BUDGETS ANNEXES RATTACHÉS POUR ORDRE AU BUDGET GÉNÉRAL.

Administration des monnaies et médailles. . . . . . .
1° Dépenses d'exploitation non susceptibles d'une évaluation fixe.
2° Dépenses d'ordre (achat d'or et d'argent pour la fabrication des médailles).

Imprimerie nationale. . . . .
Dépenses d'exploitation non susceptibles d'une évaluation fixe.

Caisse nationale d'épargne . . . . . .
1° Intérêts à servir aux déposants.
2° Personnel de la Caisse nationale d'épargne.
3° Matériel de la Caisse nationale d'épargne.

TABLEAU indiquant le minimum et le maximum des approvisionnements que le Ministre de la Marine est autorisé à entretenir pendant l'année 1890.

(Article 32 de la loi du 26 février 1887.)

SERVICES	MINIMUM	MAXIMUM
	fr.	fr.
Constructions navales. Approvisionnement de la flotte. Entretien et service courant.	55.050.000	50.600.000
Constructions navales. Constructions neuves. Approvisionnement exceptionnel de bois.	10.000.000	15.000.000
Artillerie. Armes. Poudres et munitions.	20.000.000	30.000.000
Torpilles.	2.000.000	4.000.000
Travaux hydrauliques et bâtiments civils. Entretien et service courant.	1.000.000	1.500.000
Habillement	13.000.000	18.000.000
Vivres . . . . , ...	7.000.000	10.000.000
Casernement.	1.500.000	3.000.000
Matériel de médecine, de science, d'art et de religion. . . .	1.700.000	2.200.000
Outillage et service général des ports et arsenaux.	2.000.000	3.300.000
Fournitures et mobilier.	350.000	600.000
TOTAUX.	93.600.000	138.200.000

[ÉTAT P.]

ETAT des sommes mises à la disposition du Ministre de l'Instruction publique, en 1890, sur la subvention de 34 millions créée par la loi du 20 juin 1885.

Enseignement supérieur.

	fr.
Continuation des travaux du Muséum.	264.000
Installation d'une station de biologie végétale à Fontainebleau. — Annexe de la Faculté des sciences de Paris.	36.000
Matériel scientifique des établissements d'enseignement supérieur. . . .	100.000
TOTAL.	400.000

*ÉTAT des sommes mises à la disposition du Ministre
de l'Instruction publique, en 1890, sur la subvention
de 34 millions créée par la loi du 20 juin 1885.*

Enseignement secondaire.

	fr.
LYCÉES DE GARÇONS.	
Travaux à exécuter, sans la participation des villes, dans les lycées de Paris et dans quelques lycées des départements	200.000
LYCÉES DE JEUNES FILLES.	
Travaux à exécuter, sans la participation des villes, dans divers établissements.	100.000
Agrandissement du lycée Racine, rue du Rocher.	300.000
TOTAL.	600.000

[ÉTAT R.]

ÉTAT des engagements que le Ministre de l'Instruction publique est autorisé à prendre, pendant l'exercice 1890, jusqu'à concurrence d'une annuité de 33.700 francs payable à partir du 1er janvier 1891.

Enseignement supérieur.

DÉSIGNATION DES ÉTABLISSEMENTS	PRÉVISION TOTALE	PART DES VILLES	PART DE L'ÉTAT	SUBVENTIONS allouées en 1886, 1887, 1888, et 1889.	A ALLOUER en 1890 sur la subvention de l'État
Installation des Facultés de Lille.	3.100.000	1.750.000	1.350 000	850.000	500.000
Constructions diverses	1.200.000	600.000	600.000	500.000	100.000
TOTAL.	. . . .	. . . .	. . . .	. . . .	600.000

ÉTAT des engagements que le Ministre de l'Instruction publique est autorisé à prendre pendant l'exercice 1890, jusqu'à concurrence d'une annuité de 165.400 francs, payable à partir du 1er janvier 1891.

Enseignement secondaire.

DESIGNATION des Lycées et Collèges.	DÉPENSE totale.	PART de l'État.	PART de la ville.	DÉPENSE		OBSERVATIONS
				À la charge de l'État autorisée pour les années antérieures	à effectuer par l'État en 1890.	
	fr. c.	fr.	fr. c.	fr.	fr.	
1° LYCÉES DE GARÇONS.						
Saint-Étienne..... Reconstruction du Lycée	3.032.000 »	1.516.000	1.516.000 »	1.200.000	300.000	
Rouen......... 1re série des travaux de restauration et d'agrandissement........	550.000 »	275.000	275.000 »	200.000	75.000	
Dijon......... Reconstruction du Lycée sur un terrain acquis.	4.400.000 »	2.200.000	2.200.000 »	300.000	350.000	
Carcassonne..... Reconstruction du Lycée sur un nouveau terrain.	3.000.000 »	1.500.000	1.500.000 »	150.000	100.000	
Limoges....... .. Agrandissement du Lycée...........	800.000 »	400.000	400.000 »	50.000	»	
Tulle......... Complément d'installation, et dépenses diverses.........	150.000 »	75.000	75.000 »	n	75.000	
Nîmes......... Idem...........	380.000 »	190.000	190.000 »	»	150.000	
Rochefort....... Idem...........	130.000 »	65.000	65.000 »	»	65.000	
Brest.......... Appropriation du petit lycée.........	380.000 »	190.000	190.000 »	»	100.000	
TOTAL....................					1.215.000	

DÉSIGNATION des Lycées et Collèges.	DÉPENSE totale.	PART de l'État.	PART de la ville.	DÉPENSE à la charge de l'État autorisée pour les années antérieures	à effectuer par l'État en 1890.	OBSERVATIONS
	fr.	fr.	fr.	fr.	fr.	
COLLÈGES DE GARÇONS.						
Blidah.. .... Reconstruction, dépenses supplémentaires....	384.200 »	120.000	264.200 »	80.000	40.000	
Cambrai . ... Reconstruction du collège.	500.000 »	250.000	250.000 »	120.000	10 000	
Verdun. .. .. Id.	770.000 »	385.000	385.000 »	160.000	100.000	
Issoudun ...... Restauration et agrandissement.........	230.000 »	115.000	115.000 »	80.000	35.000	
Embrun...... Reconstruction.......	215 200 »	88.825	126.375 »	40.000	48.825	
Meaux........ Restauration et agrandissement.........	327.401 17	163.700	163.701 17	60.000	60.000	
Beaune ... .. Restauration et agrandissement.........	200.000 »	100.000	100.000 »	30.000	50.000	
Cette........ Reconstruction sur un nouveau terrrain......	1.015.000 »	507.500	507.500 »	»	110.000	
Béthune....... Appropriations diverses. .	66.820 01	33.400	33.420 01	20.000	13.400	
Saint-Servan.... Complément d'installation et dépenses diverses .	169.602 96	84.300	85.302 96	»	84.300	
Tlemcen ...... Id. . .	50.000 »	25.000	25.000 »	»	25.000	
Brive........ Id. . .	80.000 »	40.000	40.000 »	»	40.000	
Saumur....... Restauration et appropriations diverses....	20.200 »	10.100	10.100 »	»	10.100	
Villeneuve-sur-Lot Id.	240.000 »	120.000	120.000 »	»	60.000	
TOTAL................					746.625	

DÉSIGNATION des Lycées et Collèges	DÉPENSE totale.	PART de l'État.	PART de la ville.	DÉPENSE à la charge de l'État autorisée pour les années antérieures	à effectuer par l'État en 1890.	OBSERVATIONS
	fr. c.	fr. c.	fr. c.	fr.	fr.	

3° ÉTABLISSEMENTS D'ENSEIGNEMENT SECONDAIRE DE JEUNES FILLES.

DÉSIGNATION	DÉPENSE totale.	PART de l'État.	PART de la ville.	à la charge de l'État autorisée	à effectuer par l'État en 1890.	OBSERVATIONS
LYCÉES						
Limoges ... Construction........	500.000 »	250.000 »	250.000 »	217.500	32.500	
Mâcon .... —	637.745 34	318.850 »	318.895 34	225.000	75.000	
Constantine.. —	600.000 »	300.000 »	300.000 »	177.500	50.000	
Chambéry .. —	506.627 12	253.300 »	253.327 12	170.000	60.000	
Moulins. ... —	947.389 23	473.600 »	473.789 23	380.000	150.000	
Lyon ... —	1.000.000 »	500.000 »	500.000 »	450.000	50.000	
Le Puy. ... —	600.000 »	300.000 »	300 000 »	120.000	80.000	
Niort (Agrandissement de l'externat et construction de l'internat)	400.000 »	200.000 »	200.000 »	125.000	50.000	
Tours..... Construction.	800.000 »	400.000 »	400.000 »	190.000	10.000	
Versailles .. —	1.000.000 »	500.000 »	500.000 »	»	100.000	
Brest (Appropriations) .	20.000 »	10.000 »	10.000 »	»	10.000	
Le Havre (Complément d'installation et dépenses diverses)	33.968 38	16.900 »	17.068 38	»	16.900	
Montauban	75.000 »	37.500 »	37.500 »	»	37.500	
Alais...................	20.000 »	10.000 »	10.000 »	»	10.000	
Reims (Agrandissement)	100.000 »	50.000 »	50.000 »	»	30.000	
COLLÈGES						
Tarbes	453.270 99	217.365 40	235.905 59	160.000	40.000	
Albi.................	200.000 »	100.000 »	100.000 »	80.000	20.000	
Cambrai	500.000 »	250.000 »	250.000 »	85 000	15.000	
Valenciennes	200.000 »	100.000 »	100.000 »	75.000	25.000	
Brives	225.000 »	75.000 »	150.000 »	65.000	10.000	
Saint-Quentin	349.800 »	174.900 »	174.900 »	85.000	40 000	
Saint-Omer	200.000 »	100.000 »	100 000 »	65.000	»	
Abbeville.., ...	150.000 »	75.000 »	75.000 »	42.000	10.000	
Auxerre	500.000 »	250.000 »	250.000 »	25.000	75.000	
Béziers.............	500.000 »	250.000 »	250.000 »	75.000	75.000	

TOTAL 1.071.900

RÉSUMÉ

Lycées de garçons....................... 1.215.000 fr.

Collèges communaux de garçons............. 686.625

Établissements d'enseignement secondaire de jeunes filles............. 1.071.900

ENSEMBLE .... 2.973.525 fr.

ÉTAT T

LISTE DES CONSTRUCTIONS NEUVES

QUE LE MINISTRE DE LA MARINE EST AUTORISÉ A CONTINUER
OU A ENTREPRENDRE

PENDANT L'ANNÉE 1890

1° **Constructions faites par l'État.**

2° **Constructions faites par l'industrie privée.**

(Travaux de constructions neuves de coques, d'accessoires

Constructions faites

ESPÈCE des BATIMENTS 1	NOMS des BATIMENTS 2	DÉSIGNATION de l'auteur du plan. 3	COMMENCEMENT du MONTAGE SUR CALE 4	PORTS ou CHANTIERS de construction 5	VALEUR des BATIMENTS non compris l'appareil moteur proprement dit et le matériel d'artillerie. 6	COQUES, ACCESSOIRES DE COQUES, MISE EN PLACE DU MATÉRIEL DE PREMIER ARMEMENT travaux accessoires du montage des appareils à vapeur					Montant de la dépense en main-d'œuvre pour 1890, d'après le nombre de journées. 12
						Nombre de journées (prévisions)			Nombre de centièmes d'après le nombre de journées		
						nécessaires pour la construction. 7	qui seront appliquées au 1er janvier 1890. 8	à appliquer en 1890. 9	qui seront exécutés au 1er janvier 1890. 10	à exécuter en 1890. 11	
		MM.			francs.						francs.
Cuirassés d'escadre.	Neptune.....	Huin....	août 1882....	Brest....	14.200.000	1.260.000	839.000	230.000	66	18	736.000
	Brennus....	Huin......	janvier 1889....	Lorient...	14.500.000	1.140.000	732.300	500.000	16	21	936.000
	Magenta.....	Huin....	janvier 1883..	Toulon....	13.670.000	1.250.000	739.030	300.000	59	24	1.059.000
											2.731.000
Garde-côtes cuirassés...	Tréhouart.....	De Bussy.	non commencé.	Lorient....	(B)	»	10.000	158.000	»	»	492.960
Canonnières cuirassées de 1re classe.	Phlégéton.....	Chaudoye.	mars 1885....	Cherbourg	2.706.000	310.000	111.000	120.000	35	38	393.000
	Styx.......	Chaudoye.	non commencé.	Idem....	2.706.000	310.000	35.000	75.000	11	24	245.625
											638.625
Croiseurs blindés.	Dupuy-de-Lôme.	De Bussy.	juillet 1888...	Brest....	6.567.000	700.000	225.000	300.000	31	28	640.000
	N..........	N......	non commencé.	Rochefort.	(B)	»	10.000	74.000	»	»	247.160
	N..........	N......	non commencé.	Toulon....	(B)	»	»	3.000	»	»	10.590
											897.750
Croiseurs de 1re classe.	Alger.......	Marchal..	novembre 1887.	Cherbourg	4.600.000	500.000	349.000	156.000	63	31	510.900
	Isly.......	Thibaudier.	août 1887...	Brest....	4.600.000	500.000	170.000	110.000	34	22	352.000
	Jean-Bart.....	Thibaudier.	septembre 1887.	Rochefort.	4.600.000	550.000	385.000	165.000	70	30	551.100
											1.414.000
Croiseurs de 2e classe.	Suchet......	De Bussy..	octobre 1887..	Toulon....	3.147.000	380.000	80.367	143.472	21	37	506.456

(B) Les plans de ces navires n'étant pas arrêtés à l'époque de l'établissement de cet état, on s'est borné à indiquer le nombre des journées qui pourront être appliquées à ces bâtiments en 1889 et en 1890.

de coques et de machines à exécuter pendant l'année 1877)
par l'État.

LIEU DE CONSTRUCTION de l'appareil.	APPAREILS MOTEURS							VALEUR du MATÉRIEL d'artillerie. (a)	VALEUR TOTALE du bâtiment. (Total des colonnes 0, 14 et 21.)	DÉPENSE TOTALE EN MAIN-D'ŒUVRE PAR BÂTIMENT pour 1890.		
	VALEUR de l'appareil (prix des marchés ou dépenses faites par Indret).	NOMBRE DE JOURNÉES (prévisions)			NOMBRE de centièmes d'après le nombre des journées.		MONTANT de la dépense en main-d'œuvre pour 1889, d'après le nombre de journées.			Coques, accessoires, etc.	Appareils moteurs.	TOTAL
		nécessaires pour la construction.	qui seront appliquées au 1er janvier 1890.	à appliquer en 1890.	qui seront exécutés au 1er janvier 1890	à exécuter en 1890.						
13	14	15	16	17	18	19	20	21	22	23	24	25
	francs.						francs.	francs.	francs.	francs.	francs.	francs.
Indret..........	3.000.000 (1)	194.000 (2)	186.895	4.600	96	2	18.100	2.229.000	19.429.000	736.000	18.400	754.400
Indret-Belleville.....	3.300.000	150.000	8.301	85.000	5	23	140.000	2.300.000	20.100.000	936.000	140.000	1.076.000
Le Creusot........	3.125.000	»	»	»	»	»	»	2.229.000	19.024.000	1.059.000	»	1.059.000
							158.400			2.731.000	158.400	2.889.400
Industrie........	»	»	»	»	»	»	»	»	»	492.960	»	492.960
Saint-Denis, (Claparède).	485.000	»	»	»	»	»	»	373.000	3.564.000	393.000	»	393.000
Idem...........	485.000	»	»	»	»	»	»	373.000	3.564.000	245.625	»	245.625
							»			638.625	»	638.625
Saint-Denis. (Société de la Loire.).......	2.992.600	»	»	»	»	»	»	848.000	10.407.600	640.000	»	640.000
Industrie..	»	»	»	»	»	»	»	»	»	247.160	»	247.160
Idem...........	»	»	»	»	»	»	»	»	»	10.590	»	10.590
							»			897.750	»	897.750
Le Creusot.......	2.318.000	»	»	»	»	»	»	281.000	6.799.000	510.900	»	510.900
Indret..........	2.200.000	148.000	38.120	41.000	25	27	164.000	281.000	7.081.000	352.000	164.000	516.040
Idem...........	2.200.000	148.000	98.000	50.000	67	33	200.000	281.000	7.081.000	551.100	200.000	751.100
							364.000			1.414.000	364.000	1.778.000
Indret..........	1.750.000	135.000	26.641	45.546	19	33	182.184	172.000	5.069.000	506.456	182.184	688.640

(a) Les appareils hydrauliques nécessaires à la manœuvre des pièces et de leurs munitions sont compris dans le matériel d'artillerie.
(1) Dans cette valeur de 3.300.000 francs, les chaudières qui sont du système Belleville sont comprises pour 1.100.000 francs environ.
(2) Cette prévision ne s'applique qu'à la machine, les chaudières étant construites par la maison Belleville.

(Travaux de constructions neuves de coques, d'accessoires de
Constructions faites

ESPÈCE des BATIMENTS. 1	NOMS des BATIMENTS 2	DÉSIGNATION de l'auteur du plan. 3	COMMENCEMENT du MONTAGE SUR CALE 4	PORTS ou CHANTIERS de construction. 5	VALEUR des BATIMENTS non compris l'appareil moteur proprement dit et le matériel d'artillerie. 6	COQUES, ACCESSOIRES DE COQUES, MISE EN PLACE DU MATÉRIEL DE PREMIER ARMEMENT travaux accessoires du montage des appareils à vapeur.					
						Nombre de journées (prévisions)			Nombre de centièmes d'après le nombre de journées		Montant de la dépense en main-d'œuvre pour 1890, d'après le nombre de journées. 12
						nécessaires pour la construction. 7	qui seront appliquées au 1er janvier 1890. 8	à appliquer en 1890. 9	qui seront exécutés au 1er janvier 1890. 10	à exécuter en 1890. 11	
					francs.						francs.
Croiseurs torpilleurs.	Wattignies. . . .	De Bussy. .	non commencé.	Rochefort. .	1.755 000	250.000	80.500	100.000	32	40	334.000
Avisos transports.	Manche.	Sabattier. .	février 1886. . .	Cherbourg .	1.432.000	158.000	92.000	46.000	58	29	150.650
	Vaucluse	Sabattier. .	mai 1886	Rochefort. .	1.139.000	160.000	116.000	11.000	72	6	36.740
											187.390
Avisos torpilleurs.	Léger.	Marchal. . .	non commencé.	Lorient. . .	700.000	95.000	30.000	65.000	31	69	202.800
	Levrier	Marchal. . .	non commencé.	Lorient. . .	700.000	95.000	50.000	45.000	52	48	140.400
											343.200
Frégate à voiles. . .	Andromède. . . .	Saglio. . . .	juillet 1884. . .	Lorient. . .	1.830.000	180.000	42.350	5.000	23	2	13.600
Transports de 2e classe.	Pacifique.	Saglio. . . .	août 1885 (c). .	Brest.. . . .	2 750.000	400.000	63.449	15.000	15	3	48.000
Bâtiment. . .	N	. . . .	. . . .	Cherbourg .	(d)	»	»	3.600	»	»	9.825

(c) Cette construction avait été suspendue à la date du 27 janvier 1886.
(d) Les plans de ces navires n'étant pas arrêtés à l'époque de l'établissement de cet état, on s'est borné à indiquer le nombre des journées qui pourront être appliquées à ces bâtiments en 1889.

coques et de machines à exécuter pendant l'année 1890.)
par l'État *(Suite).*

LIEU DE CONSTRUCTION de l'appareil.	APPAREILS MOTEURS							VALEUR du MATÉRIEL d'artillerie.	VALEUR TOTALE du bâtiment. (Total des colonnes 6, 14 et 21.) (a)	DÉPENSE TOTALE EN MAIN-D'ŒUVRE PAR BATIMENT pour 1889.		
	VALEUR de l'appareil (prix des marchés ou dépenses faites par Indret).	NOMBRE DE JOURNÉES (prévisions)			NOMBRE de centièmes d'après le nombre des journées		MONTANT de la dépense en main-d'œuvre pour 1890, d'après le nombre de journées.			Coques, accessoires, etc.	Appareils moteurs.	TOTAL.
		nécessaires pour la construction.	qui seront appliquées au 1er janvier 1890.	à appliquer en 1890.	qui seront exécutés au 1er janvier 1890.	à exécuter en 1890.						
13	14	15	16	17	18	19	20	21	22	23	24	25
	francs.						francs.	francs.	francs.	francs.	francs.	francs.
Le Creusot........	4.019.500	»	»	»	»	»	»	145.000	2.919.500	334.000	»	334.000
Indret..........	260.000	27.000	25.897	500	95	2	2.000	90.000	1.482.000	150.650	2.000	152.650
Idem..........	260.000	26.000	23.776	1.604	94	6	6.416	90.000	1.489.000	36.740	6.416	43.156
							8.416			187.390	8.416	193.806
Industrie........	500.000	»	»	»	»	»	»	30.000	1.230.000	202.800	»	202.800
Idem..........	500.000	»	»	»	»	»	»	30.000	1.230.000	140.400	»	140.400
							»			343.200	»	343.200
»	»	»	»	»	»	»	»	233.000	2.063.000	15.600	»	15.600
Indret..........	285.000	»	»	»	»	»	»	60.000	3.095.000	48.000	»	48.000
»	»	»	»	»	»	»	»	»	»	9.825	»	9.825

(a) Les appareils hydrauliques nécessaires à la manœuvre des pièces et de leurs munitions sont compris dans le matériel d'artillerie.

Constructions faites par l'État (Suite)

DEPENSES relatives au matériel de premier armement, aux transformations et aux modifications reconnues nécessaires après une première campagne.

	JOURNÉES	DÉPENSES
Cherbourg.	37.328	122.250
Brest.	47.438	151.800
Lorient	49.757	155.240
Rochefort	14.868	49.660
Toulon.	63.900	225.541
Indret	»	»
Guérigny	64.935	250.000
		954.491

Constructions faites

Travaux complémentaires pour l'achèvement

ESPÈCE des BATIMENTS 1	NOMS des BATIMENTS 2	PROVENANCE 3	PORT DANS LEQUEL se fait l'achèvement. 4	NOMBRE DE JOURNÉES (Prévisions.)		
				nécessaires pour l'achèvement. 5	qui seront appliquées au 1er janvier 1890. 6	à appliquer en 1890. 7
				journées.	journées.	journées.
Cuirassé d'escadre...	*Marceau*	Société de la Méditerranée.........	Toulon......	60.000	25.472	34.528
			Cherbourg....			10.000
			Brest........			1.000
Avisos-torpilleurs, éclaireurs-torpilleurs et torpilleurs........			Rochefort....			1.000
			Toulon......			1 000

par l'État. (Suite.),

de navires provenant de l'industrie.

MONTANT DE LA DÉPENSE pour 1890 d'après les journées.	(Pour ordre.) VALEUR DES BATIMENTS				
	COQUES, accessoires de coque et matériel de premier armement compris au marché.	APPAREILS MOTEURS d'après le marché.	ACHÈVEMENT et complément d'armement.	MATÉRIEL d'artillerie.	VALEUR TOTALE du bâtiment.
8	9	10	11	12	13
francs.	francs,	francs.	francs.	francs.	francs.
121.883	11.850.000	3.053.500	1.750.000	2.574.000	19.227.500
32.750	"	"	"	"	"
3.200	"	"	"	"	"
3.340	"	"	"	"	"
3.530	"	"	"	"	"
164.703					

Constructions faites par l'État. (Suite.)

RÉCAPITULATION

*Dépenses de main-d'œuvre dans les arsenaux
et établissements pour 1890.*

CHAPITRE 9. — BUDGET ORDINAIRE. — SALAIRES POUR LES CONSTRUCTIONS
NEUVES ET TRANSFORMATIONS ET POUR LE PREMIER ARMEMENT DES
BATIMENTS NEUFS OU TRANSFORMÉS.

	fr.
Cuirassé d'escadre	2.889.400
Garde-côtes cuirassés	492.960
Canonnières cuirassées de 1re classe	638.625
Croiseurs blindés	897.750
Croiseurs de 1re classe	1.778.000
Croiseurs de 2e classe	688.640
Croiseur-torpilleur	334.000
Avisos-transports	195.806
Avisos torpilleurs	343.260
Frégates à voiles	15.600
Transport de 2e classe	48.000
Bâtiment N***	9.825
Dépenses relatives au matériel de premier armement, aux transformations et aux modifications reconnues nécessaires après une première campagne	954.491
Achèvement de navires provenant de l'industrie	164.703
TOTAL	9.451.000

NOTA. — Les dépenses de main-d'œuvre ont été évaluées aux prix moyens ci-dessous, établis par les ports et établissements. Ces prix comprennent les frais accessoires :

Cherbourg	3 fr.	275
Brest	3	20
Lorient	3	12
Rochefort	3	34
Toulon	3	53
Indret	4	»
Guérigny	3	85

ESPÈCE des BATIMENTS	NOMS des BATIMENTS	DÉSIGNATION de L'AUTEUR du plan.	DATE du MARCHÉ	CHANTIERS de CONSTRUCTION	VALEUR des BATIMENTS non compris l'appareil moteur proprement dit et le matériel d'artillerie d'après le marché	COQUES, ACCESSOIRES de coques et matériel de premier armement, compris au marché			APPAREILS	
						Nombre de centièmes		Dépenses à faire en 1890 d'après les marchés	DATE du MARCHÉ	LIEUX de CONSTRUCTION
						qui seront exécutés au 1er janv. 1890	à exécuter en 1890			
1	2	3	4	5	6	7	8	9	10	11
					francs.			francs.		
Cuirassés d'escadre	Brennus	MM. Huin	»	Lorient	14.500.000	"	"	»	. . . .	Belleville . . . . .
	Magenta	Huin	»	Toulon	13.670.000	»	»	»	4 août 1884.	Le Creusot. . . . .
	Marceau	Huin	27 déc. 1880	La Seyne (Société de la Méditerranée)	11.850.000	100	Solde	1.842.225	23 avril 1883.	La Seyne (Société de la Méditerranée). . . . . .
								1.842.225		
Garde-côtes cuirassé. . .	Tréhouart	De Bussy . . .	»	Lorient.	""	»	»	»		. . . .
Croiseurs blindés. .	Dupuy - de - Lôme	De Bussy . . .	»	Brest	6.567.000	»	»	»	. . . .	Saint-Denis (Société de la Loire) . .
	N (b)	»	»	Rochefort. . . .	»	»	»	»	. . . .	
	N (b)	»	»	"	"	»	»	1.000.000	. . . .	
	N (b)	»	»	" "	»	»	»	1.000.000	. . . .	
	N (c)	»	»	Toulon	»	»	»	»	. . . .	
								2.000.000		
Croiseurs de 1re cl.	Alger.	Marchal	»	Cherbourg. . . .	4.200.000	»	»	»	6 juin 1888.	Le Creusot . . .

(b) Pour ces navires dont les plans ne sont pas arrêtés à l'époque de l'établissement de cet état, on s'est contenté d'indiquer les dépenses prévues pour les coques et les machines en 1890.

(c) La construction de ce bâtiment ne devant être commencée que tout à la fin de 1890, il ne sera pas effectué de payement pour la machine avant 1891.

par l'industrie privée.

	NOMBRE de centièmes				TRAVAUX		DÉPENSE TOTALE PAR BATIMENT POUR 1890		
MOTEURS				VALEUR	COMPLÉMENTAIRES	VALEUR			
VALEUR de L'APPAREIL	qui seront exécutés au 1er janvier 1890	à exécuter en 1890	DÉPENSES à faire en 1890 d'après les marchés	DU MATÉRIEL d'artillerie (A)	à exécuter au port d'armement et matériel d'armement non compris au marché	TOTALE du bâtiment 6 + (12 + 16 + 17)	Coques et accessoires, etc.	Appareils moteurs	Total.
12	13	14	15	16	17	18	19	20	21
francs.			francs.	francs.	francs.	francs.	francs.	francs.	francs.
(1) 1.100.000 2.200.000	18	54	(2) 600.000	2.300.000	»	20.100.000	»	600.000	600.000
3.125.000	98	2 (3)	520.833	2.229.000	»	19.024.000	»	520.833	520.833
3.053.500	100	Solde	[987.297	2.574.000	1.750.000	19.227.500	1.842.225	987.297	2.829.522
			2.108.130				1.842.225	2.108.130	3.950.355
»	»	»	800.000	»	»	»	»	800.000	800.000
2.092.600	85	15 (4)	498.766	848.000	»	10.407.600	»	498.766	498.766
»	»	»	800.000	»	»	»	»	800.000	800.000
»	»	»	800.000	»	»	»	1.000.000	800.000	1.800.000
»	»	»	800.000	»	»	»	1.000.000	800.000	1.800.000
»	»	»	»	»	»	»	»	»	»
			2.898.766				2.000.000	2.898.766	4.898.766
2.318.000	85	15 (4)		281.000	»	6.799.000	»	»	»

(a) Les appareils hydrauliques nécessaires à la manœuvre des pièces et de leurs munitions sont compris dans le matériel d'artillerie.
(1) Prix approximatif. Le marché n'est pas encore passé.
(2) Ce chiffre, ainsi que l'indication des centièmes exécutés ne se rapportent qu'aux chaudières, la machine étant construite à Indret.
(3) Il restera pour ce navire à payer le solde après le délai de garantie prévu au marché.
(4) Il restera encore à payer pour chacun de ces navires un terme après essais à la mer et recette de l'appareil, le solde après délai de garantie et les primes de puissances et de consommation, s'il y a lieu.

Constructions faites

ESPÈCE des BATIMENTS 1	NOMS des BATIMENTS 2	DÉSIGNATION de L'AUTEUR du plan. 3	DATE du MARCHÉ 4	CHANTIERS de CONSTRUCTION 5	VALEUR des BATIMENTS non compris l'appareil moteur proprement dit et le matériel d'artillerie d'après le marché 6	COQUES, ACCESSOIRES DE COQUES ET MATÉRIEL de premier armement, compris au marché			APPAREILS	
						Nombre de centièmes		Dépenses à faire en 1890 d'après les marchés 9	DATE du MARCHÉ 10	LIEUX de CONSTRUCTION 11
						qui seront exécutés au 1er janv. 1890 7	à exécuter en 1890 8			
					francs			francs		
Croiseurs de 3e clas.	Surcouf . . .	De Bussy. .	»	Cherbourg	2.065.000	»	»	»	2 août 1886. .	Saint-Denis (Société de la Loire). .
	Lolande. . . .	(Société de la Gironde)..	21 mars 1887 et acte additionnel du 20 juin 1888.	Bordeaux (Société de la Gironde).	1.839.377	100	»	»	21 mars 1887.	Le Creusot. . . . .
	Cosmao. . . .	Idem	25 avril 1887 et acte additionnel du 20 juin 1888.	Bordeaux (Société de la Gironde)	1.839.377	100	»	»	25 avril 1887.	Idem . . . .
	Coëtlogon . .	De Bussy. .	23 mai 1887.	Penhoët (Compagnie générale transatlantique	1.660.000	»	»	»	23 mai 1887.	Penhoet (Compagnie générale transatlantique).
Croiseur-torpilleur .	Wattignies..	De Bussy. .	»	Rochefort.	1.730.000	»	»	»	14 nov. 1888.	Le Creusot. . . . .
Avisos-torpilleurs..	Léger.	Marchal . .	»	Lorient	700.000	»	»	»	. . . .	Idem . . . .
	Lévrier. . . .	Marchal.. .	»	Idem	700.000	»	»	»	. . . .	Idem . . . .

par l'industrie privée (*Suite*).

MOTEURS				VALEUR DU MATÉRIEL	TRAVAUX COMPLÉMENTAIRES à exécuter au port d'armement et matériel d'armement non compris au marché.	VALEUR TOTALE	DÉPENSE TOTALE PAR BATIMENT POUR 1890		
VALEUR de L'APPAREIL	nombre de centièmes.		DÉPENSES à faire en 1889 d'après les marchés			du bâtiment	Coques et accessoires, etc.	Appareils moteurs.	Total.
	qui seront exécutés au 1er janvier 1890	à exécuter en 1890		d'artillerie (A)		$(6+12+16+17)$			
12	13	14	15	16	17	18	19	20	21
francs			francs	francs	francs	francs	francs	francs	francs
1.141.515	100	Solde	185.000	74.000	»	3.280.515	»	185.000	185.000
1.120.000	100	Solde	160.000	74.000	315.000	3.348.377	»	160.000	160.000
1.120.000	100	Solde	160.000	74.000	315.000	3.348.377	»	160.000	160.000
1.165.000	100	Solde	165.000	74.000	315.000	3.214.000	»	165.000	165.000
			670.000				»	670.000	670.000
1.019.500	70	30 (2)	169.916	145.000	»	2.914.500	»	169.916	169.216
(1) 500.000	40	60	300.000	30.000	»	1.230.000	»	300.000	300.000
(1) 500.000	60	40	300.000	30.000	»	1.230.000	»	300.000	300.000
			600.000				»	600.000	600.000

(A) Les appareils hydrauliques nécessaires à la manœuvre des pièces et de leurs munitions sont compris dans le matériel d'artillerie.
(1) Prix approximatif. Le marché n'est pas encore passé.
(2) Il restera encore à payer pour chacun de ces navires un terme après essais à la mer et recette de l'appareil, le solde après le délai de garantie et les primes de puissance et de consommation s'il y a lieu.

ESPÈCE DES BATIMENTS	NOMS DES BATIMENTS	DATE DU MARCHÉ	LIEU DE CONSTRUCTION
Torpilleurs de 1re classe . .	Nos 130 à 135 inclus	13 janvier 1889	Le Havre (A. Normand). . .
	Nos 136, 137 et 138	13 février 1889	Société de la Loire. . . . .
	Nos 139, 140 et 141	*Idem*	Le Creusot. . . . .
	Nos 142, 143 et 144.	*Idem*	Société de la Gironde. . . .

RÉCAPI

Achats de navires à l'industrie privée.— Dépenses de matières pour bâti-
pour ces derniè-

CHAPITRES 19 ET 20. —

Cuirassés d'escadre	
Garde-côte cuirassé.	
Croiseurs blindés	
Croiseur de 1re classe	
Croiseur de 3e classe	
Croiseur-torpilleur	
Avisos-torpilleurs	
Torpilleurs.	
Dépenses de matières pour les constructions dans les arsenaux.	
Modifications, imprévu et prime de puissance et de vitesse.	
TOTAL.	

par l'industrie privée.

leurs.

VALEUR DU BATIMENT (coque, machine et matériel d'armement compris au marché).	NOMBRE DE CENTIÈMES		DÉPENSES A FAIRE EN 1890 d'après les marchés.	VALEUR du MATÉRIEL D'ARTILLERIE	TRAVAUX COMPLÉMENTAIRES et matériel de 1er armement non compris au marché.	VALEUR TOTALE du bâtiment
	QUI SERONT EXÉCUTÉS au 1er janvier 1890.	A EXÉCUTER en 1889.				
francs.			francs.	francs.	francs.	francs.
1.530.000	100	Solde.	378.000	70.000	24.000	1.624.000
750.000	85	15 (Solde compris.)	312.600	30.000	12.000	792.000
750.000	85	15 (Solde compris.)	312.600	30.000	12.000	792.000
750.000	85	15 (Solde compris.)	312.600	30.000	12.000	792.000
			1.315.800			

TULATION

*ments en construction dans les arsenaux et achats d'appareils moteurs
res constructions.*

BUDGET ORDINAIRE.

francs.
3.950.355
800.000
4.898.766
»
670.000
169.916
600.000
1.315.800
13.825.485
2.613.678
28.844.000

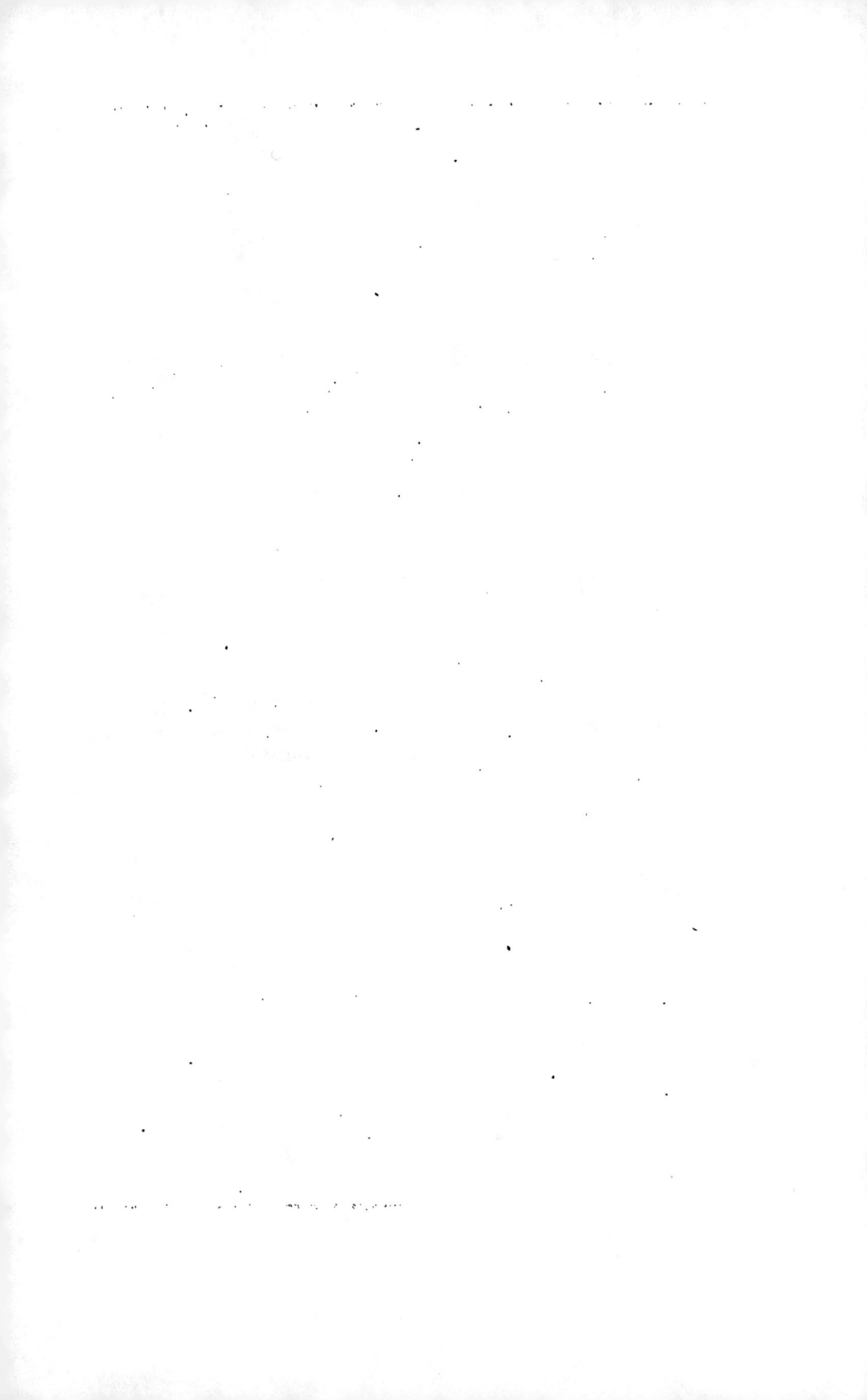

BUDGET GÉNÉRAL

DE L'EXERCICE 1890

ANNEXES

Présentant la comparaison des crédits proposés par le Gouvernement, des crédits votés par la Chambre des Députés et des propositions de la Commission du Sénat pour l'exercice 1890.

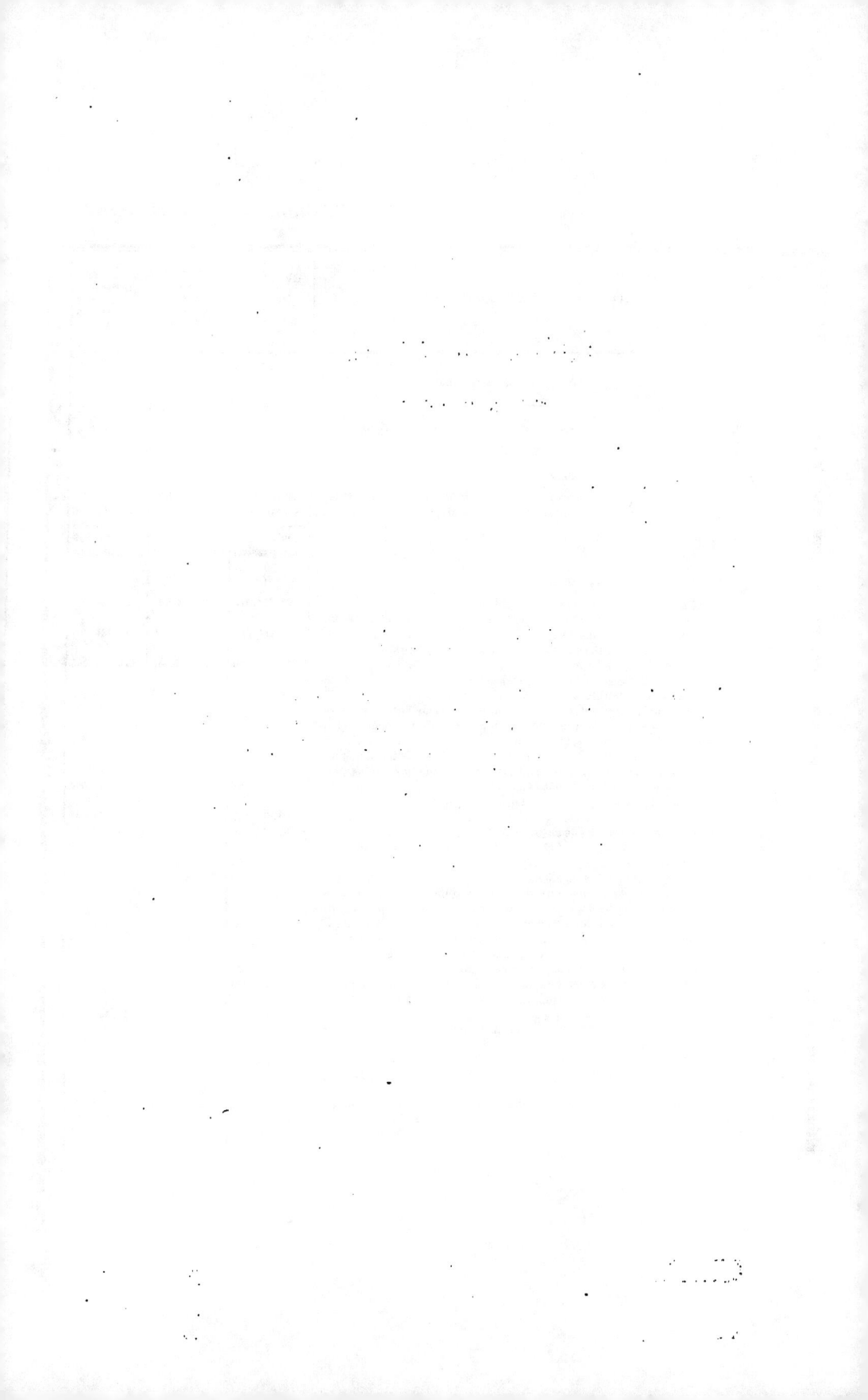

BUDGET ORDINAIRE, *par chapitres,*

CHAPITRES SPÉCIAUX 1	MINISTÈRES ET SERVICES 2	CRÉDITS VOTÉS pour 1889 3	MONTANT DES CRÉDITS demandés par le Gouvernement 4	CRÉDITS PROPOSÉS par la Commission du Budget 5
		fr.	fr.	fr.
	MINISTÈRE DES FINANCES			
	1re Partie. — Dette publique.			
	DETTE CONSOLIDÉE.			
1	Rentes 4 1/2 pour 100 (nouveau fonds). (Loi et décret du 27 avril 1883).	305.540.359	305.540.803	305.540.303
2	Rentes 3 pour 100. (Loi et ordonnance du 1er mai 1825)	434.005.606	433.555.116	433.519.616
	TOTAL.	739.545.965	739.095.919	739.059.919
	DETTE REMBOURSABLE A TERME OU PAR ANNUITÉS			
3	Intérêts et amortissement des obligations à court terme.	27.692.540	33.500.000	50.260.000
4	Intérêts des obligations du Trésor émises pour les garanties d'intérêts aux Compagnies de chemins de fer.	11.580.000	14.460.000	13.724.000
5	Rentes 3 0/0 amortissables par annuités. (Loi du 11 juin 1878; décret du 16 juillet 1878.)	141.187.715	140.474.045	140.474.045
6	Intérêts et amortissement des obligations trentenaires. (Loi du 30 décembre 1876, décret du 12 juin 1877.).	6.724.120	4.562.000	4.562.000
7	Intérêts et amortissement des obligations émises pour l'achèvement des chemins vicinaux et la construction des établissements scolaires. (Lois du 22 juillet 1885, art. 5, et du 8 août 1885, art. 16.)	10.437.000	17.937.000	10.437.000
8	Intérêts et amortissement de l'emprunt contracté par le Gouvernement sarde pour l'amélioration de l'établissement thermal d'Aix. (Décret du 20 octobre 1860, loi du 5 août 1874.).	36.050	36.050	36.050
9	Rachat de concessions de canaux. (Lois des 28 juillet et 1er août 1860 et 20 mai 1863.).	3.064.608	3.064.608	3.064.608
10	Annuités aux Compagnies de chemins de fer.	37.004.566	38.006.318	38.006.318
11	Annuités aux Compagnies de chemins de fer pour garantie d'intérêts de 1871 et 1872.	2.482.500	2.482.500	2.482.500
12	Annuité à la Compagnie algérienne.	4.997.765	4.997.765	4.997.765
13	Annuités aux départements, aux villes et aux communes pour remboursement d'une partie des contributions extraordinaires et réparation des dommages résultant de la guerre	17.414.750	17.474.250	17.474.250
14	Annuités pour réparations des dommages causés par le génie militaire .	1.841.500	1.837.750	1.837.750
15	Annuités de remboursement aux communes et aux départements des avances faites pour le casernement. (Loi du 4 août 1874.)	2.161.900	513.577	513.577
16	Annuité à la Compagnie des chemins de fer de l'Est. (Loi du 17 juin 1873).	20.500.000	20.500.000	20.500.000
17	Annuité de conversion de l'emprunt Morgan. (Loi du 31 mai 1875, décret du 5 juin 1873.).	17.300.000	17.300.000	17.300.000
18	Redevance annuelle envers l'Espagne pour le droit de dépaissance sur les deux versants de la frontière des Pyrénées.	20.000	20.000	20.000
19	Intérêts de la dette flottante du Trésor.	19.525.000	19.525.000	24.511.000
20	Intérêts de capitaux de cautionnements. (Loi du 4 août 1844, art. 7). . .	9.250.000	9.250.000	9.250.000
	TOTAL de la Dette remboursable à terme ou par annuités. . . .	333.220.014	345.940.863	359.460.863
	A reporter.	"	1.085.036.782	1.098.520.782

TITRE PREMIER

BUDGET ORDINAIRE

DÉPENSES

(ANNEXES Nᵒˢ I A 17)

des dépenses de l'exercice 1890.

CRÉDITS VOTÉS par la Chambre des Députés	CRÉDITS PROPOSÉS par la Commission du Sénat	DIFFÉRENCES		EXPLICATION DES DIFFÉRENCES
		AUGMENTATIONS de crédits	DIMINUTIONS de crédits	
6	7	8	9	10
fr.	fr.	fr.	fr.	
305.540.303	305.540.303	»	»	
433.519.616	433.519.616	»	»	
739.059.919	739.059.919	»	»	
46.260.000	46.260.000	»	»	
13.734.000	13.734.000	»	»	
140.474.045	140.474.045	»	»	
4.562.000	4.562.000	»	»	
10.437.000	10.437.000	»	»	
36.050	36.050	»	»	
3.064.608	3.064.608	»	»	
38.006.318	38.006.318	»	»	
2.482.500	2.482.500	»	»	
4.997.765	4.997.765	»	»	
17.474.250	17.474.250	»	»	
1.837.750	1.837.750	»	»	
513.577	513.577	»	»	
20.500.000	20.500.000	»	»	
17.300.000	17.300.000	»	»	
20.000	20.000	»	»	
24.511.000	24.511.000	»	»	
9.250.000	9.250.000	»	»	
355.460.863	355.460.863	»	»	
1.094.520.782	1.094.520.782	»	»	

BUDGET ORDINAIRE, par chapitres,

CHAPITRES SPÉCIAUX 1	MINISTÈRES ET SERVICES 2	CRÉDITS VOTÉS pour 1889 3	MONTANT DES CRÉDITS demandés par le Gouvernement 4	CRÉDITS PROPOSÉS par la Commission du Budget 5
		fr.	fr.	fr.
	MINISTÈRE DES FINANCES (*Suite.*)			
	1re PARTIE. — Dette publique (*Suite*).			
	DETTE VIAGÈRE.			
	Report....	»	»	»
21	Pensions civiles (Lois des 22 août 1790, 19 frimaire an vii, 23 mars 1817, 4 septembre 1835, 21 mars 1838, 5 mai 1847, 29 juin 1848, 9 août 1848, 7 juin 1853, 12 février 1855, 18 mai 1858 et 16 avril 1859, 31 mars 1859, 20 avril 1859, 10 mai 1863, 15 septembre 1871, 1er mars 1872, 22 mars 1872, 13 juin 1872, 3 août 1875, 12 août 1876, 20 juin 1878, 15 juillet 1879, 30 décembre 1880, 22 août 1881, 11 mai 1883, 2 août 1883, 14 août 1885 et 14 novembre 1886; sénatus-consulte du 12 juin 1860; art. 32 de la loi du 9 juin 1853)................	1.100.000	1.090.000	1.090.000
22	Rentes viagères d'ancienne origine (Loi du 23 floréal an ii).......	1.685	1.685	1.685
23	Pensions de la Pairie et de l'ancien Sénat (Loi du 4 juin 1814).....	48.000	48.000	48.000
24	Pensions de donataires dépossédés (Loi du 26 juillet 1821)........	460.000	440.000	440.000
25	Pensions militaires de la guerre.....................	93.316 230	93.000.000	92.500.000
26	Pensions militaires de la marine....................	31.500.000	32.900.000	32 900.000
27	Secours aux pensionnaires de l'ancienne liste civile des rois Louis XVIII et Charles X (Loi du 8 avril 1834)...................	17.000	17.000	17.000
28	Pensions et indemnités viagères de retraite aux employés de l'ancienne liste civile et du domaine privé du roi Louis-Philippe (Loi du 8 juillet 1852)......................	40.000	39.000	39.000
29	Pensions à titre de récompense nationale (Loi du 13 juin 1850)....	150.000	135.000	135.000
30	Traitement viager des membres de l'ordre de la Légion d'honneur et des médaillés militaires.........................	10 048.356	10.006.906	9.973.706
31	Pensions civiles (Loi du 9 juin 1853).................	62.150.000	62.300.000	62.300.000
32	Pensions des grands fonctionnaires (Loi du 17 juin 1856)........	132.000	132.000	132.000
33	Pensions ecclésiastiques sardes (Convention internationale du 23 août 1860).	23.500	21.000	21.000
34	Anciens dotataires du Mont-de-Milan (Décret du 18 décembre 1861). ...	254.000	254.000	239.000
35	Annuités à la Caisse des dépôts et consignations pour le service des pensions aux anciens militaires de la République et de l'Empire (Loi du 5 mai 1869).......................	3.668.000	3.668.000	3.668.000
36	Annuités à la Caisse des dépôts et consignations pour le service des suppléments de pensions aux anciens militaires ou marins et à leurs veuves (Loi du 18 août 1881)...................	9.325.000	9.325.000	9.325.000
37	Indemnités viagères aux victimes du coup d'État du 2 décembre 1851 (Loi du 30 juillet 1881)...................	6.800.000	6.500.000	6.200.000
38	Pensions et indemnités de réforme de la magistrature. (Loi du 30 août 1883)........................	1.270.000	1.220.000	1.220.000
39	Indemnités aux anciens professeurs des facultés de théologie catholique. (Loi du 27 juin 1885).).	49.725	49.235	49.235
40	Pensions viagères aux survivants des blessés de février 1848, à leurs ascendants, veuves ou orphelins. (Loi du 18 avril 1888.).........	200.000	198.000	198 000
	TOTAL de la dette viagère.............	219.553.496	221.344.826	220.496.626
	TOTAL GÉNÉRAL de la première partie	»	1.306.381.108	1.319.017.408

des dépenses de l'exercice 1890 (Suite).

CRÉDITS votés par la Chambre des Députés	CRÉDITS PROPOSÉS par la Commission du Sénat	DIFFÉRENCES		EXPLICATION DES DIFFÉRENCES
		AUGMENTATIONS de crédits	DIMINUTIONS de crédits	
6	7	8	9	10
fr.	fr.	fr.	fr.	
»	»	»	»	(A) Rejet par le Sénat, d'accord avec le Gouvernement, de l'amendement de M.Georges Roche, voté par la Chambre. . (B) Rejet par le Sénat, d'accord avec le Gouvernement, de l'amendement de M. Georges Roche voté par la Chambre. (c) Rétablissement de crédit résultant de l'ajournement de la réforme des trésoreries générales. (D) Rejet par le Sénat de deux amendements de M. Renioiville, votés par la Chambre.
1.090.000	1.090.000	»	»	
1.685	1.685	»	»	
48.000	48.000	»	»	
440.000	440.000	»	»	
94.616.239	(A) 92.500.000	»	2.116.230	
33.615.480	(B) 32.900.000	»	715.480	
17.000	17.000	»	»	
39.000	39.000	»	»	
135.000	135.000	»	»	
10.204.706	(c) 10.238.706	34.000	»	
62.430.000	(D) 62.300.000	»	130.000	
132.000	132.000	»	»	
21.000	21.000	»	»	
239.000	239.000	»	»	
3.668.000	3.668.000	»	»	
9.325.000	9.325.000	»	»	
6.200.000	6.200.000	»	»	
1.220.000	1.220.000	»	»	
49.235	49.235	»	»	
198.000	198.000	»	»	
223.680.336	220.761.626	34.000	2.961.710	
1.318.210.118	1.315.282.408	34.000	2.161.710	

BUDGET ORDINAIRE, *par chapitres,*   d

CHAPITRES SPÉCIAUX	MINISTÈRES ET SERVICES	CRÉDITS VOTÉS pour 1889.	MONTANT DES CRÉDITS demandés par le Gouvernement	CRÉDITS PROPOSÉS par la Commission du Budget.
1	2	3	4	5
		fr.	fr.	fr.

MINISTÈRE DES FINANCES (*Suite*).

2e PARTIE. — Pouvoirs publics.

41	Dotation du Président de la République	600.000	600.000	600.000
42	Frais de maison du Président de la République	300.000	300.000	300.000
43	Frais de voyage, de déplacement et de représentation du Président de la République.	300.000	300.000	300.000
44	Dépenses administratives du Sénat et indemnités des Sénateurs.	4.600.000	4.600.000	4.600.000
45	Dépenses administratives de la Chambre des Députés et indemnités des Députés.	7.290.179	7.337.940	7.269.940
	TOTAL de la 2e partie.	13.090.179	13.137.940	3.069.940

3e PARTIE. — Services généraux des Ministères.

46	Personnel de l'Administration centrale du Ministère.	3.560.000	3.481.000	3.612.400
47	Inspection générale des finances.	755.600	755.600	755.600
48	Personnel central des administrations financières.	1.455.680	1.455.680	1.514.180
49	Indemnités diverses.	23.500	23.500	23.500
50	Matériel de l'Administration centrale.	575.000	575.000	575.000
51	Impressions.	2.100.000	2.100.000	2.100.900
52	Dépenses diverses de l'Administration centrale.	86.200	86.200	86.200
53	Frais de trésorerie.	313.000	313.000	313.000
54	Traitement fixe de 87 trésoriers-payeurs généraux	522.000	522.000	522.000
55	Abonnement à forfait des bureaux des trésoreries générales.	5.902.000	5.902.000	5.902.000
56	Traitements fixes des receveurs particuliers des finances.	607.200	588.000	602.400
57	Commissions aux receveurs particuliers des finances, à valoir sur les frais de personnel et de matériel à leur charge et indemnités pour augmentation de frais de personnel et de matériel aux trésoriers-payeurs généraux, aux receveurs particuliers et aux percepteurs.	2.555.500	2.551.700	2.567.300
58	Frais de la trésorerie d'Algérie	502.250	502.250	502.250
59	Personnel de la Cour des comptes.	1.503.600	1.503.600	1.503.600
60	Matériel et dépenses diverses de la Cour des comptes	53.440	53.440	53.440
61	Dépenses des exercices périmés non frappées de déchéance	191.000	211.000	211.000
62	Dépenses des exercices clos.	Mémoire.	Mémoire.	Mémoire.
	TOTAL de la 3e partie.	»	20.826.870	21.046.770

des dépenses de l'exercice 1890 (Suite).

CRÉDITS votés par la Chambre des Députés	CRÉDITS proposés par la Commission du Sénat	DIFFÉRENCES		EXPLICATION DES DIFFÉRENCES
		AUGMENTATIONS de crédits	DIMINUTIONS de crédits	
6	7	8	9	10
fr.	fr.	fr.	fr.	
				(A) Ajournement de la réforme des trésoreries généra'es.
600.000	600.000	»	»	
300.000	300.000	»	»	
300.000	300.000	»	»	
4.600.000	4.600.000	»	»	
7.244.048	7.244.048	»	»	
13.044.048	13.044.048	»	»	
3.560.000	3.560.000	»	»	
755.600	755.600	»	»	
1.535.180	1.535.180	»	»	
23.500	23.500	»	»	
575.000	[375.000	»	»	
2.100.900	2.100.900	»	»	
86.200	86.200	»	»	
342.000	(A) 515.000	173.000	»	
1.405.000	(A) 522.000	»	883.000	
3.784.000	(A) 5.902.000	2.118.000	»	
588.000	588.000	»	»	
2.551.700	2.551.700	»	»	
502.250	502.250	»	»	
1.503.600	1.503.600	»	»	
53.440	53.440	»	»	
211.000	211.000	»	»	
Mémoire.	Mémoire.	»	»	
19.577.370	20.985.370	2.291.000	883.000	

BUDGET ORDINAIRE, *par chapitres,* *de*

CHAPITRES SPÉCIAUX	MINISTÈRES ET SERVICES	CRÉDITS VOTÉS pour 1889	MONTANT DES CRÉDITS demandés par le Gouvernement	CRÉDITS PROPOSÉS par la Commission du Budget	
1	2	3	4	5	
		fr.	fr.	fr.	
	MINISTÈRE DES FINANCES (*Suite*).				
	4e PARTIE. — Frais de régie, de perception et d'exploitation des impôts et revenus publics.				
63	Personnel de l'administration des contributions directes	3.758.125	3.758.125	3.788.250	
64	Dépenses diverses de l'administration des contributions direc	1.403.290	1.403.290	1.414.150	
65	Frais relatifs aux rôles des taxes assimilées..	107.000	107.000	107.000	
66	Frais d'arpentage et d'expertise..	1.000	120.000	120.000	
67	Mutations cadastrales.	620.000	690.000	690.000	
68	Personnel des contributions directes et du cadastre en Algérie	356.035	356.035	356.035	
69	Matériel des contributions directes et du cadastre en Algérie.	324.185	324.185	324.185	
70	Personnel de la topographie en Algérie	427.540	427.540	427.540	
71	Matériel de la topographie en Algérie	285.000	285.000	285.000	
72	Remises proportionnelles des percepteurs et frais divers.	11.261.547	11.261.000	11.230.000	
73	Indemnités et secours aux porteurs de contraintes.	450.000	450.000	450.000	
74	Frais de perception des amendes et condamnations pécuniaires en France	408.000	406.000	406.000	
75	Frais de perception des amendes et condamnations pécuniaires en Algérie.	50.700	50.000	50.000	
76	Secours aux percepteurs réformés, aux veuves et aux orphelins de percepteurs.	200.000	200.000	200.000	
77	Personnel de l'administration de l'enregistrement, des domaines et du timbre.	15.419.200	15.419.200	15.414.700	
78	Matériel de l'administration de l'enregistrement, des domaines et du timbre.	936.500	936.500	936.500	
79	Dépenses diverses de l'administration de l'enregistrement, des domaines et du timbre.	1.849.850	1.849.850	1.849.850	
80	Personnel de l'enregistrement, des domaines et du timbre en Algérie. . .	703.400	703.400	703.400	
81	Matériel de l'enregistrement, des domaines et du timbre en Algérie. . . .	370.000	370.000	370.000	

des dépenses de l'exercice 1890 (Suite).

CRÉDITS VOTÉS par la Chambre des Députés 6	CRÉDITS PROPOSÉS par la Commission du Sénat 7	DIFFÉRENCES		EXPLICATION DES DIFFÉRENCES 10
		AUGMENTATIONS de crédits 8	DIMINUTIONS de crédits 9	
fr.	fr.	fr.	fr.	
3.788.250	3.788.250	"	"	
1.414.150	1.414.150	"	"	
107.000	107.000	"	"	
120.000	120.000	"	"	
690.000	690.000	"	"	
356.035	356.035	"	"	
324.185	324.185	"	"	
427.540	427.540	"	"	
285.000	285.000	"	"	
11.230.000	11.230.000	"	"	
450.000	450.000	"	"	
406.000	406.000	"	"	
50.000	50.000	"	"	
200.000	200.000	"	"	
15.414.700	15.414.700	"	"	
969.500	969.500	"	"	
1.849.850	1.849.850	"	"	
687.900	687.900	"	"	
385.500	385.500	"	"	

BUDGET ORDINAIRE, *par chapitres,*

CHAPITRES SPÉCIAUX 1	MINISTÈRES ET SERVICES 2	CRÉDITS VOTÉS pour 1889 3	MONTANT DES CRÉDITS demandés par le Gouvernement 4	CRÉDITS PROPOSÉS par la Commission du Budget 5
		fr.	fr.	fr.
	MINISTÈRE DES FINANCES (*Suite*).			
	4ᵉ PARTIE. — Frais de régie, de perception et d'exploitation des impôts et revenus publics (*Suite*)			
	1ʳᵉ Section. — *ce des finances.* (Suite.)			
82	Imposition à la charge de l'État pour le service de la propriété individuelle indigène en Algérie	83.574	50.000	50.000
83	Personnel de l'administration des douanes..................	27.942.370	27.942.370	27.942.370
84	Matériel de l'administration des douanes..................	436.596	436.596	436.596
85	Dépenses diverses de l'administration des douanes.............	1.408.795	1.408.795	1.408.795
86	Personnel des douanes en Algérie.....................	1.408.573	1.408.573	1.408.573
87	Matériel des douanes en Algérie.....................	100.347	100.347	100.347
88	Dépenses diverses des douanes en Algérie..............	80.620	80.620	80.620
89	Personnel de l'administration des contributions indirectes.........	30.271.160	30.271.160	30.379.860
90	Matériel de l'administration des contributions indirectes..........	404.500	404.500	364.500
91	Frais de loyer et indemnités de l'administration des contributions indirectes...............................	5.772.360	5.772.360	5.754.360
92	Dépenses diverses de l'administration des contributions indirectes	494.400	494.400	464.400
93	Achat de tabacs, primes et transports de l'administration des contributions indirectes........................	1.170.000	1.170.000	1.120.000
94	Avances recouvrables par l'administration des contributions indirectes..	355.000	355.000	355.000
95	Personnel des contributions diverses en Algérie..........	925.750	938.250	938.250
96	Matériel des contributions diverses en Algérie..............	367.250	334.750	334.750
97	Personnel de l'administration des manufactures de l'État.....	2.110.000	2.110.000	2.110.000
98	Gages et salaires de l'administration des manufactures de l'État....	16.840.000	16.840.000	16.840.000
99	Matériel de l'administration des manufactures de l'État..........	2.850.000	2.850.000	2.850.000
100	Aménagement, entretiens et réparation des bâtiments des manufactures de l'État...........................	300.000	300.000	300.000
101	Constructions nouvelles des manufactures de l'État............	780.000	780.000	540.000
102	Dépenses diverses de l'administration des manufactures de l'État	378.000	378.000	378.000
103	Indemnités et secours viagers à des ouvriers et ouvrières des manufactures de l'État en cas de maladies, blessures ou infirmités	115.000	115.000	115.000
104	Avances recouvrables par l'administration des manufactures de l'État..	225.000	225.000	225.000
105	Achats et transports de tabacs.....................	45.000.000	43.000.000	45.000.000
	TOTAL de la 4ᵉ partie	»	178.802.846	178.519.031

des dépenses de l'exercice 1890 (Suite).

CRÉDITS votés par la Chambre des Députés.	CRÉDITS proposés par la Commission du Sénat.	DIFFÉRENCES		EXPLICATION DES DIFFÉRENCES
		AUGMENTATIONS de crédits	DIMINUTIONS de crédits	
6	7	8	9	10
fr.	fr.	fr.	fr.	
50.000	50.000	»	»	
27.942.370	27.942.370	»	»	
436.596	436.596	»	»	
1.408.795	1.408.795	»	»	
1.408.573	1.408.573	»	»	
100.347	100.347	»	»	
80.620	80.620	»	»	
30.374.860	30.374.860	»	»	
364.500	364.500	»		
5.753.360	5.753.360	»	»	
484.400	484.400	»	»	
1.120.000	1.120.000	»	»	
555.000	555.000	»	»	
938.250	938.250	»	»	
354.750	354.750	»	»	
2.106.000	2.106.000	»	»	
16.892.000	16.892.000	»	»	
2.850.000	2.850.000	»	»	
260.000	260.000	»	»	
540.000	540.000	»	»	
378.000	378.000	»	»	
115.000	115.000	»	»	
225.000	225.000	»	»	
45.000.000	45.000.000	»	»	
178.525.531	178.525.531	»	»	

CHAPITRES spéciaux	MINISTÈRES ET SERVICES	CRÉDITS votés pour 1889	MONTANT des crédits demandés par le Gouvernement	CRÉDITS proposés par la Commission du Budget
1		3	4	5
		fr.	fr.	fr.

MINISTÈRE DES FINANCES (*Suite*).

5e PARTIE. — Remboursements et restitutions, non-valeurs et primes.

106	Dégrèvements et non-valeurs sur les taxes spéciales assimilées aux contributions directes.	175.000	175.000	175.000
107	Remboursements sur produits indirects et divers en France.	6.196.000	6.196.000	6.196.000
108	Remboursements sur produits indirects et divers en Algérie	206.000	210.000	210.000
109	Répartitions de produits d'amendes, saisies et confiscations attribuées à divers en France.	6.338.700	6.338.700	6.338.700
110	Répartitions de produits d'amendes, saisies et confiscations attribuées à divers en Algérie	465.000	420.000	370.000
111	Primes à l'exportation de marchandises.	160.000	160.000	160.000
	Total de la 5e partie.	»	13.499.700	13.449.700

RÉCAPITULATION

1re Partie. — Dette publique		1.292.319.475	1.306.381.108	1.319.017.408
2e Partie. — Pouvoirs publics		13.090.179	13.137.940	13.069.940
3e Partie. — Service général		21.043.870	20.826.870	21.046.770
4e Partie. — Frais de régie, de perception et d'exploitation des impôts et revenus publics		178.650.667	178.802.846	178.519.031
5e Partie. — Remboursements et restitutions, non-valeurs et primes.		13.540.70	13.499.700	13.449.700
	Total général du Ministère des Finances	1.518.644.891	1.532.648.464	1.545.102.849

des dépenses de l'exercice 1890 (Suite).

	CRÉDITS VOTÉS par la Chambre des Députés.	CRÉDITS PROPOSÉS par la Commission du Sénat	DIFFÉRENCES		EXPLICATION DES DIFFÉRENCES
			AUGMENTATIONS de crédits	DIMINUTIONS de crédits	
	6	7	8	9	10
	fr.	fr.	fr.	fr.	
0	175.000	175.000	»	»	
0	6.196.000	6.196.000	»	»	
0	210.000	210.000	»	»	
0	6.338.700	6.338.700	»	»	
0	370.000	370.000	»	»	
0	180.000	160.000	»	»	
0	13.449.700	13.449.700	»	»	
08	1.312.210.118	1.318.210.118	»	»	
40	13.044.048	13.044.048	»	»	
70	19.577.370	19.577.370	»	»	
31	178.525.531	178.525.531	»	»	
00	13.449.700	13.449.700	»	»	. . . . .
49	1.542.806.767	1.542.806.767	»	»	

BUDGET ORDINAIRE, par chapitres,

CHAPITRES SPÉCIAUX	MINISTÈRES ET SERVICES	CRÉDITS votés pour 1889	MONTANT DES CRÉDITS demandés par le Gouvernement	CRÉDITS PROPOSÉS par la Commission du Budget
1	2	3	4	5
		fr.	fr.	fr.
	MINISTÈRE DE LA JUSTICE ET DES CULTES			
	2ᵉ PARTIE. — Services généraux des Ministères.			
	1ʳᵉ SECTION. — *Service de la Justice.*			
1	Traitement du Ministre et personnel de l'Administration centrale.....	526.000	536.000	536.000
2	Matériel de l'Administration centrale..................	86.000	86.000	86.000
3	Personnel du Conseil d'État.....................	1.043.000	1.043.000	1.043.000
4	Matériel du Conseil d'État.....................	70.000	70.000	70.000
5	Personnel de la Cour de cassation.................	1.149.000	1.149.600	1.149.600
6	Menues dépenses de la Cour de cassation.............	36.800	36.800	36.800
7	Cours d'appel............................	6.141.000	6.140.500	6.140.500
8	Cours d'assises...........................	50.000	45.000	45.000
9	Tribunaux de première instance.................	11.328.000	11.333.000	11.328.000
10	Tribunaux de commerce......................	183.000	183.000	183.000
11	Tribunaux de police........................	93.100	94.700	93.100
12	Justices de paix..........................	8.398.800	8.398.800	8.398.000
13	Personnel de la justice française en Algérie...........	1.827.700	1.811.600	1.811.600
14	Matériel et menues dépenses de la Cour d'appel d'Alger et frais de passage gratuit..................	22.000	22.000	22.000
15	Personnel de la justice française en Tunisie............	236.300	236.300	236.300
16	Frais de justice criminelle en France et en Algérie.........	5.909.700	5.909.700	5.909.700
17	Frais de justice criminelle en Tunisie..............	30.900	30.000	30.000
18	Frais d'impression des statistiques................	16.000	16.000	16.000
19	Secours et dépenses imprévues..................	75.000	80.000	75.000
20	Collection des lois étrangères..................	20.000	20.000	20.000
21	Reconstitution des actes de l'état civil de la ville de Paris et des départements..................	30.000	30.000	30.000
22	Personnel de la justice musulmane en Algérie..........	95.000	95.000	95.000
23	Matériel de la justice musulmane en Algérie...........	8.050	8.050	8.050
24	Constitution de l'état civil des indigènes musulmans de l'Algérie....	100.000	100.000	100.000
25	Dépenses des exercices périmés non frappées de déchéance........	Mémoire.	Mémoire.	Mémoire.
26	Dépenses des exercices clos....................	Idem.	Idem.	Idem.
	TOTAL pour le Service de la Justice......	»	37.475.050	37.462.850

des dépenses de l'exercice 1890 (Suite).

CRÉDITS VOTÉS par la Chambre des Députés	CRÉDITS PROPOSÉS par la Commission du Sénat	DIFÉRENCES		OBSERVATIONS
		AUGMENTATIONS de crédits	DIMIMUTIONS de crédits	
6	7	8	9	10
fr.	fr.	fr.	fr.	
536.000	536.000	»	»	
86.000	86.000	»	»	
1.043.000	1.043.000	»	»	
70.000	70.000	»	»	
1.149.600	1.149.600		»	
36.800	36.800	»	»	
6.140.500	6.140.500	»	»	
45.000	45.000	»	»	
11.333.000	11.333.000	»	»	
183.000	183.080	»	»	
93.100	93.100	»	»	
8.398.800	8.398.800	»	»	
1.811.600	1.811.600	»	»	
22.000	22.000	»	»	
236.300	236.300	»	»	
5.909.700	5.909.700	»	»	
30.000	30.000	»	»	
16.000	16.000	»	»	
75.000	75.000	»	»	
20.000	20.000	»	»	
30.000	30.000	»	»	
95.000	95.000	»	»	
8.050	8.050	»	»	
100.000	100.000	»	»	
Mémoire.	Mémoire.	»	»	
Idem.	Idem.	»	»	
37.468.450	37.468.450	»	»	

CHAPITRES SPÉCIAUX	MINISTÈRES ET SERVICES	CRÉDITS VOTÉS pour 1889	MONTANT DES CRÉDITS demandés par le Gouvernement	CRÉDITS PROPOSÉS par la Commission du Budget
1	2	3	4	5
		fr.	fr.	fr.
	MINISTÈRE DE LA JUSTICE ET DES CULTES (*Suite*).			
	3e PARTIE. — Services généraux des Ministères.			
	2e section. — Service des cultes.			
1	Personnel des bureaux des cultes	205.000	220.000	205.000
2	Matériel des bureaux des cultes	23.000	23.000	23.000
3	Impressions.	8.000	8.000	8.000
4	Secours et dépenses diverses.	2.000	2.000	2.000
5	Traitements des archevêques et évêques.	920.000	930.000	930.000
6	Traitements des curés.	4.391.400	4.421.400	
7	Allocations aux vicaires généraux.	497.546	497.546	37.629.640
8	Allocations aux chanoines	855.336	785.336	
9	Allocations aux desservants et vicaires. — Binage. . .	31.960.000	31.960.000	
10	Pensions et secours.	877.000	800.000	800.000
11	Mobilier des archevêchés et évêchés	20.000	20.000	20.000
12	Loyers et rentes pour évêchés.	11.023	11.023	11.023
13	Entretien des édifices diocésains	600.000	600.000	600.000
14	Grosses réparations des édifices diocésains	1.000.000	1.000.000	1.000.000
15			60.000	
16			100.000	
17			15.000	
18	Crédits spéciaux pour cathédrales.	465.000	30.000	355.000
19			25.000	
20			100.000	
21			25.000	
	A reporter.	«	41.633.305	41.583.663

des dépenses de l'exercice 1890 (Suite).

CRÉDITS VOTÉS par la Chambre des Députés.	CRÉDITS PROPOSÉS par la Commission du Sénat.	DIFFÉRENCES		EXPLICATION DES DIFFÉRENCES
		AUGMENTATIONS de crédits	DIMINUTIONS de crédits	
6	7	8	9	10
fr.	fr.	fr.	fr.	
205.000	205.000	»	»	
23.000	23.000	»	»	
8.000	8.000	»	»	
2.000	2.000	»	»	
930.000	930.000	»	»	
4.421.400	4.421.400	»	»	
497.546	497.546	»	»	
783.836	783.336	»	»	
31.925.358	31.925.338	»	»	
800.000	800.000	»	»	
20.000	20.000	»	»	
11.023	11.023	»	»	
600.000	600.000	»	»	
1.000 000	1.000.000	»	»	
355.000	355.000	»	»	
41.583.663	41.583.663	»	»	

BUDGET ORDINAIRE, par chapitres,

CHAPITRES SPÉCIAUX	MINISTÈRES ET SERVICES	CRÉDITS VOTÉS pour 1839	MONTANT DES CRÉDITS demandés par le Gouvernement.	CRÉDITS PROPOSÉS par la Commission du Budget
1	2	3	4	5
		fr. c.	fr.	fr.
	MINISTÈRE DE LA JUSTICE ET DES CULTES (*Suite*).			
	3e PARTIE. — Services généraux des Ministères.			
	2e Section. — *Service des Cultes* (Suite).			
	Report...................	»	41.633.305	41.583.663
16	Secours pour églises et presbytères..................	1.500.000	1.500.000	1.500.000
17	Personnel des cultes protestants.................	1.520.100	1.525.100	1.525.100
18	Dépenses des séminaires protestants..............	26.500	26.500	26.500
19	Personnel du culte israélite...................	158.900	158.900	158.900
20	Dépenses des séminaires israélites...............	22.000	22.000	22.000
21	Secours pour les édifices des cultes protestants et israélite	40.000	40.000	40.000
22	Personnel du culte musulman.................	166.490	166.490	166.490
23	Matériel du culte musulman.................	49.850	49.850	49.850
24	Frais de passages.....................	13.000	13.000	13.000
25	Dépenses des exercices périmés non frappées de déchéance.......	Mémoire.	Mémoire.	Mémoire.
26	Dépenses des exercices clos.................	Idem.	Idem.	Idem.
	TOTAL pour le service des Cultes...........	»	45.135.145	45.085.503
	RÉCAPITULATION			
	1re Section. — Service de la Justice..............	37.507.050	37.475.050	37.462.650
	2e Section. — Service des Cultes...............	45.337.145	45.135.145	45.085.503
	TOTAL GÉNÉRAL pour le Ministère de la Justice et des Cultes....	82.844.195	82.610.195	82.548.153

des dépenses de l'exercice 1890 (Suite).

CRÉDITS VOTÉS par la Chambre des Députés.	CRÉDITS PROPOSÉS par la Commission du Sénat.	DIFFÉRENCES		EXPLICATION DES DIFFÉRENCES
		AUGMENTATIONS de crédits	DIMINUTIONS des crédits	
6	7	8	9	10
fr.	fr.	fr.	fr.	
41.583.663	41.583.663	»	»	
1.500.000	1.500.000	»	»	
1.525.100	1.525.100	»	»	
26.500	26.500	»	»	
158.900	158.900	»	»	
22.000	22.000	»	»	
40.000	40.000	»	»	
166.490	166.490	»	»	
49.850	49.850	»	»	
13.000	13.000	»	»	
Mémoire.	Mémoire.	»	»	
Idem.	Idem.	»	»	
45.085.503	45.085.503	»	»	
			»	
37.468.450	37.468.450	»	»	
45.085.503	45.085.503	»	»	
82.553.953	82.553.953	»	»	
			»	

BUDGET ORDINAIRE, par chapitres,

CHAPITRES SPÉCIAUX	MINISTÈRES ET SERVICES	CRÉDITS VOTÉS pour 1889	MONTANT DES CRÉDITS demandés par le Gouvernement	CRÉDITS PROPOSÉS par la Commission du Budget
1	2	3	4	5
		fr.	fr.	fr.
	MINISTÈRE DES AFFAIRES ÉTRANGÈRES			
	2e PARTIE. — Services généraux des Ministères.			
	1re Section. — Service ordinaire.			
1	Traitement du Ministre et personnel de l'Administration centrale.....	759.000	759.000	759.000
2	Matériel de l'Administration centrale.....................	186.500	186.500	186.500
3	Traitements des agents diplomatiques et consulaires............	6.387.100	6.387.100	6.387.100
4	Traitements des élèves-chanceliers et commis ; indemnités des commis, traducteurs, drogmans et interprètes auxiliaires............	545.100	545.100	545.100
5	Traitements des agents en disponibilité..................	100.000	100.000	100.000
6	Frais de représentation des agents diplomatiques..............	1.541.600	1.541.600	1.541.600
7	Frais de service des résidences......................	1.880.100	1.880.100	1.880.100
8	Frais d'établissement des agents diplomatiques et consulaires.......	270.000	270.000	270.000
9	Frais de voyages et de courriers.....................	623.000	623.000	623.000
10	Présents diplomatiques........................	40.000	40.000	40.000
11	Missions, dépenses extraordinaires et dépenses imprévues.........	249.500	249.500	249.500
12	Secours..............................	180.000	180.000	180.000
13	Dépenses secrètes...........................	700.000	700.000	700.000
14	Frais de location et charges accessoires de l'hôtel affecté à la résidence de l'ambassade ottomane......................	60.000	60.000	60.000
15	Allocations à la famille d'Abd-el-Kader.................	70.000	70.000	70.000
16	Dépenses des exercices périmés non frappées de déchéance........	Mémoire.	Mémoire.	Mémoire.
17	Dépenses des exercices clos.......................	Idem.	Idem.	Idem.
	Total du Service ordinaire.....	»	13.591.900	13.591.900
	2e Section. — Service des protectorats.			
1	Dépenses de la résidence en Tunisie..................	165.300	165.300	162.600
2	Dépenses des résidences à Madagascar.................	000	414.000	414.000
	Total du service des protectorats......	»	579.300	576.600
	4e PARTIE. — Frais de régie, de perception et d'exploitation des impôts et revenus publics.			
Unique.	Remise de 5 pour 100 sur les produits des chancelleries diplomatiques et consulaires.........................	60.000	60.000	60.000
	TOTAL GÉNÉRAL pour le Ministère des Affaires étrangères..	14.264.200	14.231.200	14.228.500

des dépenses de l'exercice 1890 (Suite).

CRÉDITS votés par la Chambre des Députés	CRÉDITS PROPOSÉS par la Commission du Sénat	DIFFÉRENCES		EXPLICATION DES DIFFÉRENCES
		AUGMENTATIONS de crédits	DIMINUTIONS de crédits	
6	7	8	9	10
fr.	fr.	fr.	fr.	
759.000	759.000	"	"	
186.500	186.500	"	"	
6.387.100	6.387.100	"	"	
545.100	545.100	"	"	
100.000	100.000	"	"	
1.541.600	1.541.600	"	"	
1.880.100	1.880.100	"	"	
270.000	270.000	"	"	
623.000	623.000	"	"	
40.000	40.000	"	"	
249.500	249.500	"	"	
180.000	180.000	"	"	
700.000	700.000	"	"	
60.000	60.000	"	"	
70.000	70.000	"	"	
Mémoire.	Mémoire.	"	"	
Idem.	*Idem.*	"	"	
13.591.900	13.591.900	"	"	
162.600	162.600	"	"	
414.000	414.000	"	"	
576.600	576.600	"	"	
60.000	60.000	"	"	
14.228.500	14.228.500	"	"	

BUDGET ORDINAIRE, par chapitres,

CHAPITRES SPÉCIAUX	MINISTÈRES ET SERVICES	CRÉDITS VOTÉS pour 1889	MONTANT DES CRÉDITS demandés par le Gouvernement	CRÉDITS PROPOSÉS par la Commission du Budget
1	2	3	4	5
		fr.	fr.	fr.
	MINISTÈRE DE L'INTÉRIEUR			
	3e Partie. — Services généraux des Ministères.			
	1re Section. — Service du Ministère de l'Intérieur.			
1	Traitement du Ministre, traitements et indemnités du personnel de l'Administration centrale	1.360.574	1.445.670	1.384.474
2	Matériel et dépenses de l'Administration centrale.	275.000	307.400	286.400
3	Secours personnels à divers titres	690.000	751.500	690.000
4	Inspections générales administratives	185.000	185.000	185.000
5	Traitements et indemnités des fonctionnaires administratifs des départements.	5.071.000	5.071.000	5.071.000
6	Dépenses fixes du personnel d'administration et d'exploitation des journaux officiels.	82.900	82.900	82.900
7	Dépenses variables du personnel d'exploitation des journaux officiels. . .	593.300	622.300	593.300
8	Dépenses du matériel des journaux officiels.	456.100	456.100	456.100
9	Entretien des tombes militaires. (Loi du 4 avril 1873)	8.000	8.000	8.000
10	Personnel des bureaux des préfectures et des sous-préfectures	4.881.600	4.881.600	4.881.600
11	Frais matériels d'administration des préfectures et des sous-préfectures.	1.353.800	1.353.800	1.353.800
12	Subvention pour l'organisation et l'entretien des corps de sapeurs-pompiers.	8.000	8.000	8.000
13	Frais des élections sénatoriales.	350.000	150.000	150.000
14	Matériel des Cours d'appel.	450.000	450.000	450.000
15	Célébration de la fête nationale du 14 Juillet.	300.000	300.000	300.000
16	Indemnités à d'anciens fonctionnaires sardes devenus Français.	6.000	6.000	6.000
17	Travaux des palais de justice de Rennes et de Grenoble	50.000	250.000	50.000
18	Subvention pour le rachat des ponts à péage dépendant des routes départementales. (Loi du 30 juillet 1880.)	50.000	70.000	70.000
19	Reconstruction de la Cour d'appel de Paris.	273.000	250.000	250.000
20	Acquisition des bâtiments de la préfecture de police	250.000	250.000	250.000
21	Subvention aux sociétés de tir	50.000	40.000	40.000
22	Subventions aux départements (Loi du 10 août 1871).	3.600.000	3.600.000	3.600.000
23	Annuité à payer au Crédit foncier pour le service des emprunts contractés en exécution de la Convention annexée à la loi du 22 juillet 1887. . . .	210.188	210.188	210.188
24	Subvention pour le rachat des ponts à péage dépendant des chemins vicinaux. (Loi du 30 juillet 1880.)	250.000	200.000	200.000
25	Subvention pour l'achèvement des chemins vicinaux.	7.000.000	6.500.000	6.500.000
»	Dépenses du conseil supérieur de l'assistance publique	»	5.000	»
26	Subvention à l'hospice national des Quinze-Vingts	310.000	310.000	310.000
27	Subvention à la maison nationale de Charenton	50.000	50.000	50.000
28	Subventions aux asiles nationaux de Vincennes et du Vésinet.	20.000	20.000	20.000
29	Subvention à l'hospice national du Mont-Genèvre.	6.000	6.000	6.000
30	Subvention à l'institution nationale des sourds-muets de Chambéry . . .	77.000	77.000	77.000
31	Subvention à l'institution nationale des sourds-muets de Paris	264.300	264.300	264.300

des dépenses de l'exercice 1890 (Suite).

CRÉDITS votés par la Chambre des Députés 6	CRÉDITS PROPOSÉS par la Commission du Sénat 7	DIFFÉRENCES		EXPLICATION DES DIFFÉRENCES
		AUGMENTATIONS de crédits 8	DIMINUTIONS de crédits 9	10
fr.	fr.	fr.	fr.	
1.389.042	1.389.042	»	»	
286.400	286.400	»	»	
690.000	690.000	»	»	
185.000	185.000	»	»	
5.071.000	5.071.000	»	»	
82.900	82.900	»	»	
593.300	593.300	»	»	
456.100	456.100	»	»	
8.000	8.000	»	»	
4.881.600	4.881.600	»	»	
1.353.800	1.353.800	»	»	
8.000	8.000	»	»	
150.000	150.000	»	»	
450.000	450.000	»	»	
300.000	300.000	»	»	
6.000	6.000	»	»	
250.000	250.000	»	»	
70.000	70.000	»	»	
250.000	250.000	»	»	
250.000	250.000	»	»	
40.000	40.000	»	»	
3.600.000	3.600.000	»	»	
210.188	210.188	»	»	
200.000	200.000	»	»	
6.500.000	6.500.000	»	»	
5.000	5.000	»	»	
310.000	310.000	»	»	
47.000	47.000	»	»	
20.000	20.000	»	»	
6.000	6.000	»	»	
77.000	77.000	»	»	
264.300	264.300	»	»	

BUDGET ORDINAIRE, par chapitres,

CHAPITRES SPÉCIAUX	MINISTÈRES ET SERVICES	CRÉDITS VOTÉS pour 1889	MONTANT DES CRÉDITS demandés par le Gouvernement	CRÉDITS PROPOSÉS par la Commission du Budget
1	2	3	4	5
		fr.	fr.	fr.
	MINISTÈRE DE L'INTÉRIEUR (*Suite*).			
	3e Partie. — Services généraux des Ministères (suite).			
	1re Section. — Service du Ministère de l'Intérieur (Suite).			
32	Subvention à l'institution nationale des sourdes-muettes de Bordeaux. .	110.000	110.000	110.000
33	Subvention à l'institution nationale des jeunes aveugles.	179.000	200.000	190.000
34	Remboursement de frais occasionnés par des individus sans domicile de secours..	200.000	200.000	200.000
35	Dépenses intérieures et frais d'inspection et de surveillance du service des enfants assistés.	1.045.000	1.045.000	1.045.000
36	Frais de protection des enfants du premier âge.	750.000	750.000	750.000
37	Secours aux sociétés de charité maternelle et aux crèches.	146.000	146.000	146.000
38	Subvention pour secours exceptionnels à des institutions de bienfaisance et secours d'extrême urgence	530.000	530.000	530.000
39	Service de médecine gratuite dans les départements	50.000	50.000	50.000
40	Sociétés de secours mutuels.	450.000	475.000	475.000
41	Dépenses diverses du service des eaux minérales et des établissements thermaux de l'État	9.600	9.600	9.600
42	Personnel de l'établissement thermal d'Aix	65.500	66.500	65.500
43	Matériel de l'établissement thermal d'Aix	39.500	45.000	39.500
44	Personnel des établissements thermaux affermés	19.600	19.600	19.600
45	Matériel des établissements thermaux affermés.	5.800	5.800	5.800
46	Personnel du service sanitaire. Comité consultatif d'hygiène publique de France.	329.000	329.000	329.000
47	Matériel et dépenses diverses du service sanitaire	125.650	125.650	125.650
48	Inspection des viandes à la frontière	120.000	120.000	120.000
49	Visite annuelle des pharmacies et magasins de drogueries, fabriques et dépôts d'eaux minérales.	270.500	272.500	272.500
50	Traitements des commissaires de police, indemnités de déplacement et autres	1.880.013	1.880.013	1.880.013
51	Subvention à la ville de Paris pour la police municipale.	7.693.825	7.693.825	7.693.825
52	Frais de police de l'agglomération lyonnaise.	1.469.266	1.469.266	1.469.266
53	Agents secrets de sûreté générale	1.600.000	1.600.000	1.600.000
54	Secours aux étrangers réfugiés	195.000	195.000	195.000
55	Frais de rapatriement.	50.000	50.000	50.000
56	Dépenses du service de l'émigration	8.000	8.000	8.000
57	Dépenses des exercices périmés non frappées de déchéance.	Mémoire	Mémoire.	Mémoire.
58	Dépenses des exercices clos.	Idem.	Idem.	Idem.
	TOTAL de la 1re section.	»	45.577.512	45.183.316

des dépenses de l'exercice 1890 (Suite).

CRÉDITS VOTÉS par la Chambre des Députés	CRÉDITS PROPOSÉS par la Commission du Sénat	DIFFÉRENCES		EXPLICATION DES DIFFÉRENCES
		AUGMENTATIONS de crédits	DIMINUTIONS de crédits	
6	7	8	9	10
fr.	fr.	fr.	fr.	
110.000	110.000	»	»	
190.000	190.000	»	»	
200.000	200.000	»	»	
1.045.000	1.045.000	»	»	
750.000	750.000	»	»	
146.000	146.000	»	»	
530.000	530.000	»	»	
50.000	50.000	»	»	
475.000	475.000	»	»	
9.600	9.600	»	»	
65.500	65.500	»	»	
39.500	39.500	»	»	
19.600	19.600	»	»	
5.800	5.800	»	»	
329.000	329.000	»	»	
125.650	125.650	»	»	
120.000	120.000	»	»	
272.500	272.500	»	»	
1.880.013	1.880.013	»	»	
7.693.825	7.693.825	»	»	
1.469.266	1.469.266	»	»	
»	»	»	»	
195.000	195.000	»	»	
50.000	50.000	»	»	
8.000	8.000	»	»	
Mémoire.	Mémoire.	»	»	
Idem.	Idem.	»	»	
43.789.884	4.789.884	»	»	

BUDGET ORDINAIRE, *par chapitres,*   d

CHAPITRES SPÉCIAUX	MINISTÈRES ET SERVICES	CRÉDITS VOTÉS pour 1889	MONTANT DES CRÉDITS demandés par le Gouvernement	CRÉDITS PROPOSÉS par la Commission du Budget
1	2	3	4	5
		fr.	fr.	fr.
	MINISTÈRE DE L'INTÉRIEUR (*Suite*).			
	3e Partie. — Services généraux des Ministères.			
	2e Section. — Services pénitentiaires.			
1	Personnel du service pénitentiaire (département de la Seine excepté). . .	4.924.664	4.924.664	4.924.664
2	Personnel des maisons d'arrêt, de justice et de correction de la Seine. . .	663.087	669.785	669.785
3	Entretien des détenus.	10.139.718	10.139.718	10.000.000
4	Remboursements divers pour frais de séjour des détenus hors des établissements pénitentiaires.	40.075	40.075	40.075
5	Transport des détenus et des libérés	410.600	410.600	410.600
6	Travaux ordinaires aux bâtiments pénitentiaires (Services à l'entreprise).	149.000	142.302	142.302
7	Mobilier du service pénitentiaire (Services à l'entreprise)	65.000	65.000	65.000
8	Travaux ordinaires aux bâtiments pénitentiaires, mobilier (Services en régie)	231.000	231.000	231.000
9	Exploitations agricoles	220.000	220.000	220.000
10	Dépenses accessoires du service pénitentiaire	90.600	90.600	85.000
11	Subvention aux sociétés de patronage	120.000	120.000	120.000
12	Acquisitions et constructions pour le service pénitentiaire	60.000	60.000	30.000
13	Subventions aux départements pour la transformation des prisons. (Loi du 5 juin 1875)	200.000	200.000	145.000
	TOTAL de la 2e section.	. . . .	17.313.744	17.083.426
	5e Partie. — Remboursements et restitutions, non-valeurs et primes.			
	2e Section. — Services pénitentiaires.			
Unique.	Remboursements sur le produit du travail des détenus	3.900.000	3.900.000	3.900.000

BUDGET ORDINAIRE, par chapitres,

CHAPITRES SPÉCIAUX 1	MINISTÈRES ET SERVICES 2	CRÉDITS VOTÉS pour 1889 3	MONTANT DES CRÉDITS demandés par le Gouvernement 4	CRÉDITS PROPOSÉS par la Commission du Budget 5
		fr.	fr.	fr.
	MINISTÈRE DE L'INTÉRIEUR *(Suite).*			
	3ᵉ Partie. — Services généraux des Ministères.			
	3ᵉ Section. — Service du Gouvernement général de l'Algérie.			
1	Personnel de l'administration centrale en Algérie.	538.250	538.250	538.250
2	Matériel de l'administration centrale en Algérie.	45.000	45.000	45.000
3	Publications et impressions diverses	52.000	43.000	43.000
4	Subsides, secours et récompenses.	125.950	125.950	125.950
5	Personnel de l'administration civile en Algérie	1.556.900	1.556.900	1.556.900
6	Matériel de l'administration civile en Algérie.	515.500	515.500	515.500
7	Personnel des polices centrales et force publique en Algérie.	416.627	416.627	416.627
8	Matériel des polices centrales en Algérie.	19.100	19.100	19.100
9	Assistance publique en Algérie.	488.330	694.130	694.130
10	Personnel de l'administration militaire en Algérie.	320.238	320.238	320.238
11	Matériel de l'administration militaire en Algérie.	54.520	54.520	54.520
12	Dépenses de colonisation en Algérie	2.815.000	2.815.000	2.815.000
13	Dépenses secrètes en l'Algérie	80.000	80.000	80.000
14	Subventions aux établissements thermaux en Algérie.	3.000	3.000	3.000
15	Service sanitaire maritime en Algérie.	50.720	43.920	43.920
16	Visite des pharmacies en Algérie.	11.500	11.500	11.500
17	Dépenses des exercices périmés non frappées de déchéance	Mémoire.	Mémoire.	Mémoire.
18	Dépenses des exercices clos	Idem.	Idem.	Idem.
	TOTAL pour le service du Gouvernement général de l'Algérie.	»	7.282.635	7.282.635
	RÉCAPITULATION			
3ᵉ Partie.	1ʳᵉ Section. — Service du Ministère de l'Intérieur	»	62.891.256	45.183.316 / 17.083.426
	2ᵉ Section. — Service pénitentiaire	»		
	3ᵉ Section. — Service de l'Algérie	»	7.282.635	7.282.635
5ᵉ Partie.	2ᵉ Section. — Service pénitentiaire	»	3.900.000	3.900.000
	TOTAL général pour le Ministère de l'Intérieur	»	74.073.891	73.449.377

les dépenses de l'exercice 1890 (Suite).

CRÉDITS votés par la Chambre des Députés	CRÉDITS proposés par la Commission du Sénat.	DIFFÉRENCES		EXLICATIONS DES DIFFÉRENCES
		AUGMENTATIONS de crédits	DIMINUTIONS de crédits	
6	7	8	9	10
fr.	fr.	fr.	fr.	
538.250	538.250	»	»	
45.000	45.000	»	»	
43.000	43.000	»	»	
125.950	125.950	»	»	
1.556.900	1.556.900	»	»	
515.500	515.500	»	»	
416.627	416.627	»	»	
19.100	19.100	»	»	
694.130	694.130	»	»	
320.238	320.238	»	»	
54.520	54.520	»	»	
2.815.000	2.815.000	»	»	
80.000	80.000	»	»	
3.000	3.000	»	»	
43.920	43.920	»	»	
11.500	11.500	»	»	
Mémoire.	Mémoire.	»	»	
Idem.	Idem.	»	»	
7.282.635	7.282.635	»	»	
60.873.310	60.873.310	»	»	
7.282.635	7.282.635	»	»	
3.900.000	3.900.000	»	»	
72.055.945	72.055.945	»	»	

BUDGET ORDINAIRE, par chapitres,

CHAPITRES SPÉCIAUX	MINISTÈRES ET SERVICES	CRÉDITS VOTÉS pour 1889	MONTANT DES CRÉDITS demandés par le Gouvernement	CRÉDITS PROPOSÉS par la Commission du Budget
1	2	3	4	5
		fr.	fr.	fr.
	MINISTÈRE DE LA GUERRE			
	3e Partie. — Services généraux des Ministères.			
1	Traitement du Ministre et personnel de l'Administration centrale et salaire des hommes de peine et ouvriers employés à l'Administration centrale...	2.428.764	2.482.850	2.482.850
2	Officiers détachés à l'Administration centrale..............	813.240	769.710	769.710
3	Matériel de l'Administration centrale...................	249.720	249.720	249.720
4	Frais généraux d'impressions......................	430.000	420.000	420.000
5	Service géographique (Personnel)...................	393.040	395.540	393.540
6	Service géographique (Matériel)....................	485.380	482.880	471.380
7	État-major général. — Archives et bibliothèques.........	136.700	136.700	136.700
8	Télégraphie militaire (Matériel)...................	21.600	271.000	271.000
9	Service des chemins de fer (Matériel)................	518.500	64.500	64.500
10	États-majors................................	24.450.793	24.789.120	24.766.120
11	Écoles militaires (Personnel).....................	9.211.262	9.531.420	9.531.420
12	Personnels hors cadres ou non classés dans les corps de troupe.....	12.389.182	12.410.790	12.310.790
13	Solde de l'infanterie..........................	109.024.342	115.120.980	115.120.980
14	Solde des troupes d'administration..................	4.498.036	4.695.280	4.695.280
15	Solde de la cavalerie..........................	32.443.846	32.899.690	32.791.690
16	Solde de l'artillerie...........................	32.689.697	31.589.550	31.589.550
17	Solde du génie..............................	4.635.736	4.172.680	4.172.680
18	Solde du train des équipages militaires...............	5.378.854	4.938.340	4.938.340
19	Solde de la télégraphie militaire...................	137.500	197.500	197.500
20	Gendarmerie départementale, légion d'Afrique et détachement de Tunisie.	34.786.084	34.871.240	34.821.240
21	Garde républicaine............................	4.755.066	4.756.590	4.756.590
22	Vivres (Matériel d'exploitation)....................	49.901.451	50.683.070	50.348.070
23	Chauffage et éclairage.........................	796.718	796.720	796.720
24	Fourrages.................................	68.170.790	69.347.220	69.170.820
25	Service de santé (Personnel d'exploitation).............	304.860	313.740	313.740
26	Service de santé (Matériel d'exploitation).............	9.249.740	9.446.590	9.426.590
27	Service de marche............................	11.495.000	11.491.000	11.491.000
28	Habillement et campement (Personnel d'exploitation)...........	1.492.020	1.489.020	1.489.020
	A reporter......	....	428.684.440	427.860.640

des dépenses de l'exercice 1890 (Suite).

CRÉDITS votés par la Chambre des Députés	CRÉDITS PROPOSÉS par la Commission du Sénat	DIFFÉRENCES		EXPLICATIONS DES DIFFÉRENCES
		AUGMENTATIONS de crédits	DIMINUTIONS de crédits	
6	7	8	9	10
fr.	fr.	fr.	fr.	
2.482.850	2.482.850	»	»	
769.710	769.710	»	»	
249.720	249.720	»	»	
420.000	420.000	»	»	
395.540	395.540	»	»	
471.380	471.380	»	»	
136.700	136.700	»	»	
271.000	271.000	»	»	
64.500	64.500	»	»	
24.766.120	24.766.120	»	»	
9.531.420	9.531.420	»	»	
12.310.790	12.310.790	»	»	
115.120.980	115.120.980	»	»	
4.635.280	4.635.280	»	»	
32.791.690	32.791.690	»	»	
31.589.550	31.589.550	»	»	
4.172.680	4.172.680	»	»	
4.938.340	4.938.340	»	»	
137.500	137.500	»	»	
34.821.240	34.821.240	»	»	
4.756.590	4.756.590	»	»	
50.348.070	50.348.070	»	»	
796.720	796.720	»	»	
69.170.820	69.170.820	»	»	
313.740	313.740	»	»	
9.426.590	9.426.590	»	»	
11.491.000	11.491.000	»	»	
1.480.020	1.480.020	»	»	
427.860.640	427.860.640	»	»	

BUDGET ORDINAIRE, par chapitres,

CHAPITRES SPÉCIAUX	MINISTÈRES ET SERVICES	CRÉDITS VOTÉS pour 1889	MONTANT DES CRÉDITS demandés par le Gouvernement	CRÉDITS PROPOSÉS par la Commission du Budget
1	2	3	4	5
		fr.	fr.	fr.
	MINISTÈRE DE LA GUERRE (*Suite*).			
	2ᵉ PARTIE. — Services généraux des Ministères (*Suite*).			
	Report......	....	428.684.440	427.860.640
29	Habillement et campement (Matériel d'exploitation)...........	54.774.462	53.867.780	53.817.780
30	Lits militaires....................................	9.635.144	10.141.550	10.135.150
31	Transports spéciaux................................	679.000	679.000	679.000
32	Recrutement......................................	608.740	608.740	608.740
33	Réserve et armée territoriale.......................	392.064	392.060	392.060
34	Justice militaire (frais généraux) et prisons...............	684.760	664.760	664.760
35	Ateliers et pénitenciers militaires....................	173.100	173.100	173.100
36	Remonte générale.................................	13.212.520	14.499.660	14.217.660
37	Recensement des chevaux et mulets....................	770.000	70.000	70.000
38	Harnachement....................................	1.700.369	1.753.190	1.753.190
39	Établissements de l'artillerie (Personnel d'exploitation)..........	691.000	691.000	691.000
40	Établissements de l'artillerie (Matériel d'exploitation)..........	13.809.170	14.033.310	14.033.310
41	Poudres et salpêtres (Personnel d'exploitation)...............	932.190	932.190	932.190
42	Poudres et salpêtres (Matériel d'exploitation).............	3.191.210	3.590.490	3.490.490
43	Établissements du génie (Personnel d'exploitation)............	492.000	516.000	516.000
44	Établissements du génie (Matériel d'exploitation).............	16.224.460	16.316.000	16.256.000
45	Écoles militaires (Matériel).......................	3.536.220	3.773.870	3.735.870
46	Invalides de la guerre (Personnel)...................	107.236	104.940	104.940
47	Invalides de la guerre (Matériel)...................	296.028	296.030	296.030
48	Solde de non-activité, solde et gratifications de réforme.........	710.150	768.140	768.140
49	Secours..	4.037.500	4.037.500	4.037.500
50	Dépenses secrètes.................................	500.000	500.000	500.000
51	Construction de la nouvelle enceinte et des forts détachés de Lyon.....	530.000	800.000	600.000
52	Dépenses des exercices périmés non frappées de déchéance.........	Mémoire.	Mémoire.	Mémoire.
53	Dépenses des exercices clos........................	*Idem.*	*Idem.*	*Idem.*
54	Rappel de dépenses payables sur revues antérieures à 1890 et non frappées de déchéance...............................	*Idem.*	*Idem.*	*Idem.*
	TOTAL pour le Ministère de la Guerre......	....	557.893.750	556.333.550

des dépenses de l'exercice 1890 (Suite).

CRÉDITS VOTÉS par la Chambre des Députés	CRÉDITS PROPOSÉS par la Commission du Sénat.	DIFFÉRENCES		EXPLICATION DES DIFFÉRENCES
		AUGMENTATIONS de créditts	DIMINUTIONS de crédits	
6	7	8	9	10
fr.	fr.	fr.	fr.	
427.860.640	427.860.640	»	»	
53.817.780	53.817.780	»	»	
10.135.150	10.135.150	»	»	
679.000	679.000	»	»	
608.740	608.740	»	»	
392.060	392.060	»	»	
664.760	664.760	»	»	
173.100	173.100	»	»	
14.217.660	14.217.660	»	»	
70.000	70.000	»	»	
1.753.190	1.753.190	»	»	
691.000	691.000	»	»	
14.033.310	14.033.310	»	»	
932.190	932.190	»	»	
3.490.490	3.490.490	»	»	
516.000	516.000	»	»	
16.256.000	16.256.000	»	»	
3.735.870	3.735.870	»	»	
104.940	104.940	»	»	
296.030	296.030	»	»	
768.140	768.140	»	»	
4.037.500	4.037.500	»	»	
500.000	500.000	»	»	
600.000	600.000	»	»	
Mémoire.	Mémoire.	»	»	
Idem.	Idem.	»	»	
Idem.	Idem.	»	»	
556.333.550	556.333.550	»	»	

CHAPITRES SPÉCIAUX	MINISTÈRES ET SERVICES	CRÉDITS VOTÉS pour 1889	MONTANT DES CRÉDITS demandés par le Gouvernement	CRÉDITS PROPOSÉS par la Commission du Budget
1	2	3	4	5
		fr.	fr.	fr.
	MINISTÈRE DE LA MARINE			
	3° Partie. — Services généraux des Ministères.			
	TITRE Ier. — Dépenses de personnel, traitements et solde.			
1	Traitement du Ministre et personnel de l'Administration centrale	1.142.700	1.142.700	1.142.700
2	Officiers de marine et équipages	83.280.917	83.811.060	83.811.060
3	Troupes de la marine	11.261.319	11.333.080	11.333.080
4	Gendarmerie maritime	866.075	844.075	844.075
5	Inspections des services administratifs et financiers	335.779	335.779	335.779
6	Personnel technique	2.075.265	2.687.265	2.687.265
7	Personnel administratif	7.858.091	7.858.091	7.858.091
8	Personnel médical et hospitalier et personnel religieux des différents cultes	2.327.604	2.327.604	2.327.604
	TITRE II. — Dépenses de main-d'œuvre, salaires.			
9	Constructions navales. — Salaires pour les constructions neuves et transformations, et pour le premier armement des bâtiments neufs ou transformés	9.951.000	9.451.000	9.451.000
10	Constructions navales. — Salaires pour l'entretien et l'approvisionnement de la flotte.	6.148.700	6.648.700	6.648.700
11	Artillerie. — Salaires pour le premier établissement et la reconstitution .	804.750	1.045.000	1.045.000
12	Artillerie. — Salaires pour l'entretien et le service courant	919.000	1.457.400	1.457.400
13	Travaux hydrauliques et bâtiments civils. — Salaires.	1.282.146	1.282.146	1.282.146
14	Vivres. — Salaires	878.000	878.000	878.000
15	Service général des ports, ateliers, chantiers et magasins. — Salaires. .	7.266.026	6.942.290	6.942.290
16	Dépenses diverses de main-d'œuvre	406.710	406.710	406.710
	A reporter.	. . . .	87.520.760	87.520.760

des dépenses de l'exercice 1890 (Suite).

CRÉDITS VOTÉS par la Chambre des Députés	CRÉDITS PROPOSÉS par la Commission du Sénat	DIFFÉRENCES		EXPLICATION DES DIFFÉRENCES
		AUGMENTATIONS de crédits	DIMINUTIONS de crédits	
6	7	8	9	10
fr.	fr.	fr.	fr.	
1.142.700	1.142.700	»	»	
33.811.000	33.811.000	»	»	
11.333.000	11.333.000	»	»	
844.075	844.075	»	»	
335.779	335.779	»	»	
2.057.265	2.057.265	»	»	
7.858.091	7.858.091	»	»	
2.327.604	2.327.604	»	»	
9.451.000	9.451.000	»	»	
6.648.700	6.648.700	»	»	
1.045.000	1.045.000	»	»	
1.157.400	1.157.400	»	»	
1.282.146	1.282.146	»	»	
878.000	878.000	»	»	
6.942.290	6.942.290	»	»	
406.710	406.710	»	»	
87.520.760	87.520.760	»	»	

CHAPITRES SPÉCIAUX	MINISTÈRES ET SERVICES	CRÉDITS VOTÉS pour 1889	MONTANT DES CRÉDITS demandés par le Gouvernement	CRÉDITS PROPOSÉS par a Commission du Budget
1	2	3	4	5
		fr.	fr.	fr.
	MINISTÈRE DE LA MARINE (*Suite*).			
	3ᵉ Partie. — Services généraux des Ministères.			
	Report.	»	87.520.760	87 .527.60
	Titre III. — Dépenses de matériel.			
17	Matériel de l'Administration centrale.	244.900	242.400	242.400
18	Constructions navales. — Approvisionnements de la flotte. — Achats pour l'entretien et le service courant	10.500.000	10.500.000	10 000.000
19	Constructions navales. — Achats de bâtiments neufs à l'industrie.	10.844.000	10 844.000	10.844.000
20	Constructions navales. — Achats pour les travaux de constructions neuves et transformations de bâtiments de la flotte et pour le premier armement des bâtiments neufs ou transformés.	18.600.800	18.600.000	17.600.000
21	Artillerie. — Armes. — Établissement et reconstitution.	7.000.000	9.000.000	9.000.000
22	Artillerie. — Armes. — Entretien et service courant. – Poudres et munitions.	9.452.325	7.297.000	7.297.000
23	Torpilles.	2.496.000	2.446.000	2.446.000
24	Travaux hydrauliques et bâtiments civils. — Travaux neufs et grandes améliorations.	3.534.545	3.484.600	3.124.000
25	Travaux hydrauliques et bâtiments civils. — Entretien et service courant.	1.440.391	1.440.000	1.440.000
26	Habillement. (Achats directs et indemnités représentatives.)	5.150.000	5.200.000	5.200.000
27	Vivres. (Achats directs et indemnités représentatives.).	19.300.000	19.600.000	19.350.000
28	Casernement.	1.127.016	1.102.000	1.425.000
29	Matériel de médecine, de science, d'art et de religion	1.589.585	1.589.000	1.500.000
30	Outillage et service général des ports, arsenaux, chantiers et magasins.	6.367.089	6.317.000	5.856.000
31	Chauffage et éclairage. (Achats directs et indemnités représentatives.) . .	831.902	832.000	832.000
32	Fournitures et mobilier d'administration. (Achats directs et indemnités représentatives.) — Impressions. — Livres et reliures.	1.037.284	1.037.000	1.037.000
	Titre IV. — Dépenses communes.			
33	Frais de passage et de transport par mer. — Affrètements et frais accessoires.	4.895.000	4.795.000	4.793.000
34	Frais de séjour et de tournées. — Frais de route et de transport par terre et frais accessoires.	4.864.811	4.765.000	4 742.000
35	Gratifications, secours et subventions.	1.148.762	1.148.762	1.148.762
36	Subvention à la caisse des invalides.	7.226.000	7.726.803	7.726.803
37	Dépenses secrètes	65.000	65.000	65.000
38	Dépenses diverses	260.000	262.500	262.500
39	Dépenses des exercices périmés non frappées de déchéance	Mémoire	Mémoire.	Mémoire.
40	Dépenses des exercices clos	*Idem*	*Idem.*	*Idem.*
41	Rappels de dépenses payables sur revues antérieures à 1890	*Idem*	*Idem.*	*Idem.*
	Total pour le Ministère de la Marine	»	205.214.225	203.148.225

des dépenses de l'exercice 1890 (Suite).

CRÉDITS VOTÉS par la Chambre des Députés.	CRÉDITS PROPOSÉS par la Commission du Sénat.	DIFFÉRENCES		EXPLICATION DES DIFFÉRENCES
		AUGMENTATIONS de crédits	DIMINUTIONS de crédits	
6	7	8	9	10
fr.	fr.	fr.	fr.	
87.520.760	87.520.760	»	»	
242.400	242.400	»	»	
10.000.000	10.000.000	»	»	
10.844.000	10.844.000	»	»	
17.600.000	17.600.000	»	»	
9.000.000	9.000.000	»	»	
7.297.000	7.297.000	»	»	
2.446.000	2.446.000	»	»	
3.124.000	3.124.000	»	»	
1.440.000	1.440.000	»	»	
5.200.000	5.200.000	»	»	
19.350.000	19.350.000	»	»	
1.125.000	1.125.000	»	»	
1.500.000	1.500.000	»	»	
5.850.000	5.850.000	»	»	
832.000	832.000	»	»	
1.037.000	1.037.000	»	»	
4.795.000	4.795.000	»	»	
4.742.000	4.742.000	»	»	
1.148.762	1.148.762	»	»	
7.726.803	7.726.803	»	»	
65.000	65.000	»	»	
262.500	262.500	»	»	
Mémoire.	Mémoire.	»	»	
Idem.	Idem.			
Idem.	Idem.	»	»	
203.148.225	203.148.225	»	»	

CHAPITRES SPÉCIAUX	MINISTÈRES ET SERVICES	CRÉDITS votés pour 1889	MONTANT DES CRÉDITS demandés par le Gouvernement	CRÉDITS PROPOSÉS par la Commission du Budget
1	2	3	4	5
		fr.	fr.	fr.
	MINISTÈRE DE L'INSTRUCTION PUBLIQUE ET DES BEAUX-ARTS			
	3e Partie. — Services généraux des Ministères.			
	1re Section. — Service de l'Instruction publique.			
1	Traitement du Ministre et personnel de l'Administration centrale. . . .	1.020.000	1.020.000	1.020.000
2	Matériel de l'Administration centrale.	245.000	245.000	245.000
3	Conseil supérieur et inspecteurs généraux de l'instruction publique . . .	275.000	275.000	275.000
4	Services généraux de l'instruction publique.	351.000	351.000	351.000
5	Administration académique.	1.783.500	1.783.500	1.783.500
6	Facultés. — Personnel.	6.111.350	6.366.559	6.354.559
7	Facultés. — Matériel.	3.090.320	3.283.420	3.283.420
8	Dépenses communes à toutes les facultés	1.672.325	1.494.317	1.474.317
9	Facultés dont les dépenses donnent lieu à comptes avec les villes. . . .	617.500	328.783	328.783
10	Dépenses des Facultés et Ecoles d'enseignement supérieur imputables sur le produit des fonds de concours.	Mémoire.	Mémoire.	Mémoire.
11	Ecole des hautes études.	316.000	316.000	316.000
12	Ecole normale supérieure.	513.600	513.600	513.600
13	Collège de France.	499.000	499.000	499.000
14	Enseignement des langues orientales vivantes.	154.000	154.000	154.000
15	Ecole des Chartes.	70.000	70.000	70.000
16	Ecole française d'Athènes.	78.000	78.000	78.000
17	Ecole française de Rome.	72.000	72.000	72.000
18	Muséum d'histoire naturelle. (Personnel).	388.600	388.600	388.600
19	Muséum d'histoire naturelle. (Matériel).	528.900	528.900	528.900
20	Observatoire de Paris.	228.000	228.000	228.000
21	Bureau central météorologique.	182.000	182.000	182.000
22	Observatoire d'astronomie physique de Meudon	71.000	71.000	71.000
23	Observatoires des départements.	171.700	171.700	171.700
24	Bureau des longitudes.	145.000	145.000	145.000
	A reporter.	»	18.535.379	18.533.379

des dépenses de l'exercice 1890 (Suite).

CRÉDITS votés par la Chambre des Députés.	CRÉDITS proposés par la Commission du Sénat.	DIFFÉRENCES		EXPLICATION DES DIFFÉRENCES
		AUGMENTATIONS de crédits	DIMINUTIONS de crédits.	
6	7	8	9	10
fr,	r.	fr.	fr.	
1.620.600	1.620.600	»	»	
245.000	245.000	»	»	
275.000	275.000	»	»	
351.660	351.660	»	»	
1.783.500	1.783.500	»	»	
6.354.559	6.354.559	»	»	
3.263.420	3.263.420	»	»	
1.474.317	1.474.317	»	»	
526.783	326.783	»	»	
Mémoire.	Mémoire.	»	»	
316.000	316.000	»	»	
513.600	513.600	»	»	
499.660	499.660	»	»	
154.000	154.000	»	»	
70.060	70.000	»	»	
78.000	78.000	»	»	
72.000	72.000	»	»	
228.600	388.000	»	»	
528.900	528.900	»	»	
228.000	228.000	»	»	
182.000	182.000	»	»	
71.000	71.000	»	»	
171.700	171.700	»	»	
145.000	145.000	»	»	
18.503.379	18.503.379	»	»	

BUDGET ORDINAIRE, *par chapitres,*

CHAPITRES SPÉCIAUX 1	MINISTÈRES ET SERVICES 2	CRÉDITS VOTÉS pour 1889 3	MONTANT DES CRÉDITS demandés par le Gouvernement 4	CRÉDITS PROPOSÉS par la Commission du Budget 5
		fr.	fr.	fr.
	MINISTÈRE DE L'INSTRUCTION PUBLIQUE ET DES BEAUX-ARTS (*Suite*).			
	3ᵉ Partie. — Services généraux des Ministères.			
	1ʳᵉ Section. — *Service de l'Instruction publique* (Suite).			
	Report.'. . . .	. . . .	18.335.379	18.533.379
25	Institut national de France.	697.000	697.000	697.000
26	Académie de médecine.	75.500	75.500	75.500
27	Bibliothèque nationale. (Personnel.).	436.000	436.000	426.000
28	Bibliothèque nationale. (Matériel.).	272.000	272.000	272.000
29	Bibliothèque nationale. (Catalogues).	80.000	80.000	80.000
30	Bibliothèques publiques de Paris.	217.600	217.600	217.600
31	Bibliothèques publiques des départements	15.200	15.200	15.200
32	Service général des bibliothèques.	39.000	39.000	39.000
33	Catalogue des manuscrits.	30.000	30.000	30.000
34	Archives nationales.	200.000	200.000	200.000
35	Sociétés savantes.	98.000	98.000	98.000
36	Journal des Savants.	24.000	24.000	22.000
37	Souscriptions scientifiques et littéraires. — Bibliothèques populaires. — Échanges internationaux	229.000	229.000	229.000
38	Encouragements aux savants et gens de lettres.	180.000	180.000	180.000
39	Voyages et missions scientifiques, musée Guimet et musée ethnographique	212.250	212.250	212.250
40	Mission archéologique française du Caire	65.860	65.860	74.860
41	Recueil et publication de documents inédits de l'histoire de France	145.000	145.000	145.000
42	Frais généraux de l'instruction secondaire.	265.000	240.000	240.000
43	Lycées nationaux de garçons.	8.019.000	8.544.000	8.329.000
44	Lycées nationaux de garçons. (Remises de frais de pensions et d'externat.).	1.100.000	1.100.000	1.100.000
45	Collèges communaux de garçons.	2.925.750	3.052.000	3.045.750
46	Enseignement secondaire des jeunes filles	1.519.000	1.641.000	1.578.000
47	Bourses nationales et dégrèvements	3.152.000	3.152.000	3.152.000
	A reporter.	. . . .	39.080.789	38.998.539

des dépenses de l'exercice 1890 (Suite).

CRÉDITS votés par la Chambre des Députés.	CRÉDITS proposés par la Commission du Sénat	DIFFÉRENCES		EXPLICATION DES DIFFÉRENCES
		AUGMENTATIONS de crédits	DIMINUTIONS de crédits	
6	7	8	9	10
fr.	fr.	fr.	fr.	
18.533.379	18.533.379	»	»	
697.000	697.000	»	»	
75.500	75.500	»	»	
436.000	436.000	»	»	
272.000	272.000	»	»	
80.000	80.000	»	»	
217.600	217.600	»	»	
15.200	15.200	»	»	
39.000	39.000	»	»	
30.000	30.000	»	»	
200.000	200.000	»	»	
98.000	98.000	»	»	
22.000	22.000	»	»	
229.000	229.000	»	»	
180.000	180.000	»	»	
212.250	212.250	»	»	
71.860	71.860	»	»	
145.000	145.000	»	»	
240.000	240.000	»	»	
8.329.000	8.329.000	»	»	
1.100.000	1.100.000	»	»	
3.045.750	3.045.750	»	»	
1.578.000	1.578.000	»	»	
3.152.000	3.152.000	»	»	
38.998.539	38.998.539	»	»	

BUDGET ORDINAIRE, *par chapitres*

CHAPITRES SPÉCIAUX 1	MINISTÈRES ET SERVICES 2	CRÉDITS VOTÉS pour 1889 3	MONTANT DES CRÉDITS demandés par le Gouvernement 4	CRÉDITS proposés par la Commission du Budget 5
		fr.	fr.	fr.
	MINISTÈRE DE L'INSTRUCTION PUBLIQUE ET DES BEAUX-ARTS (*Suite*).			
	3° Partie. — Services généraux des Ministères.			
	1re Section. — *Service de l'Instruction publique* (Suite).			
	Report.		39.080.789	38.998.539
48	Enseignement primaire : Inspecteurs. — Ecoles maternelles : Inspectrices générales.			
49	Ecoles normales primaires. — Ecoles normales supérieures d'enseignement primaire. — Dépenses d'installation et de matériel des écoles normales primaires.	2.102.000	2.102.000	2.102.000
50	Ecoles nationales et écoles communales d'enseignement primaire supérieur et professionnel. — Personnel et bourses.	1.549.100	1.549.100	1.803.600
51	Enseignement primaire. — Traitements. — Caisses des écoles. — Loyers d'écoles. — Subventions aux écoles maternelles et aux classes enfantines, notamment pour n'imposer aucune charge nouvelle aux communes dans lesquelles ces écoles avaient été régulièrement créées avant la promulgation de la loi du 30 octobre 1886	2.750.000	2.750.000	2.850.000
52	Subvention annuelle pour améliorer le traitement des instituteurs, institutrices, adjoints et adjointes laïques	58.048.000	58.048.000	61.558.000
53	Subventions aux communes pour alléger les charges de la gratuité de l'instruction primaire	2.750.000	2.750.000	2.780.000
54	Enseignement primaire. — Algérie	14.000.000	14.000.000	14.000.000
55	Enseignement primaire en Algérie : Instruction primaire des indigènes . .	1.735.000	1.735.000	1.735.000
56	Enseignement primaire. — Cours d'adultes. — Matériel. — Encouragements. — Bibliothèques scolaires.	219.000	219.000	219.000
57	Enseignement primaire. — Secours et allocations.	818.800	818.800	818.800
58	Instruction publique musulmane	2.111.200	2.111.200	2.011.200
59	Remboursement, par annuités, à la Caisse des lycées, collèges et écoles primaires	49.000	49.000	49.000
60	Subventions aux départements, villes ou communes, destinées à faire face au payement de partie des annuités dues par eux et nécessaires au remboursement des emprunts qu'ils ont contractés pour la construction de leurs établissements publics d'enseignement supérieur, d'enseignement secondaire et d'enseignement primaire	6.531.000	6.531.000	6.531.000
61	Dépenses des exercices périmés non frappées de déchéance.	3.863.430	4.764.299	4.564.299
62	Dépenses des exercices clos.	Mémoire. *Idem.*	Mémoire. *Idem.*	Mémoire. *Idem.*
	TOTAL pour la 1re section.		136.738.188	139.990.438

des dépenses de l'exercice 1890 (Suite).

CRÉDITS votés par la Chambre des Députés	CRÉDITS PROPOSÉS par la Commission du Sénat	DIFFÉRENCES		EXPLICATION DES DIFFÉRENCES
		AUGMENTATIONS de crédits	DIMINUTIONS de crédits	
6	7	8	9	10
fr.	fr.	fr.	r.	
38.998.539	38.998.539	»	»	
2.102.000	2.102.000	»	»	
1.797.200	1.797.200	»	»	
2.850.000	2.850.000	»	»	
61.558.000	61.558.000	»	»	
2.750.000	2.750.000	»	»	
14.000.000	14.000.000	»	»	
1.735.000	1.735.000	»	»	
219.000	219.000	»	»	
818.800	818.800	»	»	
2.011.200	2.011.200	»	»	
49.000	49.000	»	»	
6.531.000	6.531.000	»	»	
4.564.299	4.564.299	»	»	
Mémoire.	Mémoire.	»	»	
Idem.	Idem.	»	»	
139.984.038	139.984.038	»	»	

BUDGET ORDINAIRE, par chapitres,

CHAPITRES SPÉCIAUX	MINISTÈRES ET SERVICES	CRÉDITS VOTÉS pour 1889	MONTANT DES CRÉDITS demandés par le Gouvernement	CRÉDITS PROPOSÉS par la Commission du Budget
1	2	3	4	5
		fr.	fr.	fr.
	MINISTÈRE DE L'INSTRUCTION PUBLIQUE ET DES BEAUX-ARTS (*Suite*).			
	3ᵉ Partie. — Services généraux des Ministères.			
	2ᵉ Section. — *Service des Beaux-Arts.*			
1	Personnel de l'Administration des Beaux-Arts.	374.500	374.500	374.500
2	Personnel des inspections et des services extérieurs des Beaux-Arts. . .	84.700	84.700	84.700
3	Personnel de l'inspection de l'enseignement du dessin.	42.000	42.000	42.000
4	Frais divers des inspections et frais de missions	31.500	31.500	31.500
5	Matériel de l'Administration des Beaux-Arts.	55.100	55.100	55.100
6	Académie de France à Rome	152.200	152.200	152.200
7	Ecole nationale et spéciale des Beaux-Arts à Paris	358.210	358.210	358.210
8	Ecole nationale des arts décoratifs à Paris. . . . . · . . .	106.000	106.000	106.000
9	Ecole nationale de dessin pour les jeunes filles à Paris.	40.200	40.200	40.200
10	Ecole spéciale d'architecture à Paris et écoles des Beaux-Arts dans les départements.	63.000	63.000	63.000
11	Écoles spéciales des Beaux-Arts et de dessin dans les départements	333.450	333.450	333.450
12	Conservatoire national de musique et de déclamation	258.700	258.700	258.700
13	Succursales du Conservatoire et écoles nationales de musique dans les départements.	220.500	220.500	220.500
14	Théâtres nationaux.	1.476.000	1.476.000	1.476.000
15	Concerts populaires et Sociétés musicales dans les départements.	55.000	55.000	55.000
16	Palais du Trocadéro	13.000	13.000	13.000
17	Indemnités et secours (théâtres).	100.000	100.000	100.000
18	Travaux d'art, décoration d'édifices publics à Paris et dans les départements.	1.000.000	1.000.000	1.000.000
19	Indemnités et secours. — Beaux-Arts	120.000	120.000	120.000
20	Manufacture nationale de Sèvres	624.450	624.450	624.450
21	Manufacture nationale des Gobelins	231.520	231.520	231.520
22	Manufacture nationale de Beauvais.	116.350	116.350	116.350
23	Manufacture nationale de mosaïque	25.000	25.000	25.000
24	Musées nationaux.	937.375	937.375	937.375
25	Musées départementaux et municipaux.	15.000	15.000	15.000
	A reporter.	6.833.755	6.833.755	6.833.755

des dépenses de l'exercice 1890 (Suite).

CRÉDITS votés par la Chambre des Députés	CRÉDITS PROPOSÉS par la Commission du Sénat.	DIFFÉRENCES		EXPLICATION DES DIFFÉRENCES
		AUGMENTATIONS de crédits	DIMINUTIONS de crédits	
6	7	8	9	10
fr.	fr.	fr.	fr.	
374.500	374.500	»	»	
84.700	84.700	»	»	
42.000	42.000	»	»	
31.500	31.500	»	»	
55.100	55.100	»	»	
152.200	152.200	»	»	
358.210	358.210	»	»	
106.000	106.060	»	»	
40.200	40.200	»	»	
63.000	63.000	»	»	
333.450	333.450	»	»	
258.700	258.700	»	»	
220.500	220.500	»	»	
1.476.000	1.476.000	»	»	
55.000	55.000	»	»	
13.000	13.000	»	»	
100.000	100.000	»	»	
1.000.000	1.000.000	»	»	
120.000	120.000	»	»	
624.450	624.450	»	»	
231.520	231.520	»	»	
116.350	116.350	»	»	
25.000	25.000	»	»	
937.375	937.375	»	»	
15.000	15.000	»	»	
6.833.755	6.833.755	»	»	

N° 204

49

BUDGET ORDINAIRE, par chapitres,

CHAPITRES spéciaux 1	MINISTÈRES ET SERVICES 2	CRÉDITS votés pour 1889 3	MONTANT des crédits demandés par le Gouvernement 4	CRÉDITS proposés par la Commission du Budget 5
		fr.	fr.	fr.
	MINISTÈRE DE L'INSTRUCTION PUBLIQUE ET DES BEAUX-ARTS (*Suite*).			
	3ᵉ Partie. — Services généraux des Ministères.			
	2ᵉ Section. — Service des Beaux-Arts (Suite).			
	Report.	6.833.755	6.833.755	6.833.755
26	Souscriptions aux ouvrages d'art et publications. — Achats de livres pour les bibliothèques d'arts industriels.	80.000	80.000	80.000
27	Expositions à Paris et dans les départements.	14.500	14.500	14.500
28	Monuments historiques et mégalithiques	1.300.000	1.300.000	1.300.000
29	Personnel des bâtiments civils	141.330	141.330	141.330
30	Entretien des bâtiments civils.	700.000	700.000	700.000
31	Réfection et grosses réparations des bâtiments civils.	453.830	453.830	453.830
32	Personnel des palais nationaux.	140.000	140.000	140.000
33	Entretien des palais nationaux.	601.000	610.000	610.000
34	Grosses réparations des palais nationaux	173.000	173.000	173.000
35	Service des eaux de Versailles et de Marly.	325.000	325.000	325.000
36	Régies des palais nationaux. (Personnel.)	293.010	293.010	293.010
37	Régies des palais nationaux. (Matériel)	220.580	220.580	220.580
38	Service du mobilier national..	251.900	251.900	251.900
39	Travaux ordinaires en Algérie...	180.000	180.000	180.000
40	Maison de santé de Charenton.	80.000	60.000	60.000
41	Dépôt d'étalons à Saint-Lô	100.000	100.000	100.000
42	Réparations et entretien des bassins et eaux du parc de Versailles. . . .	100.000	100.000	100 000
43	Construction des bâtiments de l'Ecole nationale des arts industriels de Roubaix	»	87.000	87.000
44	Dépenses des exercices périmés non frappées de déchéance	Mémoire.	Mémoire.	Mémoire.
45	Dépenses des exercices clos.	*Idem.*	*Idem.*	*Idem.*
	TOTAL pour la 2ᵉ section.	»	12.063.905	12.063.905
	RÉCAPITULATON			
	1ʳᵉ *Section.* — Service de l'Instruction publique.	135.273.485	136.738.188	139.990.438
	2ᵉ *Section.* — Service des Beaux-Arts	12.760.605	12.063.905	12.063.905
	TOTAL général du Ministère de l'Instruction publique et des Beaux-Arts	148.034.090	148.802.093	152.054.343

des dépenses de l'exercice 1890 (Suite).

CRÉDITS votés par la Chambre des Députés 6	CRÉDITS PROPOSÉS par la Commission du Sénat 7	DIFFÉRENCES		EXPLICATION DES DIFFÉRENCES
		AUGMENTATIONS de crédits 8	DIMINUTIONS de crédits 9	10
fr.	fr.	fr.	fr	
6.833.755	6.833.755	»	»	
80.000	80.000	»	»	
14.500	14.500	»	»	
1.300.000	1.300.000	»	»	
141.330	141.330	»	»	
700.000	700.000	»	»	
453.830	453.830	»	»	
140.000	140.000	»	»	
610.000	610.000	»	»	
173.000	173.000	»	»	
325.000	325.000	»	»	
293.010	293.010	»	»	
220.580	220.580	»	»	
251.900	251.900	»	»	
180.000	180.000	»	»	
60.000	60.000	»	»	
100.000	100.000	»	»	
100.000	100.000	»	»	
87.000	87.000	»	»	
Mémoire.	Mémoire.	»	»	
Idem.	Idem.	»	»	
12.063.905	12.063.905	»	»	
140.090.438	140.090.438	»	»	
12.063.905	12.063.905	»	»	
152.154.343	152.154.343	»	»	

CHAPITRES SPÉCIAUX	MINISTÈRES ET SERVICES	CRÉDITS VOTÉS pour 1889	MONTANT DES CRÉDITS demandés par le Gouvernement	CRÉDITS PROPOSÉS par la Commission du Budget
1	2	3	4	5
		fr.	fr.	fr.

MINISTÈRE DU COMMERCE, DE L'INDUSTRIE ET DES COLONIES

3° Partie. — Services généraux des Ministères.

1re Section. — Service du Commerce et de l'Industrie.

CHAPITRES SPÉCIAUX	MINISTÈRES ET SERVICES	CRÉDITS VOTÉS pour 1889	MONTANT DES CRÉDITS demandés par le Gouvernement	CRÉDITS PROPOSÉS par la Commission du Budget
1	Traitement du Ministre et personnel de l'Administration centrale. . . .	570.000	549.200	566.000
2	Matériel et dépenses diverses de l'Administration centrale	75.500	74.200	74.500
3	Achat de livres. — Abonnements aux revues et journaux.	24.000	24.000	24.000
4	Impressions.	257.700	250.300	247.300
5	Conservatoire national des arts et métiers	441.150	441.150	441.150
6	Personnel des Écoles nationales d'arts et métiers et inspections.	577.429	577.429	577.429
7	Matériel et dépenses diverses des Écoles nationales des arts et métiers . .	726.671	726.671	726.671
8	École nationale d'horlogerie de Cluses.	43.220	43.220	43.220
9	École d'apprentissage de Dellys.	100.050	100.000	100.000
10	Bourses à l'École centrale des arts et manufactures	60.000	60.000	60.000
11	Bourses aux élèves des Écoles des arts et métiers pour les préparer aux examens de l'École centrale des arts et manufactures.	20.000	20.000	20.000
12	Enseignement commercial et industriel	448.000	508.000	458.000
13	Inspection du travail des enfants dans les manufactures.	176.000	176.000	176.000
14	Frais de surveillance de sociétés	29.000	29.000	29.000
15	Comité consultatif des arts et manufactures.	35.000	35.000	35.000
16	Encouragements aux manufactures et au commerce. — Récompenses honorifiques aux vieux ouvriers.	18.000	18.000	23.000
	A reporter.	»	3.632.170	3.601.270

des dépenses de l'exercice 1890 (Suite).

CRÉDITS VOTÉS par la Chambre des Députés	CRÉDITS PROPOSÉS par la Commission du Sénat	DIFFÉRENCES		EXPLICATIONS DES DÉPENSES
		AUGMENTATIONS de crédits	DIMINUTIONS de crédits	
6	7	8	9	10
fr	fr.	fr.	fr.	
566.000	566.000	»	»	
74.500	74.500	»	»	
24.000	24.000	»	»	
247.300	247.300	»	»	
441.150	441.150	»	»	
577.429	577.429	»	»	
726.671	726.671	»	»	
43.220	43.220	»	»	
100.000	100.000	»	»	
60.000	60.000	»	»	
20 000	20.000	»	»	
458.000	458 000	»	»	
176.000	176.000	»	»	
29.000	29.000	»	»	
35.000	35.000	»	»	
23.000	23.000	»	»	
3.601.270	3.601.270	»	»	

BUDGET ORDINAIRE, *par chapitres,*

CHAPITRES SPÉCIAUX	MINISTÈRES ET SERVICES	CRÉDITS VOTÉS pour 1889	MONTANT DES CRÉDITS demandés par le Gouvernement	CRÉDITS PROPOSÉS par la Commission du Budget
1	2	3	4	5
		fr.	fr.	fr.
	MINISTÈRE DU COMMERCE, DE L'INDUSTRIE ET DES COLONIES (*Suite*).			
	8e Partie. — Services généraux des Ministères (*Suite*).			
	Ire Section. — Services du Commerce et de l'Industrie (Suite).			
	Report......	"	3.632.170	3.601.170
17	Propriété industrielle. — Rédaction des brevets d'invention et du bulletin officiel de la propriété industrielle...................	30.000	30.000	30.000
18	Part contributive de la France dans l'entretien du bureau international, institué à Berne, pour la protection de la propriété industrielle......	4.390	4.390	4.390
19	Commerce extérieur, expertises, valeurs de douanes...........	81.000	101.000	81.000
20	Statistique générale............................	5.000	5.000	5.000
21	Encouragements aux pêches maritimes.................	4.900.000	4.500.000	4.500.000
22	Subvention à la marine marchande..................	9.000.000	9.000.000	11.000.000
23	Personnel des poids et mesures....................	1.065.000	1.065.000	1.065.000
24	Matériel et dépenses diverses des poids et mesures.......	95.682	95.682	95.682
25	Dépenses de la Commission internationale du mètre et du bureau national des poids et mesures. — Part contributive de la France dans l'entretien du bureau international des poids et mesures.................	16.341	16.341	16.341
26	Vérification des alcoomètres.....................	25.000	25.000	25.000
27	Secours aux colons de Saint-Domingue, réfugiés de Saint-Pierre et Miquelon et du Canada........................	55.000	47.500	47.500
28	Service des poids et mesures en Algérie.............	68.300	8.300	68.300
29	Dépenses des exercices périmés non frappées de déchéance......	Mémoire.	Mémoire.	Mémoire.
30	Dépenses des exercices clos.....................	*Idem.*	*Idem.*	*Idem.*
	TOTAL pour le service du Commerce et de l'Industrie...	"	18.590.683	18.539.483

des dépenses de l'exercice 1890 (Suite).

CRÉDITS votés par la Chambre des Députés 6	CRÉDITS proposés par la Commission du Sénat 7	DIFFÉRENCES		EXPLICATION DES DIFFÉRENCES 10
		AUGMENTATIONS de crédits 8	DIMINUTIONS de crédits 9	
fr.	fr.	fr.	fr.	
3.601.270	3.601.270	»	»	
30.000	30.000	»	»	
4.390	4.390	»	»	
81.000	81.000	»	»	
5.000	5.000	»	»	
4.500.000	4.500.000	»	»	
11.000.000	11.000.000	»	»	
1.065.000	1.065.000	»	»	
95.682	95.682	»	»	
16.341	16.341	»	»	
25.000	25.000	»	»	
47.500	47.500	»	»	
68.300	68.300	»	»	
Mémoire.	Mémoire.	»	»	
Idem.	Idem.	»	»	
20.539.483	20.539.483	»	»	

BUDGET ORDINAIRE par chapitres,

CHAPITRES SPÉCIAUX	MINISTÈRES ET SERVICES	CRÉDITS VOTÉS pour 1889	MONTANT DES CRÉDITS demandés par le Gouvernement	CRÉDITS PROPOSÉS par la Commission du Budget
1	2	3	4	5
		. fr.	fr.	fr.
	MINISTÈRE DU COMMERCE, DE L'INDUSTRIE ET DES COLONIES (Suite).			
	3e Partie. — Services généraux des Ministères.			
	2e Section. — Service des Postes et des Télégraphes.			
1	Traitement du directeur général et personnel de l'Administration centrale.	1.599.965	1.637.288	1.626.000
2	Matériel de l'Administration centrale.	280 000	280.000	280.000
3	Dépenses des exercices périmés non frappées de déchéance	Mémoire.	Mémoire.	Mémoire.
4	Dépenses des exercices clos.	Idem.	Idem.	Idem.
	TOTAL de la 2e section (Postes et Télégraphes).	1.879.965	1.917.288	1.906.000
	4e Partie. — Frais de régie, de perception et d'exploitation des impôts et revenus publics.			
	2e Section. — Service des Postes et des Télégraphes.			
5	Traitements du personnel et indemnités à titre de traitements (agents). .	34 322.202	35.168.360	35.160.860
6	Traitements du personnel et indemnités à titre de traitements (sous-agents).	32.728.659	33.141.659	33.141.659
7	Indemnités diverses et secours.	8.022.480	8.246.730	8 177.230
8	Chaussure et habillement.	3.149.895	3 394.180	3.394.180
9	Matériel des bureaux.	7.196.769	7.526.876	7.426.876
10	Impressions et publications.	2.044.715	2.266.215	2.166.215
11	Transport des dépêches postales	10.050.425	9.980.925	9.980.925
12	Appareils et matériel technique d'exploitation.	1.170.000	1.170.550	1.170.550
13	Construction et entretien des lignes télégraphiques	3.495.900	3.495.900	3.395.900
14	Dépenses diverses	1.410.700	1.518.700	1.518.700
15	Subvention au service maritime entre la France et la Corse.		355.000	355.000
16	— des lignes de la Méditerranée, du Brésil et de la Plata.		1.929.834	1.929.834
17	Subvention au service maritime entre Calais et Douvres.		100.000	100.000
18	— de New-York aux Antilles et primes de vitesse.		10.933.000	10.933.000
19	Subvention au service maritime de l'Indo-Chine		6.670.144	6.670.144
20	— de la France en Algérie, Tunisie et Barbarie	24.814.642	880.000	880.000
21	Subvention au service maritime de l'Australie et de la Nouvelle-Calédonie.		3.079.104	3.079.104
22	Subvention au service maritime de la côte orientale d'Afrique. . . . . ,		1.042.560	1.042.560
22 bis	Subvention pour les services de la côte occidentale d'Afrique.		»	»
23	Subvention au service maritime de la Compagnie concessionnaire du câble reliant Saint-Louis aux possessions de Rio-Nunez.		300.000	300.000
	A reporter.	. . . .	131.224.737	130.847.737

des dépenses de l'exercice 1890 (Suite).

CRÉDITS votés par la Chambre des Députés.	CRÉDITS PROPOSÉS par la Commission du Sénat.	DIFFÉRENCES		EXPLICATION DES DIFFÉRENCES
		AUGMENTATIONS de crédits	DIMINUTIONS de crédits	
6	7	8	9	10
fr.	fr.	fr.	fr.	
1.626.000	1.626.000	»	»	
280.000	280.000	»	»	
Mémoire.	Mémoire.	»	»	
Idem.	Idem.	»	»	
1.906.000	1.906.000	»	»	
35.178.610	35.178.610	»	»	
33.441.659	33.441.659	»	»	
8.217.230	8.217.230	»	»	
3.394.180	3.394.180	»	»	
7.426.876	7.426.876	»	»	
2.166.215	2.166.215	»	»	
9.980.925	9.980.925	»	»	
1.170.550	1.170.550	»	»	
3.395.900	3.395.900	»	»	
1.519.420	1.519.420	»	»	
355.000	355.000	»	»	
1.929.834	1.929.834	»	»	
100.000	100.000	»	»	
10.958.000	10.958.000	»	»	
6.670.144	6.670.144	»	»	
880.000	880.000	»	»	
3.079.104	3.079.104	»	»	
1.042.560	1.042.560	»	»	
500.850	500.850	»	»	
		»	»	
300.000	300.000	»	»	
131.707.057	131.707.057	»	»	

N° 204

BUDGET ORDINAIRE, par chapitres,

CHAPITRES spéciaux	MINISTÈRES ET SERVICES	CRÉDITS votés pour 1889	MONTANT des crédits demandés par le Gouvernement	CRÉDITS proposés par la Commission du Budget
1	2	3	4	5
		fr.	fr.	fr.
	MINISTÈRE DU COMMERCE, DE L'INDUSTRIE ET DES COLONIES (*Suite*).			
	4ᵉ Partie. — Frais de régie, de perception et d'exploitation des impôts et revenus publics.			
	2ᵉ Section. — Service des Postes et des Télégraphes.			
	Report.........	»	131.224.737	130.847.737
24	Personnel de l'Algérie...........................	2.556.291	2.570.327	2.556.291
25	Matériel de l'Algérie..............................	1.483.321	1.483.626	1.471.626
26	Dépenses diverses de l'Algérie....................	42.650	47.650	47.650
	TOTAL de la 2ᵉ section (Postes et Télégraphes).....	»	135.314.340	134.923.304
	5ᵉ Partie. — Remboursements, restitutions, non-valeurs et primes.			
	2ᵉ Section. — Service des Postes et des Télégraphes.			
27	Remboursements sur produits des postes et des télégraphes.......	4.349.000	5.273.800	5.273.800
28	Répartition de produits d'amendes	3.000	3.000	3.000
	TOTAL de la 2ᵉ section (Postes et Télégraphes).....	»	5.276.800	5.276.800
	RÉCAPITULATION			
	2ᵉ Section. — Service des Postes et des Télégraphes.			
	3ᵉ *Partie.* — Service général.......................	1.879.965	1.917.288	1.906.000
	4ᵉ *Partie.* — Frais de régie, de perception et d'exploitation des impôts et revenus publics.......................	132.488.649	135.314.340	134.923.304
	5ᵉ *Partie.* — Remboursements et restitutions, non-valeurs et primes.	4.352.000	5.276.800	5.276.800
	TOTAL de la 2ᵉ Section. -- Service des Postes et des Télégraphes...	138.720.614	142.508.428	142.106.104

des dépenses de l'exercice 1890 (Suite).

CRÉDITS votés par la Chambre des Députés	CRÉDITS proposés par la Commission du Sénat	DIFFÉRENCES		EXPLICATION DES DIFFÉRENCES
		AUGMENTATIONS de crédits	DIMINUTIONS de crédits	
6	7	8	9	f10
fr.	fr.	fr.	fr.	
131.707.057	131.707.057	»	»	
2.556.291	2.556.291	»	»	
1.471.626	1.471.626	»	»	
47.650	47.650	»	»	
135.782.624	135.782.624	»	»	
5.273.800	5.273.800	»	»	
3.000	3.000	»	»	
5.276.800	5.276.800	»	»	
1.906.000	1.906.000	»	»	
135.782.624	135.782.624	»	»	
5.276.800	5.276.800	»	»	
142.965.424	142.965.424	»	»	

BUDGET ORDINAIRE, par chapitres,

CHAPITRES SPÉCIAUX 1	MINISTÈRES ET SERVICES 2	CRÉDITS VOTÉS pour 1889 3	MONTANT DES CRÉDITS demandés par le Gouvernement 4	CRÉDITS PROPOSÉS par la Commission du Budget 5
		fr.	fr.	fr.
	MINISTÈRE DU COMMERCE, DE L'INDUSTRIE ET DES COLONIES (Suite).			
	3e Partie. — Services généraux des Ministères.			
	3e Section. — Service des colonies.			
1	Personnel de l'Administration centrale (Service des colonies)........	377.700	397.700	397.700
2	Matériel de l'Administration centrale (Service des colonies).........	35.000	47.400	47.400
3	Personnel des services civils aux colonies................	1.265.931	1.135.475	1.132.981
4	Personnel de la justice aux colonies....................	1.395.782	1.368.039	1.364.069
5	Personnel des cultes aux colonies.....................	585.372	585.372	585.372
6	Personnel des services militaires aux colonies	6.772.195	6.775.445	6.740.445
7	Agents des vivres et du matériel......................	773.850	773.850	763.850
8	Frais de voyages par terre et par mer et dépenses accessoires	1.423.129	1.473.129	1.473.129
9	Missions et études coloniales........................	50.000	50.000	50.000
10	Vivres...............................	6.264.834	6.401.580	6.346.801
11	Hôpitaux (Personnel)..........................	1.426.199	1.426.199	1.426.199
12	Hôpitaux (Matériel)...........................	995.040	1.177.840	1.149.808
13	Matériel (Services civils)........................	244.695	244.695	244.695
14	Matériel (Services militaires)......................	1.874.507	1.874.507	1.874.507
15	Dépenses diverses et d'intérêt général.................	577.793	557.793	557.793
16	Subvention au service local des colonies................	1.610.950	1.584.950	1.565.050
17	Chemin de fer et port de la Réunion..................	2.311.500	2.311.500	2.311.500
18	Subvention au budget annexe du chemin de fer de Dakar à Saint-Louis .	1.616.490	1.616.490	1.250.490
19	Routes et chemins de fer dans le Haut-Sénégal...........	223.774	250.000	250.000
20	Câble télégraphique sous-marin du Tonkin..............	615.000	450.000	450.000
21	Transportation (Personnel)......................	5.378.705	5.378.705	5.370.000
22	Transportation (Matériel).......................	1.457.600	1.467.600	1.460.000
23	Relégation (Personnel).........................	1.404.827	1.628.827	1.628.827
24	Relégation (Matériel).........................	1.704.000	1.598.350	1.590.000
25	Exposition permanente des colonies..................	39.600	39.000	39.600
26	Part provisoirement à la charge de la France dans les dépenses du protectorat de l'Annam et du Tonkin..............	15.000.000	12.000.000	12.000.000
27	Dépenses des exercices périmés non frappées de déchéance........	Mémoire.	Mémoire.	Mémoire.
28	Dépenses des exercices clos.......................	Idem.	Idem.	Idem.
29	Rappels de dépenses payables sur revues antérieures à 1889........	Idem.	Idem.	Idem.
	TOTAL du service des colonies......	»	52.615.046	52.070.216
	RÉCAPITULATION			
	1re Section. — Commerce et Industrie................	»	18.590.683	20.539.483
	2e Section. — Postes et Télégraphes	»	142.508.428	142.106.104
	3e Section. — Colonies......................	»	52.615.046	52.070.216
	TOTAL GÉNÉRAL pour le Ministère du Commerce, de l'Industrie et des Colonies................................	»	213.714.157	214.715.803

des dépenses de l'exercice 1890 (Suite).

CRÉDITS VOTÉS par la Chambre des Députés	CRÉDITS PROPOSÉS par la Commission du Sénat	DIFFÉRENCES		EXPLICATION DES DIFFÉRENCES
		AUGMENTATIONS de crédits	DIMINUTIONS de crédits	
6	7	8	9	10
fr.	fr.	fr.	fr.	
397.700	397.700	»	»	
47.400	47.400	»	»	
1.132.981	1.132.981	»	»	
1.364.069	1.364.069	»	»	
585.372	585.372	»	»	
6.685.445	6.685.445	»	»	
746.850	746.850	»	»	
1.456.129	1.456.129	»	»	
50.000	50.000	»	»	
6.334.801	6.334.801	»	»	
1.418.199	1.418.199	»	»	
1.141.808	1.141.808	»	»	
171.695	171.695	»	»	
1.874.507	1.874.507	»	»	
527.793	527.793	»	»	
1.565.050	1.565.050	»	»	
2.700.000	2.700.000	»	»	
1.250.490	1.250.490	»	»	
250.000	250.000	»	»	
450.000	450.000	»	»	
5.370.000	5.370.000	»	»	
1.460.000	1.460.000	»	»	
1.628.827	1.628.827	»	»	
1.590.000	1.590.000	»	»	
39.600	39.600	»	»	
12.000.000	12.000.000	»	»	
Mémoire.	Mémoire.	»	»	
Idem.	Idem.	»	»	
Idem.	Idem.	»	»	
52.238.716	52.238.716	»	»	
20.539.483	20.539.483	»	»	
142.965.424	142.965.424	»	«	
52.238.716	52.238.716	«	»	
215.743.623	215.743.623	»	»	

BUDGET ORDINAIRE, par chapitre

CHAPITRES SPÉCIAUX	MINISTÈRES ET SERVICES	CRÉDITS VOTÉS pour 1889	MONTANT DES CRÉDITS demandés par le Gouvernement	CRÉDITS PROPOSÉS par la Commission du Budget
1	2	3	4	5
		fr.	fr.	fr.
	MINISTERE DE L'AGRICULTURE.			
	3e Partie. — Services généraux des Ministères.			
1	Traitement du Ministre et personnel de l'Administration centrale.....	695.000	695.000	695.000
2	Matériel et dépenses diverses de l'Administration centrale.........	5.000	95.000	95.000
3	Impressions, souscriptions aux publications, abonnements, autographies, entretien des machines, etc...................	73.500	173.500	173.500
4	Mérite agricole....................	6.300	7.000	7.000
5	Personnel des écoles vétérinaires..............	432.800	432.800	432.800
6	Matériel des écoles vétérinaires...............	565.500	565.500	565.500
7	Service des épizooties..................	157.800	157.800	157.800
8	Indemnités pour abatage d'animaux.............	400.000	400.000	300.000
9	Personnel de l'enseignement agricole............	736.070	749.120	749.120
10	Matériel de l'enseignement agricole.............	915.635	902.580	902.580
11	Subventions à diverses institutions agricoles	1.254.400	1.254.400	1.254.400
12	Inspection de l'agriculture................	120.300	120.300	120.300
13	Encouragements à l'agriculture et au drainage........	1.132.400	1.842.400	1.842.400
14	Phylloxera, doryphora, mildew et autres parasites, vérification des beurres, engrais, etc...................	1.700.000	1.700.000	1.550.000
15	Primes pour la destruction des loups	60.000	60.000	55.000
16	Traitements des inspecteurs généraux, des directeurs, sous-directeurs, surveillants, vétérinaires, professeurs de l'école des haras et des régisseurs...................	310.000	310.000	310.000
17	Gages des piqueurs, entraineurs, adjudants, brigadiers-chefs, brigadiers, palefreniers et gagistes...............	998.400	998.400	998.400
18	Secours et gratifications de monte. — Médicaments aux hommes....	67.830	67.830	67.830
19	Frais de tournées des inspecteurs généraux, des directeurs, sous-directeurs, surveillants et vétérinaires de dépôts d'étalons.........	125.000	125.000	125.000
20	Habillements des gagistes................	110.000	110.000	110.000
21	Nourriture de 2.678 chevaux et juments et de leurs produits......	1.785.000	1.785.000	1.785.000
22	Ferrure, soins et médicaments pour les chevaux, entretien et renouvellement des objets de sellerie et des ustensiles d'écurie, achat de breacks pour exercer les chevaux. — Eclairage des écuries............	140.000	140.000	140.000
23	Frais de conduite, frais de monte, salaires.........	240.000	240.000	240.000
24	Frais de bureau, bâtiments, constructions; frais d'entretien et de réparations; locations; indemnités de logement; frais de culture; dépenses diverses des établissements. — Service général. — Impressions.....	145.000	145.000	145.000
25	Consommations en nature, denrées et foins provenant des domaines, fumier....................	35.000	35.000	35.000
26	Remonte des haras...................	1.410.450	1.410.450	1.410.450
27	Encouragements à l'industrie chevaline	2.000.500	2.090.500	2.090.500
28	Personnel de l'hydraulique agricole.............	277.600	277.600	277.600
29	Études et subventions pour travaux d'irrigation, de dessèchement, de curage et d'amélioration agricole	765.500	765.500	765.500
30	Travaux de routes agricoles et salicoles..........	10.000	10.000	5.000
31	Assainissement des marais communaux...........	10.000	10.000	5.000
32	Prêts pour irrigations et dessèchements..........	1.000	1.000	1.000
33	Garantie d'intérêts aux compagnies concessionnaires de travaux d'hydraulique agricole.................	645.250	645.250	645.250
34	Études et travaux relatifs à l'aménagement des eaux......	1.772.350	1.772.350	1.760.000
35	Surveillance de sociétés et établissements divers.......	14.000	16.200	16.200
36	Encouragements à l'agriculture en Algérie..........	130.000	130.000	130.000
37	Encouragements à l'industrie chevaline en Algérie	50.000	50.000	50.000
38	Travaux hydrauliques en Algérie.............	600.000	600.000	600.000
39	Dépenses des exercices périmés non frappées de déchéance	Mémoire.	Mémoire.	Mémoire.
40	Dépenses des exercices clos..............	Idem.	Idem.	Idem.
	TOTAL du service général.........		20.890.480	20.602.830

des dépenses de l'exercice 1890 (Suite).

CRÉDITS votés par la Chambre des Députés	CRÉDITS PROPOSÉS par la Commission du Sénat	DIFFÉRENCES		EXPLICATIONS DES DIFFÉRENCES
		AUGMENTATIONS de crédits	DIMINUTIONS de crédits	
6	7	8	9	10
fr.	fr.	fr.	fr.	
695.000	695.000	»	»	
95.000	95.000	»	»	
173.500	173.500	»	»	
7.000	7.000	»	»	
432.800	432.800	»	»	
565.500	565.500	»	»	
157.800	157.800	»	»	
300.000	300.000	»	»	
749.120	749.120	»	»	
902.580	902.580	»	»	
1.384.400	1.384.400	»	»	
110.000	110.000	»	»	
1.847.400	1.847.400	»	»	
1.550.000	1.550.000	»	»	
55.000	55.000	»	»	
310.000	310.000	»	»	
998.400	998.400	»	»	
67.830	67.830	»	»	
125.000	125.000	»	»	
110.000	110.000	»	»	
1.785.000	1.785.000	»	»	
140.000	140.000	»	»	
240.000	240.000	»	»	
145.000	145.000	»	»	
35.000	35.000	»	»	
1.410.450	1.410.450	»	»	
2.090.500	2.090.500	»	»	
277.600	277.600	»	»	
765.500	765.500	»	»	
5.000	5.000	»	»	
5.000	5.000	»	»	
1.000	1.000	»	»	
645.250	645.250	»	»	
1.760.000	1.760.000	»	»	
16.200	16.200	»	»	
130.000	130.000	»	»	
50.000	50.000	»	»	
600.000	600.000	»	»	
Mémoire.	Mémoire.	»	»	
Idem.	*Idem.*	»	»	
20.737.830	20.737.830	»	»	

BUDGET ORDINAIRE, par chapitres,

CHAPITRES SPÉCIAUX 1	MINISTÈRES ET SERVICES 2	CRÉDITS VOTÉS pour 1889 3	MONTANT DES CRÉDITS demandés par le Gouvernement 4	CRÉDITS PROPOSÉS par la Commission du Budget 5
		fr.	fr.	fr.
	MINISTÈRE DE L'AGRICULTURE (*Suite*).			
	4e Partie. — Frais de régie, de perception et d'exploitation des impôts et revenus publics.			
41	Personnel du service des forêts dans les départements.	2.530.000	2.520.000	2.520.000
42	Personnel des préposés dans les départements	2.593.387	2.593.380	2.593.380
43	Indemnités et secours au personnel.	681.646	681.640	681.640
44	Personnel de l'enseignement forestier.	127.000	127.000	142.000
45	Matériel de l'enseignement forestier.	33.685	33.680	33.680
46	Amélioration des forêts domaniales	1.104.000	1.104.000	1.060.000
47	Entretien des forêts domaniales.	584.550	584.550	584.550
48	Restauration et conservation des terrains en montagne	3.192.800	3.192.800	3.192.800
49	Fixation des dunes	300.000	300.000	270.000
50	Matériel. — Dépenses diverses du service des forêts.	143.876	143.860	143.880
51	Entretien des chasses non affermées.	50.000	50.000	50.000
52	Impositions sur les forêts domaniales.	1.722.000	1.722.000	1.810.000
53	Avances recouvrables.	478.000	478.000	478.000
54	Personnel du service des forêts en Algérie.	263.498	263.000	263.000
55	Personnel des préposés en Algérie.	515.663	516.000	515.000
56	Personnel des préposés indigènes et chaouchs en Algérie	97.735	97.000	97.000
57	Indemnités au personnel des forêts en Algérie.	503.733	504.000	503.000
58	Travaux en Algérie	460.000	460.000	460.000
59	Dépenses diverses du service des forêts en Algérie	70.950	71.000	71.000
	TOTAL des frais de régie.	»	15.441.930	15.468.930
	5e Partie. — Remboursements et restitutions, en-valeurs et primes.			
60	Remboursements sur produits divers des forêts etc.	40.000	40.000	40.000
	TOTAL des remboursements et restitutions.	40.000	40.000	40.000

RÉCAPITULATION

	3e *Partie*. — Service général.	21.207.585	20.890.480	20.602.830
	4e *Partie*. — Frais de régie, de perception, etc.	15.452.543	15.441.930	15.468.930
	5e *Partie*. — Remboursements et restitutions etc.	40.000	40.000	40.000
	TOTAL GÉNÉRAL pour le Ministère de l'Agriculture. . .	36.700.128	36.372.410	36.111.760

des dépenses de l'exercice 1890 (Suite).

CRÉDITS VOTÉS par la Chambre des Députés 6	CRÉDITS PROPOSÉS par la Commission du Sénat 7	DIFFÉRENCES		EXPLICATIONS DES DIFFÉRENCES 10
fr.	7	AUGMENTATIONS de crédits 8 fr.	DIMINUTIONS de crédits 9 fr.	
2.520.000	2.520.000	»	»	
2.593.380	2.593.380	»	»	
681.640	681.640	»	»	
142.000	142.000	»	»	
33.680	33.680	»	»	
1.060.000	1.060.000	»	»	
584.550	584.550	»	»	
3.192.800	3.192.800	»	»	
270.000	270.000	»	»	
143.860	143.860	»	»	
50.000	50.000	»	»	
1.810.000	1.810.000	»	»	
478.000	478.000	»	»	
263.000	263.000	»	»	
515.000	515.000	»	»	
97.000	97.000	»	»	
503.000	503.000	»	»	
460.000	460.000	»	»	
127.000	127.000	»	»	
15.524.930	15.524.930	»	»	
40.000	40.000	»	»	
40.000	40.000	»	»	
20.737.830	20.737.830	»	»	
15.524.930	15.524.930	»	»	
40.000	40.000	»	»	
36.302.760	36.302.760	»	»	

BUDGET ORDINAIRE, *par chapitres,*

CHAPITRES SPÉCIAUX 1	MINISTÈRES ET SERVICES 2	CRÉDITS VOTÉS pour 1889 3	MONTANT DES CRÉDITS demandés par le Gouvernement 4	CRÉDITS PROPOSÉS par la Commission du Budget 5
		fr.	fr.	fr.
	MINISTÈRE DES TRAVAUX PUBLICS			
	3ᵉ Partie. — Services généraux des Ministères.			
	1ʳᵉ Section. — Service ordinaire.			
1	Traitement du Ministre et personnel de l'Administration centrale.	1.249.000	1.249.000	1.249.000
2	Matériel et dépenses diverses de l'Administration centrale.	240.000	240.000	240.000
3	Personnel du corps des ponts et chaussées. — Enseignement et écoles des ponts et chaussées	4.384.000	4.384.000	4.384.000
4	Personnel des sous-ingénieurs des ponts et chaussées	136.400	136.400	136.400
5	— des conducteurs des ponts et chaussées	7.120.000	7.120.000	7.120.000
6	— du corps des mines. Enseignement et écoles	1.040.000	1.040.000	1.040.000
7	— des gardes-mines.	448.500	448.500	448.500
8	— des officiers et maîtres de ports du service maritime.	316.500	316.500	316.500
9	— des commis des ponts et chaussées	2.940.000	2.940.000	2.940.000
10	— des gardes de navigation, éclusiers, pontiers et autres agents attachés au service de la navigation intérieure et au service des ports maritimes de commerce.	2.055.000	2.055.000	2.055.000
11	Personnel des maîtres et gardiens des phares et fanaux.	503.400	503.400	503.400
12	— des agents préposés à la surveillance de la pêche fluviale	354.200	354.200	354.200
13	Personnel des commissaires généraux et inspecteurs de l'exploitation commerciale des chemins de fer.	222.500	222.500	222.500
14	Personnel des commissaires de surveillance administrative des chemins de fer.	875.000	875.000	875.000
15	Frais généraux du service de contrôle et de surveillance des chemins de fer concédés	400.000	400.000	400.000
16	Personnel des inspecteurs des tramways des départements de la Seine et de Seine-et-Oise	15.000	15.000	15.000
17	Secours.	250.000	250.000	250.000
18	Routes et ponts.—Travaux ordinaires (Entretien).	25.850.000	25.850.000	25.850.000
19	Routes et ponts. — Grosses réparations et restaurations.	4.696.000	4.696.000	4.696.000
20	Routes forestières de la Corse (Entretien).	150.000	150.000	150.000
21	Entretien des chaussées de Paris	3.500.000	3.500.000	3.500.000
22	Rachat de concessions de ponts à péage dépendant des routes nationales.	250.000	60.000	60.000
23	Navigation intérieure (Rivières). Travaux ordinaires (Entretien et grosses réparation).	5.239.000	5.239.000	5.239.000
24	Navigation intérieure (Canaux). Travaux ordinaires (Entretien et grosses réparations).	5.575.000	5.575.000	5.575.000
25	Ports maritimes. — Travaux ordinaires (Entretien et grosses réparations).	5.825.000	5.825.000	5.825.000
26	Phares, fanaux et balises (Entretien et grosses réparations).	1.800.000	1.800.000	1.800.000
27	Matériel des mines	53.000	53.000	53.000
28	Annuités aux Compagnies concessionnaires de chemins de fer (Conventions antérieures à celles approuvées par les lois du 20 novembre 1883).	12.117.260	12.227.760	11.791.760
29	Annuités aux Compagnies concessionnaires de chemins de fer (Conventions nouvelles approuvées par les lois du 20 novembre 1883	12.500.000	17.500.000	17.500.000
30	Annuités à la Compagnie d'Orléans pour les lignes échangées entre elle et l'État (Art. 5 de la convention approuvée par la loi du 20 novembre 1883)	1.900.000	1.900.000	1.900.000
31	Personnel des travaux publics en Algérie	1.331.315	1.331.315	1.331.315
32	Travaux ordinaires en Algérie. (Routes nationales et ponts. — Grande voirie. — Subventions aux routes départementales et chemins non classés.)	4.551.367	4.551.367	4.551.367
33	Travaux ordinaires en Algérie (Ports maritimes, phares, fanaux et balises).	471.442	471.442	471.442
34	Travaux ordinaires en Algérie (Études et dépenses relatives aux ponts et chaussées et au contrôle des chemins de fer).	75.930	75.930	70.000
35	Travaux ordinaires en Algérie (Mines et forages, matériel et travaux).	80.000	80.000	80.000
36	Dépenses des exercices périmés non frappées de déchéance	Mémoire.	Mémoire.	Mémoire.
37	Dépenses des exercices clos.	Idem.	Idem.	Idem.
	Totaux de la 1ʳᵉ section		113.435.314	112.993.384

des dépenses de l'exercice 1890 (Suite).

CRÉDITS VOTÉS par la Chambre des Députés	CRÉDITS PROPOSÉS par la Commission du Sénat	DIFFÉRENCES		EXPLICATION DES DIFFÉRENCES
		AUGMENTATIONS de crédits	DIMINUTIONS de crédits	
6	7	8	9	10
fr.	fr.	fr.	fr.	
1.233.000	1.233.000	»	»	
240.000	240.000	»	»	
4.384.000	4.384.000	»	».	
136.400	136.400	»	».	
7.270.000	7.270.000	»	»	
1.040.000	1.040.000	»	»	
438.500	438.500	»	»	
316.500	316.500	»	»	
2.970.000	2.970.000	»	»	
2.055.000	2.055.000	»	»	
503.400	503.400	»	»	
354.200	354.200	»	»	
223.500	223.500	»	»	
875.000	875.000	»	»	
400.000	400.000	»	»	
15.000	15.000	»	»	
250.000	250.000	»	»	
25.850.000	25.850.000	»	»	
4.696.000	4.696.000	»	»	
150.000	150.000	»	»	
3.500.000	3.500.000	»	»	
60.000	60.000	»	»	
5.239.000	5.239.000	»	»	
5.575.000	5.575.000	»	»	
5.825.000	5.825.000	»	»	
1.800.000	1.800.000	»	»	
53.000	53.000	»	»	
11.791.760	11.791.760	»	»	
17.500.000	17.500.000	»	»	
1.900.000	1.900.000	»	»	
1.331.315	1.331.315	»	»	
4.551.367	4.551.367	»	»	
471.442	471.442	»	»	
70.000	70.000	»	»	
80.000	80.000	»	»	
Mémoire.	Mémoire.	»	»	
Idem.	Idem.	»	»	
113.168.384	113.168.384	»	»	

BUDGET ORDINAIRE, *par chapitres,*

CHAPITRES SPÉCIAUX	MINISTÈRES ET SERVICES	CRÉDITS VOTÉS pour 1889	MONTANT DES CRÉDITS demandés par le Gouvernement	CRÉDITS PROPOSÉS par la Commission du Budget
1	2	3	4	5
		fr.	fr.	fr.
	MINISTÈRE DES TRAVAUX PUBLICS (*Suite*).			
	3e Partie — Services généraux des Ministères.			
	2e Section. — Travaux extraordinaires.			
38	Lacunes des routes nationales, des routes départementales des départements annexés et des routes thermales	1.053.500	1.053.500	1.053.500
39	Routes forestières de la Corse (Construction).	137.968	137.968	137.968
40	Rectification des routes nationales et des routes départementales des départements annexés	700.000	700.000	700.000
41	Remboursement des avances affectées aux travaux de rectification des routes nationales.	104.667	104.167	104.167
42	Garanties d'intérêts aux concessionnaires de tramways	274.247	525.461	525.461
43	Construction de ponts.	748.000	880.000	880.000
44	Amélioration des rivières	6.400.000	5.200.000	5.200.000
45	Établissement et amélioration des canaux de navigation	10.115.000	10.115.000	10.115.000
46	Amélioration et achèvement des ports maritimes	12.900.000	11.313.600	11.313.600
47	Remboursement des avances affectées aux travaux d'amélioration des rivières, canaux et ports	5.098.793	7.883.626	7.883.626
48	Phares, éclairage électrique et installation de signaux divers	150.000	150.000	150.000
49	Travaux de défense contre les inondations.	595.000	595.000	595.000
50	Nivellement général de la France (Opérations et représentation graphique)	50.000	50.000	50.000
51	Exécution de la carte géologique détaillée de la France.	80.000	80.000	80.000
52	Études et travaux de chemins de fer exécutés par l'État	13.000.000	13.000.000	13.000.000
53	Rachat de lignes de chemins de fer	1.000	1.000	1.000
54	Travaux complémentaires du réseau de l'État	2.000.000	2.000.000	2.000.000
55	Subventions pour chemins de fer d'intérêt local	1.000	100.000	100.000
56	Garanties d'intérêts aux concessionnaires de chemins de fer d'intérêt local	1.100.000	1.500.000	1.500.000
57	Insuffisance éventuelle des produits de l'exploitation des chemins de fer rachetés par l'État depuis la loi du 18 mai 1878, des chemins de fer concédés placés sous le séquestre administratif et des lignes revenues à l'État par suite de déchéances définitives	20.000	20.000	20.000
58	Insuffisance éventuelle des produits de l'exploitation des chemins de fer non concédés construits par l'État.	100.000	100.000	100.000
59	Amélioration des ports en Algérie	1.200.000	1.082.823	1.082.823
60	Remboursement des avances affectées aux travaux d'amélioration des ports maritimes en Algérie	1.086.612	1.003.789	1.003.789
	TOTAL de la 2e section	»	57.592.934	57.592.934
	RÉCAPITULATION.			
	1re *Section*. — Service ordinaire.	108.637.814	113.435.314	112.993.384
	2e *Section*. — Travaux extraordinaires	56.915.769	57.592.934	57.592.934
	TOTAL GÉNÉRAL pour le Ministère des Travaux publics . . .	165.553.583	171.028.248	170.586.318

des dépenses de l'exercice 1890 (Suite).

CRÉDITS VOTÉS par la Chambre des Députés	CRÉDITS PROPOSÉS par la Commission du Sénat	DIFFÉRENCES		EXPLICATION DES DIFFÉRENCES
		AUGMENTATIONS de crédits	DIMINUTIONS de crédits	
6	7	8	9	10
fr.	fr.	fr.	fr.	
1.053.500	1.053.500	»	»	
137.968	137.968	»	»	
700.000	700.000	»	»	
101.167	101.167	»	»	
525.461	525.461	»	»	
880.000	880.000	»	»	
5.200.000	5.200.000	»	»	
10.115.000	10.115.000	»	»	
11.313.600	11.313.600	»	»	
7.883.626	7.883.626	»	»	
150.000	150.000	»	»	
595.000	595.000	»	»	
50.000	50.000	»	»	
80.000	80.000	»	»	
13.000.000	13.000.000	»	»	
1.000	1.000	»	»	
2.000.000	2.000.000	»	»	
100.000	100.000	»	»	
1.500.000	1.500.000	»	»	
20.000	20.000	»	»	
100.000	100.000	»	»	
1.082.823	1.082.823	»	»	
1.003.789	1.003.789	»	»	
57.592.934	57.592.934	»	»	
113.168.384	113.168.384	»	»	
57.592.934	57.592.934	»	»	
170.761.318	170.761.318	»	»	

RÉCAPITULATION du Budget ordinaire

MINISTÈRES ET SERVICES		CRÉDITS votés pour 1889	MONTANT DES CRÉDITS demandés par le Gouvernement	CRÉDITS PROPOSÉS par la Commission du Budget
		2	3	4
		fr.	fr.	fr.
1re Partie. — Dette publique. — Ministère des Finances		1.292.319.475	1.306.381.108	1.319.017.408
2e Partie. — Pouvoirs publics. — Ministère des Finances		13.090.179	13.137.940	13.069.940
3e Partie. Services généraux des Ministères.	Ministère de la Justice et des Cultes — 1re section.—Service de la Justice	37.507.050	37.475.050	37.462.650
	2e section.— Service des Cultes.	45.337.145	45.135.145	45.985.503
	Ministère des Affaires étrangères — 1re section.— Service ordinaire.	13.624.900	13.591.900	13.591.900
	2e section.— Service des protectorats.	379.300	579.300	576.600
	Ministère de l'Intérieur — 1re section. — Service de l'Intérieur	45.019.866	45.577.512	45.183.316
	2e section. — Services pénitentiaires.	17.313.744	17.313.744	17.083.426
	3e section. — Service du gouvernement général de l'Algérie.	7.227.415	7.282.635	7.282.635
	Ministère des Finances	21.043.870	20.826.870	21.046.770
	Ministère de la Guerre	550.652.404	557.893.750	556.333.450
	Ministère de la Marine	204.959.104	205.214.225	203.148.225
	Ministère de l'Instruction publique et des Beaux-Arts — 1re section. — Instruction publique	135.273.483	136.738.188	139.990.438
	2e section. — Beaux-Arts.	12.760.605	12.063.905	12.063.905
	Ministère du Commerce, de l'Industrie et des Colonies. — 1re section. — Commerce.	22.326.118	18.590.683	20.539.483
	2e section. — Postes et télégraphes	1.879.965	1.917.288	1.906.000
	3e section. — Colonies	55.814.473	52.615.046	52.070.216
	Ministère de l'Agriculture	21.207.586	20.890.480	20.602.830
	Ministère des Travaux publics — 1re section. — Service ordinaire.	108.637.814	113.435.314	112.993.384
	2e section. — Travaux extraordinaires.	56.915.769	57.592.934	57.592.934
4e Partie. — Frais de régie, de perception et d'exploitation des impôts et revenus publics.	Ministère des Finances	178.650.667	178.802.846	178.519.031
	Ministère des Affaires étrangères	60.000	60.000	60.000
	Ministère du Commerce, de l'Industrie et des Colonies. — 2e section. — Postes et Télégraphes	132.488.649	135.314.340	134.923.304
	Ministère de l'Agriculture (forêts).	15.452.543	15.441.930	15.468.930
5e Partie. — Remboursements et restitutions, non-valeurs et primes.	Ministère des Finances	13.540.700	13.499.700	13.449.700
	Ministère de l'Intérieur	3.900.000	3.900.000	3.900.000
	Ministère du Commerce, de l'Industrie et des Colonies. — 2e section. — Postes et Télégraphes.	4.352.000	5.276.800	5.276.800
	Ministère de l'Agriculture (forêts)	40.000	40.000	40.000
TOTAL GÉNÉRAL des dépenses ordinaires de l'exercice 1890		3.011.974.825	3.036.588.633	3.048.278.778

des dépenses de l'exercice 1890.

CRÉDITS VOTÉS par la Chambre des Députés.	CRÉDITS PROPOSÉS par la Commission du Sénat	DIFFÉRENCES		NUMÉROS des ANNEXES	OBSERVATIONS
		AUGMENTATIONS de crédits	DIMINUTIONS de crédits		
5	6	7	8	9	10
fr.	fr.	fr.	fr.		
1.318.210.118	1.316.782.408	»	1.427.710	1	
13.044.048	13.044.048	»	»	1	
37.468.450	37.468.450	»	»	2	
45.085.503	45.085.503	»	»	3	
13.591.900	13.591.900	»	»	4	
576.600	576.600	»	»	4	
				5	
60.873.310	60.873.310	»	»	6	
7.282.635	7.282.635	»	»	7	
19.577.270	20.985.370	1.408.000	»	1	
556.333.550	556.333.550	»	»	8	
203.148.225	203.148.225	»	»	9	
139.984.038	139.984.038	»	»	10	
12.063.905	12.063.905	»	»	11	
20.539.483	20.539.483	»	»	12	
1.906.000	1.906.000	»	»	13	
52.238.716	52.238.716	»	»	14	
20.737.830	20.737.830	»	»	15	
113.168.384	113.168.384	»	»	16	
57.592.934	57.592.934	»	»	16	
1.362.168.838	1.363.576.838				
178.525.531	178.525.531	»	»	1	
60.000	60.000	»	»	4	
135.782.624	135.782.624	»	»	13	
15.524.930	15.524.930	»	»	15	
329.893.085	329.893.085				
13.449.700	13.449.700	»	»	1	
3.900.000	3.900.000	»	»	6	
5.276.800	5.276.800	»	»	13	
40.000	40.000	»	»	15	
22.666.500	22.666.500				
3.045.982.584	3.045.962.874	1.408.000	1.427.710		
		Diminution : 19.710			

ANNEXES

———

TITRE PREMIER

———

BUDGET ORDINAIRE

———

RECETTES

ÉTAT DES VOIES ET MOYENS ORDINAIRES

———

(ANNEXE N° 19)

BUDGET ORDINAIRE des voies

DÉSIGNATION DES PRODUITS	RECETTES PROPOSÉES par le Gouvernement	RECETTES VOTÉES par la Chambre des Députés.
1	2	3
	fr.	fr.
§ 1er. — IMPOTS DIRECTS.		
1° CONTRIBUTIONS DIRECTES (*Fonds généraux*).		
Contribution foncière . . { Propriétés non bàties.	118.548.000	118.548.000
{ Propriétés bàties	63.450.000	63.450.000
Contribution personnelle-mobilière.	75.055.500	75.055.500
Contribution des portes et fenètres.	49.272.900	49.272.900
Contribution des patentes.	104.150.400	104.150.400
Taxe de premier avertissement. (Portion imputable sur les fonds généraux).	624.000	624.000
2° TAXES SPÉCIALES ASSIMILÉES AUX CONTRIBUTIONS DIRECTES (*Fonds généraux*).		
Taxe des biens de mainmorte.	7.000.000	7.000.000
Redevances des mines. , , ... ,	2.400.000	2.400.000
Droit de vérification des poids et mesures	4.655.000	4.655.000
Droit de vérification des alcoomètres	14.000	14.000
Droits de visite des pharmacies et magasins de drogueries . .	290.500	290.500
Droit d'inspection des fabriques et dépôts d'eaux minéra!es . . .	18.500	18.500
Contributions sur les voitures, chevaux, mules et mulets. . . .	11.532.500	11.532.500
Taxe sur les billards publics et privés	1.170.000	1.170.000
Taxe sur les cercles, sociétés et lieux de réunion	1.450.000	1.450.000
3° CONTRIBUTIONS ET TAXES SPÉCIALES EN ALGÉRIE.		
Contributions directes. — Patentes.	1.698.500	1.698.500
Taxes spéciales. { Redevances des mines.	27.500	27.500
{ Droits de vérification des poids et mesures . . .	134.600	134.600
{ Droits de visite des pharmacies et magasins de droguerie.	13.800	13.800
Contributions arabes. — Principal.	6.005.300	6.005.300
TOTAL du § 1er.	448.411.000	448.411.000

France. . . . (accolade regroupant les sections 1° et 2°)

Algérie. . . (accolade regroupant la section 3°)

BUDGET ORDINAIRE *des voies*

DÉSIGNATION DES PRODUITS	RECETTES PROPOSÉES par le Gouvernement	RECETTES VOTÉES par la Chambre des Députés.
1	2	3
	fr.	fr.

§ 2. — IMPOTS ET REVÉNUS INDIRECTS.

1° PRODUITS DE L'ENREGISTREMENT

France . . . Transmissions entre vifs, à titre onéreux	151.253.700	151.253.700
Transmissions entre vifs, à titre gratuit	21.109.300	21.109.300
Mutations par décès	178.031.900	178.031.900
Baux et antichrèses	7.628.800	7.628.800
Adjudications et marchés, obligations, cautionnements et libérations	40.928.500	40.928.500
Condamnations, collocations et liquidations.	3.600.400	3.600.400
Droits fixes proprement dits.	35.992.600	35.992.600
Droits fixes gradués.	11.156.200	11.156.200
Droits et demi-droits en sus.	4.018.100	4.018.100
Droits de greffe	8.035.900	8.035.900
Droits d'hypothèques	5.304.200	5.304.200
Amendes.	1.316.700	1.316.700
Assurances maritimes.	244.000	244.000
Transmissions de titres des sociétés françaises et étrangères. . .	39.616.700	39.616.700
Perceptions diverses.	867.300	867.300
Algérie. . . . Transmissions entre vifs, à titre onéreux	1.987.300	1.987.300
Transmissions entre vifs, à titre gratuit.	77.800	77.800
Baux et antichrèses	64.800	64.800
Adjudications et marchés, obligations, cautionnements et libérations	494.200	494.200
Condamnations, collocations et liquidations	78.800	78.800
Droits fixes proprement dits.	635.100	635.100
Droits fixes gradués.	71.800	71.800
Droits et demi-droits en sus.	44.900	44.900
Droits de greffe	182.500	182.500
Droits d'hypothèques	59.800	59.800
Amendes de toute nature.	42.900	42.900
Assurances maritimes..	2.000	2.000
Transmissions de titres des Sociétés françaises et étrangères. . .	90.000	90.000
Perceptions diverses	8.000	8.000
A reporter.	512.944.200	512.944.200

et moyens de l'exercice 1890 (Suite).

RECETTES PROPOSÉES par la Commission du Sénat	DIFFÉRENCES		OBSERVATIONS EXPLICATION DES DIFFÉRENCES
	AUGMENTATIONS de recettes	DIMINUTIONS do récettes	
4	5	6	7
fr.	fr.	fr.	
151.253.700	»	»	
21.109.300	»	»	
178.031.900	»	»	
7.628.800	»	»	
40.928.500	»	»	
3.600.400	»	»	
35.992.600	»	»	
11.156.200	»	»	
4.018.100	»	»	
8.033.900	»	»	
5.304.200	»	»	
1.316.700	»	»	
244.500	»	»	
39.616.700	»	»	
867.300	»	»	
1.987.300	»	»	
77.800	»	»	
64.800	»	»	
494.200	»	»	
78.800	»	»	
635.100	»	»	
71.800	»	»	
44.900	»	»	
182.500	»	»	
59.800	»	»	
42.900	»	»	
2.000	»	»	
92.000	»	»	
8.000	»	»	
512.944.200	»	»	

BUDGET ORDINAIRE *des voies*

DÉSIGNATION DES PRODUITS	RECETTES PROPOSÉES par le Gouvernement	RECETTES VOTÉES par la Chambre des Députés.
	2	**3**
	fr.	fr.
Report.	512.944.200	512.944.200
Suite du § 2. — IMPOTS ET REVENUS INDIRECTS		
2° PRODUITS DU TIMBRE		
France. Timbre débité spécial (mobile) — de dimension.	55.031.800	55.031.800
Connaissements	1.469.000	1.469.600
Affiches.	1.130.600	1.130.600
Timbre extraordinaire et visa — Actions et obligations	19.713.500	19.713.500
Polices d'assurances, bordereaux, affiches, connaissements, etc. . .	3.952.000	3.952.000
Droits d'affichage et passeports	95.300	95.300
Permis de chasse.	6.686.500	6.686.500
Timbre débité, non sujet aux décimes — proportionnel (effets, etc.).	11.316.500	11.316.500
spécial (quittances, reçus et chèques)	14.592.800	14.592.800
Timbre extraordinaire et visa — proportionnel — Rente des gouvernements étrangers	2.215.100	2.215.100
Crédit foncier, obligations. . . .	419.200	419.200
Effets warrants, etc.	2.891.400	2.891.400
Polices d'assurances, abonnements, etc	4.501.500	4.501.500
spécial (lettres de voitures, récépissés)	33.852.400	35.052.400
Timbre aux anciens tarifs	5.500	5.500
Marques de fabrique	22.900	22.900
	159.797.400	160.997.400
Algérie. Timbre débité spécial (mobile) — de dimension.	2.343.200	2.343.200
Connaissements.	120.700	120.700
Affiches.	38.900	38.900
Actions et obligations	67.000	67.000
Timbre extraordinaire et visa — Polices d'assurances, bordereaux, affiches, connaissements, etc.	101.500	101.500
Droits d'affichage et passeports.	13.500	13.500
Permis de chasse.	140.500	140.500
Timbre débité, non sujet aux décimes — proportionnel (effets, etc.).	470.900	470.900
spécial (quittances, reçus et chèques)	378.000	378.000
Timbre extraordinaire et visa.	4.459.800	4.459.800
	4.134.000	4.134.000
3° TAXE DE 3 0/0 SUR LE REVENU DES VALEURS MOBILIÈRES.		
Recouvrable par les receveurs de l'enregistrement en France.	50.424.000	50.424.000
Recouvrable par les receveurs de l'enregistrement en Algérie.	197.500	197.500
	50.621.500	50.621.500
4° PRODUITS DES DOUANES		
France — Droits à l'importation (*marchandises diverses*), ...	330.484.000	331.984.000
Droits de statistique	6.851.400	6.851.400
Droits de navigation.	8.402.600	8.402.600
Autres droits et recettes accessoires.	4.104.100	4.104.100
Amendes et confiscations.	1.140.200	1.140.200
Taxe de consommation des sels de douanes.	21.503.200	21.503.200
	372.485.500	373.985.500
Algérie — Droits à l'importation (*marchandises diverses.*	5.585.700	5.585.700
Sucres de toute origine.	4.227.000	4.227.000
Droits de navigation.	132.800	132.800
Autres droits et recettes accessoires.	433.600	433.600
Amendes et confiscations.	32.200	32.200
	10.411.300	10.411.300
À reporter.	1.110.393.900	1.113.093.900

et moyens de l'exercice 1890 (Suite).

RECETTES PROPOSÉES par la Commission du Sénat	DIFFÉRENCES		OBSERVATIONS EXPLICATION DES DIFFÉRENCES
	AUGMENTATIONS de recettes	DIMINUTIONS de recettes	
4	5	6	7
fr.	fr.	fr.	
512.944.200		»	
55.031.800	»	»	
1.469.600	»	»	
1.130.600	»	»	
19.713.500	»	»	
5.925.006	»	»	
95.300	»	»	
6.686.500	»	»	
11.816.500	»	»	
14.592.500	»	»	
2.215.100	»	»	
419.200	»	»	
2.891.400	»	»	
4.501.500	»	»	
33.052.400	»	»	
5.500	»	»	
22.900	»	»	
160.997.400	»	»	
2.343.200	»	»	
120.700	»	»	
38.900	»	»	
67.000	»	»	
101.500	»	»	
13.500	»	»	
146.500	»	»	
470.900	»	»	
378.000	»	»	
4.459.800	»	»	
4.434.000	»	»	
50.424.000	»	»	
197.500	»	»	
50.621.500	»	»	
331.984.600	»	»	
6.851.400	»	»	
8.102.600	»	»	
4.104.100	»	»	
1.140.200	»	»	
21.503.200	»	»	
373.985.500	»	»	
5.585.700	»	»	
4.287.000	»	»	
132.800	»	»	
433.600	»	»	
32.200	»	»	
10.411.300	»	»	
1.113.093.900	»	»	

BUDGET ORDINAIRE *des voies*

DÉSIGNATION DES PRODUITS	RECETTES PROPOSÉES par le Gouvernement	RECETTES VOTÉES par la Chambre des Députés
1	2	3
	fr.	fr.
Report.	1.110.393.900	1.113.693.900

Suite du § 3. — IMPOTS ET REVENUS INDIRECTS

5° PRODUITS DES CONTRIBUTIONS INDIRECTES ET DES CONTRIBUTIONS DIVERSES

Contributions indirectes.

	RECETTES PROPOSÉES par le Gouvernement	RECETTES VOTÉES par la Chambre des Députés
France — Droits sur les boissons — Vins, cidres, poirés et hydromels	145.290.500	145.290.500
Alcools et surtaxe des vins alcoolisés	244.856.200	244.856.200
Bières	21.413.200	21.413.200
Droits de 0 fr. 40 par expédition	4.826.000	4.826.000
Taxe de consommation sur les sels, perçue en dehors du rayon des douanes	11.254.900	11.254.900
Droit de fabrication des huiles minérales	11.000	11.000
Droit d'entrée sur les huiles végétales et animales	2.437.800	2.437.800
Droit de fabrication des stéarines et bougies	8.272.100	8.272.100
Droit de consommation des vinaigres et acides acétiques	2.900.900	2.900.900
Droit de transport par chemins de fer	87.093.600	87.093.600
Droit de transport par autres voitures que les chemins de fer .	5.051.600	5.051.600
Droits divers et recettes à différents titres — Licences (boissons et voitures publiques)	13.059.400	13.059.400
Bacs, passages d'eau, pêche, francs-bords, etc.	2.767.000	2.767.000
Garantie des matières d'or et d'argent	4.580.500	4.580.500
Droit de dénaturation des alcools	4.028.300	4.028.300
Timbres de toute espèce	9.080.000	9.080.000
Cartes à jouer	2.224.200	2.224.200
Prélèvement sur les communes pour frais de casernement .	2.204.000	2.204.000
Amendes, droits sur acquits non rentrés et portion du Trésor dans le prix des tabacs et poudres saisis . . .	4.315.900	4.315.900
Autres droits et recettes à différents titres	5.727.400	5.727.400
Contributions diverses.	581.394.500	581.394.500
Algérie — Droits de licence sur la fabrication et la vente des boissons	1.294.100	1.294.100
Droits de licence sur la fabrication et la vente des tabacs	118.200	118.200
Droits de garantie des matières d'or et d'argent	91.800	91.800
Timbres de toute espèce	7.800	7.800
Recouvrement des frais de poursuites	45.900	45.900
Prélèvements de 5 0/0 sur le produit des taxes intérieures de l'octroi de mer	38.500	38.500
Amendes et confiscations (produits à répartir)	4.200	4.200
Recettes diverses non dénommées ci-dessus	400	400
	1.600.900	1.600.900
6° PRODUITS DES SUCRES		
France — Douanes — Sucres coloniaux	34.000.000	34.000.000
Sucres étrangers	17.000.000	17.000.000
Contributions indirectes. — Sucres indigènes	127.700.000	127.700.000
	178.700.000	178.700.000
TOTAL du paragraphe 2	1.872.089.300	1.874.789.300

et moyens de l'exercice 1890 (Suite).

RECETTES PROPOSÉES par la Commission du Sénat	DIFFÉRENCES		OBSERVATIONS ET EXPLICATION DES DIFFÉRENCES
	AUGMENTATIONS de recettes	DIMINUTIONS de recettes	
4	5	6	7
fr.	fr.	fr.	
1.113.693.900	»	»	
145.290.500	»	»	
244.856.200	»	»	
21.413.200	»	»	
4.626.000	»	»	
11.254.900	»	»	
11.000	»	»	
2.437.800	»	»	
6.272.100	»	»	
2.900.900	»	»	
87.093.600	»	»	
5.051.600	»	»	
13.059.400	»	»	
2.767.000	»	»	
4.580.500	»	»	
4.028.300	»	»	
9.080.000	»	»	
2.224.200	»	»	
2.204.000	»	»	
4.315.900	»	»	
5.727.400	»	»	
581.394.500	»	»	
1.294.100	»	»	
118.200	»	»	
91.800	»	»	
7.800	»	»	
45.900	»	»	
38.500	»	»	
4.200	»	»	
400	»	»	
1.600.900	»	»	
34.000.000	»	»	
17.000.000	»	»	
127.700.000	»	»	
178.700.000	»	»	
1.874.789.300	»	»	

N° 204

53

DÉSIGNATION DES PRODUITS	RECETTES PROPOSÉES par le Gouvernement.	RECETTES VOTÉES par la Chambre des Députés.
1	2	3
	fr.	fr.

§ 4. — PRODUITS ET REVENUS DU DOMAINE DE L'ÉTAT.

1° PRODUITS DU DOMAINE AUTRE QUE LE DOMAINE FORESTIER.

France. — Revenus du domaine autre que les forêts	2.382.800	2.382.800
Recouvrements de rentes et créances	173.000	173.000
Produits de l'exploitation des établissements régis ou affermés par l'État	1.555.800	1.555.800
Produits de la vente des plâtres et estampes provenant des musées	33.200	33.200
Produits des ventes effectuées à la manufacture de Sèvres. . .	80.300	80.300
Aliénations d'objets mobiliers.	5.002.800	5.002.800
Aliénations d'immeubles.	1.794.850	1.794.850
Successions en déshérence, épaves et biens vacants	1.330.300	1.330.300
Produit de l'aliénation des terrains provenant des fortifications de Lyon	2.000.000	2.000.000
Produit de l'ancien pénitencier de Casabianda (Corse).	54.600	54.600
Algérie. — Produits du domaine autre que les forêts	928.500	928.500
Produits des biens des corporations.	25.000	25.000
Recouvrements de rentes et créances	201.100	201.100
Produits de l'exploitation des établissements régis ou affermés par l'État.	90.100	90.100
Redevances pour concessions de chutes d'eau.	228.900	228.900
Aliénations d'objets mobiliers.	527.000	527.000
Aliénations d'immeubles.	551.900	551.900
Successions en déshérence, épaves et biens vacants.	45.100	45.100
TOTAL.	16.535.250	16.535.250

2° PRODUITS DES FORÊTS.

France. — Produit des coupes de bois	21.762.500	21.762.500
Produits accessoires.	2.824.900	2.824.900
Contribution des communes et établissements publics pour frais de régie de leurs bois.	1.005.200	1.005.200
Valeur des bois cédés directement aux arsenaux de la guerre et de la marine.	21.700	21.700
Algérie. — Produit des coupes de bois	205.500	205.500
Produits accessoires	157.100	157.100
Location du droit de chasse	7.900	7.900
Recouvrements divers.	1.000	1.000
Valeur des anciennes concessions de chênes-liège	185.300	185.300
TOTAL.	26.171.100	26.171.10
TOTAL du paragraphe 4	42.706.350	42.706 35

et moyens ordinaires de l'exercice 1890 (Suite).

RECETTES PROPOSÉES par la Commission du Sénat	DIFFÉRENCES		OBSERVATIONS ET EXPLICATIONS DES DIFFÉRENCES
	AUGMENTATIONS de recettes	DIMINUTIONS de recettes	
4	5	6	7
fr.	fr.	fr.	
2.382.300	»	»	
173.000	»	»	
1.555.800	»	»	
33.200	»	»	
80.300	»	»	
5.002.800	»	»	
1.794.850	»	»	
1.330.300	»	»	
2.000.000	»	»	
54.600	»	»	
928.500	»	»	
25.080	»	»	
201.100	»	»	
90.100	»	»	
228.900	»	»	
527.000	»	»	
551.900	»	»	
45.100	»	»	
16.535.250	»	»	
21.762.300	»	»	
2.824.900	»	»	
1.005.200	»	»	
21.700		»	
205.500	»	»	
157.100	»	»	
7.900	»	»	
1.000	»	»	
185.300	»	»	
25.171.100	»	»	
42.706.350	»	»	

BUDGET GÉNÉRAL des voies

DÉSIGNATION DES PRODUITS	RECETTES PROPOSÉES par le Gouvernement	RECETTES VOTÉES par la Chambre des Députés
1	2	3
	fr.	fr.
§ 3. — PRODUITS DES MONOPOLES ET EXPLOITATIONS INDUSTRIELLES DE L'ÉTAT.		
1° PRODUITS RECOUVRÉS PAR LES RECEVEURS DES CONTRIBUTIONS INDIRECTES ET DES CONTRIBUTIONS DIVERSES.		
France.... { Droits de fabrication des allumettes chimiques	17.011.500	17.011.500
Produit de la vente des tabacs	368.481.400	368.481.400
Produit de la vente des poudres à feu	11.324.100	11.324.100
Algérie.... { Produit de la vente des tabacs des manufactures de France....	467.900	467.900
Produit de la vente des poudres à feu..............	998.800	998.800
Total.	398.283.700	398.283.700
2° PRODUITS DES POSTES ET DES TÉLÉGRAPHES.		
Produits des postes.		
France.... { Produits de la taxe des lettres, journaux, échantillons et imprimés de toute nature, des valeurs déclarées et cotées. — Solde des comptes avec les offices étrangers	141.560.000	141.560.000
Droits perçus sur les envois d'argent	6.619.000	6.619.000
Droits perçus sur les bons de poste	89.800	89.800
Recettes diverses et accidentelles	52.800	52.800
Algérie.... { Produits de la taxe des lettres, journaux, échantillons et imprimés de toute nature, des valeurs déclarées et cotées......	2.135.800	2.135.800
Droits perçus sur les envois d'argent	307.700	307.700
Droits perçus sur les bons de poste	100	100
Recettes diverses et accidentelles	700	700
Total.	150.765.900	150.765.900
Produits des télégraphes.		
France.... { Recettes des bureaux télégraphiques en France.	28.462.900	28.462.900
Recettes encaissées pour le compte de la France par divers offices étrangers	1.450.300	1.450.300
Produits des réseaux téléphoniques de l'Etat.	645.000	645.000
Remboursement par les compagnies de chemins de fer des frais de surveillance de leur service télégraphique.	414.900	414.900
Remboursement par divers établissements de traitements d'agents du service postal et télégraphique	50.900	50.900
Recette diverses et accidentelles.	1.799.000	1.799.000
Algérie. ...{ Recettes des bureaux télégraphiques en Algérie.	1.263.700	1.263.700
Recettes diverses et accidentelles	1.700	1.700
Total.	34.088.400	34.088.400
3° PRODUITS DE DIVERSES EXPLOITATIONS.		
Produit des télégraphes (câble du Tonkin)	135.000	135.000
Excédent des recettes sur les dépenses de la fabrication des monnaies et médailles et de l'émission des monnaies de bronze	62.800	83.200
Excédent des recettes sur les dépenses de l'Imprimerie nationale.	183.000	183.000
Bénéfices de l'exploitation des chemins de fer de l'Etat.	7.350.000	7.350.000
Produits bruts de l'exploitation en régie des journaux officiels.	953.162	953.162
Total	8.683.962	8.704.362
Total du paragraphe 3.	591.821.962	591.842.362

et moyens ordinaires de l'exercice 1890 (Suite).

RECETTES PROPOSÉES par la Commission du Sénat	DIFFÉRENCES		OBSERVATIONS ET EXPLICATION DES DIFFÉRENCES
	AUGMENTATIONS de recettes	DIMINUTIONS de recettes	
4	5	6	7
fr.	fr.	fr.	
17.011.500	»	»	
368.481.400	»	»	
11.324.100	»	»	
467.900	»	»	
998.800	»	»	
398.283.700	»	»	
141.560.000	»	»	
6.619.000	»	»	
89.800	»	»	
52.800	»	»	
2.135.800	»	»	
307.700	»	»	
100	»	»	
700	»	»	
150.765.900	»	»	
28.462.900	»		
1.450.300	»	»	
645.000	»	»	
414.900	»	»	
50.900	»	»	
1.799.000	»	»	
1.263.700	»	»	
1.700	»	»	
34.088.400	»	»	
135.000	»	»	
83.200	»	»	
183.000	»	»	
7.350.000	»	»	
953.162	»	»	
8.704.362	»	»	
591.842.362	»	»	

BUDGET ORDINAIRE *des voies*

DÉSIGNATION DES PRODUITS	RECETTES PROPOSÉES par le Gouvernement	RECETTES VOTÉES par la Chambre des Députés
1	2	3
	fr.	fr.
§ 5. — PRODUITS DIVERS DU BUDGET.		
Produits des chancelleries diplomatiques et consulaires............	1.057.000	1.057.000
Taxe des brevets d'invention......................	2.380.650	2.380.650
Produit de la rente de l'Inde......................	741.240	741.240
Bénéfices réalisés par la Caisse des dépôts et consignations.........	3.000.000	3.000.000
Versements des engagés conditionnels d'un an...............	4.702.500	4.705.500
Remboursement des frais de personnel des établissements thermaux affermés...	9.500	9.500
Produit de la vente des publications du Gouvernement...........	205.795	205.795
Produits du concours général d'animaux de boucherie...........	67.344	67.341
Revenus ordinaires de l'Académie de France à Rome............	4.266	4.266
Produit des cessions de transport faits par l'artillerie dans les colonies...	95.600	95.600
Produit du travail des détenus dans les ateliers et pénitenciers militaires...	507.200	507.200
Produit des maisons centrales de force et de correction et établissements assimilés.........	4.444.300	4.444.300
Produit du travail des condamnés transportés à la Guyane et à la Nouvelle-Calédonie (30 p. 100).....	117.000	117.000
Intérêts d'une somme due par le Mont-de-Milan..............	250.000	250.000
Restitutions au Trésor.........................	23.512	23.512
Dépôts d'argent non réclamés aux caisses des agents des postes.......	265.000	265.000
Valeurs du Trésor restant à rembourser depuis plus de cinq ans.......	312.322	312.322
Redevance de la vallée d'Andorre....................	960	960
Reversements de fonds sur les dépenses des Ministères..........	2.944.912	2.944.912
Recouvrements poursuivis par l'agent judiciaire du Trésor. { Recettes sur débets non compris dans l'actif de l'administration des finances........	380.000	380.000
Intérêts et frais provenant de prêts faits à l'industrie.........	35.000	35.000
Recettes accidentelles à différents titres................	1.120.797	1.120.797
Recettes et produits accidentels spéciaux à l'Algérie...........	56.900	56.900
Produits des expéditions des archives de la République..........	1.666	1.666
Remboursement des frais de contrôle et de surveillance des chemins de fer en France....	4.032.470	4.032.470
Remboursement des frais de contrôle et de surveillance des chemins de fer en Algérie.....	299.420	299.420
Remboursement des frais de contrôle et de surveillance des chemins de fer aux colonies....	26.420	26.420
Remboursement des frais de contrôle et de surveillance des tramways......	15.000	15.000
Remboursement des frais de surveillance de sociétés et établissements divers dépendant des Ministères. { de la guerre....	9.020	9.020
du commerce et de l'industrie.........	29.500	29.500
de l'agriculture.............	14.900	14.900
des travaux publics...........	14.800	14.800
Frais des insignes de l'ordre du Mérite agricole..	5.700	5.700
Valeur des fers confectionnés par l'Ecole de maréchalerie de Saumur......	10.000	10.000
Produit de locations et d'aliénations de domaines de l'État à la Nouvelle-Calédonie	100.000	10.000
Droit d'inscription des courtiers de commerce..............	23.500	23.500
Annuité payée par le gouvernement grec pour le remboursement de la portion garantie par la France dans l'emprunt de 1833...............	200.000	200.000
TOTAL du § 5.........	27.504.194	27.414.19.

et moyens de l'exercice 1890 (Suite).

RECETTES PROPOSÉES par la Commission du Sénat	DIFFÉRENCES		OBSERVATIONS ET EXPLICATION DES DIFFÉRENCES
	AUGMENTATIONS de recettes	DIMINUTIONS de recettes	
4	5	6	7
fr.	fr.	fr.	
1.057.000	»	»	
2.380.650	»	»	
741.240	»	»	
3.000.000	»	»	
4.702.500	»	»	
9.500	»	»	
205.795	»	»	
67.344	»	»	
4.266	»	»	
95.600	»	»	
507.200	»	»	
4.444.300	»	»	
117.000	»	»	
250.000	»	»	
23.512	»	»	
265.000	»	»	
312.322	»	»	
960	»	»	
2.944.912	»	»	
380.000	»	»	
35.000	»	»	
1.120.797	»	»	
56.900	»	»	
1.666	»	»	
4.032.470	»	»	
299.420	»	»	
26.420	»	»	
15.000	»	»	
9.020	»	»	
29.500	»	»	
14.900	»	»	
14.860	»	»	
5.700	»	»	
10.000	»	»	
10.000	»	»	
23.500	»	»	
200.000	»	»	
27.414.194	»	»	

BUDGET ORDINAIRE *des voies et*

DÉSIGNATION DES PRODUITS	RECETTES PROPOSÉES par le Gouvernement	RECETTES VOTÉES par la Chambre des Députés
1	2	3
	fr.	fr.
§ 6. — RESSOURCES EXCEPTIONNELLES.		
Remboursement par le Gouvernement de l'Uruguay d'une avance faite par l'État en 1848..............................	766.945	766.945
TOTAL du paragraphe 6................	766.945	766.945
§ 7. — RECETTES D'ORDRE.		
1° RECETTES EN ATTÉNUATION DE DÉPENSES.		
Produits universitaires............................	5.551.432	5.551.432
Produits des amendes et condamnations pécuniaires....... { France.... { Algérie....	7.529.945 817.454	7.529.945 817.454
Retenues et autres produits perçus en exécution de la loi du 9 juin 1853 sur les pensions civiles............................	24.523.351	24.523.351
Retenues sur la solde des officiers de l'armée de terre..............	4.620.000	5.000.000
Retenues sur la solde des officiers des sapeurs-pompiers de la ville de Paris..	10.885	10.885
Retenues sur la solde et les accessoires de solde du personnel de la marine et des colonies..............................	3.238.448	3.238.448
Contingents coloniaux (art. 6 du sénatus-consulte du 4 juillet 1866)......	691.110	691.110
Subvention versée par la colonie de la Réunion...............	160.000	»
Part de la Cochinchine dans les dépenses du câble du Tonkin...........	150.000	150.000
Bénéfice provenant des gestions intérimaires des trésoriers-généraux et des recettes des finances..............................	17.000	17.000
Pensions et trousseaux des écoles du Gouvernement................	2.278.553	2.278.553
Frais de scolarité des médecins élèves du service de santé démissionnaires et remboursement des premières mises allouées aux vétérinaires.........	880	880
Retenues pour cause de cumul des fonctionnaires députés..............	72.000	72.000
Recettes en atténuation des dépenses de la dette flottante............	»	6.600.000
TOTAL....................	49.661.028	56.481.028
2° RECETTES D'ORDRE PROPREMENT DITES.		
Portion des dépenses de la garde de Paris remboursée à l'État par la ville de Paris.	2.644.161	2.644.161
Contingents des communes dans les frais de police de l'agglomération lyonnaise.	440.780	440.780
Remboursement, par les communes du département de la Seine, des dépenses faites pour leur police municipale........................	654.700	654.700
Remboursement par le gouvernement beylical des frais du personnel et des frais de justice criminelle de la justice française en Tunisie............	266.300	266.300
Fonds de concours pour dépenses d'intérêt public................	Mémoire.	Mémoire.
Produits accessoires du service de trésorerie.................	Idem.	Idem.
	4.005.941	4.005.941
TOTAL du paragraphe 7............	53.666.969	60.486.969

moyens de l'exercice 1890 (Suite).

	RECETTES PROPOSÉES par la Commission du Sénat. 4	DIFFÉRENCES		OBSERVATIONS ET EXPLICATION DES DIFFÉRENCES 7
		AUGMENTATIONS de recettes 5	DIMINUTIONS de recettes 6	
	fr.	fr.	fr.	
45	766.945	»	»	
45	766.945	»	»	
32	5.551.482	»	»	
15	7.529.915	»	»	
54	817.454	»	»	
51	24.523.351	»	»	
00	5.000.000	»	»	
85	10.885	»	»	
48	3.238.448	»	»	
10	691.110	»	»	
	»	»	»	
00	150.000	»	»	
00	17.000	»	»	
53	2.278.553	»	»	
80	880	»	»	
00	72.000	»	»	
00	6.600.000	»	»	
28	56.481.028	»	»	
61	2.644.161	»	»	
80	440.780	»	»	
00	654.740	»	»	
00	266.300	»	»	
	Mémoire.	»	»	
	Idem.	»	»	
41	4.005.941	»	»	
69	60.486.969	»	»	

BUDGET ORDINAIRE des voies

DÉSIGNATION DES PRODUITS	RECETTES PROPOSÉES par le Gouvernement	RECETTES VOTÉES par la Chambre des Députés.
1	2	3
	francs.	fr.
RÉCAPITULATION		
§ 1er. — Impôts directs.	448.411.000	448.411.000
§ 2. — Impôts et revenus indirects.	1.872.089.300	1.874.769.300
§ 3. — Produits de monopoles et exploitations industrielles de l'État.	591.821.962	591.842.862
§ 4. — Produits et revenus du domaine de l'État.	42.706.350	42.706.350
§ 5. — Produits divers du budget	27.504.194	27.414.194
Total.	2.982.532.806	2.985.163.206
§ 6. — Ressources exceptionnelles.	766.945	766.945
§ 7. — Recettes d'ordre.	53.666.969	60.486.969
Total général des voies et moyens ordinaires de l'exercice 1890. . . .	3.036.966.720	3.046.417.120

et moyens de l'exercice 1890 (Suite).

RECETTES PROPOSÉES par la Commission du Sénat. 4]	DIFFÉRENCES		OBSERVATIONS ET EXPLICATION DES DIFFÉRENCES
	AUGMENTATIONS de recettes 5	DIMINUTIONS des recettes 6	7
fr.	fr.	fr.	
448.411.000	»	»	
1.874.789.300	»	»	
591.342.362	»	»	
42.706.350	»	»	
27.414.194	»	»	
2.985.163.206	»	»	
766.945	»	»	
60.486.969	»	»	
3.046.417.120	»	»	

TITRE II

BUDGET

DES DÉPENSES SUR RESSOURCES EXTRAORDINAIRES

ANNEXE N° 20

TITRE II

BUDGET
DES DÉPENSES SUR RESSOURCES EXTRAORDINAIRES

ANNEXE N° 20

extraordinaires de l'Exercice 1890.

CRÉDITS PROPOSÉS par la Commission du Sénat	DIFFÉRENCES		OBSERVATIONS ET EXPLICATIONS DES DIFFÉRENCES
	AUGMENTATIONS de crédits	DIMINUTIONS de crédits	
5	6	7	8
fr.	fr.	fr.	
17.500.000	»	»	
6.000.000	»	»	
8.800.000	»	»	
3.000.000	»	»	
49.100.000	»	»	
23.000.000	»	»	
500.000	»	»	
6.000.000	»	»	
3.000.000	»	»	
8.000.000	»	»	
3.000.000	»	»	
3.000.000	»	»	
6.000.000	»	»	
600.000	»	»	
6.000.000	»	»	
3.800.000	»	»	
2.145.000	»	»	
3.613.000	»	»	
850.000	»	»	
95.000	»	»	
70.000	»	»	
154.073.000	»	»	

TITRE III

BUDGET

DES DÉPENSES SUR RESSOURCES SPÉCIALES

(ANNEXES N⁰ˢ 21 ET 22)

spéciales de l'exercice 1890.

TES (Suite)

RECETTES PROPOSÉES par la Commission du Sénat	DIFFÉRENCES		EXPLICATION DES DIFFÉRENCES
6	AUGMENTATIONS de recettes 7	DIMINUTIONS de recettes 8	
fr.	fr.	fr.	
807.800	»	»	
1.401.400	»	»	
363.780	»	»	
18.479.880	»	»	
3.600.009	»	»	
35.123.400	»	»	
31.369.700	»	»	
1.648.500	»	»	
150.000	»	»	
800.000	»	»	
718.699	»	»	
273.000	»	»	
171.800	»	»	
475.672.106	»	»	

spéciales de l'exercice 1890 (Suite).

PENSES

CRÉDITS PROPOSÉS par la Commission du Sénat.	DIFFÉRENCES	
	AUGMENTATIONS de recettes	DIMINUTIONS de recettes
5	6	7
fr.	fr.	fr.
20.200	»	»
17.844	»	»
452.896	»	»
61.600	»	»
1.401.400	»	»
187.788.305	»	»
20.748.942	»	»
210.491.187	»	»
146.997.700	»	»
94.263.200	»	»
243.260.900	»	»
1.355.600	»	»
1.890.279	»	»
3.245.879	»	»
15.617.860	»	»
150.000	»	»
15.767.860	»	»
273.000	»	»
2.461.480	»	»
171.800	»	»
2.633.280	»	»
475.672.106	»	»

EXPLICATION DES DIFFÉRENCES

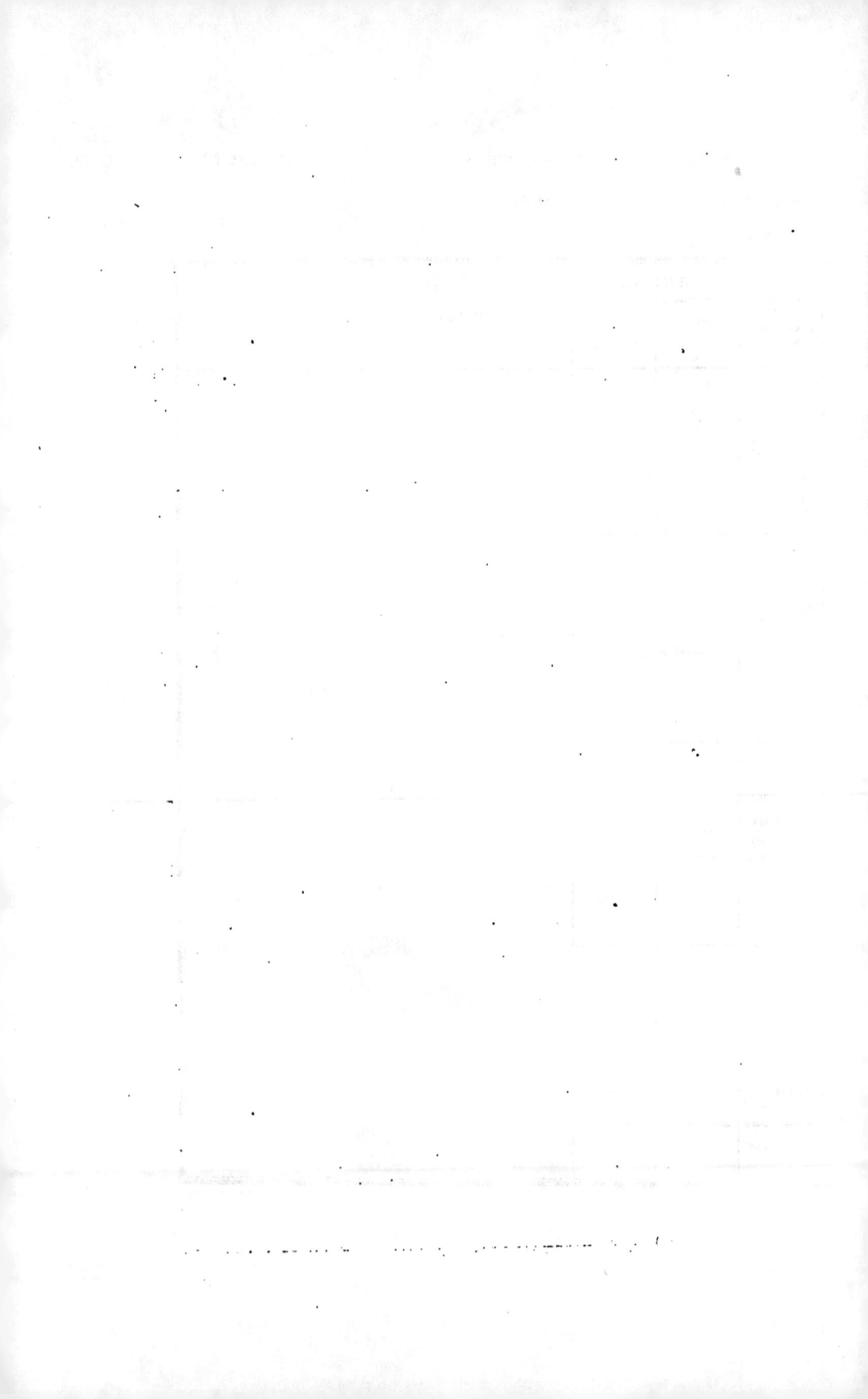

TITRE IV

—

BUDGETS ANNEXES

RATTACHÉS POUR ORDRE AU BUDGET GÉNÉRAL

—

(ANNEXES N°° 23 A 30)

BUDGETS ANNEXES rattachés pour ordre

CHAPITRES SPÉCIAUX	MINISTÈRES ET SERVICES	PROPOSITIONS du GOUVERNEMENT	RECETTES ET DÉPENSES votées par la Chambre des Députés
1	2	3	4
		fr.	fr.

MINISTÈRE DES FINANCES

FABRICATION DES MONNAIES ET MÉDAILLES

RECETTES

1	Prélèvements pour frais de fabrication des monnaies	100.000	100.000
2	Produit des tolérances en faible sur le titre et le poids des monnaies.	3.000	3.000
3	Produit de la vente des médailles. — Prix de la matière	1.000.000	1.000.000
4	Frais de fabrication des médailles d'or et d'argent. . .	190.000	190.000
5	Jetons et médailles de bronze	73.000	73.000
6	Recettes accessoires.	60.000	60.000
7	Produits des poinçons de garantie remboursés par l'administration des contributions indirectes	25.000	25.000
8	Droits d'essai. — Droit sur les certificats délivrés aux essayeurs de commerce	1.100	1.100
9	Produit *brut* de l'émission des monnaies de bronze.	200.000	200.000
10	Recettes accidentelles	6.000	6.000
	TOTAL.	1.658.100	1.658.100

DÉPENSES

1° *Service administratif.*

1	Personnel du service administratif	63.000	63.000
2	Matériel du service administratif.	50.000	37.000
3	Dépenses diverses du service administratif	18.200	12.800

2° *Service d'exploitation.*

4	Dépenses fixes d'administration et d'exploitation	160.100	160.100
5	Dépenses d'exploitation non susceptibles d'une évaluation fixe.	90.000	88.000
6	Dépenses éventuelles.	4.000	4.000
7	Dépenses d'ordre (Achat d'or et d'argent pour la fabrication des médailles).	1.000.000	1.000.000
8	Service des monnaies de bronze	60.000	60.000
9	Circulation monétaire (Frais d'entretien des monnaies courantes)	150.000	150.000
10	Excédent des recettes sur les dépenses à verser au budget ordinaire. . .	62.800	83.200
	TOTAL.	1.658.100	1.658.100

au Budget général de l'exercice 1890.

RECETTES ET DÉPENSES proposées par la Commission du Sénat.	DIFFÉRENCES		EXPLICATION DES DIFFÉRENCES
	AUGMENTATIONS	DIMINUTIONS	
5	6	7	8
fr.	fr.	fr.	
100.000	»	»	
3.000	»	»	
1.000.000	»	»	
190.000	»	»	
73.000	»	»	
60.000	»	»	
25.000	»	»	
1.100	»	»	
200.000	»	»	
6.000	»	»	
1.658.100	»	»	
63.000	»	»	
37.000	»	»	
12.800	»	»	
160.100	»	»	
88.000	»	»	
4.000	»	»	
1.000.000	»	»	
60.000	»	»	
189.000	»	»	
83.200	»	»	
1.658.100	»	»	

BUDGETS ANNEXES rattachés pour ordre

CHAPITRES SPÉCIAUX	MINISTÈRES ET SERVICES	PROPOSITIONS du Gouvernement	RECETTES ET DÉPENSES votées par la Chambre des Députés
1	2	3	4
		fr.	fr.
	MINISTÈRE DE LA JUSTICE ET DES CULTES		
	IMPRIMERIE NATIONALE		
	RECETTES		
1	Produits des impressions diverses.	9.023.500	9.023.500
2	Produit du *Bulletin des Lois,* des Codes et ouvrages.	39.000	39.000
3	Produit du *Bulletin des arrêts de la Cour de cassation*.	1.000	1.000
4	Produit des fournitures de journaux à souche	83.000	83.000
5	Produit de la retenue de 1 p. 100 sur fournitures diverses	36.000	36.000
6	Produit des recettes diverses	125.000	125.000
	TOTAL.	9.307.500	9.307.500
	DÉPENSES		
1	Dépenses fixes d'administration et d'exploitation	536.000	536.000
2	Dépenses d'exploitation non susceptibles d'une évaluation fixe	8.578.500	8.578.500
3	Dépenses éventuelles	10.000	10.000
4	Excédent des recettes sur les dépenses à verser au Trésor	183.000	183.000
	TOTAL.	9.307.500	9.307.500

au Budget général de l'exercice 1890 (Suite).

RECETTES ET DÉPENSES proposées par la Commission du Sénat.	DIFFÉRENCES		EXPLICATION DES DIFFÉRENCES
	AUGMENTIONS	DIMINUTIONS	
5	6	7	8
fr.	fr.	fr.	
9.023.500	»	»	
39.000	»	»	
1.000	»	»	
83.000	»	»	
36.000	»	»	
125.000	»	»	
9.307.500	»	»	
536.000	»	»	
8.578.500	»	»	
10.000	»	»	
183.000	»	»	
9.307.500	»	»	

BUDGETS ANNEXES rattachés pour ordre

CHAPITRES SPÉCIAUX	MINISTÈRES ET SERVICES	PROPOSITIONS du Gouvernement	RECETTES VOTÉES par la Chambre des Députés
	2	3	4
		fr.	fr.

MINISTÈRE DE LA JUSTICE ET DES CULTES (*Suite*).

LÉGION D'HONNEUR

RECETTES

1	Arrérages des rentes 4 1/2 pour 100 sur le Grand-Livre de la dette publique..	6.217.151	6.217.151
2	Supplément à la dotation...............................	10.006.906	10.204.706
3	Intérêts des actions sur les canaux d'embranchement du canal du Midi. .	900	900
4	Remboursement par les membres de la Légion d'honneur touchant le traitement et par les médaillés militaires du prix de leurs décorations et médailles.......................................	80.000	80.000
5	Produit des brevets de nomination et de promotion dans l'Ordre. — Droits de chancellerie pour port de décorations étrangères......	160.000	160.000
6	Rentes données en remplacement des anciens chefs-lieux de cohortes. .	14.843	14.843
7	Versements par les titulaires de majorats.................	3.000	3.000
8	Produit du domaine d'Écouen.........................	6.000	6.000
9	Pensions des élèves pensionnaires de la maison de Saint-Denis et trousseaux des élèves pensionnaires et des élèves gratuites..........	57.000	57.000
10	Pensions et trousseaux des élèves des succursales............	20.000	20.000
11	Versements faits dans la Caisse de l'Ordre, à charge de restitution.....	10.000	10.000
12	Produits divers......................................	5.000	5.000
13	Avances à faire à la Légion d'honneur par la Caisse des dépôts et consignations pour le payement des pensions viagères concédées en vertu de la loi du 5 mai 1869.........................	28.000	28.000
	TOTAL..........................	16.608.800	16.806.600

au budget général de l'exercice 1890. (Suite.)

RECETTES, proposées par la Commission du Sénat.	DIFFÉRENCES		EXPLICATION DES DIFFÉRENCES
	AUGMENTATIONS de recettes	DIMINUTIONS de recettes	
5	6	7	8
fr.	fr.	fr.	
6.217.151	»	»	
10.204.706	»	»	
900	»	»	
80.000	»	»	
160.000	»	»	
14.843	»	»	
3.600	»	»	
6.000	»	»	
57.000	»	»	
20.000	»	»	
10.000	»	»	
5.000	»	»	
25.000	»	»	
16.806.600	»	»	

BUDGETS ANNEXES *rattachés pour ordre*

CHAPITRES SPÉCIAUX		MINISTÈRES ET SERVICES	PROPOSITIONS du Gouvernement	DÉPENSES VOTÉES par la Chambre des Députés.
Gouvernement	Chambre des Députés			
1	2	3	4	5
			fr.	fr.

MINISTERE DE LA JUSTICE ET DES CULTES (*Suite*).

LÉGION D'HONNEUR (*Suite*).

DÉPENSES

1	1	Grande chancellerie. — Personnel.....................	233.800	233.800
2	2	Grande chancellerie. — Matériel.....................	55.500	55.500
3	3	Traitements et suppléments de traitements des membres de l'Ordre	9.820.050	10.005.050
4	4	Secours aux membres de l'Ordre, à leurs veuves et à leurs orphelins ...	51.000	51.000
5	5	Traitements des médaillés militaires	4.981.500	5.037.800
6	6	Maison d'éducation de Saint-Denis. — Personnel............	170.825	170.825
7	7	Maison d'éducation de Saint-Denis. — Matériel..............	428.700	424.200
8	8	Succursale d'Écouen. — Personnel.....................	71.150	71.150
9	9	Succursale d'Écouen. — Matériel.....................	210.000	208.000
10	10	Succursale des Loges . — Personnel.....................	59.600	59.600
11	11	Succursale des Loges. — Matériel.....................	184.900	183.900
12	12	Secours aux élèves	4.000	4.000
13	»	Commissions aux trésoriers-payeurs généraux	34.000	»
14	13	Frais relatifs au domaine d'Écouen.....................	5.775	5.775
15	14	Travaux extraordinaires. — Gratifications aux employés. — Dépenses diverses	13.000	12.000
16	15	Frais de décorations militaires et médailles	80.000	80.000
17	16	Prix de brevets et ampliations de décrets relatifs au port de décorations étrangères. — Distribution, à titre de secours, aux membres de l'Ordre et à leurs orphelines, de l'excédent du produit des brevets et des droits de chancellerie.	160.000	160.000
18	17	Subventions supplémentaires aux anciens militaires de l'armée de terre mis à la retraite de 1814 à 1861.	6.000	6.000
19	18	Remboursements de sommes versées à charge de restitution.	10.000	10.000
20	19	Pensions viagères concédées en vertu de la loi du 5 mai 1869.......	28.000	28.000
21	20	Dépenses des exercices périmés non frappées de déchéance.........	Mémoire.	Mémoire.
22	21	Dépenses des exercices clos.	Idem.	Idem.
		TOTAL	16.608.800	16.806.600

au *Budget général de l'exercice 1890* (Suite).

CRÉDITS PROPOSÉS par la Commission du Sénat.	DIFFÉRENCES		EXPLICATION DES DIFFÉRENCES
	AUGMENTATIONS des dépenses	DIMINUTIONS des dépenses	
6	7	8	9
fr.	fr.	fr.	
233.800	»	»	
55.500	»	»	
10.005.050	»	»	
51.000	»	»	
5.037.800	»	»	
170.825	»	»	
424.200	»	»	
71.150	»	»	
208.000	»	»	
59.600	»	»	
183.900	»	»	
4.000	»	»	
»	»	»	
5.775	»	»	
12.000	»	»	
80.000	»	»	
160.000	»	»	
6.000	»	»	
10.000	»	»	
28.000	»	»	
Mémoire.	»	»	
Idem.	»	»	
16.806.600	»	»	

BUDGETS ANNEXES rattachés pour ordre

CHAPITRES SPÉCIAUX 1	MINISTÈRES ET SERVICES 2	PROPOSITIONS du Gouvernement 3	DÉPENSES VOTÉES par la Chambre des Députés. 4
		fr.	fr.
	MINISTÈRE DE LA MARINE		
	CAISSE DES INVALIDES DE LA MARINE		
	RECETTES		
1	Versements de 5 0/0 de leur traitement par les officiers des différents corps de la marine naviguant à bord des navires du commerce ou secondant des entreprises individuelles se reliant à la marine	16.000	16.000
2	Retenues sur les salaires des marins du commerce.	1.900.000	1.900.000
3	Décomptes des déserteurs	15.000	15.000
4	Droits sur les prises.	1.000	1.000
5	Arrérages des inscriptions de rentes sur l'Etat appartenant à la Caisse des Invalides	4.651.230	4.651.230
6	Plus-value des feuilles de rôle d'équipage des bâtiments de commerce. .	40.000	40.000
7	Recettes diverses	77.600	77.600
8	Subvention du département de la Marine.	7.726.803	7.726.803
	TOTAL.	14.427.633	14.427.633
	DÉPENSES		
1	Demi-soldes et pensions qui en dérivent (lois des 13 mai 1791 et 11 avril 1881).	12.625.000	12.625.000
2	Fonds annuels de secours et gratifications renouvelables.	1.105.000	1.105.000
3	Remboursements sur anciens dépôts provenant de parts de prises, de naufrages, etc.	160.000	160.000
4	Dépenses diverses et remboursements de trop-perçus.	111.433	111.433
5	Frais d'administration et de trésorerie pour les trois services composant l'établissement des Invalides.	426.200	426.200
6	Dépenses des exercices clos.	Mémoire.	Mémoire
	TOTAL.	14.427.633	14.427.633

au Budget général de l'exercice 1890 (Suite).

DÉPENSES PROPOSÉES par la Commission du Sénat.	DIFFÉRENCES		EXPLICATION DES DIFFÉRENCES
5	AUGMENTATIONS 6	DIMINUTIONS 7	8
fr.	fr.	fr.	
16.000	»	»	
1.900.000	»	»	
15.000	»	»	
1.000	»	»	
4.651.230	»	»	
40.000	»	»	
77.600	»	»	
7.726.803	»	»	
14.427.633	»	»	
12.625.000	»	»	
1.105.000	»	»	
160.000	»	»	
111.433	»	»	
426.200	»	»	
Mémoire.	»	»	
14.427.633	»	»	

BUDGETS ANNEXES rattachés pour ordre

CHAPITRES SPÉCIAUX	MINISTÈRES ET SERVICES	PROPOSITIONS du GOUVERNEMENT	RECETTES ET DÉPENSES votées par la Chambre des Députés.
1	2	3	4
		fr.	fr.
	MINISTÈRE DU COMMERCE, DE L'INDUSTRIE ET DES COLONIES		
	ÉCOLE CENTRALE DES ARTS ET MANUFACTURES		
	RECETTES		
1	Produits des bourses accordées par l'État.	60.000	60.000
2	Produits des bourses accordées par les départements et les communes.	23.000	23.000
3	Produits des pensions	520.000	520.000
4	Droits de concours et d'examen de sortie pour l'obtention du diplôme. .	18.000	18.000
5	Rentes sur l'État provenant de fondations spéciales	4.000	4.000
6	Recettes éventuelles.— Produits des détériorations imputables aux élèves.	11.000	11.000
7	Recettes extraordinaires. — Intérêts servis par la Caisse des dépôts et consignations et produits divers.	6.000	6.000
8	Recettes sur exercices clos	Mémoire.	Mémoire.
	TOTAL.	642.000	642.000
	DÉPENSES		
1	Personnel.	435.500	435.500
2	Matériel.	176.000	176.000
3	Dépenses des exercices clos	Mémoire.	Mémoire.
4	Versement à la réserve	30.500	30.500
	TOTAL	642.000	642.000

au Budget général de l'exercice 1890 (Suite).

RECETTES ET DÉPENSES proposées par la Commission du Sénat.	DIFFÉRENCES		EXPLICATION DES DIFFÉRENCES
	AUGMENTATIONS	DIMINUTIONS	
5	6	7	8
fr.	*	fr.	
60.000	»	»	
23.000	»	»	
520.000	»	»	
18.000	»	»	
4.000	»	»	
11.000	»	»	
6.000	»	»	
Mémoire.	»	»	
642.000	»	»	
435.500	»	»	
176.000	»	»	
Mémoire.	»	»	
30.500	»	»	
642.000	»	»	

BUDGETS ANNEXES *rattachés pour ordre*

CHAPITRES SPÉCIAUX 1	MINISTÈRES ET SERVICES 2	PROPOSITIONS du GOUVERNEMENT 3	RECETTES ET DÉPENSES votées par la Chambre des Députés. 4
		fr.	fr.
	MINISTÈRE DU COMMERCE, DE L'INDUSTRIE ET DES COLONIES *(Suite).*		
	2e SECTION. — *Service des Postes et Télégraphes*		
	CAISSE NATIONALE D'ÉPARGNE		
	RECETTES		
1	Arrérages des valeurs de l'Etat achetées par la Caisse des dépôts et consignations pour le compte de la Caisse nationale d'épargne	10.392.000	10.392.000
2	Intérêts du fonds de réserve conservé en compte courant par la Caisse des dépôts et consignations.	1.625.000	1.625.000
3	Produit de la dotation de la Caisse nationale d'épargne	37.500	37.500
4	Recettes diverses et accidentelles, dons, legs, etc., en faveur de la Caisse nationale d'épargne.	500	500
	TOTAL.	12.055.000	12.055.000
	DÉPENSES.		
1	Intérêts à servir aux déposants. , ...	9.330.000	9.330.000
2	Dépenses de personnel.	1.589.200	1.589.200
3	Dépenses de matériel.	338.250	338.250
4	Dépenses accidentelles.	30.000	30.000
5	Excédent des recettes sur les dépenses à attribuer au compte de la dotation (art. 16 de la loi du 9 avril 1881)	767.550	767.550
6	Dépenses des exercices clos. . . . . , ...	Mémoire.	Mémoire.
	TOTAL.	12.055.000	12.055.000

au Budget général de l'exercice 1889 (Suite).

RECETTES ET DÉPENSES proposées par la Commission du Sénat.	DIFFÉRENCES		EXPLICATION DES DIFFÉRENCES
	AUGMENTATIONS	DIMINUTIONS	
5	6	7	8
fr.	fr.	fr.	
10.392.000	»	»	
1.625.000	»	»	
37.500	»	»	
500	»	»	
12.055.000			
9.330.000	»	»	
1.589.200	»	»	
338.250	»	»	
30.000	»	»	
767.550	»	»	
Mémoire.	»	»	
12.055.000	»		

CHAPITRES SPÉCIAUX	MINISTÈRES ET SERVICES	PROPOSITIONS du GOUVERNEMENT	RECETTES ET DÉPENSES votées par la Chambre des Députés.
1	2	3	4
		fr.	fr.
	MINISTÈRE DU COMMERCE, DE L'INDUSTRIE ET DES COLONIES (*Suite*).		
	3ᵉ Section. — *Service des Colonies.*		
	CHEMIN DE FER ET PORT DE LA RÉUNION		
	RECETTES		
1	Recettes de l'exploitation............................	»	1.325.000
2	Subvention du Ministère du Commerce, de l'Industrie et des Colonies...	»	2.700.000
3	Subvention de la colonie. (Art. 14 du cahier des charges du 27 novembre 1875 annexé à la convention du 19 février 1877)...............	»	160.000
	TOTAL des recettes.......	»	4.185.000
	DÉPENSES		
1	Service des obligations garanties.....................	»	2.495.000
2	Dépenses de la direction générale de l'exploitation............	»	94.000
3	Chemin de fer................................	»	734.000
4	Port.............*..........................	»	372.000
5	Services accessoires............................	»	40.000
6	Dépenses de parachèvement.......................	»	300.000
7	Annuité pour rachat des marines....................	»	150.000
	TOTAL des dépenses.........	»	4.185.000

au budget général de l'exercice 1889 (Suite).

RECETTES ET DÉPENSES proposées par la Commission du Sénat.	DIFFÉRENCES		EXPLICATION DES DIFFÉRENCES
	AUGMENTATIONS	DIMINUTIONS	
5	6	7	8
fr.	fr.	fr.	
1.325.000	»	»	
2.700.000	»	»	
160.000	»	»	
4.185.000	»	»	
2.495.000	»	»	
94.060	»	»	
734.000	»	»	
372.000	»	»	
40.000	»	»	
300.000	»	»	
150.000	»	»	
4.185.000	»	»	

CHAPITRES SPÉCIAUX	MINISTÈRES ET SERVICES	PROPOSITIONS du Gouvernement	RECETTES ET DÉPENSES votées par la Chambre des Députés.
1	2	3	4
		fr.	fr.

MINISTÈRE DES TRAVAUX PUBLICS

CHEMINS DE FER DE L'ÉTAT

RECETTES

1	Grande vitesse	15.345.600	15.345.600
2	Petite vitesse	19.154.400	19.154.400
3	Recettes en dehors du trafic	300.000	300.000
	TOTAL.	34.800.000	34.800.000

DÉPENSES

1	Conseil d'administration.	15.000	15.000
2	Secrétariat et caisse générale	102.000	102.000
3	Direction.	381.000	381.000
4	Dépenses non susceptibles d'une évaluation fixe (exploitation, matériel et traction, voie et bâtiments, gratifications, secours et indemnités, gares et troncs communs).	26.189.000	26.189.000
5	Impôts et assurances.	763.000	763.000
6	Exercices périmés	Mémoire.	Mémoire.
7	Exercices clos.	Mémoire.	Mémoire.
8	Excédent des recettes sur les dépenses à verser au Trésor.	7.350.000	7.350.000
	TOTAL	34.800.000	34.800.000

au Budget général de l'exercice 1890 (Suite).

RECETTES ET DÉPENSES proposées par la Commission du Sénat.	DIFFÉRENCES		EXPLICATION DES DIFFÉRENCES
	AUGMENTATIONS	DIMINUTIONS	
5	6	7	8
fr.	fr.	fr.	
15.345.600	»	»	
19.154.400	»	»	
300.000	»	»	
34.800.000	»	»	
15.000	»	»	
102.000	»	»	
381.000	»	»	
26.189.000	»	»	
763.000	»	»	
Mémoire.	»	»	
Mémoire.	»	»	
7.350.000	»	»	
34.800.000	»	»	

RÉCAPITULATION des Budgets annexes rattachés pour ordre

MINISTÈRES ET SERVICES	RECETTES ET DÉPENSES proposées par le Gouvernement	RECETTES ET DÉPENSES votées. par la Chambre des Députés.
1	2	3
	fr.	fr.
MINISTÈRE DES FINANCES. — Fabrication des monnaies et médailles.	1.658.100	1.658.100
MINISTÈRE DE LA JUSTICE ET DES CULTES. — Imprimerie nationale.	9.307.500	9.307.500
— Légion d'honneur.	16.608.800	16.806.600
MINISTÈRE DE LA MARINE. — Caisse des Invalides de la marine.	14.427.633	14.427.633
MINISTÈRE DU COMMERCE, DE L'INDUSTRIE ET DES COLONIES. — École centrale des arts et manufactures.	642.000	642.000
— Caisse nationale d'épargne.	12.055.000	12.055.000
— Chemin de fer et port de la Réunion.	»	4.185.000
MINISTÈRE DES TRAVAUX PUBLICS. —, Chemins de fer de l'État.	34.800.000	34.800.000
TOTAUX.	89.499.033	93.881.833

au Budget général de l'exercice 1890.

RECETTES ET DÉPENSES votées par la Commission du Sénat. 4	DIFFÉRENCES		OBSERVATIONS 7
	AUGMENTATIONS 5	DIMINUTIONS 6	
fr.	fr.	fr	
1.658.100	»	»	
9.307.500	»	»	
16.806.600	197.800	»	
14.427.633	»	»	
842.000	»	»	
12.035.600	»	»	
4.185.000	4.185.000	»	
34.800.000	»	»	
93.881.833	4.382.800	»	
	4.382.800		

TABLE DES MATIÈRES

Contenues dans le Rapport de la Commission des finances

SUR LE

Budget des Dépenses et des Recettes de l'exercice 1890

ÉTATS LÉGISLATIFS

ANNEXES AU PROJET DE LOI

ANNEXES Nos 1 à 31.

présentant la comparaison des crédits votés par la Chambre des Députés avec les propositions du Sénat.

1° BUDGET ORDINAIRE

4° BUDGETS ANNEXES RATTACHÉS POUR ORDRE AU BUDGET GÉNÉRAL

22833

PARIS. — IMPRIMERIE DU SÉNAT, PALAIS DU LUXEMBOURG. — P. MOUILLOT.

www.ingramcontent.com/pod-product-compliance
Lightning Source LLC
Chambersburg PA
CBHW060521220326
41599CB00022B/3388